KNAUR

Von Andreas Franz sind im Knaur TB bereits erschienen:

Die Julia-Durant-Reihe:
Jung, blond, tot
Das achte Opfer
Letale Dosis
Der Jäger
Das Syndikat der Spinne
Kaltes Blut
Das Verlies
Teuflische Versprechen
Tödliches Lachen
Das Todeskreuz
Mörderische Tage

Die Peter-Brandt-Reihe:
Tod eines Lehrers
Mord auf Raten
Schrei der Nachtigall
Teufelsleib

Die Sören-Henning-Reihe:
Unsichtbare Spuren
Spiel der Teufel
Eisige Nähe

Von Andreas Franz und Daniel Holbe sind im Knaur TB bereits erschienen:

Die Julia-Durant-Reihe:
Todesmelodie
Tödlicher Absturz
Teufelsbande
Die Hyäne
Der Fänger
Kalter Schnitt

Über die Autoren:
Andreas Franz' große Leidenschaft war von jeher das Schreiben. Bereits mit seinem ersten Erfolgsroman *Jung, blond, tot* gelang es ihm, unzählige Krimileser in seinen Bann zu ziehen. Seitdem folgte Bestseller auf Bestseller, die ihn zu Deutschlands erfolgreichstem Krimiautor machten. Seinen ausgezeichneten Kontakten zu Polizei und anderen Dienststellen ist die große Authentizität seiner Kriminalromane zu verdanken. Andreas Franz starb im März 2011.
Daniel Holbe, Jahrgang 1976, lebt mit seiner Familie in der Wetterau unweit von Frankfurt. Insbesondere Krimis rund um Frankfurt und Hessen faszinieren den lesebegeisterten Daniel Holbe schon seit geraumer Zeit. So wurde er Andreas-Franz-Fan – und schließlich selbst Autor. Als er einen Krimi bei Droemer-Knaur anbot, war Daniel Holbe überrascht von der Reaktion des Verlags: Ob er sich auch vorstellen könne, ein Projekt von Andreas Franz zu übernehmen? Daraus entstand die »Todesmelodie«, die zu einem Bestseller wurde. Es folgten »Tödlicher Absturz«, »Teufelsbande«, Die Hyäne«, »Der Fänger« und »Kalter Schnitt«, die allesamt die vorderen Plätze der Sellerlisten eroberten.

Blutwette

JULIA DURANTS NEUER FALL

Roman

Besuchen Sie uns im Internet:
www.knaur.de

Originalausgabe August 2018
Knaur Taschenbuch
© 2018 Knaur Verlag
Ein Imprint der Verlagsgruppe Droemer Knaur GmbH & Co. KG, München
Alle Rechte vorbehalten. Das Werk darf – auch teilweise –
nur mit Genehmigung des Verlags wiedergegeben werden
Redaktion: Regine Weisbrod
Covergestaltung: ZERO Werbeagentur, München
Coverabbildung: FinePic/shutterstock
Satz: Adobe InDesign im Verlag
Druck und Bindung: CPI books GmbH, Leck
ISBN 978-3-426-52084-0

5 4 3 2 1

Für Hildegard, meine Mutter
Für Julia, meine Frau
Für Eure Stärke, Euren Rückhalt und Euren Glauben
an das Gute, auch dort, wo alle anderen aufgeben.

Gäbe es mehr Eltern und Partner wie Euch,
gäbe es weniger Geschichten wie diese.

PROLOG

Sie rannte.
Der Regen klatschte ihr auf die nackte Haut, die nur von einem Negligé bedeckt wurde. Immer wieder musste sie sich Haarsträhnen aus dem Gesicht wischen. Schweiß und verlaufene Schminke brannten ihr in den Augen.
Die Nacht war besonders dunkel, keine Lücke zwischen den schweren Wolken, kein Mondlicht, keine Straßenbeleuchtung. Keine Zeit, um sich zu orientieren. Wo war die Skyline, die man selbst durch den dichtesten Regen sehen konnte? Woher kamen die Motorengeräusche?
Sie wusste es nicht. Sie wusste nur noch eines: Hinter ihr, da kamen sie. Sie durften sie nicht kriegen, um keinen Preis. Schon hörte sie die Stimmen. Allein der Klang, auch wenn sie die Worte nicht verstand, jagte ihr einen Schauer durch den Körper. Motoren kamen näher. Doch plötzlich türmte sich dicht wucherndes Gebüsch vor ihr auf.
Die Dornen hinterließen tiefe Risse in ihrer Haut. Ihre nackten Füße schmerzten bei jedem Schritt. Und die Männer kamen immer näher.
»Wo ist sie?« – »Da hoch?« – »Quatsch. Ohne Schuhe?«
Sie versuchte, so leise wie möglich voranzukommen. Doch immer wieder knackste es, wenn sie einen der Zweige zerbrach. Und immer tiefer bohrten sich die Spitzen in ihre blutigen Sohlen.
»Wo soll sie sonst sein?«
Weiter!

Eine Taschenlampe flammte auf, und nicht weit hinter ihr durchbrach einer der Verfolger das Dickicht.
»Scheiße! Brombeeren!«
Der Lichtkegel huschte nur knapp über ihren Kopf hinweg.
»Hast du was?«
»Nur 'nen Arsch voll Dornen. Dieses Miststück!«
Weiter!
Die Motoren kamen immer näher. Die Bewegungen der Scheinwerfer. Die Spritzer aus den Wasserlachen, die sich am Fahrbahnrand sammelten.
Und dann versperrte ein Bauzaun ihr den Weg.
Er war zwei Meter hoch. Für eine Sekunde unterdrückte sie ein Schluchzen, das sich unter ihr Keuchen mischte.
Doch sie würde nicht kampflos aufgeben. Nicht dorthin zurückgehen, wo sie hergekommen war. Wie würde *er* ihr wohl zusetzen, wenn er sie in die Finger bekam? Betrunken, voller Kokain und zerkratzt von den Brombeerranken.
Sie suchte eine Lücke zwischen den Gittermatten. Fand eine, die aber mehrfach mit millimeterdickem Draht verzurrt war.
Also weiter.
Als er sie erreichte, war sie am Ende der Absperrung angelangt. Er leuchtete zuerst nach rechts, sie befand sich links. Der Lichtstrahl traf gerade noch ihren Unterarm, der sich um das Gitter krampfte, während ihre Füße sich bereits über den breiten Rand der Brücke tasteten. Das Metall trug dicke Nieten und war moosbewachsen. So angenehm es sich auch anfühlte, so gefährlich würde es sein, auf dem feuchten, glitschigen Bewuchs zu balancieren. Ein Spiel mit dem Teufel: unten der Asphalt und die vorbeirasenden Fahrzeuge, um sie herum Finsternis. Doch sie hatte keine Wahl. Das Baugitter versperrte den Durchgang zur Brücke, und zurück konnte sie nicht.
Er war fast da.

»Bleib stehen!«, zischte seine Stimme, und er begann, an den Metallstreben zu rütteln. Er keuchte. Wollte er darüberklettern? Oder würde er ihr auf dem gefährlichen Weg folgen?
Von unten her hupte es.
Sie verharrte nur für einen Atemzug, um sich zu konzentrieren. Um ihre zitternden Knie zu beruhigen, während sie in die Hocke ging, um auf sicheren Boden hinabzugleiten.
Es hupte schon wieder. Reifen blockierten. Dann spürte sie eine Hand, die sich um den klatschnassen Stoff ihres Hemdchens klammerte. Einen Ruck.
Und dann verlor sie den Boden unter ihren geschundenen Füßen.

*Das schlimmste Übel ist nicht die Stärke der Bösen,
sondern die Schwäche der Guten.*

Sie ließ das Auto weiterrollen, nachdem das Motorengeräusch verstummt war. Nur ein paar Zentimeter. Die Nacht hatte ihren Schleier längst über die Stadt geworfen. Hier draußen, in den Randbezirken, wo die Lichter weniger bunt und grell strahlten, breitete sich dunkle Einsamkeit aus.
Als sie das Schmatzen vernahm, drehte sie sich um. Er saß auf der Rückbank, Beifahrerseite, hinter einem Sonnenschutz, der mit Saugnäpfen auf der fleckigen Scheibe haftete. Sie sah ihm in die Augen. Sie schluckte einen Kloß hinunter und legte sich die Finger über die Lippen.
»Scht.« Sie nickte ihm zu, und er verstand.
Sie vergewisserte sich, dass alle Wagenfenster geschlossen waren.
Für Mai war es ungewöhnlich kalt. Sie musste an ihre Heimat denken, die in unerreichbarer Ferne zu liegen schien. Dort herrschte ein anderes Klima, doch vielleicht waren es auch bloß Trugbilder, die ihre Erinnerungen zeichneten. Nie wieder würde sie dorthin zurückkehren. Stattdessen verkaufte sie ihren Körper. Hier, in einer anonymen Großstadt, die sich nach außen hin als moderne, saubere Metropole gab.
Sie warf sich das Kopftuch über die dunklen Haare. Vermied es, sich im Innenspiegel zu betrachten. Wusste, dass ihre Augen ihr dann zurufen würden, sie solle wegfahren. So weit wie möglich. Einfach nur weg. Doch das konnte sie nicht. Oder *wollte* sie es nicht?
Sie schloss den Mitsubishi ab. Er war silberfarben, mit ausgeblichenem Lack. Er würde nicht weinen. Er würde einfach einschlafen, das

wusste sie. Der Kleine war ein stilles, unproblematisches Kind, und sie ließ ihn nicht gerne hier zurück. Doch wo hätte er sonst hingesollt? Sie vergewisserte sich, dass man ihn von außen nicht sehen konnte. Man musste sich schon gezielt über den Wagen beugen. Dann ein schwerer Seufzer, bevor sie sich umdrehte. Sie drückte ihre Handtasche an sich und zog ihre Weste zusammen, die sie über der Bluse trug.
Die Anweisungen waren eindeutig gewesen.
Wo sie parken sollte (und wo nicht), wo sie das Gelände zu betreten hatte, wie sie sich bemerkbar machen sollte.
Und immer diese Angst.
Sie kannte die Männer, es waren fast immer die gleichen. Laute, großkotzige Typen. Genau solche Machos, wie sie in ihrer Heimat auch vorherrschten. Rücksichtslos, selbstverliebt, machtbesessen.
»Da bist du ja!«
Sie zuckte zusammen. Dann erst bemerkte sie die Glutspitze der Zigarette, die wie ein Glühwürmchen auf und ab schwang. Das Gesicht zu der Stimme blieb verborgen. Es gab weder eine Straßenlaterne in der Nähe noch sonst eine Lichtquelle.
»Wir dachten schon, du kämst nicht mehr.«
»Ich habe den Weg nicht gleich gefunden«, erwiderte sie mit devotem Unterton. Sie wollte den Mann nicht verärgern, denn er war ihr unheimlich.
»Jetzt bist du ja da.« Er winkte ab. »Gehen wir rein.«
Das Glühwürmchen zog eine hohe Bahn und landete in einiger Entfernung auf dem Asphalt.
Sie folgte ihm eine Treppe hinauf, dann einen Gang entlang. Er benutzte eine Taschenlampe. Das Gebäude schien verlassen zu sein, es roch modrig, und auf dem Boden war allerhand Unrat verstreut. Scherben, Putz, Müllreste. Doch je weiter sie gingen, desto sauberer wurde es.
Sie erreichten eine Art Vorzimmer und damit scheinbar eine andere Welt. Kerzenlicht flackerte. Leise Musik erfüllte den Raum. Es

befanden sich vier nummerierte Türen an den Seiten, zwei links, zwei rechts. Sie waren geschlossen.

»Wohin jetzt?«, fragte sie verunsichert, da der Mann keine Anstalten machte, weiterzugehen. Er grinste breit und deutete auf einen Sessel mit abgewetztem Lederbezug – das einzige Möbelstück weit und breit.

»Da kannst du ablegen.« Er wandte sich um.

»Und dann?« Das mulmige Gefühl, das sie im Magen trug, kroch immer weiter nach oben. Was sollte das? Sie bediente Freier, um das Geld aufzubessern, denn ihr Vater war im Ausgeben schneller als im Reinholen. Er rauchte, er trank, und vermutlich spielte er auch – und verlor. Denn es reichte hinten und vorne nicht. Wenn sie sich aber erdreistete, nach Haushaltsgeld zu fragen, bekam ihr das nicht gut. Er war ein brutaler Mensch, doch sie ertrug es. Der Familie zuliebe. Hätte es das Baby nicht gegeben, vielleicht wäre sie längst weggelaufen. Doch dazu fehlte ihr der Mut. Und sie würde es nicht zulassen, dass *die Familie* ein weiteres Geschöpf zerstörte.

Das Unbehagen verstärkte sich. Die meisten der Männer kannte sie mittlerweile, und manche mochte sie sogar auf eine gewisse Art und Weise. Sie waren selbst in angetrunkenem Zustand lange nicht so brutal wie das, was sie von zu Hause kannte.

»Du entscheidest.«

Sie zuckte zusammen. Sofort galten ihre Gedanken wieder der obskuren Umgebung. Ein verlassenes Gelände. Kerzen. Ein Raum, der wie der Eingang zu einem Labyrinth war. Vier Türen. Was wartete dahinter?

Sie entschloss sich, ihre Fragen in Worte zu kleiden: »Was ist da drinnen? Oder wer ist da? Sag mir, was ich jetzt tun soll!«

Er war ein sportlicher Typ, etwa dreißig, mit auffallend breitem Oberkörper. Braun gebrannt, mit einem schweren Goldkettchen am Handgelenk. Ein Goldzahn blitzte in der Mitte der oberen Kauleiste. Die Ohren waren klein, die Augen tief sitzend und ein wenig

unheimlich. Der ganze Oberkörper war tätowiert, wie sie wusste, denn auch ihn bediente sie hin und wieder. Als er nun neben sie trat und ihr an den Hintern langte, schauderte sie. Sie wusste, dass er es gerne härter hatte. Und sich niemals ein Gummi überziehen würde. Dafür steckte er ihr immer einen Fünfziger extra zu. Für das Kind, wie er sagte. Doch heute war er anders als sonst.
»Du gehst in alle«, grinste er. »Und in einem warte auch ich. Also los. Ich bin schon ganz scharf. Am liebsten würde ich dir ja die Nummer sagen, aber hm ...«
Er hob verschwörerisch den Zeigefinger, und dann entdeckte sie auch schon die kleine Kamera, die an der Decke angebracht war. Mit Klebeband, wie sie feststellte. Also hatte *er* sie aufgehängt. Oder einer seiner Freunde.
»Ich weiß nicht«, sagte sie. »Das gefällt mir nicht.«
»Ach komm schon«, forderte der Mann, griff in seine Hosentasche und zog einen Zweihunderter hervor. »Du kennst mich doch. Und wir lassen uns alle nicht lumpen.«
Bevor sie noch etwas erwidern konnte, verließ er den Raum, und sie stand alleine da.
Im Hintergrund lief klassische Musik.
Sie öffnete ihre schwarze Tasche, die kaum größer war als ein Kulturbeutel. Zog zuerst ein schwarzes Negligé daraus hervor und legte es an. Dann erst fiel ihr das kleine Tütchen auf, das auf einem Beistelltisch neben einer Flasche Wasser und einer Flasche Cola lag. Sie näherte sich dem Tisch. Das Plastik knisterte unter dem Druck ihrer Finger. Das Tütchen war knittrig und alles andere als neu. Es waren Tabletten darin, drei Stück. Weiße, runde Tabletten.
Prompt öffnete sich die Tür, und vor Schreck ließ sie den Beutel fallen. Eine der Pillen kullerte heraus.
»Hast sie gefunden, ja?« Seine Stimme war freundlich. Und trotzdem konnte der Mann ihr die Angst nicht nehmen. Heute war es besonders schlimm, was daran liegen mochte, dass der Kleine unter

Husten litt und einen unruhigen Schlaf hatte. Sie wollte raus hier, wusste aber, dass das nicht mehr ging. Also durfte sie keine Zeit mehr verlieren. Doch man hatte offenbar andere Pläne mit ihr. Heute war alles ... *anders*.
»Ich möchte keine Drogen nehmen«, sagte sie.
Der Mann lächelte und hob die Schultern. »Kann ich verstehen. Sind aber keine Drogen. Ist so ein Muskelzeugs, Relaxer, das ist dann so, wie wenn du leicht betrunken bist.« Er senkte die Stimme. »Du solltest eine davon nehmen.«
»Warum?«
»Dann kriegst du nicht so viel mit. Die anderen haben ziemlich gekokst. Sind alle spitz wie nur was, aber romantisch wird das sicher nicht.«
»Ist mir egal«, wisperte sie. Sie wollte nicht »wie betrunken« sein. Es reichte schon, dass sie zu Hause jemanden hatte, der sich regelmäßig ins Koma soff. Dessen Ausbrüche mit jedem Schluck unerträglicher wurden, hemmungsloser, bis er endlich zusammensackte und besinnungslos auf dem Sofa lag.
»Überleg's dir«, mahnte er und griff nach ihrer Schulter, deren Haut freilag. Eine zarte Berührung, die sie dennoch zusammenzucken ließ, als habe er einen Elektroschocker angesetzt.
»Du solltest eine nehmen. Nur eine.«
Er betrachtete sie noch für einige Sekunden, in denen sie am liebsten im Erdboden versunken wäre. Sie dachte an den Kleinen, an zu Hause, an ihr Leben. An eine Existenz, die sie sich in so vielen Punkten anders ausgemalt hatte, als sie ein junges Mädchen gewesen war. Ein anderes Leben, begonnen in einem anderen Land. Dann waren die Soldaten gekommen. Zu ihrer Mutter. Immer wieder. Und sie hatte alles mit angesehen. Seit diesen Tagen war ihre Kindheit vorbei gewesen. Zerstört.

*

Die vier Männer beobachteten den Monitor, an dessen rechtem Rand eine Bildstörung für regenbogenfarbene Pixel sorgte. Sie rochen nach Alkohol. Tabakrauch hing unter der Decke.

Auf dem Bildschirm war das graustichige Bild einer Frau zu sehen, die halb nackt an einem Tisch stand. Wasser und Cola standen darauf. In ihrer Hand befand sich ein Beutel mit Diazepam.

Vor dem Monitor lagen zwei kleine Haufen mit knittrigen Geldscheinen. Grün und gelb, nichts Geringeres.

»Sie schluckt, sie schluckt!«, lallte der links außen kauernde Mann. Ein in die Jahre gekommenes Muskelpaket, dem das weiße Pulver noch im Oberlippenbart hing. Seine Hand bewegte sich gierig zum linken Geldhaufen.

»Finger weg!«, zischte ein anderer und schlug auf den Tisch.

Die Frau schien die Tabletten in der Hand zu wiegen, als wäge sie damit gleichzeitig die Konsequenzen ab, die sich aus ihrer Entscheidung ergaben.

»Schluck das Zeug!«, lallte Linksaußen gierig. »Schluck es endlich!«

Ein Dritter lachte auf. »Spar dir das für nachher, wenn sie deinen Schwanz in der Kehle hat.« Er legte einen weiteren Hunderter auf den rechten Geldhaufen. »Die bleibt clean, ich sag's euch. Und das ist auch gut so. Wenn ich Weggetretene ficken will, die nichts mehr von allem Drumherum mitbekommen, kann ich auch ins Laufhaus gehen.«

»Das will ich sehen!«, prustete der Mann, der als Letzter in den Raum getreten war. Noch vor einer Minute hatte er vor der Frau gestanden. Er war als Einziger noch halbwegs nüchtern. »Du mit deiner ganzen Eskorte in der Kaiserstraße. Umringt von Reportern. Ein Königreich für diese Schlagzeile!«

»Leck mich.«

»Ruhe!«, polterte es wieder von links. »Schaut lieber hin! Ich sag's euch, sie *nimmt* ...«

Doch dann verstummte er. Fein säuberlich ließ die Frau die Tablet-

ten zurück in die Folie rollen. Sie bückte sich, hob die heruntergefallene Pille auf und steckte sie zu den beiden anderen. Als Nächstes zog sie das Plastik glatt und legte es an die Stelle zurück, von wo sie es aufgenommen hatte.
»Fotze!«, empörte sich das Muskelpaket, von dem die meisten Scheine auf dem linken Stapel stammten.
Rechts von ihm grölte es. Nur einer hatte dagegen gewettet, ausgerechnet dieses Arschloch, und er kassierte nun die ganze Knete.
Er würde sie dafür bestrafen.
Sie würde ihre Entscheidung noch bereuen.

FRANKFURT, COMMERZBANK-ARENA, 31. SPIELTAG DER BUNDESLIGA

Den Abpfiff des Schiedsrichters bekam er nicht mehr mit. Sein Trikot roch nach Bier, die Glut seiner Zigarette hatte ein kleines Loch hineingebrannt. Er stieß fluchend mit den Ellbogen um sich, doch die anderen waren stärker als er.
»Raus hier, du Arschloch«, zischte ihm jemand ins Ohr.
»Wegen Leuten wie dir ...«, nörgelte ein anderer, an dem sie ihn vorbeizerrten.
Er spuckte auf den Boden. Seine Zigarette war längst hinuntergefallen und zertreten. Das Bier verschüttet.
Sie nahmen keine Rücksicht auf seinen Schal, der die Farben der Eintracht trug. Rot-weißer Adler auf schwarz-weißem Grund. Die Farben des Kaiserreichs. Seine Farben.
Doch seit einigen Jahren waren es andere, die den Klub für sich beanspruchten. Hipster, Linke und Anzugträger.

Fans, die sich für etwas Besseres hielten. Eine neue Generation, die öffentlich verpönte, Heimspiele auf die alte Art zu feiern.
Selbst sein Stadion existierte nicht mehr.
Mit dem Abriss des alten war eine Ära zu Ende gegangen. Die Aushub- und Umbauarbeiten hatten einer überdimensionalen Beerdigung geglichen. Nichts war mehr wie zuvor, auch wenn das Endergebnis gar nicht so übel war, wie er zugeben musste.
Dann die Pyrotechnik. Früher eine Selbstverständlichkeit. Heute war sie ebenso verpönt wie die damals so obligatorischen Prügeleien mit Bayern- oder Kickers-Fans.
Und trotzdem war es immer noch seine Eintracht.
Nur, dass Walter Bortz sich jetzt außerhalb der Arena wiederfand. Auf einem Grünstreifen, wo er zu Boden gefallen war. Niemand hatte ihm aufgeholfen. Achtlos hatte man ihm sein Portemonnaie vor die Füße geworfen. Dorthin, wo auch der Schal lag. Durchnässt und mit dreckiger Sohle getreten.
Er hörte Stimmen.
Polizisten näherten sich.
Sie nahmen seine Personalien auf, die er nur mehr lallend von sich geben konnte.
Es war ein ruhmloser Tag. Die Adler hatten schlecht gespielt. Gut eine Viertelstunde nach dem Anpfiff schon der erste gegnerische Treffer. Frust. Noch mehr Alkohol als sonst, um den Frust zu ertränken. Dann endlich zwar der Ausgleich, aber der Rest des Spiels zog sich wie Kaugummi. Es gab jede Menge Gelbe Karten. Die Zeit wollte und wollte nicht vergehen. Womöglich lag aber auch das am Alkohol. Er nahm jede Bewegung nur verschwommen wahr, wie in Zeitlupe.
Dann hatte er begonnen, die Spieler zu beschimpfen.
Dann der Rauswurf. Das Letzte, woran er sich erinnerte, war der Jubel aus seinem Block, als die beiden Männer ihn aus dem Stadion zerrten.

Freudenchöre, die den ersehnten Siegestreffer begleiteten? Oder jubelten sie etwa seinetwegen?
Weil man ihn endlich aus ihrer Reihe entfernt hatte, wie einen entzündeten Zahn, wie ein gefährliches Geschwür?
Beschämend.

Walter Bortz verrichtete seine Notdurft an einem Haselstrauch und torkelte in Richtung Bahnsteig. Er stieg in den nächsten Zug Richtung Innenstadt. Noch waren die Wagen nicht überfüllt; die meisten Fans waren noch im Stadion. Er ließ sich auf eine leere Sitzbank fallen.
Die Sonne huschte an den Fenstern vorbei und tauchte die sich nähernde Skyline in ein gelbrotes Glühen.
In Sachsenhausen stieg er aus und wankte in Richtung Zuhause.
»Walter, bist du schon zurück?«, kam es leise aus der Küche.
»Wer denn sonst?«
»Schlechtes Spiel?« In der Tür erschien seine Frau. Eine Person, mit der er zwar noch dieselbe Adresse teilte, mit der ihn sonst jedoch nicht mehr viel verband.
»Was verstehst du denn schon davon?«, murrte er.
Er trat auf sie zu, um sie zu küssen. Wenn er betrunken war, schien er sich gelegentlich daran zu erinnern, dass die beiden sich einmal sehr geliebt hatten. Wenigstens dann. Sie roch den Alkohol, rümpfte die Nase und beugte sich angeekelt nach hinten.
»Mensch, was ist denn mit dir passiert? Ist das Bier?«
Längst hatte Walter sich an den sauer riechenden Fleck gewöhnt.
»Na und? Passiert eben. Zier dich nicht so.«
Er packte sie am Schlafittchen und zog sie an sich.
Hätte er nicht nach Bier gestunken, hätte er den fremden Duft vielleicht gerochen. Und wäre er nicht so blau gewesen, hätte er das verräterische Geräusch vielleicht gehört.
In seinem Schlafzimmer lag ein anderer, doch das registrierte Walter in seinem Zustand nicht. Aufgebracht, weil man ihn aus dem Stadi-

on geworfen hatte. Enttäuscht, weil das Spiel verloren schien. Er wunderte sich also auch nicht, dass seine Frau Lippenstift trug und Rouge aufgelegt hatte.

Stattdessen glotzte er sie nur an und spürte, dass sie keinen Bock auf ihn zu haben schien. Fast genauso wenig wie er auf sie. Nach all den Jahren gab es nichts mehr an ihr, was Walter nicht kannte, und er war es leid, seine Frau mit Backpfeifen an die Erfüllung ihrer ehelichen Pflichten zu erinnern.

»Ja, hau einfach ab!«, hörte er sie im Hinausgehen keifen, nachdem er sich abrupt aus ihrer Umarmung gelöst und auf dem Absatz kehrtgemacht hatte. Um ein Haar hätte ihn dieses Manöver mit dem Kopf an die Garderobe stoßen lassen. Doch Walter hatte einen Schutzengel.

»Tu ich ja!«, schnauzte er zurück. »Ich hole mir einen Fick, wenn du's genau wissen willst. Und zwar da, wo ich nicht erst drüber diskutieren muss.«

»Bei mir brauchst du wegen so was gar nicht mehr aufzulaufen«, erwiderte seine Frau. »Bleib doch am besten ganz bei deiner Hure!«

Walter knallte die Tür so fest ins Schloss, dass sie wieder aufsprang.

»Vielleicht mache ich das«, keuchte er. »Du wirst dich noch wundern!«

Er knallte die Tür erneut.

*

Etwas später im Frankfurter Nordend.

Es war ein milder Sonntagabend. Vielleicht hätte sie es sich sonst anders überlegt, denn bei Kälte oder Dauerregen war das, was sie vorhatte, kein angenehmes Unterfangen.

Julia Durant hatte halbwegs gute Laune. Es lagen ein paar Verhandlungstage hinter ihr, im Präsidium war es relativ entspannt. Die größte Aufgabe der Polizei hatte darin bestanden, am Freitagnach-

mittag, nach der Rushhour, die Entschärfung einer Fliegerbombe zu organisieren. Evakuierung einiger Häuser, Sperrung einer Kreuzung. Die Bombe hatte verhältnismäßig günstig gelegen, das Ganze war in drei Stunden abgehandelt gewesen. Routine mittlerweile. Denn in den letzten zwei Jahren hatte man so viele Blindgänger entdeckt wie in den zwei Dekaden zuvor nicht. Es musste mit den zahlreichen Großbaustellen zu tun haben. Überall hämmerte es, und das Stadtbild war voller Kräne, die wie Unkrautstängel zwischen den Glaspalästen hervorstachen.
Außer dem Fußball-Derby war auch der Sonntag ruhig geblieben, und das Spiel war zum einen längst abgepfiffen, und zum anderen interessierte sich Julia Durant nicht für Fußball. Sie lächelte. Wenn alles gut lief, würde sie schon ab kommendem Donnerstag dienstfrei haben. Ein langes Wochenende also, keine Bereitschaft, einfach drei Tage am Stück frei. Und mit ein wenig Glück würde ihrem Chef dasselbe Schicksal zuteilwerden. Claus Hochgräbe, Leiter der Mordkommission und außerdem Julia Durants Lebensgefährte. Für einen Moment kam der Wunsch in ihr auf, ein paar Sachen zu packen und nach günstigen Flugtickets zu googeln. Zweimal Frankfurt–Marseille und am Sonntag wieder retour. Ihre Miene verlor das Lächeln.
Man konnte eben nicht alles haben.

»Willst du das wirklich durchziehen?«
Claus hatte sich genähert, wie immer mit derart leisen Schritten, dass Julia zusammenzuckte.
»Du sollst dich nicht immer so anschleichen!«
»Ich bin eben unscheinbar.« Claus lachte, und auch Julia musste grinsen, während sie zu ihm aufsah. Die beiden küssten sich, dann wurde die Kommissarin wieder ernst. Sie wusste, dass Hochgräbe nichts davon hielt, dass sie an dieser Observierung teilnahm. Doch den Sonntagabend opferte sie gern, wenn sie dabei an das bevorste-

hende Wochenende dachte. Außerdem hatte sie ihren Offenbacher Kollegen Peter Brandt schon monatelang nicht mehr gesehen.
»Lass mich das nur mal machen.« Sie lächelte. »Wer weiß, wozu es gut ist. Irgendwann brauche ich was von Peter, dann kann er nicht leichtfertig ablehnen.«
»Hmm. Aber pass auf dich auf, hörst du?«
Julia rollte mit den Augen. Über zwanzig Jahre war sie bereits ein Teil dieser Stadt. Und nie hatte ihr jemand gesagt, was sie tun oder lassen sollte. Es fühlte sich seltsam an, aber auch irgendwie gut. Jemand sorgte sich um sie.
»Ich nehme an einer Überwachung teil«, betonte sie, »nicht an einer Hausstürmung.«

Zehn Minuten später startete Julia Durant ihren Wagen. Ein gigantischer Fleck Taubendreck befand sich direkt vor ihrer Nase auf der Scheibe. Sie sprühte sekundenlang Scheibenwischflüssigkeit darauf und ließ die Wischer hin- und herfliegen. Während sich ein milchig grauer Bogen über das Glas zeichnete, der nur allmählich klarer wurde, seufzte sie. Ihre Hose drückte. Die Bluse spannte. Sie fühlte sich, als habe sie zehn Kilogramm zugenommen. Wie gerne hätte sie sich ihre überschüssigen Fettpölsterchen abtrainiert, wäre joggen gegangen oder notfalls in einen Spinning-Kurs. Doch die Ärztin hatte ihr derlei Aktivitäten vehement untersagt. Und sämtliche ihrer Kollegen, Claus Hochgräbe und Frank Hellmer allen voran, achteten äußerst pingelig darauf, dass sie sich auch daran hielt.
Ein Grund mehr, mal hier rauszukommen, dachte sie bissig. Dann spürte sie ihre Hand auf dem Unterbauch. Sie musste unwillkürlich dorthin gewandert sein, wie es immer mal wieder geschah in letzter Zeit. Bei feuchter Witterung spürte sie noch immer ein Ziehen, dort, wo das Gewebe verheilen musste. Eine unsichtbare Narbe, die sich auch durch zwei Lagen Kleidung hindurch spüren ließ. Phantomschmerz? Durant schüttelte den Kopf und schnellte mit

dem Zeigefinger in Richtung Autoradio. Laut, rockig, bloß nicht weich werden. Sie musste aufpassen wie ein Luchs, dass die Hormone nicht ein völlig neues Wesen aus ihr machten. Schon mischten sich Bässe über das Dröhnen ihrer Auspuffanlage, und kurz darauf manövrierte Julia ihren Opel GT Roadster aus seiner Parkbucht.

Ihr Ziel lag auf der anderen Seite des Mains. Offenbach. Präsidium Südosthessen. Observiert werden sollte eine Bande von Hehlern, die man mit einer Serie von äußerst brutalen Überfällen in Verbindung brachte. Überfälle, die sich nicht an die Präsidiumsgrenze hielten. Vor sechs Wochen war eine alte Dame auf der Schwelle ihrer Wohnung von mehreren Männern überfallen worden. Sie vegetierte mit zertrümmertem Schädel vor sich hin – und das alles wegen hundertvierzig Euro und einer Handvoll Gegenstände, die bestenfalls Flohmarktwert hatten.

Manchmal hasste Julia Durant diese gottlose Welt.

Dann aber dachte sie stets an ihren Vater, einen steinalten Pastor, der längst im Ruhestand war. Wie sagte er immer: »Es liegt in unseren Händen, wie wir die Welt gestalten. Gott hat uns alles Irdische anvertraut.«

Wie die Angehörigen der alten Dame wohl darüber dachten?

Alleine deshalb war Durant dieser Abend so wichtig. Vielleicht würde sich heute eine Spur zu den Hintermännern ergeben. Nicht aufgeben, hieß die Devise. Sie drehte das Radio laut und wippte mit, als ein Klassiker von Paul Simon gespielt wurde.

Dann klingelte das Handy.

Und obwohl sie sich vorgenommen hatte, nicht mehr mit dem Apparat in der Hand durch den Verkehr zu lenken, sagte ihr eine innere Stimme, dass sie besser drangehen sollte.

Münchner Vorwahl.

Dort gab es außer ihrem Ex-Mann nur zwei Optionen.

Die Kriminalpolizei war eine davon. Doch es war die andere.

Klinikum München. Ob sie die Tochter sei. Herr Durant habe einen Herzinfarkt erlitten.
Es sehe nicht gut für ihn aus.

*

Der Raum, in dem die Frau wartete, schien durch Dutzende Kerzen erleuchtet zu werden. Dass es sich dabei nur um flackernde LED handelte, fiel erst auf den zweiten Blick auf. Sie trug einen Bademantel auf ihrer sonst vollkommen nackten Haut. Von draußen drang Straßenlärm durch die geschlossenen Fenster. Sie spielte mit ihren Fingern, dann erhob sie sich und schritt zu einer der Glasscheiben. Sie drehte den Knauf, griff zu ihren Zigaretten und zündete sich einen der langen Glimmstängel an. Ihre Augen galten den Bewegungen auf der Straße unter ihr. Kleine Menschen, Fahrzeuge, ein ständiger Strom. So wie Blutkörper, die entlang ihrer Bahnen flossen und die Stadt am Leben hielten. Sie glaubte, ein Geräusch vor ihrer Tür zu hören. Ein letzter Zug, dann drückte sie die halb gerauchte Kippe hastig in den Aschenbecher und wedelte die Luft nach draußen.
Er mochte es nicht, wenn sie nach Rauch schmeckte, und sie wollte ihn nicht verärgern. Dabei rauchte er selbst wie ein Schlot, zumindest haftete der Geruch überall an ihm, ob er nackt oder angezogen war. Sie griff zwei grüne Airwave-Kaugummis und zerbiss die streng nach Menthol schmeckende Hülle. Ein Blick auf die Uhr. Er ließ sich Zeit. Dass er sich für heute angekündigt hatte, verwunderte sie. Die meisten Verabredungen liefen nach demselben Schema ab. Gleicher Tag, gleiche Uhrzeit, gleiche Nummer. Nur selten meldete er sich und fragte an, ob sie gerade frei war. Er wollte auch keine andere, nur sie. Es mussten schon Jahre sein. Heute hatte seine Anfrage nahezu verzweifelt geklungen. Und auch wenn er alles andere als ein attraktiver Mann war, hatte sie ihm zugesagt. Walter Bortz

war ein recht pflegeleichter Kunde. Mit solchen verscherzte man es sich nicht. Arschlöcher und Perverse liefen genug herum.
Wenige Minuten später war er da.
Sie zog die Mundwinkel nach oben und setzte einen sinnlichen Blick auf. »Schön, dass du da bist.«
Was sollte sie auch sonst sagen?
Er zuckte mit den Schultern, und sie begann daraufhin, sich an ihm abzuarbeiten.
Setz dich! – Willst du nicht ablegen?
Dann ihre Finger, die sich den Weg in Richtung Hose bahnten. Knopf und Reißverschluss gingen auf. Die Hose war fleckig, und alles roch nach Bier. Sie verdrängte es. Ließ ihre Finger die gewohnten Kreise ziehen. Massierend. Dabei atmete sie betont schwer, als sei sie erregt. Es klang überzeugend, das wusste sie, doch nichts regte sich bei ihm. Er legte den Pullover ab. Dann das Unterhemd. Selbst seine Brusthaare rochen nach Bier. Sie zog ein paar weitere Register. Es wäre nicht das erste Mal, dass ein Mann unter ihren Händen keine Erektion bekam. Viele Freier standen unter einem derartigen Druck, dass er ihnen im entscheidenden Augenblick das Blut abzuschnüren schien.
Doch nun regte sich etwas, wenn auch kaum spürbar. Sofort legten sich ihre Finger um den Penis und massierten ihn.
»Na wer sagt's denn. Da ist er ja.«
Unter ihren Fingern begann die Hitze sich anzustauen. Immer härter wurde es, während sie den Schaft nicht losließ. Sie rieb sich an ihm so lange, bis ihre Köpfe nur noch Zentimeter auseinanderlagen. So betrunken, wie Walter war, musste sie sich beeilen. Längst hatte sie ihre Scham freigelegt, bereit, sich auf ihn zu setzen. Ihn zu reiten, so wie er es mochte.
»Warst du beim Spiel?« Sie raunte ihm die Frage mit heißem Atem direkt ins Ohr, denn sie kannte Walters Fußballleidenschaft. Wenn er jetzt keinen hochkriegte, dann …

Doch schon in der nächsten Sekunde flog sie nach hinten. Ihre Brüste klatschten auf den kalten Boden, unmittelbar, bevor ihre Schläfe danebenschlug. Nur benommen wurde ihr bewusst, dass es seine Hände gewesen waren. Wie er nun, vollkommen nackt, auf ihr saß. Der Atem stank nach Alkohol und kaltem Rauch. Speichel fiel auf sie herab, während er in einer Hasstirade seinen ganzen Frust durchs Zimmer versprühte. Dabei packte er sie am Hals und schlug ihren Kopf so fest hin und her, bis das flackernde Licht der Kerzen vor ihren Augen immer matter wurde.
Irgendwann erlosch es.
Schwärze umhüllte sie.

MONTAG

MONTAG, 25. APRIL 2016, 0:50 UHR

Es stürmte.
Graupel mischte sich unter die Regentropfen, die von draußen mit lautem Trommeln gegen die Fensterflügel geweht wurden. Vorbei war es mit der lauen Abendstimmung, die vor ein paar Stunden noch in Frankfurt geherrscht hatte. Typisches Aprilwetter eben, wie man überall aufschnappen konnte. Die meisten Menschen hatten sich offenbar nicht mehr zu sagen, als über das Wetter zu reden. Dass es irgendwo im Allgäu dreißig Zentimeter Neuschnee gegeben hatte, war tatsächlich weniger beunruhigend als die weltpolitische Lage.
Im Inneren des Hauses spürte man nichts von alldem. Es war behaglich, fast schon zu warm, und die gelb getünchten Wände tauchten den Raum in ein warmes Licht. Es roch nach Desinfektionsmitteln.
Der Brustkorb des Mannes hob und senkte sich im Takt des Beatmungsgeräts. Das Brodeln und Keuchen glich dem einer Kaffeemaschine. Jeder Atemzug schien den Mann unendliche Kraft zu kosten, auch wenn die Ärztin versichert hatte, dass es nicht so sei.
»Er fühlt davon nichts.« Dabei hatte sie nach rechts geblickt. Es gab Theorien, nach denen Menschen, die lügen, die Augen nach links drehen. Die Bewegung war abhängig davon, auf welche Gehirnhälfte sie zugriffen. Fantasie oder Erinnerung. Sie wollte der Ärztin glau-

ben. Doch was, wenn diese sich irrte, auch wenn sie von dem Gedanken überzeugt sein mochte? Was, wenn er unendliche Qualen litt und sich nach Erlösung sehnte?
Dann musste Gott entscheiden. Wie immer, wenn Menschen mit ihren Fragen alleine waren. Wenn sie machtlos dastanden, trotz aller Technik, trotz aller Medizin.
Julia Durant wusste, dass ihr Vater bald sterben würde. Sie hatte es schon lange gespürt. Seit seinem Schlaganfall, auch wenn er ihn noch halbwegs gut weggesteckt hatte. Seit seinem neunzigsten Geburtstag. Seit sie in Frankfurt ins Auto gesprungen war und es anstatt nach Offenbach direkt auf die A3 in Richtung München gesteuert hatte. Ihr Paps sei schon in der Klinik, hatte man ihr mitgeteilt. Pastor Durant lebte in der Nähe von München. Es lagen über vierhundert Kilometer zwischen Vater und Tochter. Und noch bevor Durant die Stadtgrenze hinter sich gelassen hatte, sah sie all die Baustellenschilder vor ihrem geistigen Auge vorüberziehen. Schilder, die sie mit einem »Wir bauen für Sie« zu verhöhnen schienen.
Für mich? Der Gedanke schmeckte bitter. Vielleicht fuhr sie gerade jetzt zum allerletzten Mal in ihrem Leben nach München. Wenn Paps tatsächlich starb ... Tränen rannen ihr über die Wangen. Wenn er starb, das wusste sie, würde sich die Flut den letzten großen Felsen holen, der gegen die Brandung des Lebens aufbegehrte. Der ihr Halt gab, der ihr väterlichen Rat gab, ohne sich aufzudrängen. Der hinterfragte, statt zu bevormunden. Der letzte Felsen ihrer Familie. Dann blieb nur noch sie. Sie allein.

Es hatte fast fünf Stunden gedauert, bis Julia Durant schwer atmend das Krankenhaus erreicht hatte. Trotz der späten Stunde hakte es immer wieder in den zahlreichen Baustellen. Das Einzige, was stetig gerast war, war die Zeit. Zeit, die ihr niemand wiederbringen konnte. Zeit mit ihrem Vater.

Seine Augen waren geöffnet gewesen, als sie den Raum betrat. Hatte er gelächelt? Hatte er begriffen, dass seine Tochter es war, die ihm durchs Haar fuhr, die nach seinen Händen griff? Die den Kopf auf seine Brust legen wollte, aber Angst hatte, ihm die Luft abzuschnüren. Er war so dünn. So zerbrechlich. Und seine Haut fühlte sich an wie feuchtes Leder.
Es brodelte erneut.
»Er hat keine Angst. Er hat keine Schmerzen.«
Wie konnte die Ärztin sich dessen sicher sein?
Hatte sie sich selbst schon in einer solchen Lage befunden? Gab es etwa Studien von Sterbenden, die man fragen konnte? Julia wollte ihr glauben, sie musste es sogar.
Das Morphin, der Sauerstoff und all die anderen Mittel taten ihre Arbeit. Ganz gewiss. Und sicherlich hatte ihr Paps wirklich keine Angst. Denn er war ein Mann Gottes. Jemand, der sein Schicksal schon vor vielen Jahren in die Hände seines Schöpfers gelegt hatte.
Julia zog die Nase hoch und schmeckte das Salz ihrer Tränen. Es war Stunden her, als er zum letzten Mal ihre Hand gedrückt hatte. Sie hatte sich hinabgebeugt, denn er schien ihr etwas sagen zu wollen. Doch sie konnte seine Worte nicht mehr verstehen. Das Brodeln verwischte. Nur ihren eigenen Namen meinte sie herausgehört zu haben. Julia. Er wusste, dass sie bei ihm war. Dass sie warten würde, bis er losließ.
Außer ihr war niemand im Zimmer. Im Gegensatz zu den anderen Räumen war er mit nur einem Krankenbett ausgestattet. Mehr Farbe. Bilder an der Wand, die Naturmotive zeigten. Darunter ein Motiv mit Wolken. Sonnenstrahlen, die aus ihnen hervorbrechen. Gotteslicht.
Wie lange sie schon wach war, sie wusste es nicht.
Alle zwei Stunden kam eine Schwester herein, um nach dem Rechten zu sehen. Die Gesichter hatten irgendwann gewechselt. Eine neue Schicht. Man bot ihr Tee an und brachte ihr ein Kissen.

Es rasselte. Immer wieder. Und Julia Durant wartete darauf, dass es endlich aufhörte. Dass ihr Vater noch einmal ihre Hand drückte, bevor das geschah. Und dass er dann endlich gehen durfte.
Zu Gott.
Und zu seiner Frau.

9:35 UHR

Julia Durant schob den Schlüssel in den alten, verkratzten Schließzylinder der Haustür. Wie oft hatte sie als junge Frau ihren Schlüsselbund gegen diese Tür schlagen lassen? Wie oft war sie dafür gerügt worden? Die Worte ihrer Mutter klangen so deutlich, als stünde sie neben ihr. »Wenn die Lasur platzt, wird's an dieser Stelle grün. Also pass bitte auf. Du weißt, wie sehr dein Vater diese Tür liebt.«
Ja. Pastor Durant hatte seine Haustür geliebt. Das Haus, den Garten, seine Gemeinde. Er war Pfarrer in einer Gemeinde gewesen, die im Gegensatz zu den umliegenden Dörfern einen hohen Anteil an Protestanten aufwies. Hier, im alten Ortskern, schien die Zeit stehen geblieben zu sein. Es sah aus wie in Durants Kindertagen, einzig die modernen Autos und die Satellitenschüsseln auf den Dächern erinnerten daran, dass seitdem Jahrzehnte vergangen waren. Zweiundzwanzig Jahre hatte sie hier gewohnt. Schräg gegenüber der alten Kirche. Paps war im Ruhestand viel gereist, er hatte genügend Geld auf der hohen Kante gehabt, um sich das leisten zu können. Aber er war immer wieder hierher zurückgekehrt. In seine Gemeinde, seine Straße, sein Haus. Er hatte all das geliebt. Aber vor allem liebte er seine Familie.
Mit einem dicken Kloß im Hals betrat Julia den Flur. Überlegte, ob

sie nach oben gehen sollte, in ihr altes Zimmer. Über die alte Treppe, deren drittletzte Stufe sie immer versucht hatte zu überspringen. Ob sie immer noch so erbärmlich knarrte? Sie schritt stattdessen geradeaus weiter. Unter ihren Schuhen knackte es, vermutlich ein kleiner Stein. Alles lag da, wie sie es seit jeher kannte. An der Garderobe ein Sakko neben einem Parka. Arbeits- und Alltagskleidung. Die Filzhausschuhe, die sie ihm vor ein paar Jahren geschenkt hatte, weil er sich über kalte Füße beklagt hatte. Und an den Wänden Fotos in abgegriffenen Holzrahmen, von denen keiner dem anderen glich. Julia, ihre Mutter, selten er selbst. Paps hatte meist hinter der Kamera gestanden. Nur auf einem war er gut zu sehen. Ein Bild von dem Tag, als er offiziell in den Ruhestand verabschiedet worden war. Er lächelte gütig. Seine Kleidung war wie immer schlicht, er hielt seine Pfeife in der Rechten. Julia nahm das Foto von der Wand ab und ging in Richtung Wohnzimmer. Dort setzte sie sich auf seinen Sessel. Rückte das Kissen zurecht, das sie im Becken spürte, und ließ sich nach hinten sinken. Sie schloss die Augen, in denen sich längst schon wieder Tränen befanden. Nur für einen Moment. Und während sie verharrte, konnte sie den süßschweren Pfeifenrauch riechen, der sich überall niedergeschlagen hatte.

Er hatte die Augen noch einmal geöffnet.
Draußen war es noch tiefschwarze Nacht gewesen. Das Wetter hatte sich beruhigt. Er hatte sie erkannt und mit der letzten Kraft, die ihm verblieb, ihre Hand gedrückt. Hatte die Lippen geöffnet, um etwas zu sagen. Die Augen waren mit einem Mal hellwach, so, als könne er nicht gehen, ohne dass seine Tochter ihn verstanden hätte.
Doch es kam nur ein schwaches Flüstern, vermischt mit einem Atemstoß und einem Gurgeln.
»sich ... lasse ... eine« – »nicht ... dass deine«
Julia Durant spürte ihr Herz, das bis zum Hals trommelte.
Was wollte er ihr sagen?

Dann löste sich seine Hand. Sank hinab, streifte ihren Bauch.
»… nicht … all-eine«
War es das, was er gemeint hatte?
Wollte er sie nicht alleine lassen?
War es selbst jetzt, im Augenblick seines Todes, das, worum er sich am meisten sorgte? Dass sie nun alleine war?
Pastor Durant hatte noch einmal ausgeatmet.
Ganz tief und leise, dann hatte das Rasseln aufgehört.
Seine Tochter hatte wie versteinert neben ihm gesessen, sie hätte nicht zu sagen vermocht, für wie lange.

Jetzt war sie also allein.
Der Tag hätte schon vor vielen Jahren kommen können. Wer erreichte heutzutage noch die neunzig? Pastor Durant hatte sich eines langen und erfüllten Lebens freuen dürfen. Er hatte nicht lange leiden müssen. Doch all diese Gedankensplitter, die wirr durch Julias Kopf jagten, halfen ihr in diesem Moment nicht.
Ihre Mutter war gestorben, als sie fünfundzwanzig Jahre alt gewesen war. Krebs. Sie hätte es sich so sehr gewünscht, ein Enkelkind zu haben. War gegangen in der besten Hoffnung darauf, dass dieses sich bald einstellen würde. Durant war eine aufstrebende Kommissarin bei der Mordkommission in München gewesen. Verheiratet mit einem wunderbaren Mann. Zumindest so lange, bis er sie mit einer ganzen Reihe von Kolleginnen betrog. Sie hatte einen Schlussstrich gezogen und sich nach Frankfurt versetzen lassen. Alles auf null. Seitdem waren über zwanzig Jahre vergangen. Männer hatte es viele gegeben. Die meisten entpuppten sich als Nieten. Manche als noch Schlimmeres. Julia Durant war mittlerweile fast fünfzig. Sie hatte sich so oft in die Nesseln gesetzt, dass sie die Hoffnung auf eine eigene Familie längst aufgegeben hatte. Und dann war Claus Hochgräbe in ihr Leben getreten. Ein Kollege aus München. Ausgerechnet München. Ausgerechnet die Mordkommission. Paps hatte

ihn sehr gemocht, das wusste sie. Und nach vier Jahren Fernbeziehung hatte auch Hochgräbe sich nach Frankfurt versetzen lassen.

Julia Durant schlug die Augen wieder auf.
Das Foto war ihr aus der Hand gerutscht und zu Boden geglitten. Der dumpfe Aufprall der Holzkante auf dem Teppich hatte sie hochschrecken lassen. Ihre linke Hand lag auf dem Bauch und kribbelte, weil sie eingeschlafen war.
Plötzlich glaubte sie zu verstehen, was ihr Vater hatte sagen wollen.
»Nicht das Kleine.«
Durant begann zu zittern.
Hatte er das Kind gemeint? Seinen Enkel, den er in ihrem Unterleib wähnte? Ein Kind, von dem er glaubte, es nicht mehr kennenlernen zu dürfen. Weil Gott andere Pläne mit ihm zu haben schien. Weil es nun für ihn an der Zeit war, vor seinen Schöpfer zu treten.
Ein Tränenkrampf durchschüttelte ihren Körper, während Julia zusammensackte.

11:05 UHR

Walter Bortz war nüchtern, was um diese Tageszeit nicht selbstverständlich war. Er hatte die Hände tief in den Taschen der Lederjacke vergraben. Das Auto parkte am Rand eines Feldwegs südlich des Nordwestkreuzes, dort, wo die A5 sich mit der A66 kreuzte. An der gewohnten Stelle erklomm Bortz einen Abhang, folgte einem schmalen Trampelpfad und fand sich auf dem zugewucherten Gleisbett wieder. Es handelte sich um den alten Anschluss, der von der Kronberger Bahn zum verlassenen US-Army-Gelände führte.

Bortz blieb keuchend stehen. Er zog eine Zigarette aus der Packung und verfluchte das Feuerzeug, das erst beim vierten Versuch eine kleine Flamme hervorbrachte. Dann inhalierte er tief und blickte sich um. Keine Jugendlichen. Niemand zu sehen, nichts zu hören. Keine Abenteurer, die hier im Dickicht ihren geheimen Tätigkeiten nachgingen. Keine Kombis, aus denen man Grünschnitt, alte Reifen oder Windsäcke ablud, weil es hier niemanden zu stören schien. Bortz gluckste zufrieden. Denn er konnte niemanden brauchen, der ihn störte. Das hier war *sein* Ritual. Sein Gang, den er in unregelmäßigen Abständen wiederholte, wann immer es ihm danach war.

Er schritt weiter. Der Asphaltschotter knirschte unter seinen Sohlen. Eine Birke stach aus den Steinen hervor. Ein Stamm, so dick wie ein Unterarm. Wie lange wuchs sie schon hier? Die Natur eroberte sich die alte Bahntrasse zurück. Unaufhaltsam. So wie das Leben nun einmal war. Es sei denn, jemand beendete es.

Bortz erreichte das Ende des Hohlwegs. Seine Augen suchten die markanten Bäume, die er nie vergessen würde. Die Zeichen, die er sich eingeprägt hatte.

Mit ein wenig Anstrengung konnte er das Absperrgitter erkennen. Die Bahnbrücke über die Autobahn war nur noch wenige Schritte entfernt. Der Motorenlärm drang sonor zu ihm, dann eine Stimme. Oder hatte er sich geirrt? War da jemand? Vielleicht ein Gassigänger? Würde jemand wagen, den Zaun zu durchdringen und den alten Eisenweg auf seiner Seite zu gehen? Er wusste, dass es eine Mutprobe war, der sich manch Frankfurter Junge schon hatte stellen müssen. Doch nichts geschah.

Wie lange würde man die ausgediente Brücke noch stehen lassen? Wann würde sich ein Investor finden, der das angrenzende Gelände dem Erdboden gleichmachte, um etwas Neues darauf zu errichten? Jeder Quadratmeter Frankfurts, der ungenutzt blieb, war ein Grab. Ein schwarzes Loch, das Geld verschlang. Das Ende der US-Ruinen war nahe, Bortz konnte es spüren, und es erleichterte ihn. Sie würden niemandem mehr wehtun. Niemanden mehr in die Verzweiflung treiben. So wie ...

Zigarettenrauch traf seine Augen, vor denen ein Schleier hing. »Es tut mir leid«, wisperte Bortz, zog ein letztes Mal an dem Filter und hielt die nächste Zigarette längst bereit. Entzündete sie an der Glut der alten, so gierig, als wolle er den Rauch am liebsten verschlucken. Doch sie schmeckte ihm nicht. Und nach seinen Augen reagierte der Hals auf die Bestürztheit. Er wurde trocken und fühlte sich eng an.

Warum hatte das passieren müssen?

»Das hast du nicht verdient«, sprach Bortz weiter und richtete seinen Blick auf einen willkürlichen Punkt zwischen den Bäumen. Vor geraumer Zeit hatte er eine Handvoll Steine aufeinandergetürmt. Doch jemand hatte sie zertreten.

Wenn ihr Geist zwischen diesen Bäumen umherging, dann war er also wenigstens nicht allein.

Ein kalter Windstoß brachte den Mann zum Frösteln.

»Ich habe das nicht gewollt«, flüsterte er in den aufkommenden Wind und wischte sich eine Träne aus dem Gesicht.

So hart er auch zu anderen sein konnte: Diese Frau hatte nicht sterben sollen. Von all den unrühmlichen Dingen, die Walter Bortz im Laufe seines Lebens getan hatte, war es das eine, das Einzige, was er ändern würde, wenn es in seiner Macht stünde. Doch die Gewissheit nagte an ihm, an manchen Tagen höhlte sie ihn aus. Es war nicht zu ändern, sie *war* tot.

Ein Fakt, an dem keine Macht etwas ändern konnte.

Eine Tat, deren er sich schuldig gemacht hatte.

Wie oft er schon hier gestanden hatte, Bortz wusste es nicht. Verdiente er es, sich ein Herz zu fassen, das Metallgitter zu überwinden und dasselbe Schicksal zu nehmen? Ein Leben für ein anderes? Diese Frage waberte in seinem Unterbewusstsein, doch die Antwort war dieselbe wie all die Male zuvor: Nein. Er war zu feige. Er würde es nicht tun. Und vor allem nicht jetzt. Er würde weiter trinken, weiter spielen und sich dieses beschissene Leben so erträglich machen, wie es ihm möglich war.

*

Eine Viertelstunde später kletterte Bortz auf einen Motorroller, den er abseits des Weges abgestellt hatte. Das Knattern zerriss die Stille, blaugrauer Rauch wurde in das kleinblättrige Dickicht gestoßen, wo er sich wie dichter Nebel festsetzte und nur langsam den Weg nach oben fand.
In einem Feldweg, zweihundert Meter weiter, öffnete sich eine Wagentür. Der Mann mit der Kamera hatte Blut und Wasser geschwitzt, als drei Grundschüler mit ihren BMX-Rädern aus dem Nichts erschienen waren. Gedroht hatten, ihm allein durch ihre Anwesenheit alles zu versauen. Mit gepresster Stimme und einem gezückten Portemonnaie hatte er sie zum Abhauen bewegen können. In letzter Sekunde.
Viel zu interessant war das, was der Mann mit dem Moped an der alten Bahnüberführung getrieben hatte.
Was ihn dorthin getrieben hatte.

11:15 UHR

Schritte trappelten durch den Flur. Das Haus war hellhörig, die Absätze der Schuhe klangen, als liefen sie direkt neben Durants Kopf. Sie spürte die Vibrationen am Ohr.
»Mei! Um Himmels willen!«

Die Stimme der Haushälterin. Ein energisches, urbayerisches Original. Erst jetzt begriff die Kommissarin, dass sie auf dem Teppich vor dem Fernsehsessel lag. Sie musste eingeschlafen sein. Auf ihrem Gesicht kitzelten die Fasern, und sicher hatte sie jetzt einen Abdruck, der sich einmal quer über die Backe zog.
»Was ist denn hier los? Ich habe gerufen, ich habe geklingelt. Das Auto steht in der Einfahrt! Herrschaftszeiten, haben Sie mich erschreckt!« Dann hielt sie inne und senkte das Haupt. »Mein Beileid.«
Durant griff nach ihrer Hand und lächelte. »Er ist jetzt bei Mama. Und er war nicht allein.«
Die beiden schwiegen für einige Sekunden, dann sprach die Kommissarin weiter: »Ich muss eingeschlafen sein. Ich wollte hierher, etwas alleine sein. Ausruhen.« Sie deutete auf das Foto, das noch immer auf dem Boden lag. »Es gibt jetzt so viel zu tun.«
Es graute ihr bei dem Gedanken.
Während die Haushälterin in der Küche verschwand, um Kaffee zu kochen und eine Kleinigkeit zu essen zu machen, erinnerte sie sich an damals. Ein Foto für die Traueranzeige. Ein großformatiges Bild für die Trauerfeier. Einen Vers, den man mit dem geliebten Menschen in Verbindung brachte.
Wenn sich der Mutter Augen schließen ...
Damals hatte Paps sich um diese Dinge gekümmert. Ohne Internet, ohne Google, und sie selbst hatte die Tage bis zur Beisetzung wie unter einer Glocke erlebt. Oder war das ein Trugschluss ihrer Erinnerung?
Durant wusste es nicht.
Sie wusste nur, dass sie jetzt alleine war.
Ganz alleine.
Für immer.

ZWEI WOCHEN SPÄTER
FREITAG

FREITAG, 6. MAI, 8:05 UHR

Das Sommersemester an der Fachhochschule Frankfurt kam nur langsam in Gang, was Dina ganz recht war. Es glich einem Wunder, dass sie überhaupt hier war. Dass man sie bleiben ließ. Sie stieg aus der Straßenbahn und versuchte, so viele der trübsinnigen Gedanken wie möglich hinter den zischenden Türen des Wagens zurückzulassen. Über ihrer Schulter hing eine Stofftasche. In ihr befanden sich ein Apfel, ein Müsliriegel und eine Flasche Wasser. Außerdem ein karierter Block und einige Ausdrucke, die sie in einen Schnellhefter einsortiert hatte. Dina liebte die Ordnung, sie nahm ihr Studium sehr ernst. Mit ihren Kommilitonen, die sie häufig damit aufzogen und den Hauptinhalt in ausschweifenden Partys und Männergeschichten zu sehen schienen, konnte sie nicht viel anfangen. Manchmal – wenn sie sich mal wieder gezwungen sah, sich rechtfertigen zu müssen – erwähnte sie eine alte Geschichte, die ihr noch heute sehr zu schaffen machte. Während ihres ersten Semesters war eine Kommilitonin abgeschoben worden. Sie stammte aus einer Region Ex-Jugoslawiens, genau wie sie. Dina wusste nur nicht mehr genau, woher. Die junge Frau hatte ihre alte Heimat während des Bürgerkriegs als Kleinkind verlassen und keinerlei Bezug dazu. Sprach besser Deutsch als jede andere Sprache. Hatte einen guten Schulabschluss und wäre mit Sicherheit eine hervorragende Sozialarbeiterin geworden. Doch all das hatte ihr nicht geholfen. Von einem Tag auf den anderen war sie verschwunden.

»Und was hat das mit dir zu tun?«, musste sie sich dann anhören. »Kann dir doch nicht passieren.«
Das sagte sich so einfach. Doch Dina hatte zu viel erlebt, um ein solches Vertrauen zu besitzen.
Für eine Sekunde verschwammen ihre Augen. Das rote Haus in der Mitte des Campus schien sich im Flimmern der Hitze aufzulösen. Es war das letzte Gebäude des alten Straßenzugs, um den herum man das Hochschulgelände nach allen Richtungen erweitert hatte. Der perfekte Platz für die Fachschaft, eingekesselt, wie man sich selbst gerne wahrnahm. Wie eine letzte Bastion, die sich tapfer gegen die Bürokratisierung auflehnt. Der letzte Ort, wo man sich das Rauchen nicht verbieten ließ – manche Professoren in ihren Dienstzimmern ließen sich gewisse Angewohnheiten trotz hochsensibler Rauchmelder nicht nehmen.
Auch wenn vom Geist der Siebzigerjahre sonst nicht mehr viel zu spüren war, Dina hatte stets hierher gewollt. Soziale Arbeit studieren, etwas bewirken, die Welt ein wenig besser machen. Ihr Vater verachtete diese Entscheidung. Hatte versucht, sie mit Worten davon abzubringen. Dann mit Schlägen. Auf ihre Mutter konnte sie nicht zählen. Und dann ihr Bruder …
Der Schatten legte sich erneut auf Dinas Gesicht.
Wenn nicht für mich selbst, dachte sie im Stillen, dann wenigstens für andere. Sie wischte sich eine Träne aus dem Augenwinkel und griff nach dem Stoff, der Haare und Stirn bedeckte. Sie hasste das Kopftuch, und ihr Vater würde sie halb tot prügeln, wenn er wüsste, dass sie es vor den Seminaren ablegte. Dina steuerte ihre Schritte in Richtung Gebäude Nummer 2. Stapfte die Treppenstufen des Altbaus hinauf und ging zur Damentoilette. Dort entledigte sie sich des Tuches und ordnete ihre Frisur. Sie hatte langes Haar, genauso wie Schneewittchen aus dem Märchen. Schon als Mädchen hatte sie sich gefragt, weshalb man eine derartige Schönheit verstecken solle. Und schon als Kind hatte ihr ein solches Aufbegehren brutale Strafen beschert.

Das Aufschwingen der Tür riss Dina aus ihren Gedanken, und sie zuckte so sehr zusammen, dass sie ihre Tasche fallen ließ. Dann erkannte sie das Gesicht der Person, die hereinkommen wollte. Vor ihren Füßen die Wasserflasche, um ein Haar wäre sie darüber gestolpert.
»Mensch, du bist es«, lachte die junge Frau. Sie hieß Freya und war wie sie Anfang zwanzig. Hatte ein rundes Gesicht mit Stupsnase, um die sich unzählige Sommersprossen verteilten. Ihre Augen waren von einem leuchtenden Grün, dazu trug sie blonde, lange Haare mit einem leichten Rotstich. Für Dina, die in ihrem Gesicht oftmals nichts als Dunkelheit wiederfand, war Freya der Inbegriff irisch-europäischer Schönheit. Unter allen Mitstudenten war sie Dinas einzige Freundin.
Schon hatte Freya sich gebückt und nach der Flasche gegriffen, den Ordner zurück in die Tasche geschoben und das ganze Bündel aufgehoben. Da stand sie nun, mit ihrem unbeschwerten, wunderschönen Lächeln. Und Dina schaffte es gerade einmal, die Mundwinkel zu verkrampfen.
»Danke.«
Als Nächstes bemerkte sie, wie Freyas Augen ihre Schläfe taxierte. Dina wollte sich noch wegdrehen, doch es war zu spät. Nur eine Minute später, dachte sie im Stillen, und ich hätte es überpudern können.
»War *er* das?«
Dina bejahte, und Freya blickte grimmig drein.
»Dieses Arschloch.« Nur sie durfte Dinas Vater so nennen. Sie und Dinas Bruder, aber selbst dieser wagte das nur selten. »Warum gehst du nicht endlich weg?«
»Ich kann nicht, und das weißt du auch«, erwiderte Dina und griff nach ihrer Tasche, in der sich auch ein paar Schminkutensilien befanden.
Freya schnaubte verächtlich. »Und wenn schon! Wieso beschützt dich dein Bruder nicht? Er reißt doch sonst ständig große Sprüche. Warum lässt er so etwas zu?«

Sie zeigte auf die blaue Stelle zwischen Auge und Haaransatz.
»Du weißt, dass er es nicht kann«, murmelte Dina und drehte sich in Richtung Spiegel.
»Nicht kann, nicht kann«, redete Freya ihr nach. »Nicht will. So sieht's mal aus.« Sie überlegte kurz. »Dann lass ihn seine Arbeit doch künftig selbst machen, seinen ganzen Bürokram. Er wird ja sehen, was er davon hat.«
Ihr Bruder Gorhan unterhielt ein kleines Restaurant mit Lieferservice. Dass er praktisch nicht lesen konnte und noch weniger von Buchhaltung und Steuererklärungen verstand, war ein Geheimnis, von dem alle in der Familie wussten, aber worüber man nicht sprach. Von Dina wurde erwartet, dass sie sich darum kümmerte. Neben ihrem Studium. Im Gegensatz zu diesem nahm man das Unternehmen ihres Bruders in der Familie sehr ernst. Natürlich. Die Einnahmen finanzierten die Familie, was zum Großteil bedeutete, dass das Geld in die Trunksucht des Vaters floss. Praktischerweise bezog er seinen Alkohol dann auch gleich im Imbiss seines Sohnes. Und versenkte seine Münzen in die einarmigen Banditen, die Gorhan aufgehängt hatte.
Es war ein beschissenes Leben, wenn sie darüber nachdachte. Doch Dina konnte nicht gehen. Noch nicht.
Freya wollte wissen, ob die Vorlesung überhaupt stattfand. In den letzten beiden Wochen war die Professorin wegen eines Fahrradunfalls nicht an die FH gekommen. Erst als sie die Frage wiederholte, riss das ihre Freundin Dina aus den düsteren Gedanken. Sie hob die Schultern: »Keine Ahnung. Ich bin ja selbst eben erst angekommen.«
»Na, wenn der Block ausfällt, könnten wir schnell zur Konsti fahren«, schlug Freya vor. Sie meinte die Konstabler Wache, die nur wenige Haltestellen entfernt lag. Dort befand sich einer der Eingänge zur Zeil, Frankfurts beliebter Einkaufsstraße.
»Warum das denn?« Dina rollte mit den Augen. Immer musste Freya ihr Geld auf der Zeil raushauen. Dabei jammerte sie nicht selten darüber, wie knapp sie bei Kasse war.

»Sag bloß, du hast die Party vergessen.«
Tatsächlich hatte Dina darauf gehofft, dass Freya dieses Thema nicht mehr ansprechen würde.
»Welche Party noch mal?«, fragte sie betont desinteressiert. Doch ihre Freundin durchschaute sie.
»Ha, ha! Als ob!« Freya knuffte sie sanft in die Seite, während sie zur Anzeigetafel schlenderten, um nachzusehen, ob dort etwas über ihre Professorin zu lesen war.
»Du weißt genau, wovon ich rede. Und ich nehme es dir außerdem übel, dass du mir nicht als Erste davon erzählt hast.«
Dina schüttelte energisch den Kopf. »Freya, bitte. Lass uns was anderes unternehmen. Ich habe dir nichts davon gesagt, das stimmt. Aber … «
»Nein, Dina!«, unterbrach Freya sie scharf. »Du musst endlich mal wieder raus aus deinen vier Wänden. So wird das doch nie was mit dir.«
Auch ohne die Gründe, die Dina in Wirklichkeit hinderten, hätte Freya es besser wissen müssen.
Dina startete einen letzten Versuch: »Es ist mein Bruder. Er wird auch dort sein. Ich kann nicht, hörst du? Außerdem – mein Vater …«
Freya schnaubte verächtlich. »Dein Vater! Wenn ich das schon höre. Der liegt um diese Zeit doch besoffen auf dem Sofa. Und das weißt du auch.«
»Ja, eben«, gab Dina zurück. »In diesem Zustand ist er am schlimmsten. Da lässt er mich niemals aus dem Haus.«
»Herrje, du bist erwachsen!« Jetzt kam diese Leier. »Hast du in Recht nicht aufgepasst? Wir leben in einem freien Land. Er kann dir gar nichts vorschreiben.«
»Er kann das da …« Dina deutete auf den überpuderten Bluterguss.
»Sein Haus, seine Regeln. Meine Familie ist eben anders als deine. Da ändert dein bescheuertes *Recht* auch nichts dran!«

Freya schluckte und legte den Arm um sie. Einige Sekunden verstrichen, bis sie raunte: »Nein, Dina. Wir sind anders. Wir sind göttlich, das weißt du doch. Dina und Freya.«
Ganz zu Beginn ihrer Freundschaft hatten sie ihre Namen gegoogelt. Mehr zum Spaß, aber dabei hatten sie herausgefunden, dass es in mancher Deutung Engelsnamen waren. Freya war sogar ein nordischer Göttinnenname. Kindisch, wie es sich in diesem Moment anfühlte. Doch Freya hielt daran fest. »Wir beide sind Engel. Und was machen Engel?«
»Sag du es mir.«
»Wir werden uns himmlisch amüsieren.«
Doch Dina schüttelte den Kopf. »Nicht an diesem Wochenende«, erwiderte sie leise. Ihre Freundin begriff, dass diese Antwort endgültig war. Doch das Wichtigste für Dina war das, was sie nun zu sagen hatte. Sie ergriff Freyas Hände und schenkte ihr einen vielsagenden Blick.
»Du darfst da auch nicht hingehen, hörst du?«, drängte Dina. »Versprich es mir. Diese Party ist kein Ort für Engel. Du musst es mir versprechen.«
Freya schwieg eine Weile, dann aber nickte sie hastig und setzte ein unbeschwertes Grinsen auf. »Okay. Meinetwegen. Ich denke drüber nach.«
Ein Kommilitone rief Freyas Namen, und die junge Frau zog Dina leichtfüßig mit sich, um sich im nächsten Moment in belanglosen Small Talk zu stürzen.
Dina schaffte es nur schwer, auf die Themen der FH umzuschalten. Auf den Lernstoff, auf das Essen in der Mensa und auf Themen wie Fußball und das neue Album von Radiohead. Freya war nicht nur leistungsstark und gewissenhaft, was das Studium betraf. Sie war auch so unbedarft, nichts und niemand schien ihr schaden zu können. Außerdem verfügte sie über eine gewisse Erfahrung, insbesondere mit Männern. Eine Eigenschaft, die Dina an ihr besonders

bewunderte. Denn Dina selbst hatte noch nie einen anderen Mann geliebt. Sie kannte Sex, aber nicht als Akt der Liebe. Doch diese Erinnerungen versuchte sie, so tief es ging, in ihrer Seele zu vergraben. Wie eine Auster, in der sich Perlmutt um tödliche Fremdkörper legt, damit sie das zarte Fleisch nicht verletzen. Doch ganz gleich, wie dick die Schutzschicht auch wuchs: Der Schmerz blieb bestehen.
Er würde für immer ein Teil von ihr sein.

SONNTAG

SONNTAG, 8. MAI, 5:40 UHR

Das Knallen der Autotür zerriss die Stille, die über der Stadt lag. Es war dämmrig, die Sonne war noch nicht aufgegangen. Julia Durant blinzelte in das fahle Licht von Straßenleuchten, die man mit LED-Technik bestückt hatte. Dazwischen die Farbtupfer der Einsatzfahrzeuge. Sie unterdrückte ein Gähnen und nippte an ihrem Pappbecher. Der Kaffee war stark und kräftig gesüßt.
Vor einer halben Stunde hatte die Kommissarin der Mordkommission noch nichts ahnend in ihrem Bett gelegen. Dann der Anruf des KDD. Eine Leiche im Westhafen. Natürliche Todesursache ausgeschlossen. Ein Fall für das Königskommissariat, wie man das K11 intern manchmal bezeichnete. Ein Fall für Julia Durant.
»Hast du sonst noch wen erreicht?«, hatte sie sich erkundigt und dachte dabei vor allem an ihren Kollegen Frank Hellmer.
Alice Marquardt, die rauchige Stimme am anderen Ende der Leitung, verneinte. »Hat nicht Kullmer Bereitschaft? Bei ihm geht nur die Mailbox ran.«
Julia Durant streckte sich gähnend. Dann hielt sie das Handy wieder ans Ohr und antwortete: »Hauptsache, ich muss das nicht alleine durchziehen. Wärst du so nett und versuchst es weiter?«
»Klar.« Marquardt machte eine Pause, dann sagte sie leise: »Mein Beileid übrigens noch. Mensch, ich habe es erst vorgestern gehört.«
»Danke.«

»Glaub mir, ich fühle mit dir. Mein Paps war achtundsechzig. Kommst du klar?«

»Schon in Ordnung. Er ist eingeschlafen, er war nicht alleine, und gelitten hat er wohl auch nicht. Das ist besser, als es den meisten ergeht.«

»Mmh.«

Gespräche über den Tod von Familienangehörigen waren das Letzte, wonach Julia Durant der Sinn stand. Der Tod überforderte die Lebenden, so war es immer gewesen, und am Ende triumphierte er. Pastor Durant war in den frühen Morgenstunden des 25. April verstorben. Er würde eine Urnenbestattung bekommen, Julia hatte sich mit allerlei Formalien herumgeärgert. Das lange Wochenende war mit einem Mal völlig unwichtig geworden. Stattdessen ging es um die Frage, was nun mit ihrem Elternhaus passieren würde. Und – das schien dem Bestatter am allerwichtigsten zu sein – wie die Traueranzeige aussehen sollte. Ein zäher Prozess, der sich am Ende darauf beschränkte, aus einem Katalog ein passendes Bild und einen Spruch auszuwählen, von dem man glaubte, dass er dem Verstorbenen gefallen würde. Durant hatte ein Bild mit einer Lilie gewählt. Ihre Familie war eine alte Hugenottenfamilie. Geflüchtet aus Frankreich. Eine Lilie erschien ihr passender als eine Getreideähre oder eine Rose. Und doch konnte kein Bild, kein Spruch ihrem Vater gerecht werden. Dem Mann, den sie so jäh verloren hatte.

Seit ein paar Tagen war Julia Durant wieder in Frankfurt. Einen Beisetzungstermin gab es noch nicht. Ihre Anwesenheit in München war nicht erforderlich. Wegen der Feiertage würde sich das Prozedere noch etwas hinziehen, hatte es geheißen. Man würde sich bei ihr melden. Bis dahin wartete der Alltag auf sie.

Und damit auch wieder der Tod.

Die Straße führte parallel zum Main auf einen künstlichen Landfinger. Ein Dutzend Wohnwürfel reihten sich wie Container aneinander. Mehrere Etagen, kubische Formen, eine Menge Glas. Es war ein monotones Bild, aber die Kommissarin konnte ihm einen gewissen Charme nicht aberkennen. Wie hatte es früher hier ausgesehen? Industriebrachen und Müll. Die Stadt musste sich weiterentwickeln. Auch in Sachsenhausen, wo sie lange gewohnt hatte, griff der Fortschritt um sich.

Durant versuchte sich zu erinnern, welche Hausnummer ihr genannt worden war. Doch schon klopfte es an ihre Autoscheibe. Frank Hellmer. Gut, dachte sie. Dann hat Alice Marquardt ihn also erreicht. Und Hellmer musste seinen 911er in Lichtgeschwindigkeit von Okriftel bis hierher bewegt haben.

»Guten Morgen«, sagte sie, nachdem sie ihre Scheibe hinabgelassen hatte.

»Selber guten Morgen.« Er gähnte und tat so, als reibe er sich die Augen. Man sah ihm an, dass er sich nicht mit Duschen und Kämmen aufgehalten hatte. »Warum hätte er nicht bis heute Mittag warten können? Oder meinetwegen schon gestern Abend?«, murrte der Kommissar weiter.

»Wieso warten? War es ein Suizid?«, vergewisserte sich Durant.

»Na ja, er baumelt am Geländer.« Hellmer deutete auf einen Quader, dessen Fenster heller erleuchtet waren als die der Nachbargebäude. »Vom Ende der Mole müssten wir ihn sogar sehen können.«

»Wen, ihn?«

»Na, den Toten. Er hängt wie auf dem Präsentierteller. Komischer Ort, um sich umzubringen, wenn du mich fragst.«

»Hm.« Julia Durant hatte schon so viel erlebt, dass es kaum etwas gab, worüber sie sich wunderte.

»Was ist mit Claus? Weiß er Bescheid?«, hörte sie ihren Partner fragen, während sie das Auto abschloss.

Durant schüttelte den Kopf. Kommissariatsleiter Claus Hochgräbe, ihr Lebensgefährte, hatte im Januar 2015 Bergers Nachfolge angetreten. Seitdem wohnten sie zusammen und arbeiteten zusammen. Nicht jede Beziehung hielt solch einer Veränderung stand, aber die beiden hatten sich damit arrangiert.

Claus hatte einen Schlaf wie ein Murmeltier. Julia hatte ihm daher nur einen Kuss auf die Stirn gegeben und eine Notiz hinterlassen.

»Er wird sich melden, wenn er wach ist«, sagte sie. »Bis dahin bin ich hier der Boss.«

Sie betraten das Haus. Einer der Mehrfamilienblöcke, die erst vor Kurzem parallel zum Mainufer aus dem Boden gestampft worden waren. Exklusives Ambiente. Man sprach von der *Westhafen Marina*. Fotos im Internet ließen den Trugschluss zu, dass Frankfurt eine Hafenstadt mit regem Wassersport sei. Direkter Anschluss zum Meer oder mindestens zu einem Seegebiet. Wie so oft mehr Schein als Sein, doch die Strategie funktionierte. Die Preise schossen in die Höhe, und die Nachfrage war immens.

Die Kommissarin deutete nach oben. »Es ist also das Penthouse, nehme ich an?«

»Klaro«, feixte Hellmer. »Der Typ …«

»Welcher Typ eigentlich?«, unterbrach sie ihn. Bisher hatte niemand etwas zur Identität des Toten gesagt.

»Ach, das weißt du noch gar nicht? Siggi Maurer. Klingelt da was bei dir?«

»Nö. Müsste es?«

»Du hast's nicht mit Boxen, hm? Mann, er war mal *die* Nummer für Deutschland. Halbschwergewicht. Zweifacher Olympiamedaillengewinner. Der Gute ist millionenschwer.«

»Er war millionenschwer.« Der Name sagte ihr nach wie vor nichts. »All das hier bringt ihm im Jenseits nichts mehr.«

Sie sah, dass Hellmer etwas erwidern wollte, sich dann aber dagegen entschied. Vermutlich ein Kommentar, weshalb sie sich so über das Jenseits äußerte. Fast philosophisch. Doch seit einer gewissen Zeit ließ er sie damit gewähren. Er war ein guter Freund, vielleicht der beste, den sie je gehabt hatte. Für eine Sekunde hielt sie inne, atmete tief ein, dann griff sie Hellmers Arm.
»Legen wir los.«

Minuten später erreichten sie eine lichtdurchflutete Wohnung mit großzügig bemessenen Räumen. Alle Welt schien sich entweder in Zeitlupe zu bewegen oder wie auf Eierschalen zu gehen. Lag es daran, dass es sich um einen Prominenten handelte? Die Rechtsmedizinerin Andrea Sievers trat so nah an die beiden heran, wie es ihr die knittrige Schutzkleidung gestattete.
»Hört mal«, raunte sie, »ich glaube, hier wird mit Kanonen auf Spatzen geschossen. Er hat sich einen Stuhl genommen, das Seil ans Geländer geknotet, Kopf in die Schlinge – und dann ›*Geronimo!*‹. Es gibt nicht den kleinsten Hinweis auf Fremdeinwirkung.«
Hellmer griff sich unwillkürlich an den Kehlkopf und verzog das Gesicht. Auch Durant versuchte sich nach dieser plastischen Schilderung von der Fantasie zu lösen, wie es sein musste, wenn die Kehle sich abschnürte und man das Bewusstsein erlangte, dass es keine Chance mehr auf Rettung gibt. Nichts, womit man es umkehren könnte. Keine Möglichkeit zu schreien. »Trotzdem muss es Gründe dafür geben«, erwiderte sie, und es fröstelte sie, was weder von der Müdigkeit kam noch von der klimatisierten Wohnzimmerluft.
»Geht das bitte noch mal ausführlich durch«, bat sie die beiden. »Schritt für Schritt. Und nehmt den Leichnam um Himmels willen da runter. Man sagte mir, es gebe eine Ehefrau. Ist sie noch hier in der Wohnung? Wie geht es ihr?«
»Sie hat Valium intus und ist ziemlich konfus. Aber wer steckt so

was auch schon einfach so weg?«, antwortete Dr. Sievers und schnitt eine Grimasse. »Außer uns, versteht sich.«
Julia Durant unterdrückte ein mattes Lächeln. Es gelang ihr nur teilweise. Die Rechtsmedizinerin Andrea Sievers war ein Original. Abgeklärt, knochentrocken, jemand, den beinahe nichts und niemand mehr schockieren konnte. Eine Frau, die direkt nach einer Obduktion eine Pizza verdrücken konnte oder tanzen ging, als sei ihr Job das Normalste auf der Welt. Aber man musste sich eine Schutzhülle aufbauen, wenn man tagtäglich in die Gesichter des Todes blickte. Das wusste auch die Kommissarin nur allzu gut. Bei Andrea war es der Sarkasmus, der sie schützte. Julia indes trug ihren Ballast zu einer Freundin, die Psychologin war und ihr auch bei Ermittlungen als Beraterin zur Seite stand. Sie tastete nach ihrer Visitenkarte. Wenn die Frau des Toten tatsächlich so verstört war, wie Andrea es angedeutet hatte, würde sie ihr anbieten, sich bei Alina Cornelius zu melden.

6:50 UHR

Jolene Maurer saß im Schlafzimmer auf der Bettkante und kaute an den Fingernägeln. Der Bildschirmschoner des Fernsehers warf blaues Licht in den Raum, der ansonsten im Dunkel lag. Durant drückte die Tür hinter sich zu. Es dauerte einige Sekunden, bis sich ihre Augen an den Lichtwechsel gewöhnten. Sie erkannte zuerst die modelhaften Konturen der Frau. Die dünnen Beine. Ein langer Hals und schlaksige Arme. Und dann erst entdeckte die Kommissarin den Babybauch.
»Frau Maurer? Mein Name ist Julia Durant. Können wir uns kurz unterhalten?«

»Wenn's sein muss.« Die Stimme war piepsig und kraftlos.
Durant nahm neben ihr Platz und verzichtete darauf, zu fragen, ob sie die Beleuchtung einschalten dürfe.
»Es tut mir leid, aber ich kann Ihnen das nicht ersparen.« Sie fuhr sich durchs Haar. »Können Sie mir berichten, was sich zugetragen hat? So genau wie möglich bitte.«
Schweigen. Eine nahezu unerträgliche Stille. Dann endlich begann Frau Maurer zu sprechen.
»Ich schlafe nicht gut in letzter Zeit. Das Baby.« Ihre Hand strich sanft über den Kugelbauch. »Ich bin aufs Klo gegangen. Dann ...« Sie brach ab.
»Dann haben Sie ihn gesehen?«, fragte Durant nach.
»M-mh.«
»Haben Sie sich nicht gewundert, dass er nicht neben Ihnen lag?«
»Nein.« Frau Maurer druckste. »Wir schlafen getrennt.«
Durant machte eine Pause, weil sie spürte, dass ihre Gesprächspartnerin sich bei diesem Thema unwohl fühlte. Sie tastete nach ihrem Notizblock.
»Also manchmal«, kam es abrupt zur Rechtfertigung. »Wir schlafen manchmal getrennt. Wenn Siggi spät nach Hause kommt. Oder wenn ...«
»Wenn was?«
»Wenn er getrunken hat! Verdammt!« Mit einem Fuchteln wollte die Frau in die Höhe schnellen, doch das Valium und der Babybauch ließen sie ins Taumeln geraten. Sie plumpste wieder zurück und schnappte nach Luft. »Scheiße!« Dann schluchzte sie. »Was mache ich denn jetzt?«
»Haben Sie jemanden, der sich um Sie kümmert?«
Kopfschütteln.
»Vielleicht doch irgendwen, den Sie anrufen können?« Durant reichte ihr Alinas Visitenkarte. »Falls nein, können Sie sich auch gerne hierhin wenden. Sie sollten jetzt nicht alleine sein.«

»Ich bin ja nicht alleine«, erwiderte Jolene, ohne die Karte zu beachten, und tippte sich auf die Kugel. »Haben Sie Kinder?«
Diesmal war Julia Durant es, die in Schweigen verfiel.
»Nein«, hauchte sie irgendwann.
Sie war zweimal in ihrem Leben ziemlich nahe dran gewesen. Doch die erste Schwangerschaft, im Teenageralter, war nicht von langer Dauer gewesen. Eine glückliche Fügung – zumindest hatte sie das damals gedacht. Ihr Körper viel zu jung, noch nicht bereit. Es würde eine andere Gelegenheit geben. Davon war sie jahrelang überzeugt gewesen. Doch stattdessen summierten sich nur ihre Fehlentscheidungen in puncto Männern. Durant wurde vierzig. Dann fünfzig. Verabschiedete sich von dem Gedanken, eine eigene Familie zu haben. Und ausgerechnet dann schien es zu passieren. Die Periode blieb aus. Sie hatte sich nichts dabei gedacht. Hatte es auf die Wechseljahre geschoben. Doch dann, ein scheinbar positiver Test. Plötzlich war alles wieder da. Die Hoffnung, die Ängste, die schlaflosen Nächte. Beruhigt von dem Gedanken, dass es auch anderen Frauen gelungen war, mit Anfang fünfzig ein gesundes Kind auf die Welt zu bringen. Gerade als Julia sich mit dem Gedanken anfreunden wollte, zerplatzte die Seifenblase wieder. Ein Hormonwert außerhalb der Norm. Eine Abweichung. Das letzte Mal im Leben, dass sie sich übers Kinderkriegen Gedanken machte. Dabei hatte sie sich im Grunde schon vorher damit abgefunden gehabt.
»Nein ... leider nicht«, sagte Julia schließlich. Sie hüstelte und fragte: »Was hat Ihr Mann denn gestern Abend gemacht? War er anders? Ist irgendetwas Besonderes vorgefallen?«
»Keine Ahnung.«
»Frau Maurer, alles kann wichtig sein«, betonte die Kommissarin. »Wann haben Sie ihn denn zum letzten Mal gesehen?«
»Er kam ins Zimmer, das muss nach Mitternacht gewesen sein. Er stank nach Alkohol und stolperte herum. Ich habe ihn wieder weggeschickt, so wie immer, wenn er so ist. Ich bin momentan froh,

wenn ich überhaupt mal schlafen kann.« Der letzte Satz klang beinahe trotzig. Doch sofort kamen wieder die Tränen. »Mann! Ich habe ihn weggeschickt«, stotterte sie, während es sie schüttelte. »Vielleicht bin ich ja schuld ... vielleicht ...«
Julia Durant legte einen Arm um die Frau.
»So dürfen Sie nicht denken.«
»So denke ich aber! Ich kann gar nicht anders denken! Bitte, darf ich jetzt wieder alleine sein?«
Nur widerwillig ließ die Kommissarin die junge Witwe in ihrem Zimmer zurück.

»Wer hat ihr das Valium gegeben?«, erkundigte sie sich bei Andrea Sievers.
»Irgendein Typ hier aus dem Haus. Ist wohl Arzt. Die Adresse habe ich.«
»Hm. Und er weiß, dass die Frau hochschwanger ist?«
Dr. Sievers winkte ab. »Ist doch nur Valium. Schadet dem Kind sicher nicht mehr als eine dauerhysterische Mutter, die sich am Ende noch mit Alkohol und Schlaftabletten ins Nirwana schießt.«
Durant wollte widersprechen, doch vermutlich hatte Andrea recht. Sie dachte über das Gespräch nach. Jolene Maurer wirkte ehrlich. Doch irgendetwas in ihrer Ehe schien nicht im Lot gewesen zu sein. Und das Motiv für den Selbstmord lag im Dunkeln. Sie nahm sich vor, in ein paar Stunden wiederzukommen und weitere Fragen zu stellen.
»Reden wir noch mal über den Dahingeschiedenen?«, wollte Andrea Sievers wissen.
»Ich bin ganz Ohr.«
»Also es bleibt dabei. Strangulation. Unterbrechung des Blutflusses im Gehirn durch die Blockade der arteriellen und venösen Blutzufuhr und -abfuhr. Todestag ist heute, Todeszeitpunkt ein bis zwei Stunden nach Mitternacht. Da gibt's nicht viel dran zu drehen. Und

wenn da bei der Obduktion nicht noch etwas Außergewöhnliches zutage tritt, stehen die Zeichen auf Suizid. Und dann haben wir alle unseren Sonntag verschwendet. Das nächste Mal könntet ihr diesen Job ruhig dem Notarzt überlassen.«

»Ich habe mir das auch nicht ausgesucht«, sagte Julia etwas unterkühlt. Sievers schwieg. Vielleicht scheute sie einen Schlagabtausch, weil sie Durant in Trauer wusste. Dabei wollte Julia weder mit Glacéhandschuhen angefasst werden, noch trug sie ihren Verlust zur Schau. Sie und ihr Vater hatten so viele Jahre miteinander gehabt, selbst in der Distanz. Und Pastor Durant hatte auf ein erfülltes Leben zurückgeblickt, das wusste sie. Den einzigen Wunsch, den sie ihm nicht hatte erfüllen können, war ein Enkelkind. Er hatte seiner Tochter nie einen Vorwurf daraus gemacht, auch wenn seine letzten Worte noch an ihr nagten. Hatte er begriffen, dass sie *nicht* schwanger war? Oder war er in einer falschen Gewissheit gestorben? Und falls ja: War das schlimm?

Die Rechtsmedizinerin räusperte sich. »Sorry. War blöd von mir. Bist du noch da?«

»Klar, siehst du doch«, gab Durant zurück.

»Dann ist's ja gut. Ich hätte da nämlich noch eine Kleinigkeit.« Offenbar versuchte Sievers, ein gewisses Amüsement zu verbergen. »Na ja, so klein ist es dann auch wieder nicht.«

Julia Durant kniff fragend die Augen zusammen. »Was denn für eine Kleinigkeit?«

Sievers grinste schief. »Er hat einen Priapismus.«

»Auf Deutsch, bitte«, forderte Julia, während Frank bereits die Hand vor den Mund hob. Grinste er etwa auch?

»Er hat einen Ständer«, nuschelte er, was die Rechtsmedizinerin mit einem Nicken quittierte.

»Genau. Danke. Ich sehe, du kennst dich aus.«

»Scheiße, hört auf«, sagte die Kommissarin verärgert. »Was hat es damit auf sich?«

»Kann beim Tod durch Erhängen vorkommen«, erklärte Dr. Sievers, »es gibt aber auch noch andere Möglichkeiten. Zum Beispiel Substanzen, die das fördern. Das prüfe ich im Institut. Wegen mir können wir ihn jetzt einpacken.«
Sie begann, ihre Schutzkleidung vom Körper zu schälen. Als sie die Taschen ihrer Jeans freilegte, hielt sie inne und tastete sie nach Zigaretten ab. Vergeblich. Also setzte sie ihren Verwandlungsprozess fort, bis der wabernde Weltraumanzug ihren Körper vollständig freigegeben hatte. Dann das Haarnetz und die Gamaschen. Julia Durant stand noch immer schweigend neben ihr und folgte dem Entpuppungsprozess. Andrea verzog spöttisch das Gesicht und sagte: »Wie ein Schmetterling, hm? Und sag jetzt bloß nichts Falsches! Überhaupt, Julia, was ist denn los? Du kommst mir heute vor wie bestellt und nicht abgeholt.«
Julia hob die Schultern. »Machen wir es uns nicht zu einfach mit alldem, okay?«
Andrea hielt in ihrer Bewegung inne und neigte den Kopf. »Was meinst du? Ich mache meine Arbeit, das ganze Programm. Aber am Ende wird dabei eine ganz banale Selbsttötung rauskommen.«
»Wie kannst du da so sicher sein? Der Typ hatte Geld, eine schwangere Frau und sicher eine Menge Ansehen. Das sind alles erst einmal Gründe gegen einen Selbstmord, und deshalb macht mich das stutzig.«
»Mal wieder deine berüchtigten Bauchgefühle, wie?«
»Besser Bauchgefühle als gar keine«, gab Durant trocken zurück.
Andrea Sievers ließ den Kommentar an sich abperlen und stieg aus der Hose. Dann setzte sie nach: »Ich jedenfalls verlasse mich auf meinen Verstand. Und auf die Fakten.«
Julia Durant verzog den Mund. »War nicht so gemeint, Andrea, sorry. Mir geht es gerade ziemlich beschissen.«
»Weiß ich doch.« Andrea Sievers lächelte. »Deshalb übernehme ich ja auch den Kopf-Part. Nur werde ich aus einem Suizid nicht mehr machen, als es ist.«

»Dann geht es also Kopf gegen Bauch«, sagte Durant leise, aber bestimmt. »Die Wette gilt.«
Es war mehr ein lautes Denken, doch Andrea hörte ihre Worte zweifelsohne. Sagte aber nichts dazu, sondern schenkte ihre volle Aufmerksamkeit den türkisfarbenen Überschuhen, in denen sie mit ihren Sneakern steckte.
Eine Wette. Nichts lag Julia Durant ferner als das. Bis auf eines vielleicht. Ihrem Bauchgefühl nicht zu vertrauen, das stand nicht zur Debatte. An dem Suizid stimmte etwas nicht. Und sie würde nicht ruhen, bis sie es herausgefunden hatte.

7:20 UHR

Die Kommissarin lehnte an einem Türrahmen und beobachtete die »Gnadenlosen«, wie sie schweigend ihre Arbeit verrichteten. Jene Männer, die wie eine Konstante zu ihrem Alltag gehörten. Sie trugen einen Zinksarg, es war stets derselbe, und dunkle, schlichte Anzüge. Ab und an wechselten ihre Gesichter, doch jeder erkannte sie, sobald sie die Szene betraten. Als Nächstes verschaffte sich einer der beiden einen Überblick, während der andere sich das Okay der Beamten einholte. Dann verschwand die Leiche in dem mattgrauen Zylinder, und je nach Größe und Gewicht verzogen die beiden die Mienen, sobald sie den Sarg hochhievten, um ihn abzutransportieren.
Heute schienen sie sich nicht allzu sehr anzustrengen. Julia meinte zu verstehen, dass einer der beiden sich über ein »leichtes Schwergewicht« äußerte. Der andere grinste und murmelte etwas. Doch schon in der nächsten Sekunde wurde ihre Aufmerksamkeit auf et-

was anderes gelenkt. Noch bevor die Gnadenlosen sich aus ihrem Blickfeld entfernt hatten, schob sich eine Gestalt an ihnen vorbei. Hastig, mit angewinkelten Ellbogen. Der Mann sah auf den ersten Blick aus wie ein Schaulustiger, vielleicht ein Paparazzo, doch längst hatte die Kommissarin erkannt, um wen es sich handelte.
»Was machst du denn hier?«, machte sie ihrer Verwunderung Luft, als ihre Blicke sich trafen. Peter Kullmer, unrasiert und übernächtigt, fuhr sich durchs Haar. Die grauen Strähnen waren zwar nicht mehr zu leugnen, doch das Dunkel überwog. Hinter vorgehaltener Hand hieß es, er helfe nach.
»Wieso? Ich hab doch Bereitschaft«, antwortete er schnippisch. »Soll ich wieder gehen?«
»Bringt halt nichts, wenn man dich nicht erreicht«, erwiderte Durant kühl. Kullmer war ein Heißsporn, der entweder keine Fehler machte oder zu stolz war, diese zuzugeben. Früher war er der Pfau der Mordkommission gewesen. Hatte sich quer durch die Abteilung geschlafen und es auch hin und wieder mal bei ihr versucht. So lange, bis sie ihm ein für alle Mal klargemacht hatte, dass er unter keinen Umständen bei ihr landen würde. Und selbst heute, als sesshaft gewordener Vater, besaß Kullmer noch eine Menge Feuer. Doch von alldem war im Moment nicht viel zu sehen. Der einstig so stolze Gockel wirkte eher wie ein müder Hahn. So müde, dass er nicht einmal zum Krähen die Kraft aufbringen konnte. Mitgefühl stieg in ihr auf, und bevor er etwas sagen konnte, sagte Durant: »Na egal, Schwamm drüber. Kann ja mal passieren. So, wie es aussieht, sind wir hier ohnehin fehl am Platz.«
»Wieso?«
»Sieht nach Selbstmord aus.«
»Na toll. Was für ein Blödmann.«
Durant neigte den Kopf. Hatte er das eben wirklich gesagt? Und überhaupt. Kullmer sah nicht bloß übernächtigt aus, er stank auch noch wie ein Schnapsladen.

»Mensch, Peter, was ist denn los mit dir?«, fragte sie. »Muss ich mir Sorgen machen?«
»Warum Sorgen?«
»Na, du siehst aus, als hättest du die Nacht durchgemacht. Eure Tochter ist wie alt, sieben? Da hat man doch keine schlaflosen Nächte mehr. Und bis zur Pubertät ist es noch 'ne Weile hin.«
»Quark. Elisa hat damit nichts zu tun«, murrte Kullmer und schüttelte dann entgeistert den Kopf. »Aber mal im Ernst, auf welchem Planeten lebst du denn? Kannst du dir es nicht denken? Gestern Abend, Waldstadion. Eintracht gegen Dortmund. Die Stadt hat gekocht. So was kriegt man doch mit.«
»Na und? Was hat das mit mir zu tun?«
»Mit dir nicht, aber mit mir. Ich war nämlich da. Und es war übel.« Kullmer grinste schief, kratzte sich am Ohr und kniff dann die Augen zusammen. »Sag mal, war da nicht mal was? Bist du nicht für die Borussen? Oder werfe ich da was durcheinander?«
Durant lächelte müde. »Nein. Borussia Mönchengladbach, wenn überhaupt, aber das war nur mal so eine Phase. Mit Fußball habe ich nicht viel am Hut.«
»Und Claus?«
»Auch nicht. Wie ist es denn ausgegangen?«
»Dortmund hätte gewonnen«, kam es aus dem Nichts. Die Stimme gehörte Platzeck, dem Leiter der Spurensicherung. Er steckte noch halb in seiner Montur, der Mundschutz hing schlaff unter dem Kinn.
»Pff!« Kullmer winkte ab.
»Krasse Fehlentscheidung in der ersten Halbzeit. Das war kein Abseits. Mit einem Unentschieden hätten sie euch Frankfurtern in der zweiten Hälfte die Kiste vollgeballert.«
»Als ob!«, ereiferte sich Kullmer. »Hätten sie es gekonnt, wären sie nicht auf dieses eine Tor angewiesen gewesen!«
Julia Durant ließ die beiden Männer stehen. Auf eine Diskussion über Fußball verspürte sie etwa so wenig Lust wie auf Herpes.

Sie nahm Hellmer zur Seite und berichtete ihm von ihrem Gespräch mit der Witwe. Mitten im Satz begann ihr Telefon zu klingeln. Claus. Kurzerhand verabredeten sich die drei zum Frühstück in einem Café unweit des Präsidiums. Kullmer wäre ohne Murren mitgekommen, zeigte sich aber auch nicht enttäuscht darüber, dass Durant ihn nach Hause schickte. Ein paar Stunden Schlaf für ihn, eine Obduktion bei Maurer, dann würde sich vielleicht schon zeigen, ob man die Mordkommission überhaupt noch brauchte.

Für Durant und Hellmer hingegen war es zu spät, um noch mal nach Hause zu fahren und dort auf die Ergebnisse der Tatortuntersuchung oder den Anruf von Dr. Sievers zu warten. Keiner von beiden würde jetzt noch an Schlaf denken können, auch wenn es Stunden dauern konnte, bis sich jemand meldete.

Es würde ein langer, verkorkster Tag werden. Ein Sonntag, den sich jeder von ihnen anders vorgestellt hatte.

8:05 UHR

Warum immer sonntags?«, murrte Kommissariatsleiter Hochgräbe, während er den Milchschaum auf seinem Kaffee unterrührte. Er leckte seinen Löffel ab und wartete nicht auf eine Antwort, die ihm ohnehin niemand geben konnte.

Er war ein gutes Stück größer als Julia Durant, seine Wangenknochen waren ausgeprägt, und über den dunklen Augen thronten ebenso dunkle Augenbrauen. Für seine Frankfurter Kollegen wirkte er typisch bayerisch. Er war selbstsicher, manchmal belehrend und überspielte nur selten seinen Dialekt. Claus Hochgräbe hatte eine fast identische Karriere hinter sich wie die Kommissarin. Die Versetzung von München nach Frankfurt inklusive, nur mit der Ausnahme, dass er von einem Tag auf den anderen ihr Boss geworden war. Manchmal bereitete ihr das Kummer, besonders dann, wenn sie sich in einer Ermittlung uneinig waren. Es war weniger schwer gewesen, den alten Berger zu übergehen oder dessen Anordnungen entsprechend zu dehnen, bis sie passten. Doch der neue Chef teilte mit ihr das Bett. Er spürte, wenn sie etwas ohne seine Zustimmung tat. Und Julia musste sich damit arrangieren. Vielleicht sollte das ja auch so sein. Sie war sich nicht sicher. Doch sie führte ein Leben ohne Sorgen und, seit Langem, ein Leben ohne Angst. Ohne nächtliche Panikattacken. Also würde sie nicht klagen.

»Das ist ihre Rache«, sagte sie kauend, und Hellmer und Hochgräbe blickten sie fragend an.

»Na, der Sonntag«, erklärte sie mit einem Schmunzeln. »Genau wie Heiligabend oder Silvester. Mörder haben ein Faible für Sonn- und Feiertage.«

»Ich dachte, es sei Selbstmord?«, wunderte sich Claus.

»Ist es wohl. Mir fiel nur nichts Schlaueres ein.«

»Hm.« Frank Hellmer kratzte sich am Ohr. »Haben wir das denn schon abgehakt? Ich meine, dass es Suizid ist? Wir warten schon noch auf Andreas Resultate, oder?«

»Klar. Aber ich sehe da nur wenig, was dagegenspricht. Wer soll's denn getan haben? An der Witwe ist ja nix dran, die ist so klapprig, dass sie sich selbst kaum auf den Beinen halten kann. Außerdem ist sie schwanger.«

»Es war von einem Nachbarn die Rede«, warf Hochgräbe ein.

»Ein Arzt«, erklärte Durant. »Den knöpfe ich mir später vor. Was mir die ganze Zeit nicht aus dem Kopf geht, ist dieses Seil. So was hat man nicht zu Hause herumliegen. Wenn es aber extra zu diesem Zweck gekauft wurde, dann ist es kein Suizid aus Impuls. Das ist wichtig.«

»Guter Gedanke.« Hochgräbe nickte anerkennend.

»Platzeck hat übrigens Einbruchspuren an der Wohnungstür gefunden«, verkündete Hellmer. Durant setzte sich blitzartig auf und verlor um ein Haar ihr Brötchen.
»Wann denn *das?*«
»Sorry, das hat er mir zugerufen, als wir abgerückt sind. Du warst schon im Auto.«
»Ist das sicher?«
»Nö. Er sagte, es ist möglich. Aber er untersucht es und meldet sich. Angeblich waren der Zylinder und das Umfeld stark verkratzt.«
Julia Durant dachte an ihren Schlüsselbund. Sie hatte ihn schon vor Jahren ausgemistet, weil er ständig überall dagegengeklimpert war. Tischplatte, Autotür, Briefkasten.
»Gut, gut. Dann soll er aber auch die Hauseingangstür im Erdgeschoss checken. Gibt es da keine Überwachungselektronik? Wäre interessant zu wissen, wie die Bewegungen im Haus waren. Zu dieser späten Zeit dürfte es ja nicht wie im Taubenschlag zugegangen sein.« Sie legte das Brötchen aus der Hand und begann aufzuzählen: »Fingerabdrücke, Schuhabdrücke …«
»Hey!«, unterbrach Hochgräbe sie. »Eins nach dem anderen bitte, ja? Wir wollen hier nicht mit Kanonen auf Spatzen schießen. Bleiben wir doch mal beim Motiv. Der Tote war Sportler?«
Durant schwieg. Sie konnte es nicht leiden, wenn man ihr über den Mund fuhr.
»Na ja, ein Ex-Profi«, sagte Hellmer, der sich da ohnehin besser auskannte, »aber auf absteigendem Ast. Der letzte Sieg ist 'ne Weile her.«
»Geht es vielleicht um Drogen oder um Geld?«
Hochgräbe richtete seine Frage gezielt an Julia, denn er wusste, dass sie die Ehefrau befragt hatte.
»Das eine verrät uns Andrea, und das andere müssen wir noch prüfen«, gab die Kommissarin zurück. Sie ärgerte sich, dass sie Frau Maurer nicht direkt danach gefragt hatte.

»Aus der Frau war nicht allzu viel herauszubekommen«, fuhr sie fort. »Sie hat Valium bekommen und war völlig überfordert mit allem. Wen wundert's in solch einer Situation? Aber ich muss da auf jeden Fall noch mal hin.«
Hellmer hob vielsagend die Augenbrauen. »Dann wäre da noch der Nachbar.«
»Dieser Arzt?«, wollte Hochgräbe wissen. »Was hat es mit dem Typen auf sich?«
Durant berichtete, was sie zu diesem Zeitpunkt wusste. Auch Claus wunderte sich über die Gabe von Beruhigungsmitteln an eine Schwangere, doch Julia argumentierte wie die Rechtsmedizinerin. Was dürfte das kleinere Übel für das ungeborene Kind sein?
Schließlich kam die Sprache auf Peter Kullmer, den die Kommissarin nach Hause geschickt hatte.
»Er soll sich seinen Dornröschenschlaf gönnen, hab ich ihm gesagt«, erklärte sie.
»So wie der ausgesehen hat, braucht er ihn auch«, pflichtete Hellmer ihr mit einem Grinsen bei.
Claus Hochgräbe hatte nichts dagegen einzuwenden. Noch war das ein mutmaßlicher Selbstmord. Doch wenn sich der Fall zu einer Mordermittlung entwickelte, würde er sein gesamtes Team brauchen. Und zwar ausgeschlafen.

9:45 UHR

Das Institut für Rechtsmedizin war in einer der Villen in der Kennedyallee untergebracht, einem mehrspurigen Zubringer, der durch den Stadtwald in Frankfurts Südwesten mündete. Alte Architektur traf auf die moderne. Kaum einer hätte zwischen den Botschaftsgebäuden und Bürovillen ausgerechnet eine der wichtigsten Stellen für forensische Arbeit vermutet.

Julia Durant parkte ihren knallroten Opel GT Roadster und sah sich schon beim Aussteigen nach Andrea um. Die beiden waren befreundet, wenn auch nicht allzu innig. Doch genau wie Durant war Sievers eine Frau, die sich dem Kampf gegen das Böse verschrieben hatte. Gegen all jene, die Frauen und Kinder misshandelten, ob körperlich oder seelisch. Gegen die Anonymität von Opfern, für die sich kaum jemand zu interessieren schien. Die Mordkommission gab ihnen ein Gesicht, spätestens dann, wenn es Internetfahndungen mit Phantombildern gab. Sievers war in Frauenrechtsbewegungen aktiv und in Internetforen. Sie hielt Vorträge an den Universitäten und schrieb Fachartikel. Und sie ertrug die Welt mit einem ganz besonderen Humor. Normalerweise fand man sie rauchend auf dem Parkplatz, doch heute blieb Durants Ausschau ohne Erfolg. Sie ging ins Gebäude und nahm die Treppe. Ein Weg, den sie schon hundertmal gegangen war.

»Da bist du ja schon«, vernahm sie plötzlich, und um ein Haar wäre die Rechtsmedizinerin ihr in die Arme gelaufen. Andrea fuhr sich über die Stirn und strich eine imaginäre Strähne zur Seite. Ein Tick, der darauf hinwies, dass sie nervös war. Seit ihr Vorgänger in den Ruhestand gegangen war, leitete Dr. Sievers das Institut. Sie war eine drahtige, lebhafte Persönlichkeit, die ihre Haare meist unter ein Haarnetz zwang, wenn Julia Durant ihr begegnete. Das war am Tatort so gewesen und auch jetzt nicht anders. Immer gab es etwas zu untersuchen, das nicht mit eigenen Spuren kontaminiert werden durfte. Unter dem dünnen Gummiband auf der Stirn stachen zwei wachsame Augen hervor. Nervöse Augen. »Was ist denn los?«, erkundigte sich Durant. »Du siehst aus wie ein Kind, das man mit dem Finger im Nutellaglas erwischt hat.«

»Ach Quatsch.« Sievers kicherte und deutete in Richtung Treppe. »Wollen wir noch mal raus? Ich brauche dringend eine Zigarette.«

»Mir recht.« Julia Durant reckte den Hals. »Dann verrätst du mir aber, was du zu verbergen hast. Hat es mit unserem Toten zu tun?«
»So nötig hab ich's jedenfalls nicht, dass ich mich mit unserem Schnucki vergnüge, nur weil er mit einem Steifen herumliegt.« Dann senkte sie verschwörerisch ihre Stimme: »Auch wenn er ein ziemlicher Hingucker ist.«
»Findest du?« Durant erinnerte sich an eine Visage, die für ihren Geschmack zu kantig war. Und an die schlaffe Haltung, in der sie ihn vorgefunden hatte. Vielleicht lag es an der Art und Weise, wie Maurer gestorben war. Vielleicht fehlte es ihr auch nur an Fantasie. Aber besonders attraktiv war er ihr nicht vorgekommen.
»Wart's ab, bis du ihn nackt siehst«, erwiderte Andrea kehlig, und im nächsten Augenblick hatte sie sich auch schon ihres Haarnetzes entledigt, schob sich an Julia vorbei und nahm den Weg nach draußen.

»Kennst du den Spruch?«, murmelte Andrea ein paar Minuten später, nachdem sie einige Male an ihrer Zigarette gezogen hatte. In der Hand hielt sie ein gerolltes Papier, auf dem Julia eine Tabelle mit Zahlenkolonnen erkannte.
»Welchen Spruch?«, fragte Durant.
»Na ja, dieses ›Der Körper ist ein Tempel‹ und so weiter?«
Die Kommissarin nickte. Fitness- und Ernährungsberater verwendeten diesen Slogan häufig. Und jeder behauptete, genau das richtige Programm zu haben. Als Nächstes wedelten sie auch schon mit Antragspapieren. Sie neigte den Kopf. »Willst du mir etwa irgendwelche Zauberpülverchen verkaufen?«
»Quatsch.« Andrea lachte auf. »Komm, wir gehen runter, dann erkläre ich es dir.«
Sie trat die Zigarette mit der Fußspitze in den Schotter und machte sich auf den Weg zur Treppe. Durant folgte ihr, und während die beiden sich Andreas Glasverschlag näherten, in dem sich ihr Com-

puter befand, berichtete die Rechtsmedizinerin von ihrer Recherche. »Mir war langweilig, als ich auf ein paar Analyseergebnisse wartete. Da habe ich den Typen mal ein wenig unter die Lupe genommen. Immerhin ein Promi, auch wenn es ruhig um ihn geworden ist. Na ja, er hat das im Netz stehen, dieses Zitat. Sogar als Video.«

»Na und?«

Andrea Sievers stöhnte auf. »Mensch, du kapierst heute aber auch gar nichts. Dann pass mal auf, zum Mitschreiben.« Das Papier in ihrer Hand flatterte, und mit dem freien Zeigefinger deutete die Rechtsmedizinerin auf den Toten. »Ein Tempel ist das da sicher nicht. Und zwar schon lange nicht mehr.«

»Mmh. Was hat er denn genommen? Kokain? Alkohol?«

In einer Welt, die sich für immer mehr Menschen nur noch mit Aufputsch- und Schlafmitteln ertragen ließ, würde es die Kommissarin kaum wundern. Doch wieder schüttelte Dr. Sievers den Kopf. »Okay, ich kürze das mal ab. Siggi Maurer war für sein Ernährungskonzept bekannt. Kein Getreide, stattdessen jede Menge Gemüse und rotes Fleisch. Und Eier und Fisch. Er schwor zeit seines Lebens sämtlichen Aufbaupräparaten ab. Na ja, wenigstens zeit seiner Karriere. Koffein, Nikotin und sämtliche Drogen lehnte er kategorisch ab. Alkohol nur in Maßen. Irgendwann gab es mal einen Skandal, weil er eine Kaviar-Wodka-Orgie mit diesem Russen gefeiert haben soll. Du weißt schon …« Andrea schien vergeblich nach einem Namen zu suchen. Durant konnte ihr nicht helfen.

»Ich habe nicht den blassesten Schimmer«, gestand sie. »Sehe diesen Kerl heute zum ersten Mal im Leben.«

»Banausin«, scherzte Andrea. »So ein leckerer Typ.«

Julia verdrehte die Augen und forderte Andrea mit einer Handbewegung zur Eile auf. »Komm, bitte. Ich muss weiter.«

»Ist ja schon gut. Jedenfalls hat er eine Leber wie ein Alkoholiker, und in seinem Blut finden sich Spuren von Schlafmitteln. Außer-

dem ein Antidepressivum. Dazu kommt ein Promillewert von sensationellen 2,6.«
Die Kommissarin öffnete den Mund und formte die Zahl mit den Lippen nach. Sie betrachtete den Toten, dann ihr Gegenüber, dann wieder den Mann auf dem Tisch.
»Zwei Komma sechs«, konstatierte sie. »Müsste er da nicht kurz vor der Ohnmacht gewesen sein?«
»Na ja, seine Leber verrät, dass er einiges gewöhnt ist.«
»Was ist mit dem Mageninhalt?«
»Guter Punkt. Er hat seinen Tempel nämlich mit Hochprozentigem überflutet. Ich analysiere das noch, aber es sieht aus, als habe er eines meiner Präparategläser ausgetrunken.«
Schon wieder stand Durant auf dem Schlauch, dann aber verstand sie. Andrea Sievers hatte eine kleine Sammlung von Organen, die in Konservierungsmittel schwammen. Formalin, hochprozentiger Alkohol, was auch immer. Schon fuhr Andrea fort: »Ich tippe auf Sushi und Doppelkorn, aber es können auch Froschschenkel und Frostschutzmittel gewesen sein. Besorgst du mir einen Vergleich, dann sage ich es dir mit Gewissheit.«
»Du sagst also, es befindet sich noch mehr Alkohol in ihm? Nicht verstoffwechselter Alkohol?« Durant kratzte sich am Kopf. »Dann wäre sein Pegel ja noch weiter angestiegen.«
Andrea nickte vielsagend. »Jep.«
»Kannst du berechnen, um wie viel?«
»Theoretisch ja, allerdings mit Ungenauigkeiten. Aber eins ist sicher: Er war derart blau, dass es ein Wunder ist, dass er mit dem Kopf überhaupt noch das Loch der Schlinge traf. Hätte er nicht den Strick genommen, wäre er ein bisschen später an einer Alkoholvergiftung krepiert.« Andrea machte eine vielsagende Geste. »Wenn du mich fragst, die elegantere Alternative. Einfach einschlafen. Kein Zappeln, kein Bereuen, kein Todeskampf. Denn egal, ob man sterben möchte oder nicht: Der Körper wehrt sich. Die Lungen bren-

nen, man ringt nach Luft, die Beine krampfen. Unter Maurers Fingernägeln finden sich Rückstände des Seils. Er hat danach gegriffen. Wollte sich die Schlinge vom Hals reißen.«
»Und diese Spuren können nicht auch von den Vorbereitungen stammen?«, vergewisserte sich die Kommissarin.
»Doch. Die Fasern schon. Aber es gibt Kratzspuren, kleine Verletzungen im Gewebe. Er hat sich an den Hals gefasst, als wollte er die Schlinge aufweiten. Doch das gelingt selbst einem Nüchternen nicht. Zu wenig Zeit, zu wenig Sauerstoff. Man sollte sich das also vorher gut überleg...«
»In Ordnung«, fiel Julia ihr ins Wort. Sie schätzte die Gewissenhaftigkeit, mit der Andrea ihre Arbeit verrichtete, aber nicht ihre Vorträge. Seit Dr. Sievers Medizinstudenten unterrichtete, hatte sie einen Hang zu medizinisch-ethischen Monologen entwickelt. »War Maurer es nun alleine, oder hat da jemand nachgeholfen?«
Dr. Sievers hob gelassen die Schulter. »Wenn Maurer es selbst war, hat er es sich gut überlegt. Selbstmord mit Overkill. Dann *wollte* er sterben, und es sollte in keinem Fall schiefgehen.«
»Und die Abwehrverletzungen?«
»Könnten in diesem Fall aus besagtem Reflex entstanden sein.«
Julia Durant musterte Andrea argwöhnisch. »Komm schon«, sagte sie dann. »Du glaubst es doch auch nicht, hm?«
»Ich weiß es nicht, um ehrlich zu sein«, gestand Andrea ein. »Ich muss zugeben, dass es ein ziemlich perfekter Selbstmord wäre. Alles scheint akribisch durchgeführt zu sein. Keine Kurzschlusshandlung. Aber das hat noch nichts zu bedeuten.«
»Für mich schon«, brummte Durant. Alles, was man als *perfekt* bezeichnen konnte, machte sie als Kriminalistin argwöhnisch. Hinter dieser Sache steckte mehr, da war sie sich ganz sicher. Viel mehr.
Sie lächelte nicht, als sie daran dachte, dass sie ihre Wette gegen Andrea womöglich gewinnen würde. Der Tod war nichts, worauf man Wetten abschloss.
Denn er gewann immer.

12:40 UHR

Die Sonne spiegelte sich auf der Wasseroberfläche der Marina. Es schien, als hätten sich sämtliche erfolgreichen Mittdreißiger der Stadt zum Plauderstündchen versammelt. Hier wurden Cocktails geschlürft, andernorts überteuerte Kaffeespezialitäten. Sehen und gesehen werden. Die Maisonne hatte einige Cabriofahrer angelockt, teure Motorräder standen herum, und Julia Durant versuchte gar nicht erst, einen regulären Parkplatz zu bekommen. Sie stellte ihren Roadster direkt vor dem Haus ab, insgeheim erleichtert, dass sie ihn vor ein paar Tagen durch die Waschstraße gefahren hatte. Das Verdeck ließ sie geöffnet. Was die können, kann ich schon lange, dachte sie und trat in den Schatten der Eingangstür.

»Valentin Messner?«, fragte die Kommissarin, nachdem sie ihren Ausweis gezeigt hatte. Offensichtlich missfiel ihrem Gegenüber, wie sie seinen Namen aussprach. Sie hatte das V durch die Zähne gedrückt und dabei wie ein F klingen lassen. Ein Relikt ihrer bayerischen Wurzeln.
»Walentin«, erwiderte der dunkelhaarige Mann distinguiert und trat beiseite. Er hatte haarige Hände und gebräunte Haut. Über weißer Hose trug er ein rosafarbenes Poloshirt, am Handgelenk eine teure Uhr. Vielleicht hatte er sich auch unter die Schickimickis unten am Wasser mischen wollen. »Weshalb die Mordkommission?«, wunderte er sich.
Barfuß tapste er über das gewachste Parkett, und die Kommissarin folgte ihm, bis sie das lichtdurchflutete Wohnzimmer erreichten, von dem aus man einen Blick auf die Bankentürme hatte. Julia Durant sah auf die Stadt, die sich im stetigen Wandel befand. Nur das Böse, wusste sie, änderte sich nie. Es wurde höchstens noch abartiger.

Messner war gebürtiger Berliner und Jahrgang 1966, so viel hatte die Kommissarin auf die Schnelle im Internet herausgefunden. Sein Geld verdiente er als Sportarzt. Unter anderem betreute er namhafte Fußballer, was Hellmer ihr bestätigt hatte.
»Der ist eine große Nummer. Wenn du ihn nicht verhaftest, wird er demnächst vielleicht sogar der neue Müller-Wohlfahrt und betreut unsere Jungs bei der WM.«
Die Kommissarin hatte das schweigend zur Kenntnis genommen. Sie interessierte viel mehr, ob der Arzt auch Verbindungen zum Boxsport hatte. Oder ob die Beziehung zum Ehepaar Maurer vor allem über Jolene bestand.
»Möchten Sie etwas trinken?«, fragte Messner und bat die Kommissarin an zwei Barhocker, die an Hässlichkeit kaum zu überbieten waren. Schräge, klobige Metallkanten, die in ihrer Linienführung wie zwei überdimensionale Penisse wirkten. Darauf knallrotes Leder. Keine Frage, dass der Künstler diese Assoziation mit Absicht gewählt hatte.
»Ich hätte grünen Tee.«
Durant lehnte ab und stellte sich demonstrativ neben den Hocker. Sie stützte sich auf die Kante des Holztisches, der wie eine Zunge aus einem Barbereich ragte. Furchtbar unbequem, denn sie war deutlich kleiner als Messner, und die Kante befand sich genau mittig ihrer Brust.
»Setzen Sie sich«, grinste er. »Die Teile sind potthässlich, aber saubequem.«
Durant schenkte ihm ein schiefes Grinsen und wartete, bis er ihr den Rücken zugekehrt hatte. Danach schwang sie sich auf das Leder und rutschte hin und her. Tatsächlich. Unbequem waren sie nicht. Den Gedanken, wie es wohl aussehen musste, wenn sich ihr jemand von hinten näherte, verdrängte sie. Stattdessen konzentrierte sie sich auf den Mann hinter der Theke.
Valentin Messner bewegte sich agil. Er war drei Jahre jünger als Durant und sah aus wie Mitte dreißig. Eine himmelschreiende Unge-

rechtigkeit, wie sie fand, dass Frauen jenseits der fünfzig in der Regel so deutlich älter wirkten als gleichaltrige Männer. Und dabei musste Durant sich noch nicht einmal beschweren. Sie trieb regelmäßig Sport und hatte das Rauchen endlich besiegt. Auch wenn sie nicht frei von Lastern war: Ihre Haut und ihre Figur dankten es ihr.

Messner kehrte mit einem Glas grüngelber Flüssigkeit zurück. Sie schien kalt zu sein, kein Dampf stieg auf. Er nahm Durant gegenüber Platz, nippte kurz und sah die Kommissarin auffordernd an.

»Ich bin ganz Ohr.«

»Ich würde gerne wissen, wie Sie zu Herrn Maurer standen.«

»Zu *ihm?* Hm.« Messner verzog den Mund und rieb sich die Nase. Seine Pupillen wanderten nach links. Ein Geräusch. Julia folgte dem Blick. Auf einem Kratzbaum räkelte sich eine Katze von beachtlicher Größe. Vermutlich eine Maine-Coon. Messner sprach weiter, und sofort galt ihre Aufmerksamkeit wieder ihrem Gegenüber.

»Der Siggi und ich hatten nicht viel miteinander zu tun. Nachbarn eben. Man grüßt sich im Treppenhaus.« Messner verengte die Augen zu Schlitzen und neigte den Kopf zur Seite. In seinem Ton lag Argwohn, als er fragte: »Warum wollen Sie das überhaupt wissen?«

»Sie waren heute Nacht als Erster zur Stelle und haben Frau Maurer Valium gegeben.«

»Stimmt. Macht mich das verdächtig?«

»Das Valium nicht.« Durant lächelte. Sie hatte auch diesen Punkt recherchiert. Man konnte es Schwangeren geben. »Welche Beziehung haben denn Sie und Jolene?«

»Keine solche Beziehung jedenfalls«, erwiderte Messner mürrisch.

»Wie kommen Sie darauf?«

»Ich habe nichts dergleichen behauptet.«

»Na ja, wir sind uns eben ein paarmal begegnet.« Messner gab sich augenscheinlich große Mühe, seine Antworten so banal wie möglich klingen zu lassen. »Wir sind Nachbarn«, sprach er weiter, »Miteigentümer desselben Hauses, da hat man eben miteinander zu tun.«

»Aber mehr als mit ihrem Mann«, bohrte Durant weiter.

»Ja, Herrgott! Mehr als mit diesem Scheusal. Die beiden sind erst seit ein paar Jahren verheiratet, aber die Ehe ist so was von kaputt. Er war entweder weg oder besoffen. Wollen Sie das von mir hören? Jolene hat sich hin und wieder ausheulen müssen. Und da habe ich sie nicht weggeschickt. Verdächtigen Sie mich jetzt? Ich dachte, es war Selbstmord.«

»Glauben Sie denn, dass er sich umbringen wollte?«

Es dauerte eine Weile, bis Messner antwortete. »Ich weiß es nicht. Womöglich. Aber es gehört schon Mut dazu, oder?«

Durant nickte. »Außerdem wurde er Vater. Das widerspricht sich in meinen Augen. Wie schlecht stand es denn um seine Ehe? War die Rede von Scheidung?«

»Nein, ich glaube nicht.«

Es sprang dem Mann förmlich aus dem Gesicht, dass er viel mehr dazu hätte sagen können. Doch er hielt damit hinterm Berg. Seine Finger spielten miteinander.

»Hat sie mit Ihnen darüber gesprochen?«, fragte Durant weiter, und Messner stöhnte auf.

»Sie lassen nicht locker, wie?«

»Da oben hängt ein Toter«, gab sie zurück, auch wenn Maurers Körper längst weg war. »Ich würde auch lieber am Wasser sitzen und Kaffee schlürfen.«

»Wir könnten runtergehen.« Messner zwinkerte ihr zu. Flirtete er etwa mit ihr? Die Kommissarin wusste nicht, ob sie sich geschmeichelt oder empört fühlen sollte.

»Nichts gegen Sie, aber Dienst ist Dienst«, erwiderte sie. »Kümmern Sie sich lieber um die junge Witwe.«

Messners Miene wurde düster. »Das war aber nicht nett.«

»Ich sagte kümmern. Da ist nichts dabei. Oder gibt es einen Grund, weshalb Sie beide sich nun plötzlich meiden sollten?«

Ihr Gegenüber hob die Schultern. »Sagen Sie es mir. Bin ich verdächtig?«

»Verdächtig ist jeder, zumindest, solange wir den Selbstmord noch infrage stellen. Danach erübrigt sich das.«
»Aber Sie geben mir trotzdem die Schuld.«
Mensch, war dieser Typ beharrlich.
»Die Schuld?«
»Wenn Siggi sich umgebracht hat, muss es dafür einen triftigen Grund geben. Und wenn Sie mir eine Affäre mit Jolene andichten ...«
»Niemand dichtet hier.« Durant winkte ab.
»Na ja. Dann hoffe ich, dass die Presse das ähnlich sieht«, brummte Messner. Daher wehte also der Wind. Es ging Valentin Messner weder um Jolene noch um die Ermittlung. Es ging ihm um sich selbst, um seinen Ruf, um seine Reputation. Der DFB oder wer auch immer würde sich hüten, einen Arzt einzustellen, der in einen Sportskandal verwickelt war. Und nichts anderes würde der Tod von Siggi Maurer für die Medien sein. Ein abgehalfterter Ex-Profi mit kaputter Beziehung. Das gefundene Fressen für die Geier.
»Dann reden Sie Tacheles«, forderte Durant. »Was hatten Sie mit Jolene? Wie liefen die Stunden um den Todeszeitpunkt herum ab? Und was wissen Sie über Maurers Umfeld?«
»Okay, ich hab's kapiert«, seufzte Messner. »Also Klartext. Jolene und ich hatten etwas miteinander, aber das ist zweitrangig. Es ist schon eine Weile her. Dann wurde sie schwanger, aber nicht von mir. Deshalb hatten wir auch Streit. Ich war enttäuscht, dass sie wieder mit Siggi ins Bett gestiegen war. Unser Kontakt schlief etwas ein, trotzdem blieben wir befreundet. Und als sie ihn fand, hat sie mich sofort angerufen.«
Er holte sein Smartphone hervor und rief die Anrufe auf, um seine Aussage zu beweisen.
»Als ich oben eintraf, war sie völlig aus dem Häuschen. Ich hatte schon Angst, sie würde eine Fehlgeburt erleiden. Erst rastete sie aus, dann schlug sie auf Siggis Körper ein und beschimpfte ihn. Schließ-

lich stolperte sie und fiel hin. Alkohol vielleicht, aber sie behauptete, es sei nur der Kreislauf. Ihr Atem roch auch nicht danach. Also ab ins Bett, weg von der Leiche, und dann habe ich ihr Valium geholt.«
»Was Sie zu Hause haben.«
Messner schüttelte den Kopf und grinste schief. »Siggis Hausapotheke ist da weitaus besser bestückt als meine. Haben Sie das nicht überprüft?«
Durant musste passen und gab sich Mühe, sich nichts anmerken zu lassen. »Mich beschäftigt etwas anderes«, murmelte sie, während sie in ihren Notizen blätterte.
»Und das wäre? Ich möchte nicht unhöflich sein, aber ...«
»Schon in Ordnung. Sie sagten also, dass Sie zuerst angerufen wurden, stimmt das? Und dann erst die Polizei? Haben Sie Maurers Tod festgestellt?«
»Nein. Jolene hat die Polizei gerufen.«
»Den Notarzt auch?«
»Das weiß ich doch nicht. Ich war unten.«
»Eben sagten Sie ...«
»Herrgott, ja, ich weiß!«, herrschte Messner die Kommissarin an. »Ich habe mich verdrückt, weil ich dachte, es sähe komisch aus, wenn ich am Tatort wäre.«
»Am Fundort meinen Sie natürlich«, neckte Durant ihn wie beiläufig.
»Wie auch immer. Das scheint mir ja gründlich misslungen zu sein.«
Julia Durant glitt von der Sitzfläche. Das Leder war so glatt, dass sie um ein Haar abgerutscht wäre. In letzter Sekunde gewann sie die Balance zurück und fuhr sich erleichtert durch die Haare.
»Sie müssen nur ehrlich sein. Alles andere überlassen Sie uns. Verdächtig ist erst einmal jeder, das liegt in der Natur der Sache.«
Messner brummte etwas Unverständliches und erhob sich ebenfalls.
»Tun Sie mir bitte nur einen Gefallen«, bat Durant abschließend. »Kümmern Sie sich um Frau Maurer. Sie sollte jetzt nicht alleine

sein, und so wie es aussieht, sind Sie der Einzige, zu dem sie eine Beziehung hat. Sie scheint mir ziemlich einsam gewesen zu sein, oder?«

Valentin Messner widersprach nicht. Die beiden verabschiedeten sich.

Als die Tür ins Schloss schnappte, wäre die Kommissarin um ein Haar Kullmer in die Arme gelaufen.

»Peter«, keuchte sie, »was gibt's denn?«

Eigentlich hatte sie mit Hellmer gerechnet. Er hatte sie hier treffen wollen, um gemeinsam mit Frau Maurer zu sprechen.

»Frank dachte, ich sei hier besser am Platz«, antwortete ihr Kollege, nachdem er sich etwas Luft verschafft hatte. Er wirkte noch immer leicht übernächtigt, hatte sich aber frisch rasiert und umgezogen. Auch die Haare lagen halbwegs ordentlich.

»Weil du eigentlich Dienst hättest, oder wie?«, wollte Durant wissen, doch Kullmer verneinte.

»Weil ich der Sportexperte bin.« Er zeigte grinsend die Zähne. »Und das sage ich nicht nur, weil Frank keine Ahnung von Fußball hat.«

Durant grinste kurz. Hellmer mochte vieles sein, aber ein Eintracht-Fan war er nicht. Gelegentlich führte das zu einem Wortgefecht zwischen den beiden, insbesondere, seit Kullmer seine Leidenschaft für den Verein wiederentdeckt hatte. Elisa war mittlerweile groß. Und irgendwann würde er sie mit ins Stadion nehmen.

»Gut«, sagte die Kommissarin. »Dann wollen wir mal. Gibt es etwas Neues über Maurer, das ich wissen müsste?«

»Na ja, dies und das. Er pflegte sein Image als Ex-Profi. Ein Werbevertrag hier, er engagierte sich in der Nachwuchsförderung und gab sich ab und an für wohltätige Zwecke hin.«

»Ein Vorzeigesportler also, wie?«

»Das war nur die eine Seite der Medaille«, lächelte Kullmer vielsagend. »Die andere ist alles andere als glänzend. Da gibt es in letzter Zeit immer wieder kleinere Skandale, eine Verhaftung wegen Ver-

stoßes gegen das Betäubungsmittelgesetz und Verdacht auf illegale Wettgeschäfte. Auch Maurers Spendentätigkeit und seine öffentlichen Auftritte haben abgenommen. Angeblich sollte er sogar aus einem Werbevertrag fliegen, weil man sich nicht mehr mit ihm schmücken wollte. Ein Mineralwasser. Die halbe Stadt sollte mit diesen Plakaten gepflastert werden. Aber das ist bisher nur ein Gerücht im Internet, und das ist, wie du weißt, geduldig.«
»Ja, okay«, brummte Julia, »danke. Dann lass uns mal hören, was Frau Maurer dazu zu sagen hat. Das heißt, halt, warte mal«, sagte sie, bevor Peter den Finger auf die Klingel drücken konnte. Ihr war eine Bemerkung von Messner wieder eingefallen. Sie wählte die Kurzwahl der Rechtsmedizin an und erkundigte sich nach dem neuesten Stand der Dinge. Es gab am Körper von Siggi Maurer keine Würgemale außer den Abdrücken, die das Seil hinterlassen hatte. Keine Auffälligkeiten in der Mund- und Nasenpartie, die auf eine andere Art der Erstickung hinwiesen. Es gab keine Verletzungen an Lippen, Zunge oder Zähnen, die auf das gewaltsame Einführen einer Flasche hindeuteten.
»Wenn du mich fragst«, schloss Dr. Sievers, »hat er sich den Kram selbst einverleibt und ist auch für den Rest verantwortlich. Die Forensik untersucht noch den Hocker auf Fingerabdrücke und das Seil auf Epithelien. Ein bisschen Vergleichsmaterial wäre nicht übel.«
»Können wir besorgen«, antwortete die Kommissarin. »Wir sind vor Ort. Was ich wissen wollte, ist Folgendes: Der Hausfreund hat ausgesagt, dass die Ehefrau auf den Toten eingeschlagen hätte. Aus Verzweiflung.«
»Die hat einen Hausfreund?«
»Andrea, bitte. Hast du etwas gefunden, was diese Aussage bestätigt?«
»Hm. Post mortem. Fausttrommel nehme ich an? Es gibt da minimale Spuren in der Leistengegend. Aber nichts, dem ich große Bedeutung zumessen würde.«

»Also kann es stimmen.« Durant versuchte sich vorzustellen, wie Jolene mit erhobenen Fäusten in einem Weinkrampf auf ihren Mann einschlug. Er hatte etwa vierzig Zentimeter über dem Boden gehangen. Anhand der Körpergröße der beiden konnte das übereinstimmen. Doch spielte es eine Rolle?

»Klar kann es stimmen. Jeder reagiert da anders. Sie verliert ihren Liebsten und hasst ihn im selben Moment, weil er sich ja selbst umgebracht hat. Das kann schon sein. Aber sag mal … ein Hausfreund?«

Julia stöhnte auf. »Herrje, bist du eifersüchtig? Es gibt da jemanden, ja. Den Arzt. Die beiden standen sich näher, als ein Trauschein es erlaubt. Zeitweise zumindest.«

»Und das Kind?«

»Er behauptet, es sei von Maurer«, erwiderte Durant. Aber insgeheim beschloss sie, auch diese Aussage mit der DNA-Probe zu verifizieren. Als sie das Gespräch beendet hatte, sah Kullmer sie fragend an.

»Also ich verstehe nur Bahnhof«, gestand er ein, und Durant erklärte ihm kurz, worum es ging. Endlich läuteten sie bei Jolene Maurer.

13:00 UHR

Schon im Eingang roch es nach gebratenem Ei. Tatsächlich fanden die beiden Kommissare die zierliche Frau beim Essen vor, sie kehrte nach dem Öffnen der Tür zielstrebig in die Wohnküche zurück, um sich einem halb verzehrten Omelett mit Kräutern zu widmen.

»Entschuldigung, aber das muss jetzt sein«, erklärte die Frau kauend.

»Na, Sie können's doch vertragen«, kommentierte Kullmer, doch sofort deutete Jolene hinab auf ihren Kugelbauch.
»Ich könnte rund um die Uhr essen. Es ist eine Katastrophe. So schnell kann sie doch nicht wachsen.«
»Wissen Sie schon, was es wird?«
»Nein.« Sie streichelte sanft über ihr Shirt. »Aber ich spüre, dass es ein Mädchen wird. Und solange ich nichts Gegenteiliges weiß, gehe ich davon aus.«
Hoffentlich ist ihre Enttäuschung nicht allzu groß, wenn es doch ein Junge wird, dachte Julia. Sofort musste sie sämtliche aufkeimenden Gedanken an ihre eigene Enttäuschung unterdrücken. Das war jetzt nicht dran. Das durfte nicht dazwischenfunken.
Jolene Maurer hatte verquollene Augen und eine rote Nase. Doch im Moment wirkte sie gefasst.
»Wissen Sie schon etwas Neues?«, erkundigte sie sich.
»Ja und nein«, begann Durant. »Es deutet alles auf Selbstmord hin. Ich habe dazu noch ein paar Fragen. Außerdem habe ich mich eben mit Herrn Messner unterhalten.«
Frau Maurer zuckte und gab sich auch keine Mühe, ihre Reaktion zu überspielen. »Ach ja?«
»Das musste ich. Er sagte, Sie haben den Toten gefunden und dann sofort ihn verständigt. Stimmt das?«
»Kann sein. Ich weiß es nicht mehr, ich stand so unter Schock. Ich dachte nur, er ist Arzt, also soll er helfen. Und er wohnt nur ein Stockwerk tiefer. Der Notarzt braucht doch mindestens fünf Minuten. Wollen Sie mein Telefon prüfen?«
Kullmer bejahte, und sie reichte ihm ihr Smartphone.
»Erst Messner, dann der Notruf«, bestätigte er. »Eine Minute Zeitunterschied.«
Keine Zeit, um irgendwelche Pläne zu schmieden. Es sei denn, Messner war bereits vorher involviert. Handy zu Handy im selben Gebäude. Doch Durant glaubte nicht so recht daran.

»Wir untersuchen außerdem den Strick. Es handelt sich um ein dünnes Tau. Etwas unüblich, finde ich. So etwas hat nicht jeder zu Hause herumliegen.«
»Ach das.« Frau Maurer winkte ab. »Nein, das ist ganz normal. Draußen am Geländer sind mehrere davon gespannt, als Rankhilfe für Pflanzen. Ich glaube, das ist Meterware aus dem Baumarkt.«

In diesem Augenblick klingelte Julias Telefon, und sie fuhr zusammen. Normalerweise schaltete sie das Gerät auf lautlos, wenn sie sich in einer Vernehmung befand. Aber sie hatte es vergessen. Es war eine Nummer mit Münchner Vorwahl. Da musste sie drangehen. Sie stand auf, entschuldigte sich und nahm das Gespräch an. Es war Pastor Rosen, ein langjähriger Freund ihres Vaters. Die beiden hatten sich über Jahrzehnte hinweg gegenseitig vertreten; im Urlaub, bei Krankheit und so weiter. Er war einer der Ersten, die Julia Durant über das Ableben ihres Vaters informiert hatte, und einer derer, dessen Anteilnahme am herzlichsten gewesen war. Er hatte einen Freund verloren. Rosen war ebenfalls hochbetagt, und sein Gesundheitszustand war in den vergangenen zehn Jahren meist schlechter gewesen als der von Pastor Durant. Trotzdem hatte der Tod sich anders entschieden.
Rosen setzte Julia darüber in Kenntnis, dass es noch keinen Termin für die Beisetzung gab. Es war etwas schwierig, in der katholisch umgebenen Diaspora einen Termin zu finden. Die ganzen Maifeiertage funkten dazwischen, außerdem musste man das gesamte Prozedere der Einäscherung abwarten. Julia wollte mit alldem am liebsten nichts zu tun haben, das ging natürlich nicht, aber sie gab Pastor Rosen freie Hand für die Organisation. Wenn es etwas gab, das sie abgeben konnte, so war sie überaus dankbar dafür.
»Das Bestattungsunternehmen wird sich melden«, sagte der Freund ihres Vaters zum Abschied.
Julia Durant dachte an ihr Elternhaus. An die Möbel, den Garten, die persönliche Habe. Und für einige Sekunden schien sich eine

Panikattacke anzubahnen, die sie in letzter Sekunde wegatmete. Sie würde das schaffen. Sie hatte Freunde, sie hatte Claus, sie war nicht allein.

Doch zuerst war Frau Maurer dran. Wieder musste sich die Kommissarin zur Konzentration zwingen, während sie zurück zu ihrem Platz ging. Sie wusste bereits, dass die Ermittlung keine einfache werden würde. Warum ausgerechnet jetzt, klang es in ihrem Kopf, dann kam auch schon die werdende Mutter in ihr Blickfeld, immer noch wartend, aber ebenfalls mit einem großen Fragezeichen im Gesicht.
»Ich möchte ja nicht unhöflich sein …«
»Wir sind gleich fertig«, sagte Durant schnell. »Aber leider gibt es da noch eine Sache, über die wir sprechen müssen.«
Sie druckste kurz und hob ihre Hand dezent in Richtung des Babybauchs. »Bitte verzeihen Sie mir meine Direktheit, Frau Maurer, aber wer ist der Vater Ihres Kindes?«
Die Empörung stand Jolene Maurer ins Gesicht geschrieben.
»Wie bitte?«, empörte sie sich.
»Der Vater.« Durant beäugte die Reaktionen ihres Gegenübers sehr genau. Emotionale Ausbrüche eigneten sich hervorragend, um den Dingen auf den Grund zu gehen. Folglich tat sie gleichgültig, als sie fortfuhr: »Es stimmt doch, dass Sie eine Affäre mit Herrn Messner hatten.«
Jolene Maurer schnaubte ihr ein »Na und?« entgegen.
Und statt einer Erklärung kam ein patziges »Was geht Sie das überhaupt an?« hinterher. Frau Maurer hatte sichtlich Mühe, sitzen zu bleiben. Ihre Arme lagen verschränkt auf der Wölbung. Sie war vollkommen verkrampft. Voll ins Schwarze also, dachte die Kommissarin nicht ohne eine gewisse Zufriedenheit.
»Also«, sagte sie gedehnt, »für mich wäre das ein ziemlich eindeutiges Motiv. Siggi Maurer steht sportlich nicht mehr gut da, er trinkt,

er spielt et cetera. Einziger Lichtblick ist der Gedanke, dass er Vater wird. Und dann platzt auch noch dieser Traum. Klingt das nicht plausibel?«

»Siggi hat aber nichts gewusst«, beharrte Frau Maurer.

»Wovon?«, schaltete sich Kullmer ein. »Von der Affäre oder von der Vaterschaft?«

»Von der Affäre.«

»Wir Männer sind nicht so blöd, wie wir aussehen«, widersprach Kullmer. »Was, wenn er es doch wusste?«

»Mir doch egal.« Jetzt stand Jolene auf und lief einige Schritte hin und her, die rechte Hand nicht von ihrem ungeborenen Kind lassend. »Er hat sich quer durch die Szene gevögelt und nie ein Geheimnis draus gemacht. Immer wieder versprochen, dass er damit aufhöre. Aber kaum kam der nächste Flow, schon kam die nächste Schlampe.«

»Was für ein Flow?«

Jolene seufzte und nahm wieder Platz. »So nannte er seine Strähnen. Ein guter Lauf. Ein Wochenende voller Alkohol und hohe Wetteinsätze. Meist bekam ich ihn erst nach zwei, drei Nächten wieder zu sehen. Und erinnern konnte er sich an nichts. Das gab er zumindest vor. So war seine Taktik.«

»Hm. Und die Schwangerschaft?«

»Herrje, es ist sein Kind!« Frau Maurer schüttelte ihre Haare. »Und es sah für ein paar Wochen lang sogar so aus, als würde alles besser werden.« Ihr Blick wurde traurig, und Sekunden später kullerten ihr Tränen über die Wangen.

»Okay, danke«, murmelte Julia Durant und sah sich nach einem Taschentuch um. Ohne Erfolg. »Ich muss diese Dinge fragen, es ist Routine«, erklärte sie dann.

»Schon gut. Sind wir bald fertig?«

»Es wäre hilfreich, wenn wir uns noch mit Freunden oder Bekannten unterhalten können«, sagte Kullmer. »Mit den Leuten, mit de-

nen Ihr Mann seine Flows hatte.« Er setzte das Fremdwort in Anführungszeichen.
»Genau. Und zu wissen, wie es um Ihr Vermögen steht, wäre hilfreich«, sagte Durant. »Gibt es Schulden? Gab es Ärger mit irgendwelchen Geldverleihern?«
»Darüber weiß ich nichts«, antwortete Frau Maurer achselzuckend. »Aber ein paar Namen kann ich Ihnen geben.«
Kullmer notierte sich alles, während Durant ihren Blick durch die Wohnung streifen ließ. Alles war teuer und halbwegs geschmackvoll. Aber es wirkte auch irgendwie steril.
Jolene Maurer zupfte sich zaghaft an ihrem Shirt.
»Wie lange dauert es denn noch, bis ... ich meine, bis Sie Bescheid wissen?«
»Wir warten auf die Befunde von Rechtsmedizin und Spurensicherung«, antwortete die Kommissarin, der in diesem Augenblick einfiel, dass sie noch nicht nach dem Schloss gefragt hatte. Sofort holte sie das nach.
»Einbruchsspuren?«
»Kratzer, ja.«
»Ach, das ist nichts.« Frau Maurer lächelte schief. »Wenn Siggi besoffen war, hat er den Schlüssel nie ins Loch gekriegt. Von dem Geklappere und Geflüche bin ich meistens wach geworden, bevor er die Tür aufbekam. Manchmal ließ ich ihn herein. Manchmal ...« Sie unterbrach sich abrupt. Ihre Stimme war von Wort zu Wort leiser geworden, und in den Augen der Frau zeichneten sich erneut Tränen ab.
Julia Durant entschied, dass sie vorläufig genügend Informationen gesammelt hatte. Frau Maurer trauerte tatsächlich. Und auch wenn sie sich gegen manche Fragen gewehrt hatte, sie schien grundsätzlich ehrlich geantwortet zu haben. Sie verabschiedeten sich, wobei Durant betonte, dass sie ihren Weg hinaus alleine finden würde.
Doch noch bevor sie den halben Weg zur Tür zurückgelegt hatte, erklang hinter ihr die Stimme: »Frau Durant?«

Die Kommissarin blieb stehen und wartete, bis Frau Maurer zu ihr aufgeschlossen hatte. Mit einem scheuen Blick zu Kullmer, der bereits im Treppenhaus stand, raunte die Frau: »Eine Frage hätte ich auch noch, so unter uns.«
»Ja?«
»Geht Valentin davon aus, dass *er* der Vater ist?«
Julia überlegte. Sie versuchte, sich zu erinnern, was Messner genau gesagt hatte. Dann zog sie die Lippen in die Breite und antwortete: »Das sollten Sie ihn fragen, Frau Maurer, und nicht mich.«

15:10 UHR

Bis zur Dienstbesprechung war noch etwas Zeit, also ging Julia Durant vom Präsidium aus zu einem Imbiss an der Eschenheimer Landstraße. Vorher hatte sie ihrer Freundin Alina Cornelius, einer in der Nähe sesshaften Psychologin, eine Nachricht geschrieben. Falls sie Zeit habe, könne man sich auf einen Kaffee treffen. Alina hatte Zeit.
Die beiden umarmten sich, es war schon wieder eine Weile her, dass sie sich gesehen hatten. Vor Julias Eingriff.
»Wie geht's dir?«, wollte Alina wissen, den Blick wie selbstverständlich auf Julias Bauch gerichtet. Julia fühlte sich unwohl, auch wenn ihre Freundin natürlich Bescheid wusste. Aber hier, in der Öffentlichkeit … Außer Alina Cornelius und einer Handvoll Vertrauter ging das niemanden etwas an. Durant winkte ab: »So etwas möchte man von Therapeuten lieber nicht gefragt werden.« Sie lachte auf. Prompt stach es unter ihrem Zwerchfell. Es war nur ein minimaler Schmerz, doch er war nicht zu ignorieren.

Vor acht Wochen hatte sie sich einer Operation unterziehen müssen. Routine, wie es im Krankenhaus geheißen hatte. Doch für sie war es das nun mal nicht. Julia würde diesen Moment niemals vergessen, als ihr von ihrer Frauenärztin klargemacht wurde, dass in ihrer Gebärmutter etwas wuchs. Dass es sich dabei aber nicht um ein Kind handelte, sondern um eine Dysplasie, hatte ihr den Boden unter den Füßen weggerissen. Dabei wäre es noch erträglich gewesen, damit leben zu müssen, keine eigenen Kinder zu haben. Damit hatte Julia Durant schon lange nicht mehr gerechnet. Aber Krebs?
»Es ist nur eine kleine ...«
»Das bedeutet noch nicht ...«
Die darauffolgenden Wochen waren der blanke Horror gewesen. Abstriche, Gewebeproben, Tests. Das Warten auf Resultate. Ärzte, die versprachen, sich sofort zu melden, und dann doch nicht anriefen. Und schließlich die Erkenntnis, dass sie ihn auch in sich trug. Wie ihre Mutter. Den Teufel, der sich grausamer als alle anderen Dämonen durch die Leben der Menschen fraß.
Im März war der Kommissarin daraufhin die Gebärmutter entfernt worden.

Die beiden Frauen tauschten ein paar Belanglosigkeiten aus, ohne dass das Thema zur Sprache kam. Dann aber fragte Alina erneut:
»Jetzt sag mal, wie geht es dir?«
»Na ja, was soll ich sagen. Manchmal übermannt es mich, dann laufen einfach die Tränen.« Durant spürte, wie ihre Kehle eng wurde. Sie war nicht der Typ, um in der Öffentlichkeit loszuheulen, aber wusste auch, dass sie das nicht immer kontrollieren konnte. Sie hatte weder vor ihrem Eingriff noch seitdem eine psychologische Beratung in Anspruch genommen. Für solche Dinge hatte sie Alina, so war ihr Standpunkt, und meist genügte das ja auch. Doch in dieser Sekunde drohte alles überzukochen.

»Meistens kommt es ganz spontan«, drückte sie durch die zusammengepressten Zähne. Wieder gelang es ihr, die Sturzbäche zurückzuhalten. Nur ein kurzes Flimmern, als ihre Augen sich befeuchteten, aber kein Weinkrampf. Schnell trank sie einen großen Schluck Kaffee, er schmeckte hervorragend.

Alina griff nach Julias Unterarmen. »Tut mir so leid. Wenn ich dir irgendetwas abnehmen kann ...«

»Ist schon gut, danke. Wer hat schon einen Paps, der so lange und so erfüllt leben darf?«

»Mhm.«

Alina Cornelius hatte schon lange keine Angehörigen mehr. Wie sollte sie also darauf antworten?

»Und sonst? Neuer Fall?«

Julia Durant berichtete von Siggi Maurer. Den Namen verriet sie nur mit gedämpfter Stimme, denn noch waren keine Details in die Presse gelangt. Sie musste vorsichtig sein.

»Suizid?«

»Es sieht so aus. Aber irgendwie passt mir der nicht.«

Durant erzählte von der Schwangerschaft und der Vaterfrage.

»Da würd ich 'nen Teufel tun, als mich umzubringen!«, wetterte Alina Cornelius, und Julia musste lachen.

»Alina!«, zischte sie und legte sich den Finger auf die Lippen. So manches Augenpaar hatte sich auf ihre Freundin gerichtet. »Ist das deine fachliche Meinung, ja?«

Alina räusperte sich. »'tschuldigung. Aber wenn ich wüsste, dass es meines ist ... Na ja, wer weiß ... aber wenn es nicht seines ist – dann hätte er sich definitiv nicht umgebracht.«

»Kapier ich nicht. Ich hätte eher andersherum gedacht. Es ist nicht seines, und deshalb hilft jemand nach. Ein Arzt, der genau weiß, was mit einem Körper geschehen muss, um es wie einen Selbstmord aussehen zu lassen. Aber wenn es mein Kind wäre – wie könnte ich dann ...«

Durant unterbrach sich selbst, und ihre Stimmung trübte sich ein. Wie konnte sie darüber urteilen, wie es war, wenn man ein Kind bekam? Und urplötzlich schossen sie heraus, die Tränen. Alina nahm sie in den Arm, es dauerte nur Sekunden, doch in dieser Zeit war alles um Julia herum eine graue, trostlose Wüste, in der jeder Lebenssinn abgestorben war. Keine Freude, kein Lachen, nur Ödnis. Und die Kommissarin wusste mit einem Mal, wie es für sie aussehen würde, wenn ihre Stunde kam. Sie würde alleine sein. Einsam. Und der Name Durant würde für alle Ewigkeit aussterben.
»Hey!«, summte ihr die Stimme von Alina Cornelius ins Ohr, und Julia spürte eine Hand durch ihre Haare streicheln.
Sie fasste sich, schnäuzte die Nase und suchte die Toilette auf, um sich wieder halbwegs zu restaurieren. Als Durant zurückkam, standen zwei neue Kaffees auf dem Stehtisch, und ihre Freundin schenkte ihr ein warmes Lächeln. »Wieder okay?«
»Ja. Danke.« Durant zog eine Grimasse. »Das meinte ich eben mit spontanen Heulattacken.«
»Ist völlig normal«, erwiderte Alina. »Also noch mal wegen meiner Einschätzung. Vater zu werden bedeutet für Männer puren Stress. Sie stellen sich selbst und die ganze Welt infrage. Das kann schlimmer sein als die Midlife-Crisis, du glaubst gar nicht ... na egal. Jedenfalls sind Selbstmordgedanken da nichts Abwegiges.«
»Hmm. Aber vom Gedanken bis zur Tat?«
»Das ist glücklicherweise noch ein gewaltiger Schritt«, bestätigte Alina, »aber trotzdem nicht auszuschließen. Wäre es denn ein Wunschkind gewesen?«
»Das weiß ich nicht.«
»Solltest du herauszufinden versuchen. Falls nicht, kann es den gewaltigen Schritt durchaus, hm, abkürzen.«
»Ja, okay, mag sein. Aber was ist, wenn er nicht der Erzeuger war?«
»Wenn er es nicht war und auch davon wusste, ist das ein Grund,

um zu leben. Auch das ist typisch männlich. Er ist der Ehemann. Ihm gehört die Wohnung. Er ist der Platzhirsch. Und dann auch noch einer, der als Boxer sein Geld gemacht hat. Das ist Adrenalin und Testosteron pur, oder nicht? Der würde alles tun, aber doch nicht freiwillig seinem Nebenbuhler das Feld räumen. Eher würde er seine Frau oder – weil sie als Schwangere ja ausscheidet – diesen Typen töten. Du sagst, es sei ein Arzt?«
Durant nickte.
»Prächtig. Boxer gegen Mediziner. Muskel- gegen Gehirnschmalz. Nee, wirklich nicht. Das wäre kein Grund für Selbstmord.«

16:00 UHR
Dienstbesprechung.

Claus Hochgräbe informierte die Kommissare darüber, dass Andrea Sievers zu einem Ergebnis gekommen war. »Sie konnte keinerlei Indizien für Fremdeinwirkung feststellen. Damit müssen wir von einem Suizid ausgehen, und die Sache ist offiziell vom Tisch.«
Durant passte das überhaupt nicht. Denn letztlich bedeutete ein Mangel an Indizien nur, dass die Mord-Hypothese nicht bewiesen werden konnte. Offizielles hin oder her, in dem Fall steckten für sie eine Menge Unklarheiten, denen sie gerne auf den Grund gegangen wäre. Andererseits gab es für viele Punkte auch mögliche Erklärungen. Das Seil, der Alkohol, die Spielsucht, die Affäre von Maurers Frau. Die Dinge ergaben ein schlüssiges Bild, aber nicht so schlüssig, dass es konstruiert wirkte. Selbstmord also.
»Gut, meinetwegen«, lenkte sie ein. »Was haben wir sonst noch auf dem Programm?«

Leider war es nicht so, dass die Frankfurter Mordkommission jemals unter Leerlauf litt. Hochgräbe hüstelte und hob einen braunen Aktenordner.
»Der Fall Marić.«
Marić. Julia Durant musste nicht lange überlegen. Eine Frau aus dem Kosovo war tot aufgefunden worden. Ermordet. Es war von einer familiären Bluttat auszugehen. Man hatte zuerst den Mann, dann ihren Stiefsohn ins Visier genommen.
»Der Anwalt des Sohnes hat beide rausgepaukt. Auch wenn vieles darauf hindeutete, dass da eine Familiengeschichte dahintersteckt: Die Sache wurde nie aufgeklärt. Machen wir uns also darauf gefasst, dass da noch mal Arbeit auf uns zukommt.«
»Hmpf. Ich nehme mir Urlaub.« Durant hatte es schon beim ersten Prozess kaum ertragen können, mit welchem Gehabe die Männer der Familie Marić auftraten. Und wie gleichgültig ihnen der Verlust von Ilka Marić zu sein schien. Nur, weil sie angeblich eine Affäre gehabt hatte. Man hatte Samenspuren an ihrer Kleidung gefunden, die nicht zur DNA des Ehemanns passte.
»Außerdem haben wir einen Drogentoten«, fuhr Hochgräbe fort. »Ein Stricher, wie es scheint. Die Sitte meint, sein Arm sei so abgebunden, als habe das jemand anderes gemacht. Wir sollen mal draufschauen. Doris, Peter, könnt ihr das bitte übernehmen?«
Kullmer nickte, und auch Seidel hatte nichts einzuwenden. Doris Seidel hatte die Polizeischule als Jahrgangsbeste abgeschlossen, und man sah ihrer zierlichen Figur nicht an, dass sie einen schwarzen Gürtel in Karate besaß. Sie war in Köln für das Sittendezernat, die Drogenfahndung und schließlich die Mordkommission tätig gewesen. Dann hatte eine zerbrochene Beziehung sie in die Mainmetropole gespült. Seitdem waren sie und Julia Durant Kolleginnen. Der Grund, weshalb sie einmal hierhergekommen waren, verband sie in gewisser Weise miteinander.
Durants Handy vibrierte. Es war bereits das zweite Mal während der

Besprechung, und sie zog es aus ihrer Tasche, um den Anruf zu unterdrücken. Die Nummer war ihr nicht bekannt, Frankfurter Vorwahl. Einem Impuls folgend, hob sie den Apparat ans Ohr und sagte mit gedämpfter Stimme: »Ja, Durant?«
Die missbilligenden Blicke der anderen ignorierte die Kommissarin spätestens in der nächsten Sekunde, als am anderen Ende eine erregte weibliche Stimme erklang.
»Maurer hier. Sie müssen noch einmal kommen, bitte. Er hat ... er hat mir eine Nachricht gesendet.«
»Wer, Ihr Mann?«, platzte es aus Durant heraus.
»Ja. Auf der Mailbox. Ich habe sie eben erst abgehört.«
»Was hat er gesagt?«
Längst hatte sie mit erhobenem Zeigefinger die Nähe des Fensters gesucht und den anderen gegenüber mit den Lippen das Wort »Maurer« geformt. Nichts im Konferenzzimmer war zu hören, außer ihrem angespannten Atem.
»Er sagte, es tue ihm leid. Es tut mir leid, es tut mir leid, ich wollte das alles nicht.« Jolene Maurer schluchzte, als sie die letzten Worte ihres Mannes zitierte.
»Danke. Wann hat er sie zu erreichen versucht?«
»Das ist es ja!«, wimmerte es durch den Lautsprecher. »Ich hatte das Handy aus. Der Akku macht ständig schlapp und lädt nicht richtig. Ich habe die Mailbox eben erst abgehört. Vielleicht ... vielleicht ...«
Ein Schluchzen unterbrach den Rest des Satzes, doch die Kommissarin verstand auch so.
»Frau Maurer, Sie trifft keine Schuld«, betonte sie. »Er hätte es wahrscheinlich auch so getan.«
Schweigen.
»Darf ich mir die Nachricht einmal anhören? Bitte löschen Sie sie nicht.«
»Ja, natürlich.«
»In Ordnung.«

Durant versprach ihr, sofort vorbeizukommen. Hellmer seufzte und stand auf. Demonstrativ griff er nach der Akte Marić und sagte: »Schon kapiert. Ich ziehe mich dann mal zurück in meine Höhle.«
Kullmer und Seidel machten sich ebenfalls auf den Weg.
Als die beiden alleine waren, griff Claus nach Julias Arm.
»Hör mal, Liebling«, sagte er, »du kannst das machen. Aber verbeiß dich nicht. Maurer ist tot, und ich sehe keinen Grund, weshalb wir von etwas anderem ausgehen sollten als Suizid.«
Julia küsste ihn auf die Wange, was sie im Präsidium selten tat. Dann schenkte sie ihm ihr schönstes Lächeln. »Betrachte es einfach als Nachsorge. Der Sonntag ist doch eh ruiniert, da kommt es darauf auch nicht mehr an.«

17:30 UHR

Michael Schreck, der Leiter der Computerforensik, war nur zufällig im Haus. Er sagte etwas von Serverwartung und Back-ups, wozu er im Alltagsbetrieb nicht käme. Er war ein gemütlicher Kuschelbär, dem man seine Genialität nicht ansah. Vor Jahren hätte Julia Durant ihn fast einmal privat getroffen unter dem Vorwand, sich einen Laptop einrichten zu lassen.
»Es tut mir leid, es tut mir leid, ich wollte das alles nicht.«
Die Nachricht war von schlechter Qualität. Die Worte gepresst, als spreche er sie unter Schmerzen. Womöglich auch eine Folge des Alkohols.
Durant hatte sämtliche Details zu Protokoll genommen und das Handy von Jolene Maurer kurzerhand eingepackt. Die junge Witwe hatte nichts dagegen einzuwenden gehabt.

»Die Nachricht ist um 01:41 Uhr eingegangen«, sagte Schreck, der sich eine digitale Kopie gezogen hatte.

Das passte etwa zur ermittelten Todeszeit.

»Kann man das manipulieren?«, erkundigte sich Durant. Immerhin lagen zwischen dem Eingehen und dem Abhören elf Stunden. Doch Schreck verneinte. »Selbst für einen Hacker dürfte das schwirig sein. An Server-Zeiten manipuliert sich's nicht so ohne Weiteres.«

»Ich verstehe nur die Hälfte, aber okay.« Die Kommissarin schmunzelte. »Die Frau gibt an, sie habe die Nachricht erst um 12:34 Uhr abgehört. Das Handy war angeblich die ganze Zeit über ausgeschaltet.«

»Ja, das stimmt. Die Benachrichtigungs-SMS bestätigt das. Auch das kann man nicht manipulieren. Das Handy ging an, und sobald die Verbindung ins Mobilfunknetz bestand, wurde die SMS zugestellt. Danach wählte sie die Mailbox an und acht Minuten später dann dich.«

»Hmm. Und auch das ist sicher?«

»Absolut.« Schreck nickte. »Die einzige Schwachstelle wäre der Anruf auf der Mailbox. Jemand könnte das Telefon des Toten geklont haben. Also seine Nummer verwendet haben.«

»Hm. Um das festzustellen, brauchst du sein Gerät, nicht wahr?«, fragte Julia.

»Ich sehe«, erwiderte der Forensiker mit anerkennender Miene, »du verstehst etwas von der Materie. Ja. Sein Gerät.«

»Bingo.« Julia grinste und zog einen Plastikbeutel hervor. »Das hat die Spurensicherung längst in Beschlag genommen. Nur den Code musst du noch knacken.«

»Kleinigkeit.« Schreck verband das Telefon mit einem USB-Kabel. Wenige Minuten später hatte er die Anrufliste auf dem Monitor.

»01:41 Uhr«, las er vor und runzelte die Stirn.

»Was stimmt denn nicht?«, wollte sie wissen.

»Er hat sie nicht direkt angerufen«, murmelte Schreck. »Hier, schau mal.« Er deutete auf eine Zahlenreihe, doch sie erkannte nichts als eine Telefonnummer, die mit +49 begann. Außer, dass sie ungewöhnlich lang wirkte.

Schreck tippte auf eine Doppelziffer zwischen Vorwahl und Nummer. »Er hat direkt bei ihrer Mailbox angerufen«, erklärte er. »Selbst wenn ihr Apparat angeschaltet gewesen wäre, hätte ihr Telefon nicht geklingelt. Er wollte sie demnach nicht persönlich erreichen, sondern nur diese Nachricht hinterlassen.«

Julia Durant wurde heiß und kalt. Eine Nachricht aus dem Jenseits. War es das, was Schreck meinte? Siggi Maurer hatte seiner Frau, die nur einen Raum entfernt im Bett lag, eine Sprachnachricht auf die Mailbox gesprochen. Unmittelbar, bevor er den Kopf in die Schlinge steckte.

Es tut mir leid, es tut mir leid.
Ich wollte das alles nicht.
Sie schauderte.

17:55 UHR

Peter Kullmer drückte auf den Schlüssel, und die Zentralverriegelung seines Ford Kuga reagierte mit dem gewohnten Klacken und Summen. Er blickte sich um. Es glich einem Wunder, dass er auf Anhieb einen Parkplatz gefunden hatte. Eng auf eng standen die Autos, und er entschied kurzerhand, mit dem Smartphone seine Parknachbarn zu fotografieren. Nur für den Fall, dass er hinterher eine Beule in der Tür hatte. Von dem grünen Aufkleber der Polizeigewerkschaft GdP an seiner Heckscheibe nahm, wie Kullmer wusste, kaum mehr einer Notiz. Geschweige denn, dass man damit Respekt erzielte.

Er eilte den Gehweg entlang bis zu einer kleinen Eckkneipe. Während er den in schummriges Licht getauchten Raum betrat, schien es, als verließe er den Planeten Erde. Wo eben noch die Sonne an blauem Firmament gelacht hatte, war nun eine verräucherte Höhle. Es roch nach Alkohol, niemand störte sich an dem allgemeinen Rauchverbot. Aus den Boxen lief Rockmusik der Achtziger. Kullmer kannte die Melodie, kam aber nicht auf den Namen. Er wartete einige Sekunden, bis sich seine Augen an das Dämmerlicht gewöhnt hatten. Dann sah er ihn. Ganz hinten in einer Nische auf einer weinrot gepolsterten Eckbank. Kullmer lächelte und schritt auf ihn zu.
»Servus, altes Haus«, grinste sein Gegenüber, winkte und hob sich um einige Zentimeter, ohne dabei aufzustehen. Vor ihm stand ein Bierglas, in dem sich nur noch wenige Zentimeter Flüssigkeit befanden. Eine Frau mit strähnigen Haaren und einer breiten Zahnlücke brachte bereits ein neues. Sie stellte es ab und wollte nach dem anderen Glas greifen, doch der Mann war schneller.
»Moment.« Er grinste und kippte den letzten Schluck hinunter. Dann reichte er ihr das Glas. »Bloß nichts verkommen lassen, gell? Und mach gleich noch eins für meinen Freund.«
Kullmer verneinte hastig und bestellte sich eine Cola. Als die Frau davongetrabt war, setzte er sich und warf einen demonstrativen Blick auf seine Armbanduhr. »Ist es dafür nicht ein bisschen früh?«
»Ach Quatsch. Ist doch nur Bier. Ich saufe ja keine U-Boote wie die anderen armen Schlucker.« Er nickte fahrig in Richtung Tresen, wo einige Gestalten Schnapsgläser im Bier versenkten. Oder einfach beides nacheinander kippten. Billiges Bier und billigen Brand. Kullmer fühlte sich unbehaglich. Es war eine traurige Welt.
»Weshalb ich dich sprechen wollte«, begann er, doch der andere winkte ab.
»Hab's schon gehört. So eine Scheiße. Ausgerechnet der Siggi. Aber warum interessiert euch das? Er hat doch den Strick genommen, oder?« Er schüttelte sich. »Ich tät das anders, glaub mir. Drüben, im

Gallus. Wenn die S-Bahn in die Kurve fährt. Ist eine sichere Sache und geht viel schneller. Hab schon mal dran gedacht. Aber ich mag mein Leben. Trotzdem ist's irgendwie beruhigend, einen Plan für den Fall der Fälle zu haben.«

Die Zunge bewegte sich schwer, das war nicht zu überhören. Wie lange saß er schon hier und trank? Kullmer wusste es nicht. Überhaupt wusste er nur wenig über Walter Bortz. Man sah sich bei den Spielen, Walter lungerte immer bei den Ultras herum, auch wenn er bei manchen der jungen Kerle nicht gerne gesehen war. Er trank zu viel und wurde ausfallend. Walter war einer der Zeitgenossen, die Yeboah noch heute als »den Bimbo« bezeichneten und der auch für die meisten anderen Nationalitäten, denen die aktuellen Spieler angehörten, einen Namen hatte. Für Walter Bortz gab es nichts außer seiner Eintracht. Niemand wusste etwas Genaues über ihn. Es schien, als existiere er außerhalb der Spieltage überhaupt nicht.

Kullmer schniefte und verzog die Nase. Irgendwo paffte jemand einen bitter stinkenden Zigarillo.

»Ich brauche Infos über Siggi Maurer«, sagte Kullmer schließlich.

»Was für Infos?«, wollte Bortz wissen.

»Na, alles, was nicht in der *Bild* oder im Internet zu finden ist. Alles, was du auftreiben kannst. Ich weiß doch, wie viele Typen du kennst.«

Bortz grinste. »Ja, schon kapiert. Bei mir bist du da goldrichtig. Aber das kostet.«

»Meinetwegen.« Kullmer zog sein Portemonnaie hervor. Das war ihm klar gewesen. »Ich übernehme deinen Deckel.«

Sein Gegenüber lachte auf und zeigte dabei all seine gelben Zähne. »Nee, nee, mein Lieber, damit ist es nicht getan. Außerdem habe ich selbst Knete.«

Die Verwunderung war dem Kommissar offenbar anzusehen.

»Hättest du mir nicht zugetraut, wie?«, kicherte Bortz. »Ich sag dazu nix, weil ich will, dass es mein Geheimnis bleibt. Aber mit Geld allein ist es nicht getan.«

»Sondern?« Kullmer wurde ungeduldig. »Was willst du von mir?«
Offensichtlich besorgt, dass die beiden neugierige Blicke auf sich ziehen könnten, gebot Bortz dem Kommissar mit einer lockenden Handbewegung, näher zu kommen. Ihre Köpfe berührten sich fast, und die Fahne des Mannes war beachtlich, als er fast tonlos sagte: »Piet, du weißt, ich mag dich. Du bist ein korrekter Typ, nicht so wie die meisten anderen Scheißer im Block. Ich kann dir helfen, aber das ist 'ne besondere Sache. Wenn du das versaust, dann ergeht's uns beiden ziemlich schlecht. Also versau's besser nicht.«
Kullmer hielt an sich, weil er spürte, dass er besser keine Gegenfragen stellen sollte.
»Du gehst heute Abend aus«, erklärte Walter Bortz weiter, nachdem er sich erneut verstohlen umgesehen hatte. Doch keine der Schnapsleichen interessierte sich für das, was sie besprachen. »Die Adresse schreib ich dir auf und alles, was du sonst noch brauchst. Mach's damit am besten wie in ›Kobra, übernehmen Sie‹. Auswendig lernen und vernichten. Wenn dich einer fragt, sagst du, du kämst von mir. Ach ja, und das Wichtigste: Du brauchst zehn große Scheine.«
»Wie bitte?«, rief Kullmer fassungslos.
Jetzt glotzten sie. Langsam, aber unverkennbar drehte sich eine Handvoll Köpfe zu ihrer Sitznische. Doch die Blicke waren glasig und leer. Es war kaum Neugier, mehr ein Rügen, dass jemand es wagte, die bleierne Atmosphäre zu stören.
Zehn Minuten später stand Peter Kullmer wieder auf der Straße. In der Hand einen Bierdeckel, auf dem mit krakeliger Handschrift eine Adresse und ein Codewort vermerkt waren.

19:00 UHR
Polizeipräsidium.

Es war die zweite Dienstbesprechung an diesem Tag, und alle waren ziemlich zerschlagen. Der Sonntag hatte viel zu früh begonnen, und ein Ende schien nicht in Sicht. Dennoch lag eine angespannte Atmosphäre im Raum, alle waren plötzlich wie elektrisiert.
Die Stimmen sprachen wirr durcheinander, bis Claus Hochgräbe sich Ruhe verschaffte.
»Leute!«, rief er und klopfte mit den Knöcheln auf die Tischplatte.
»Testarossa?«, wiederholte Hellmer das Codewort auf dem Bierdeckel mit einem Grinsen und hinter vorgehaltener Hand.
»Das ist doch was für dich«, neckte Kullmer ihn flüsternd. Hellmer hatte seinen Porsche 911 erst vor wenigen Tagen ins Internet gestellt. Er fuhr den Wagen seit einer halben Ewigkeit und trug sich schon länger mit dem Gedanken, auf einen Oldtimer umzusteigen. Ein SC-Targa von 1977. So ein Wagen, fand er, würde ihm doch gut stehen.
Hochgräbe räusperte sich erneut. »Kommen wir mal zur Sache, bitte. Was soll das, Peter?«
Kullmer stand auf und fasste in wenigen Sätzen zusammen, wie das Gespräch in der Kneipe verlaufen war. Er schloss mit den Worten: »Walter Bortz hat mir die Adresse eines Ladens gegeben, in dem illegale Wetten ablaufen. Siggi Maurer verkehrte dort – neben einigen anderen Promis.«
»Und wie kommt einer wie dieser Walter an solche Infos?«, fragte Julia Durant. »Ich dachte, er ist mehr so ein Verlierertyp.«
»Das dachte ich auch, aber da lag ich wohl ziemlich daneben«, gestand Kullmer mit einem Achselzucken ein. »Er hat mir die Szene recht genau geschildert. Und er gab vor, nicht mehr der Loser zu sein, für den ihn alle halten.«

»Das lässt sich ja nachprüfen«, murmelte Hochgräbe. »Aber was fangen wir mit dieser Information jetzt an? Maurer hat sich umgebracht. Das ist amtlich. Und für illegales Glücksspiel sind wir nicht zuständig.«

Durant holte tief Luft. Sie wusste, dass Hochgräbe kein Ignorant war, der alles, was nicht dem Lehrbuch entsprach, ausblendete. Doch manchmal sagte er Dinge wie diese und brachte sie damit mächtig auf die Palme.

»Was soll das denn heißen?«, empörte sie sich daher. »Maurer hinterlässt eine schwangere Witwe. Wenn da unrechtmäßige Sachen am Laufen sind, die ihn in den Tod getrieben haben, möchte ich dem auf den Grund gehen.«

»Klar. Besonders, wenn es Promis sind, hm?«, neckte der Boss. Jeder im Raum wusste, dass Julia Durant jemand war, die es nie verwinden konnte, wenn reiche und mächtige Personen meinten, sich außerhalb des Gesetzes bewegen zu dürfen. Schon gar nicht, wenn weniger Mächtige dabei unter die Räder kamen.

»Woher nehmen wir das Geld?«, fragte Hellmer und sah auf die Uhr. »So viel liegt hier nicht rum. Und ich glaube nicht, dass jemand in der Verwaltung ...«

»Dann nehm ich's halt von dir«, unterbrach ihn Kullmer mit einer fahrigen Geste. Allen war klar, dass er auf Hellmers Reichtum anspielte. Frank hatte eine äußerst wohlhabende Frau geheiratet. Ihr verdankte er auch seinen Porsche 911. Der Lebensstil, den er als Kommissar führen durfte, sorgte nicht selten für Neid unter den Kollegen – zumindest unter denen, mit denen er nicht befreundet war. Im K11 konnte er es ertragen, hin und wieder aufgezogen zu werden. Nun jedoch verdüsterte sich seine Miene.

»Blödmann. Als hätte ich die Kröten einfach so zu Hause auf dem Schreibtisch liegen.«

»Hast du nicht?«, grinste Kullmer. »Na, dann muss ich wohl mal in meinen Schreibtisch schauen.«

»Hört auf, verdammt«, sagte Durant und kam damit Claus zuvor, der im Begriff war aufzustehen. Sein Blick sprach Bände. »Ihr seid hier nicht im Sandkasten.«
Doch Kullmer blieb beharrlich. »Irgendwoher muss die Kohle aber kommen.«
»Mensch, was ist dir denn so wichtig an dieser Aktion?«, wollte Doris Seidel wissen, die dem Ganzen bislang mit einer Miene gefolgt war, die von nachdenklich zu entsetzt gewechselt hatte.
Anscheinend geht es ihr ähnlich wie mir, dachte Durant. Sie erkannte Peter Kullmer kaum wieder. Als wolle er sich kopflos in ein Abenteuer stürzen. Koste es, was es wolle.
»Schalt mal bitte einen Gang runter«, forderte sie und warf ihrem Kollegen einen vielsagenden Blick zu. »Ich rekapituliere das noch mal, wenn's recht ist.«
Kullmer brummte etwas, alle anderen wurden still und richteten ihre Aufmerksamkeit auf die Kommissarin. Durant musste zugeben, dass sie es für einen kurzen Moment genoss. Sie war schon seit so vielen Jahren die Leitwölfin der Mordkommission, sie hatte sich daran gewöhnt. Berger, ihr alter Boss, hatte sie meist machen lassen. Seit Claus Hochgräbe Bergers Posten übernommen hatte, war es anders. Er hinterfragte. Er kritisierte. Und – was für ihre Arbeit am hinderlichsten war – er ging mit ihr ins Bett.
Auch wenn sich das meiste mittlerweile eingespielt hatte; Julia Durant hatte manchmal doch noch Schwierigkeiten, die Dinge voneinander zu trennen. Genau wie Claus. Doch gerade jetzt, in einer Situation voller unterschiedlicher Meinungen und Dynamik, gehörten alle Blicke ihr. War es falsch, das ein wenig auszukosten?
Durant hüstelte und besann sich auf das, was sie hatte sagen wollen. »Korrigiere mich, wenn ich da was durcheinanderbringe«, wandte sie sich zuerst an Kullmer, »aber es lief folgendermaßen: Du bist auf der Suche nach Hintergrundinfos, triffst dich deshalb mit einem deiner Fußballkumpel, von dem du wie beiläufig erfährst, dass er

eine Menge Geld besitzt und prominente Kontakte pflegt. Er schlägt dir vor, dass du zehntausend Euro abhebst und damit zu einer Adresse fährst, wo du mit der Losung ›Testarossa‹ um den Zugang zu einem geheimen Zirkel bittest. Korrekt so weit?«

Kullmer nickte. »Im Großen und Ganzen …«

»Jetzt mal ehrlich, Peter!«, platzte es aus Durant heraus. »Dieser Typ? Diese Story? Hält der das Leben für eine Agentenkomödie aus den Siebzigern?«

Weder Hellmer noch Hochgräbe verbargen ihr Amüsement. Die Einzige, die nicht grinste, war Doris. Und natürlich Peter, der eine beleidigte Miene zog.

»Es ist eine Chance. Die einzige, die wir außer der Klatschpresse haben. Ich will sie nutzen, ist das derart lächerlich?«

Doris Seidel griff sich an den Kopf und fragte, fast schon verzweifelt: »Ja, aber *wozu?*«

Peter antwortete patzig. »Mein Job war es, Siggi Maurer zu durchleuchten. Seine Verbindungen zu checken. Voilà. Das sind sie. Und solange mir keiner befiehlt, es bleiben zu lassen, werde ich meinen Job zu Ende bringen.«

Hochgräbe räusperte sich. »Ich möchte noch mal daran erinnern, dass es sich bei dem Fall«, er setzte das Wort mit den Fingern in Anführungszeichen, »um einen mutmaßlichen Suizid handelt.«

»Mutmaßlich«, wiederholte Durant mit hochgezogenen Augenbrauen.

»Moment mal, fällt mir hier jemand in den Rücken?«, fragte der Chef irritiert, und Durant lächelte schief.

»Tut mir leid, Claus. Aber spätestens seit ich in der Computerforensik war, ist das Thema Suizid für mich endgültig vom Tisch. Da steckt etwas dahinter, was wir alle noch nicht begreifen.«

»Hm.« Hochgräbe brummelte etwas darüber, dass ja nicht sie es sei, die sich vor den höheren Ebenen des Präsidiums zu rechtfertigen hatte. Aber er ordnete auch nicht an, dass man den Fall ad acta legen solle.

»Also bleibe ich an der Sache dran«, meldete sich Kullmer zu Wort. Durant wechselte einen schnellen Blick mit Claus und Doris. Er zeigte kaum eine Reaktion, außer einem leichten Achselzucken. Seidel indes schüttelte den Kopf, und in ihren Augen lag eine diffuse Angst. Dann legte sich Kullmers Hand auf ihren Oberschenkel, und er murmelte etwas, das die Kommissarin nicht verstand. Doris musste sich geschlagen geben, auch wenn sie die Aktion alles andere als gut fand. Julia Durant ging es nicht anders, doch sie wusste auch, dass es die Gelegenheit war, um Einblicke in Maurers Lebenssituation zu erhalten. Etwas zu erfahren, was seinen Tod in ein neues Licht rücken konnte. Und Kullmer war ein erfahrener Ermittler. Wenn jemand für einen Undercover-Einsatz geschaffen war, dann er.
»Meinetwegen«, sagte die Kommissarin, »dann sei es halt so. Wir gehen das aber noch mal Schritt für Schritt durch. Und außerdem müssen wir von irgendwoher das Geld auftreiben, es ist Sonntagabend, das wird kein Kinderspiel.«
Kurze Zeit später war die Dienstbesprechung beendet, und Hellmer und Seidel verließen Hochgräbes Dienstzimmer.

19:25 UHR

Peter Kullmer sehnte sich nach einem heißen Kaffee, als er sich auf der Toilette die Hände wusch. Der Abend würde lang werden, und ihm steckte das Wochenende noch in den Knochen. Als er die Tür öffnete und auf den Gang trat, wartete Doris auf ihn. Mit einem Gesichtsausdruck, der Bände sprach.
»Gehst du mir aus dem Weg?«, fragte sie.
»Nein, wieso sollte ich?«

Dabei hatte Doris natürlich nicht unrecht. Seit der Dienstbesprechung hatte er versucht, Situationen zu vermeiden, aus denen sich ein Gespräch unter vier Augen entwickeln konnte. Er wusste selbst, dass er sich in etwas verrannt hatte. Und dass Doris sein Vorgehen nicht gefiel. Dass sie sich sorgte. Kullmer wusste aber auch, dass er darauf in diesem Fall keine Rücksicht nehmen wollte.
»Also. Was soll das?«, fragte Doris ihn ganz direkt.
Sie war eine toughe Frau, zweifellos, und Peter verstand nicht, was mit ihr los war. Er wollte es nicht verstehen.
»Wo genau liegt denn dein Problem?«, erwiderte er schulterzuckend.
»Ein bisschen undercover, so wie früher, was ist schon dabei?«
»Das sind mächtige Leute. Verdammt, Peter, wir sind jetzt Eltern. Ich möchte einfach nicht, dass du dich in so eine Sache stürzt.« Sie pausierte kurz, dann murmelte sie: »So wie ein Pfau auf Anabolika.«
»Bitte?« Um ein Haar hätte Kullmer die eigene Zunge verschluckt. »Ein *was*?«
Doris konnte sich ein Schmunzeln nicht verkneifen. »Na, so wie du früher hier rumgelaufen bist. Ein Pfau auf Anabolika. Voller Testosteron.«
Er klopfte sich zweimal mit der Faust auf die Brust. »Ich.« Es klang ungläubig. Dann erst registrierte er, dass seine Handbewegung kontraproduktiv gewesen war. Er musste tatsächlich wie ein Gorilla wirken. Aber wie ein Pfau?
»Mensch, wir wissen alle, wie du früher warst«, stöhnte Doris auf. »Frag Julia, frag Frank, frag das halbe Präsidium. Es ist mir auch egal, denn du bist jetzt *meiner*. Aber deshalb sorge ich mich eben auch mehr um dich als die anderen. Du brennst förmlich auf diese Aktion, und das macht mir eine Heidenangst. Du gehst ohne Backup, mit einem Haufen Geld, das passt mir einfach nicht.«
Dann erkannte Peter den Schleier in ihren Augen.
»Was, wenn es schiefgeht? Wer bleibt denn dann zurück? Soll ich Elisa sagen …« Sie brach ab und schluckte schwer.

Längst hatte Kullmer die Arme ausgestreckt und zog seine Frau an sich heran. Sie hatten keinen Trauschein, doch er liebte sie abgöttisch und bezeichnete sie, zumindest hin und wieder, als »seine Frau«.
»Hey.« Er fuhr ihr durchs Haar und küsste sie auf die Stirn. »Das wird nicht passieren.«
»Wie kannst du das wissen?«
»Weil ich aufpassen werde. Ich habe schon immer aufgepasst, auch wenn man das vielleicht manchmal nicht gemerkt hat. Und jetzt passe ich noch viel mehr auf als früher.«
»Das sagst du doch nur so.«
»Nein«, versicherte Kullmer, und er meinte es todernst. »Ich passe mehr auf, weil ich mehr zu verlieren habe. Und zwar eine ganze Menge mehr.«
Er küsste sie erneut. Und Doris Seidel gab sich geschlagen. Weshalb genau, konnte Kullmer lediglich vermuten. Vielleicht gab sie nur deshalb auf, weil sie wusste, dass sie ihn ohnehin nicht aufhalten konnte.

20:55 UHR

Er stand inmitten des engen Zimmers und zog den Gürtel durch die Schnalle. Seine Schuhe lagen auf dem Teppichboden, die Socken hatte er noch an. Ebenso sein T-Shirt mit dem Nike-Logo, welches verschwitzt war. Er roch an seinen Achseln, zuckte gleichgültig mit den Schultern und fingerte seine Silberkette aus dem V-Ausschnitt. Schließlich trat er vor den Spiegel und prüfte seine Haare.
Sie wartete regungslos auf dem Bett. Griff weder nach dem angebissenen Schokoriegel noch nach der Colaflasche auf dem Nachttisch,

obgleich sie Hunger und Durst verspürte. Trotz der unappetitlichen Dinge, die in der letzten Viertelstunde geschehen waren. Vor allem sehnte sie sich nach einer Dusche. Doch sie würde warten, bis er den Raum verlassen hatte.
»War wieder gut«, hörte sie ihn sagen. Er drehte sich um, eine Zigarette im Mundwinkel. Er inhalierte, stieß den Rauch aus und zwinkerte ihr zu. »Schwesterchen.«
Ihr wurde übel. Sie war nicht seine Schwester. Halbschwester vielleicht. Doch das störte ihn nicht. Hielt ihn nicht davon ab, sie immer wieder in sein Bett zu ziehen. Ihr zu drohen, wenn sie sich gegen ihn wehrte. Sie zu liebkosen, wenn sie gefügig war. »Wir sind eine Familie«, sagte er dann. »Wir brauchen niemanden sonst. Wir regeln unsere Angelegenheiten selbst.«
Im Klartext hieß das, dass sich alles um ihn drehte. Dass er der Nabel der Welt war und jeder für ihn zu springen hatte. Und dass sie ihm hörig sein würde, wie es schon ihre Mutter gewesen war. Eine Mutter, die ihren Bruder nicht geboren hatte. Doch er war der Sohn seines Vaters, genauso, wie sie die Tochter ihres Vaters war. In einer von Männern dominierten Familie waren die Frauen wie Leibeigene den Launen dieser Männer ausgesetzt.
Im Nebenraum begann ein Kind zu weinen. Erschrocken zuckte sie zusammen, als sein Kopf hin- und herschwang.
»Geh dich kümmern«, befahl er. »Sonst mache ich es.«
»Niemals«, stieß sie hervor und schälte ihren nackten, geschändeten Leib aus der Bettdecke.
Sie würde es nicht zulassen, dass der Kleine sein nächstes Opfer werden würde. Ein unschuldig geborenes Kind.
Ihr Plan stand fest. Sie musste ihn nur noch zu Ende bringen.

22:30 UHR

Hellmers Porsche 911 schoss über die A661 in Richtung Egelsbach. Im Lichtkegel rasten Schatten vorbei. Kullmer benötigte kein Navigationssystem, um sein Ziel zu finden. Er war am Bad Homburger Kreuz aufgefahren, dann eine Weile geradeaus, bis er die Unterführung am Preungesheimer Dreieck erreichte. Eine Ausfahrt weiter steuerte er den Wagen zurück in den Stadtverkehr. Während im Radio Rockmusik lief, wanderte sein Blick immer wieder zu dem Papierkuvert, in dem sich zehntausend Euro befanden. Eine Leihgabe von verschiedenen Gläubigern. Einen Teil des Geldes hatte man intern beschaffen können, den anderen Teil hatte Frank Hellmer beigesteuert. Alles, um die Tarnung perfekt zu machen.
Peter Kullmer ließ das Fenster ein Stück hinunter und sog die kühle Abendluft durch die Nase. Er versuchte, seine Gedanken zu sortieren. Hellmers Auto, Hellmers Geld. Frank hatte ihm tatsächlich den Porsche überlassen.
»Du kannst da ja wohl kaum mit eurem Familienbomber aufkreuzen«, hatte er gesagt. Und Peter hatte ihm nicht widersprochen. Wie oft hatte er seinen Kollegen mit dem 911er aufgezogen? Wie oft hatte er gestichelt, dass Hellmer eine reiche Frau geheiratet habe und nun zu den besseren Menschen gehöre. Manchmal überzog er es so sehr, dass Hellmer zu Recht beleidigt war. Doch heute Abend ... fühlte sich Kullmer wie einer dieser besseren Menschen. Und das, obwohl er wusste, dass Geld und Besitz noch niemandes Charakter verändert hatten – jedenfalls nicht zum Positiven.
Ein paar Minuten später rollte er in die Einfahrt der Adresse, die Bortz ihm gegeben hatte.
War er hier richtig? Er warf noch mal einen Blick auf seine Notiz. Die Adresse stimmte. Und er rief sich in Erinnerung, was er tun sollte. Der Gebäudekomplex stand seit geraumer Zeit leer. Das Un-

kraut wucherte knöchelhoch aus unzähligen Bodenritzen. Die alten Fabrikmauern waren graffitibesprüht und fleckig. Hier und da fiel Licht von den entfernten Straßenlaternen auf sie. Das Areal wirkte gespenstisch. Nirgendwo war ein beleuchtetes Fenster zu sehen. Keine Autos in der Nähe. Es schien, als gebe es hier nichts und niemanden. Doch die Adresse, die Walter Bortz ihm genannt hatte, war eindeutig gewesen.

Der Kommissar nahm das Smartphone vom Beifahrersitz. Es war bereits abgeschaltet, er wollte es unter der Sitzkonsole verbergen, sobald er ausstieg. Zu viele verräterische Fotos, zu viele offizielle Kontakte befanden sich darauf. Er wartete, bis das Display bereit war, dann suchte er Bortz' Nummer. Ich habe sie doch gespeichert, sagte er sich noch, während das Kontaktverzeichnis ihn eines Besseren belehrte. *Mist.*

Doch eines war sicher: Kullmer befand sich an der Adresse, die Walter Bortz ihm gegeben hatte. Also fuhr er den 911er mit zwei Rädern vorsichtig auf den Bordstein. Um diese Tageszeit würde sich keiner am eingeschränkten Halteverbot stören. Nicht hier. Die Gegend war tot, und morgen früh, wenn die neue Woche erwachte, würde er längst wieder weg sein. Kullmer verstaute das Telefon tief unter der Beifahrersitzmatte, prüfte, dass man die Erhebung nicht auf den ersten Blick erkannte, und stieg aus dem Wagen. Er betätigte die Zentralverriegelung, dann suchte er sich einen Weg in Richtung des Gebäudekomplexes. Die steinerne Fassade bildete eine gespenstische Kulisse. Kein Licht. Aber hinter einer Mauer erkannte der Kommissar eine Handvoll teurer Fahrzeuge. Und dann erahnte er eine Bewegung. Zuerst war es nur ein Glutpunkt, der sich auf und ab bewegte wie ein Glühwürmchen. Dann formten die Konturen eine schattenhafte Gestalt, die wie aus dem Nichts auf ihn zutrat.

Für eine Sekunde rutschte Peter Kullmer das Herz in die Hose, und er fragte sich, ob es tatsächlich eine gute Idee gewesen war, sich Hals über Kopf in diesen Undercover-Einsatz zu stürzen. Dann aber erkannte er Walter Bortz.

»Scheiße, hast du mich erschreckt«, keuchte er.

»M-hm, ist mir nicht entgangen«, grinste Bortz und näherte sich, bis die beiden sich in die Augen blicken konnten. Kullmer konnte den Atem des Mannes riechen, bevor er die Pupillen deutlich sah. Bortz roch weniger stark nach Alkohol, als Kullmer es zu dieser Tageszeit erwartet hätte.

»Was machst du hier?«, wollte er wissen. »Kommst du doch mit? Wäre mir ja nicht unrecht, muss ich sagen.«

»Nein, lass mal.« Bortz winkte ab. »Wollte nur sehen, ob du's durchziehst. Bist du zu Fuß gekommen?«

»Hab den 911er draußen.«

»Oh, den 911er«, betonte Bortz. »Wenn, dann mit Stil, wie?«

»Ist nicht meiner.«

»Selbst dran schuld.«

Kullmer wusste nicht genau, ob Bortz damit meinte, dass er außerhalb des Geländes parkte oder dass er keinen Porsche besaß. Er beschloss, es zu ignorieren, und sagte: »Ich komme mir schon etwas blöd vor. Solltest du mich nicht vielleicht, hm, einführen?«

»Nä. Du hast doch die Parole. Das genügt.«

»Und du?«

»Ich verschwinde. Ist deine Show heute.«

Kullmer wollte etwas erwidern, doch im nächsten Augenblick deutete Bortz auf einen niedrigen Gebäudeteil, der sich hinter der Freifläche mit den Autos befand. Nichts davon war von der Straße aus einzusehen.

»Links um die Ecke, dann kommst du zur Tür. Viel Spaß. Und sieh zu, dass du den Stock aus dem Arsch bekommst.«

Mit diesen Worten ließ Bortz ihn stehen.

*

Auf dem lang gezogenen Parkplatz, der sich hinter der nächsten Abzweigung befand, kauerte ein Mann außerhalb seines Wagens. Es missfiel ihm, dass die Straßenbeleuchtung anscheinend um zweiundzwanzig Uhr abgeschaltet wurde und er hier nun in absolute Finsternis gehüllt wurde. Andererseits gab es kaum einen besseren Schutz. Er trug schwarze Kleidung und verbarg sämtliche Gegenstände, die ihn durch ein metallisches Glänzen verraten konnten. Er wog ab, von welcher Seite her er sich aufs Gelände schleichen sollte. Er wusste, dass das Zufahrtstor ein Nadelöhr war, welches ihm die Fluchtmöglichkeiten erschwerte. Doch er musste hinein. Viel zu lange …
Dann schrak er zusammen. Ein Motorengeräusch näherte sich. Und Sekunden später erfasste der grellweiße Lichtkegel von Xenonscheinwerfern den Parkplatz.

22:40 UHR

Peter Kullmer wurde von hellem Licht geblendet. Was von außen vollkommen unscheinbar wirkte, war im Inneren wie eine andere Welt. Natürlich konnte man den Verfall des leer stehenden Gebäudes noch immer sehen, doch da waren Sitzplätze, eine Bar und allerlei Partyzubehör aufgebaut. Ein immenser Aufwand …
Kullmers Gedanken wurden jäh unterbrochen, als er ein Gesicht erkannte, das ihm den Atem verschlug. Rico Salieri, der berühmte Neuzugang bei der Frankfurter Eintracht. Kullmer wäre am liebsten auf ihn zugestürzt. Wollte ihm unbedingt die Hand schütteln und beteuern, wie viel Hoffnung er auf ihn setzte. Doch er hielt sich zurück. Vielleicht würde sich am Abend ja eine Chance ergeben.

Und dann stellte er sich die Frage, ob der von zwei jungen Blondinen umrahmte Mann tatsächlich Salieri war. Oder nur jemand, der ihm verdammt ähnlich sah.
Und wieder kam ihm in den Sinn, was jemand wie Salieri hier sollte. Und weshalb man ausgerechnet hier ...
»Du musst Piet sein.«
Kullmer fuhr herum. An einer Wand, einige Schritte weiter, lehnte ein hagerer Mann, der unablässig den Raum musterte. Neben ihm ein Tisch und eine verschlossene Tür. Auf dem Tisch ein Koffer, der bis auf einen Spalt zugeklappt war. Er winkte ihm zu. Kullmer drehte unwillkürlich den Kopf über die Schulter, um sicherzugehen, dass der Fremde niemand anderen meinte. Jemanden, der nach ihm in den Raum getreten war. Doch da war keiner. Außer Salieri und den beiden Blondinen. Also bewegte sich der Kommissar auf den Tisch zu. Von seiner Lässigkeit spürte er nichts mehr.
Reiß dich zusammen, mahnte er sich. Dann war er auch schon da.
»Du bist doch Piet, nicht wahr?«, wiederholte der Fremde.
Piet. So nannte Bortz ihn immer, auch wenn Kullmer ihm schon x-mal gesagt hatte, dass er diese Abkürzung hasste.
Doch er nickte und rang sich ein Grinsen ab.
»Klaro.«
»Dein erstes Mal?« Die Frage klang so, als kenne er die Antwort längst.
Kullmer hob die Schultern. »Na und?«
Der Hagere deutete auf den Umschlag, den Kullmer umklammerte, als wäre es der letzte Strohhalm, der ihn vorm Abstürzen bewahrte.
»Hast du in Physik nicht aufgepasst? Aus dieser Kohle werden keine Diamanten. Egal, wie fest du sie drückst.« Er lachte.
Kullmer fragte sich derweil, ob sein Gegenüber jemals Physikunterricht gehabt hatte. Die leeren Augen, die ungepflegte Erscheinung. Mehr wie ein Gaukler, der nicht in diese illustre Runde passte. Doch er begriff auch, dass man von ihm erwartete, seinen Einsatz zu zah-

len. Widerwillig überreichte er das Kuvert. Ein kurzer Blick des Hageren, dann verschwand es im Koffer. Kullmer gelang es nicht, hineinzusehen, dafür war die Bewegung zu schnell. Doch er zweifelte nicht daran, dass sich eine Menge Geld darin befand.
»Was jetzt?«, erkundigte er sich, nachdem sich ein unangenehmes Schweigen breitmachte.
»Na was wohl?«, gab der andere höhnisch zurück. »Zisch ab und hab Spaß! Aber geh mir nicht auf den Sack.«
Damit ließ er den Kommissar stehen. Griff den Koffer, öffnete die Tür und war verschwunden.
Am liebsten wäre Peter ihm hinterhergeeilt, doch er riss sich zusammen.
»Den siehst du nicht mehr wieder.«
Er fuhr herum. Salieri. Der Fußballstar stand direkt neben ihm und schenkte ihm ein breites Grinsen. Halb so alt, doppelt so muskulös – Kullmer fühlte sich in dieser Sekunde einfach nur schlecht in seiner Gesellschaft. Und gleichermaßen geehrt. Bevor er etwas herausstammeln konnte, fuhr der Mann in fast akzentfreiem Deutsch fort: »Ich habe dich noch nie gesehen.«
»Ich dich schon.« Kullmer grinste und bekam sich langsam wieder unter Kontrolle.
»Kunststück. Eintracht-Fan?«
»Mhm.«
»Ultra?«
»Nein.« Kullmer konnte sich mit Leib und Seele dem Spielgeschehen hingeben, und er stand auch gerne dort, wo die Hardcore-Fans sich sammelten. Daher kannte er einige von ihnen, unter anderem Walter Bortz. Aber selbst ein Ultra zu werden kam für ihn nicht infrage. Und das nicht nur, weil er Kriminalbeamter war. Für einen Ultra war der Fußballverein das Leben. Nichts anderes hatte einen höheren Stellenwert. Und die Art seiner Fans ließ immer auch auf den dazugehörigen Klub schließen. Auch wenn dieses Schubladen-

denken vielleicht etwas überholt war: Ultras nahm man entweder über Graffiti wahr, die sie hinterließen. Oder, wenn über Krawalle berichtet wurde, über Neonazis in der Szene, über Gewalt in der Fankurve, über illegales Feuerwerk auf dem Spielfeld. Nur wenigen war klar, dass diesen Fans eine Menge Positives zu verdanken war. Dass sie nicht in dieselbe Schublade gehörten wie Hooligans. Dass es schwarze Schafe gab, man sich aber in der Szene durchaus selbst kontrollieren konnte. Walter Bortz kannte sich da aus. Vielleicht war es Zufall, dass die beiden sich immer wieder begegneten. Aber im Laufe der Monate hatten die beiden Männer hin und wieder ein paar Sätze gewechselt. Meist vor dem Spiel. Dann, wenn Bortz noch nicht übermäßig alkoholisiert und ausfallend war. Im Grunde war Walter Bortz für die meisten Ultras wohl selbst eines dieser schwarzen Schafe.
»Hallo? Noch anwesend?«
Salieri löcherte Kullmer mit seinen tiefbraunen Augen.
»Sorry. Ich fühle mich irgendwie fehl am Platz.«
»Hm. Das ändert sich bald. Kommst du mit rüber? Ich will die Girls nicht so lange allein lassen. Sonst gehen sie mir noch fremd.«
Kichernd zog Salieri von dannen, und Kullmer trottete ihm hinterher. Er nahm Platz, schon fühlte er ein Frauenbein über dem Knie. Eine Hand an der Hüfte, gefährlich nah an der verbotenen Zone. Die Blondinen waren kaum zwanzig. Er wäre am liebsten im Erdboden versunken. Unbeholfen versuchte er, eine Konversation zu starten. Salieri quittierte es mit einem lauten Lachen.
»Reden ist nicht deine Stärke, wie?«, rief er. »Aber keine Angst. Die beiden sind auch nicht zum Reden gekommen.«
Der Sportler schob ihm seinen Drink hin und hob vielsagend die Augenbrauen. »Genierst du dich? Brauchst du erst einen kleinen Kick?«
Mit flinken Händen zauberte er vier Linien Kokain auf den Tisch. Kullmers Herz begann zu hämmern. Er kippte den Drink und woll-

te den Kopf schütteln. Doch schon hatten Salieri und die beiden Mädchen je eine Line in ihren Nasen verschwinden lassen. Panik stieg in dem Kommissar auf. Ein Gefühl, das ihm praktisch fremd war, denn das hier war längst nicht seine erste Undercover-Aktion. Und von allen gewiss nicht die gefährlichste. Doch ein Teil von ihm wollte nur noch raus hier. Weg von hier, nach Hause, auf die Fernsehcouch. In seinem einen Arm Doris, im anderen Arm Elisa. Wie lange noch, bis sie ein Teenager wurde und nicht mehr kuscheln wollte?
»Na?« Salieris fordernde Stimme unterbrach ihn.
Kullmer zuckte zusammen. »Ich … darf nicht«, stieß er hervor.
»Biste ein Bulle?«
Geistesgegenwärtig klopfte er sich auf die Brust und verzog das Gesicht. »Mein Herz. Ich könnte weiß Gott 'ne Prise vertragen.« In dieser Sekunde war das nicht einmal gelogen. Er fuhr fort: »Meine Pumpe würde stehen bleiben. Also lass ich's, auch wenn's schwerfällt.« Dann ein Grinsen: »Ich hab mein Lebenspensum halt schon durchgezogen. Jetzt halt ich's wie Lemmy, Gott hab ihn selig.«
Der Frontmann von Motörhead war im Dezember 2015 gestorben. Kurz nach seinem siebzigsten Geburtstag. Das wusste auch Kullmer, obwohl er die Musik niemals gemocht hatte.
Übertreib's nicht, mahnte er sich im Stillen, während er Salieris Miene prüfte. Nahm der Fußballer ihm seine Legende ab? Den beiden Blondinen indes schien es gleichgültig zu sein. Und auf den Namen des weltberühmten Sängers von Motörhead hatten sie nicht mit dem kleinsten Zucken reagiert.
Salieri schob die Mädchen aus dem Weg, stand auf und organisierte eine Flasche Glenfiddich. Er schenkte zwei Gläser ein, beide bis kurz unter den Rand.
»Ist das was für dich?«, wollte der Fußballer wissen. »Oder stehst du mehr auf den Pussy-Kram?«
»Mh?«

»Na Jackie.«

»Nein, bloß nicht.«

Die Blondinen nippten an ihren Cocktails und kicherten.

»Auf Lemmy!«, grinste Salieri und stürzte den Großteil seines Glasinhalts herunter.

Kullmer erwiderte den Trinkspruch und nahm einen großen Schluck. »Ich bin übrigens Piet«, sagte er und hielt dem Fußballer die Hand hin.

»Angenehm. Mich kennst du ja.« Er leerte das Glas und wischte sich über die Lippen. »Also, Piet. Warum bist du hier?«

Kullmer schluckte. »Walter meinte, ich solle es mal versuchen.«

»Der Bortz?« Salieri griff erneut nach der Flasche. »Schräger Typ. Kennst du ihn näher?«

»Von den Spielen eben.«

»Klar, woher sonst.« Salieri kicherte und machte dann eine verschwörerische Miene. »Wusstest du, dass er sich mit den ganzen Assi-Fans in die Kurve stellt, obwohl er sich die ganze Kurve kaufen könnte?«

Kullmer kniff die Augen zusammen. »Wie meinst du das?«

Ihm kam ins Gedächtnis, was Bortz bei ihrem Treffen gesagt hat. Irgendetwas darüber, dass er genug Geld habe. Oder hatte er »mehr als genug« gesagt?

Und wenn dem so war, wieso hatte Bortz ihn nicht einfach auf eigene Rechnung mit hierhergenommen? Kullmer verwarf den letzten Gedanken als naiv. So gut kannten die beiden sich auch wieder nicht.

»Wie meinst du das mit der Kurve?«, fragte er schließlich.

Salieri zuckte mit den Schultern. »Weiß nicht. Es heißt, er habe kürzlich eine Menge Geld gemacht. Erbschaft, Lotto, was weiß ich. Deshalb trifft man ihn auch hier.«

»Wie lange genau?«

»Bist du von der Steuerfahndung, oder was?«, lachte Salieri auf, und Kullmer zuckte zusammen. Übertreib's nicht, mahnte er sich.

»Nein, nur so. Interessiert mich halt.«

»Mich nicht. Er war wohl schon da, bevor er Geld hatte. Aber mehr so als Handlanger, was weiß ich. Scheißegal!«

Das wunderte den Kommissar nicht weiter. Einem Profifußballer, der mit Ablösesummen im zweistelligen Millionenbereich gehandelt wurde, musste selbst eine beachtliche Erbschaft wie Peanuts vorkommen. Oder ein einfacher Lottogewinn. Kullmer entschied sich, der Sache im Präsidium nachzugehen und das Thema vorerst ruhen zu lassen.

»Trinken wir noch 'ne Runde, oder gehen wir rein?«, erkundigte sich der Fußballer.

»Wohin rein?«

Salieri lachte auf. »Du hast keinen Plan, wie? Mann, Piet, wir sind doch nicht zum Spaß hier!«

»Dachte ich mir schon.« Kullmer grinste schief und wartete in der Hoffnung, dass Salieri etwas darauf erwidern würde. Doch dieser stand nur auf und schritt zu der Tür, wo der Mann mit dem Koffer gestanden hatte. Die beiden Blondinen folgten ihm.

Die Außentür öffnete sich erneut, und ein Mann betrat den Raum, den Kullmer als Gorhan Marić erkannte. Der Kommissar erstarrte. Vor zwei Jahren hatte man die Leiche einer Frau gefunden. Niemand meldete sie als vermisst, und erst nach Tagen hatte man sie anhand einer groß angelegten Fahndung identifizieren können. Es hatte widersprüchliche Zeugenaussagen seitens der Familienmitglieder gegeben, man hatte sowohl ihren Ehemann als auch den Sohn in Verdacht gehabt, ihnen aber nichts nachweisen können. Und dieser Sohn stand nun vor ihm. Kullmer war ihm ein- oder zweimal begegnet. Das Herz drohte ihm stehen zu bleiben. Doch der Mann schien ihn nicht wahrzunehmen. Er hatte nur Augen für Salieri und die beiden superblonden Models in seiner Begleitung. Salieri wiederum nahm keinerlei Notiz von Marić. Stattdessen grinste er auffordernd in Kullmers Richtung und verschwand im nächsten Augenblick durch die Tür.

Kullmer spannte sich an. Er wollte aufstehen und dem Fußballer folgen. Doch ausgerechnet jetzt schien Marić sich doch für ihn zu interessieren. Er trat zwei Schritte auf den Tisch zu, Kullmer mied seinen Blick und wippte das Glas hin und her. Als wäre er halb im Alkoholrausch oder inmitten einer tiefen Sinnkrise.
»Ich kenne dich nicht«, erklang es scharf. Marić stand nun direkt vor ihm.
»Kann halt nicht jeder ein Salieri sein«, lallte Kullmer und kicherte. Jetzt bloß nicht die Nerven verlieren.
»Wer bist du?«
»Sein Kumpel Piet. Und du?«
»Geht dich nichts an. Hast du bezahlt?«
»Na logo hab ich bezahlt.« Noch immer gelang es Kullmer, Gorhans stechendem Blick auszuweichen. Doch irgendwann würde es auffallen, dass er den Kopf nicht hob. Also entschied er sich für die Flucht nach vorn.
»Hör mal, ich will einfach nur einen Scheißtag begießen und ein bisschen Spaß. Wenn dir das nicht passt …« Kullmer unterbrach sich, winkte ausladend und schnaufte dann. »Mann, das Zeug hat's in sich.«
»Bau bloß keine Scheiße«, zischte Marić und machte auf dem Absatz kehrt. Auch er verschwand durch die geheimnisvolle Tür, die ins Innere des Hauptgebäudes führte.
Kullmer wartete, bis sein Herzschlag sich wieder beruhigt hatte. Doch er wusste, dass die Sache noch nicht überstanden war.
Was lief hier ab? Für ein Bordell schien der Aufwand zu groß. Und der Einsatz zu teuer. Kullmer wollte nicht geringschätzig sein, doch für zwei blonde Teenager, die einen Fußballstar anhimmelten, brauchte man kein Geld zu investieren. Salieri bekam solche Groupies mit einem Fingerschnipser. Befand sich eine Spielhölle in den Tiefen des Gebäudes? Auch dafür schien der Aufwand zu hoch zu sein. Vielleicht mehr eine Art gruseliges Abenteuerspiel. Auch wenn es bis zu Halloween noch eine ganze Weile hin war.

Kullmer wusste es nicht, aber eines war ihm klar: Er musste den Männern folgen. Auch wenn er dabei riskierte, Gorhan Marić Auge in Auge gegenüberzustehen.

23:25 UHR

Sie wusste nicht, wie lange sie schon hier war. Wie viel Zeit vergangen war, seit sie ...
Der Schmerz durchzuckte sie wie ein Blitz, und sie krümmte sich mit einem lauten Ächzer. Dann war alles wieder vorbei, nur in ihrer Kehle blieb eine unangenehme Enge zurück. Vorsichtig tat sie einen weiteren Schritt nach vorn.
Die kalte Luft schmeckte abgestanden. Eine Mischung aus feucht gewordenem Staub und Kalk. Da sie weder etwas hören noch sehen konnte, arbeiteten ihr Geruchs- und Geschmackssinn auch Hochtouren. Sie wollte stehen bleiben, innehalten, nur für ein paar Sekunden. Um sich zu orientieren. Doch das durfte sie nicht. Der Boden war kalt und kratzig. Alter Beton, von Unebenheiten übersät. Auch das nahm sie wahr, denn ihre Füße waren ebenso blank wie ihre Beine und die Arme.
»Bleib nicht stehen!«
Das war ihr Credo. Ein Gebot, dem sie Folge leisten musste. Eine Glasscherbe stach ihr in die linke Sohle. Ein neuer Schmerz, der sie beinahe zum Taumeln brachte. Würde sie auch bestraft werden, wenn sie hinfiel? Würde jemand ...
Nur für eine Schrittlänge ließ sie die Hände sinken, die sie wie einen Schutzschild vor sich erhoben trug. Prompt scheuerte sie mit der Schulter an eine raue Ecke und wäre um ein Haar mit dem Kopf dagegengelaufen. Es pochte hinter ihren Schläfen.

Lachte da etwa jemand in der Ferne?
Sie hätte am liebsten geschrien, doch wer sollte sie hören? Wäre gerannt, doch wohin würde sie sich verlieren? Nur gegen weitere Wände. Oder ins Nichts. So lange, bis ihr Weg zu Ende war.
Die Panik, was danach mit ihr geschehen würde, war mit einem Mal unerträglich.
Und dann schrie sie doch.

23:35 UHR

Die kühle Nachtluft wirkte wie ein Brett, das ihm mit kräftigem Schwung vor die Stirn geschlagen wurde. Der Whisky. Er geriet ins Torkeln.
Er reckte den Hals nach dem Porsche.
Schneller, sagte eine Stimme in ihm. Gefahr lag in der Luft. Er musste handeln, auch wenn er nicht genau wusste, wie groß die Gefahr war. Welche Gestalt sie annehmen würde. Kullmers Herz hämmerte, und er fühlte sich benommen.
Hatte er Drogen genommen? Nein, dessen war er sich sicher. Vielleicht hatte man ihm etwas in den Drink gemischt? Immer, wenn sein Getränk leer gewesen war, war von irgendwoher ein neues gekommen. Die Ausrede, dass er etwas mit dem Herzen habe, schien niemanden zu interessieren. Manchmal war es ihm gelungen, sich eine Cola oder einen Energydrink zu ergattern. Aber er war in der Höhle des Löwen. Seine Tarnung durfte nicht ins Wanken geraten. Denn niemand außer ihm war hier. Natürlich wussten seine Kollegen, wo Bortz ihn hingeschickt hatte. Doch sie hatten strikte Anweisung, nicht hier aufzukreuzen. Keinen Kontakt zu ihm aufzunehmen. Nie-

mand durfte erfahren, wer er wirklich war. Er war vollkommen auf sich gestellt. Er trug keinen Ausweis bei sich, und auch im Wagen befanden sich keine Papiere von ihm. Kullmer war Profi. Er überließ nichts dem Zufall. Was auch immer die Dienstvorschriften dazu sagten, er ging auf Nummer sicher. Was, wenn jemand von ihm verlangt hätte, eine Runde mit ihm zu drehen? Wenn der dann ins Handschuhfach geschaut hätte. Selbst die Karte von Hellmers Automobilclubs hatte Kullmer entfernt. Und das abgeschaltete Handy war tief genug unter dem Teppich verborgen. Es erklärte sich leichter, wenn man nichts bei sich hatte. Nichts, was einen in Erklärungsnot brachte. Nichts, was man mit der Kriminalpolizei in Verbindung bringen konnte.
Und das sollte Peter Kullmer an diesem Abend noch bereuen.
Was er erlebt hatte, ekelte ihn an. Er würde eine Weile brauchen, um die Fantasiebilder von den Tatsachen zu trennen. Frische Luft, etwas Schlaf, eine Handvoll Aspirin. Und dann würde dieser Walter Bortz etwas erleben können. Dieses gottverdammte Dreckschwein ...

Als Kullmer die Schritte hörte, die sich unter den Takt seiner eigenen mischten, beschleunigte er noch mehr. Sein Atem kam stoßweise, ein plötzliches Husten unterbrach ihn. Kullmer stolperte und nutzte die Gelegenheit, sich umzusehen. In Sekundenschnelle spielte sich vor seinen Augen ab, was wohl als Nächstes geschehen würde.
Salieris Lächeln. Seine Stimme, die voll lateinamerikanischem Elan war, doch statt eines spanischen Akzents mit hessischer Einfärbung sprach.
»Hier. Haste vergessen.«
In seiner Hand ein Beutel Kokain.
Doch es war nicht das Gesicht des Fußballers, das er sah.
Kein Lächeln. Kein Kokain. Nur das Aufblitzen von Zähnen. Und das Mondlicht, das dem Gesicht des Mannes ein blasses, gespensti-

sches Profil verlieh. Kullmer kannte ihn, er kannte ihn gut. Doch warum ...
Bevor Kullmer etwas sagen konnte, fingen seine Augen das silbrige Funkeln ein. Es war eine Klinge, die durch die kühle Nachtluft schnitt. Die ohne Erbarmen alles durchdringen würde, was sich ihr in den Weg stellte. Er duckte sich weg, doch schon im nächsten Moment spürte er das Brennen, heiß und kalt zugleich. Er ging zu Boden, hustete, und es schmeckte nach Blut. Seine Mundwinkel fühlten sich warm und feucht an. Weit über ihm schob sich eine Wolke vor den Mond und ließ die Umgebung dunkler werden. Alles begann zu verschwimmen. Kullmer erkannte ein Glühwürmchen, das aufgeregt hin und her zu schwirren schien. Doch es gelang ihm nicht mehr, zu deuten, was sich um ihn herum abspielte.
Kühle Schwärze ergriff den Kommissar.
Die Bilder und Geräusche verhallten.

MONTAG

MONTAG, 9. MAI, 8:20 UHR

Julia Durant stand alleine in Hochgräbes Büro. In ihrer Hand eine Henkeltasse. Sie nippte daran, der Kaffee war noch immer zu heiß. Gedankenverloren lehnte sie am Schreibtisch des Chefs, dort, wo üblicherweise der Ledersessel stand. Betrachtete das Foto des ehemaligen Präsidiums in der Friedrich-Ebert-Anlage unweit des Hauptbahnhofs. Das Gebäude stand seit vielen Jahren leer. Es verkam. Auch wenn das Präsidium in vielerlei Hinsicht eine Zumutung gewesen war – zu heiß, zu eng, zu unmodern –, im Vergleich zu dem neuen, seelenlosen Betonblock hatte es zumindest Charme gehabt. Doch war es nicht immer so, dass man sich das wünschte, was man gerade nicht haben konnte?
Die Kommissarin schob die Gedanken beiseite. Dachte stattdessen an Peter Kullmer. Sie kannte ihn, seit sie damals in Frankfurt gestrandet war. Es war Mitte der Neunzigerjahre, und auch ohne Online-Dating-Portale und Internetflirts hatte Kullmer sich einen entsprechenden Ruf erarbeitet. Ein dauerpotenter Platzhirsch, einer, der den Ruf eines Don Juans wahrlich verdiente. Im Sittendezernat, wo er herkam, hatte es kaum eine Kollegin gegeben, bei der er abgeblitzt war. Auch bei Julia Durant hatte er es sofort probiert. Stolz wie ein Pfau, strotzend vor Selbstbewusstsein, war er um sie herumscharwenzelt. Erfolglos. Dann, endlich, hatte das Schicksal Doris Seidel ins Präsidium gespült. Seitdem war Peter Kullmer ein anderer

Mensch. Und dennoch war er die Ursache dafür, dass Julia Durants Nacht so verdammt kurz gewesen war. Ausgerechnet der alte Kullmer. Der sich mit seiner machohaften Art und Weise, die er doch schon so lange abgelegt hatte, in einen Undercover-Einsatz gestürzt hatte. Sie hätte dem niemals zustimmen sollen. Warum, verdammt, meldete er sich nicht?
Durant trank einen weiteren Schluck und verfluchte ihre Ungeduld, als sie sich die Zunge verbrannte.
Claus Hochgräbe trat ein. »Da bist du ja. Wollte schon eine Fahndung rausgeben.«
»Nicht witzig«, murrte Durant, die in Gedanken noch bei Peter Kullmer war. Er hatte sich nicht an die Spielregeln gehalten, und das passte ihr nicht. Wenigstens ein Lebenszeichen, irgendeine Meldung …
»So hab ich's doch nicht gemeint.« Hochgräbe streichelte ihr über den Rücken. »Peter wird schon auftauchen. Es ist doch im Grunde eher ein gutes Zeichen, wenn wir nichts von ihm hören.«
»Wieso?«, platzte es aus Durant heraus. »Etwa, weil seine Tarnung offenbar so gut funktioniert? Weil er jetzt irgendwo zugedröhnt herumliegt und wer weiß wen gevögelt hat? Den Porsche verzockt hat und die Kohle gleich mit? Viel Spaß, wenn du das nachher den Kollegen erklären darfst!«
Sie schluckte. Erkannte selbst, dass sie übers Ziel hinausgeschossen war. »Verdammt, Claus, tut mir leid. Aber ich mache mir Sorgen. Es macht mich rasend. Auch wenn jemand undercover geht, gibt es Spielregeln. Aber du kennst Peter nicht so gut wie ich. Ich habe einfach ein Scheißgefühl bei der Sache, hörst du? Das hatte ich gestern schon. Und Doris auch.«
Hochgräbe hatte natürlich mitbekommen, wie die beiden Frauen ab zwei Uhr früh immer wieder miteinander telefoniert oder getextet hatten. Und auch Hellmer hatte sich nach dem Verbleib seines Kollegen erkundigt.
Und nach seinem Porsche.

»Sein Handy ist jedenfalls aus. Schreck soll das in der IT überwachen«, entschied sie. »Und wir geben parallel eine Fahndung raus.«
»Nach Kullmer?« Hochgräbe fuhr sich durchs Haar. »Mensch, er ist gerade mal für ein paar Stunden abgetaucht! Undercover-Einsätze halten sich nun mal nicht an Spielregeln.«
»Geplant war es als kurzer Einsatz«, widersprach Durant. »Rein, Infos sammeln, wieder raus.«
»Trotzdem. Wir setzen damit seine Tarnung aufs Spiel.«
»Dann fahnden wir eben offiziell nach dem Porsche. Aber die Kollegen müssen entsprechend eingeweiht werden. Ach, herrje, was weiß ich denn?!«
Claus legte den Arm auf ihren. »Hey. Pass auf, ich mache dir einen Vorschlag. Das mit dem Porsche ist eine gute Idee. Wir kennen ja die Gegend, in der er abgestellt wurde. Ein Industriegebiet, richtig? Schicken wir mal einen Streifenwagen hin, der das vorsichtig durchkreuzen soll. Mehr wäre auffällig. Oder besser ein, zwei Zivilfahrzeuge. Und dann warten wir ab. Aber weil es noch so früh ist, geben wir Peter wenigstens noch ein, zwei Stunden Zeit. Wie klingt das für dich?«
Durant musste einsehen, dass dies vermutlich der beste Weg war. Schätzungsweise lag Kullmer tatsächlich irgendwo in einem fremden Bett.
Hoffentlich mit einem ordentlichen Kater, dachte sie grimmig.
Doris Seidel rief an. »Habt ihr schon etwas herausgefunden?«
»Nein, tut mir leid«, war die Antwort, mit der sie auskommen musste.

*

Julia Durant beantwortete gerade die vorletzte E-Mail, die sich in ihrem Posteingang befand, als Claus Hochgräbe ihren Raum betrat. Das war nichts Ungewöhnliches, er schaute öfter bei ihr vorbei, und

das nicht nur, um ihr kleine Liebesgesten zu bringen. Doch seine Miene war eisern. Gefasst, aber unter offensichtlicher Anspannung. Julia sprang auf.
»Was ist los?«
»Nichts mit Peter.« Claus erriet ihre Gedanken mit einer manchmal geradezu beunruhigenden Präzision. »Setz dich«, raunte er dann.
»Ich wollte eh einen Kaffee ...«
»Nicht jetzt. Hör mir bitte genau zu.« Das hätte sie auch ohne Ansage getan, denn so benahm sich Claus höchst selten. Widerwillig trat sie an ihren Stuhl, blieb aber hinter der Lehne stehen.
»Hm?«
»Siggi Maurers Selbstmord ...«, begann Hochgräbe.
»Mutmaßlicher Selbstmord«, korrigierte Durant. Und schon schnitt seine Handfläche durch die Luft.
»Lass mich bitte ausreden. Maurers *Selbstmord*«, er schenkte dem Begriff eine besondere Betonung, »ist ein Selbstmord. Verstehst du, was ich sagen will? Suizid. Selbsttötung. Harakiri.«
Julia Durant kniff die Augen zusammen. Ihr schwante nichts Gutes. Also fragte sie direkt: »Und die Gegenindizien?«
»Es gibt keine Indizien. Nur Fantasien.«
»Moment mal. Seit wann ...«
»Stopp!« Hochgräbe wehrte mit den Händen ab. »Siggi Maurer hat Selbstmord begangen. Hast du das klar und deutlich verstanden?«
»Claus, ich bin kein kleines Kind mehr und auch nicht plemplem! Was soll dieser Blödsinn?«
Hochgräbe machte ein Pokerface.
Durant wollte wutschnaubend weiterwettern, hielt nach dem tiefen Luftholen aber inne, dann wanderte ihr Zeigefinger in Richtung Decke.
Anweisung von oben?
Hochgräbe quittierte die stumme Frage mit einem Nicken.
»Selbstmord«, wiederholte er noch einmal. »Kein Suizid mit anders-

artigen Verdachtsmomenten. Keine Indizien, keine Spekulationen, keine Theorien. Einfach nur Selbstmord.«
Wer? Julia formte ihre Frage lautlos mit den Lippen. Hochgräbe deutete zweimal gen Deckenleuchte.
Von ganz oben also. Na prima. Das bedeutete, dass Siggi Maurer Verbindungen in die einflussreichen Kreise der Stadt gehabt haben musste. Oder derjenige, der mit seinem Tod in Verbindung stand. Frankfurt war in dieser Hinsicht ein Moloch, ein Sumpf, so wie andere Großstädte es natürlich auch waren. Hinter den sauberen Fassaden wurden die eigenen Interessen gesteuert. Ohne Rücksicht auf Verluste. Illegale Wetten. Glücksspiel. Poker. Was auch immer.
Julia Durant blickte ins Leere.
Siggi Maurer hatte Verstrickungen in bestimmte Kreise gehabt. Und irgendjemand schien sich dort gestört zu fühlen. Wollte verhindern, dass man wegen Maurers Tod zu tief im Schlamm des Sumpfes stocherte.
Oder bildete sie sich das alles nur ein?
»Was heißt das für uns?«, wollte sie wissen. Claus stand noch immer vor ihr, und womöglich hatte er dieselben Gedanken. In München liefen diese Dinge doch nicht anders.
»Es bedeutet, dass wir keine Selbstmord-Ermittlung führen«, sagte er.
»Aha.«
Das war logisch. Die Zuständigkeit des K11 endete, wenn kein Gewaltverbrechen vorlag. Aber ...
»Haltet euch einfach daran«, mahnte Hochgräbe mit einem vielsagenden Aufblitzen in den Augen.
Es folgten einige Sekunden Schweigen, bis Durant fragte: »Aber was ist mit Peter? Wir können ihn nicht erreichen.«
»Das ist nicht mein Problem.« Claus lächelte. »Peter Kullmer ist einer von uns. Klar, dass wir da dranbleiben. Egal, was mit diesem Maurer war.«

Julia Durant verstand. Ein Kloß löste sich in ihrer Kehle. Sie durfte also weitermachen. *Quasi* weitermachen. Und Hochgräbe würde ihr den Rücken freihalten, sollte jemand dazwischenfunken.

Gut zu wissen, solch einen Partner an seiner Seite zu haben. Beruflich wie auch privat.

9:30 UHR

Jolene Maurer bemerkte ihn nicht, als sie ihre Wohnungstür abschloss und zum Fahrstuhl ging. Sie wartete, bis sich die Tür der Kabine öffnete. Ein kurzes Zögern. Er wusste, dass Jolene sich in engen Räumen unbehaglich fühlte. Doch sie gab sich einen Ruck. Sekunden später glitten die Lifttüren wieder zu.

Er hatte überlegt, ob er einfach zu ihr treten sollte. Hatte schließlich eine Nachricht getippt und nur ein saloppes »Habe jetzt keine Zeit« zurückbekommen. Nun stand er unschlüssig in einem Winkel und fragte sich, ob er es gut oder schlecht finden sollte, dass sie ihn beim Verlassen ihrer Wohnung nicht bemerkt hatte. Doch für lange Überlegungen war keine Zeit. Wohin wollte sie? Weshalb hatte sie nicht geschrieben, womit sie ihre Zeit verbringen würde? Stand ihm nicht mindestens ein »Tut mir leid, ich muss kurz in die Stadt« zu?

Mit flinken Schritten huschte er die Treppenstufen hinunter ins Erdgeschoss. Er hörte den Fahrstuhl ankommen, ihre unverkennbaren Schritte. Jolene hatte etwas Schlangenartiges in ihren Bewegungen. Sie glitt, sie bewegte sich nahezu lautlos und folgte einem eigenen Rhythmus. Seit sie schwanger war, schien sich dieser Rhythmus noch mehr ausgeprägt zu haben. Die Haustür klackte. Er beeilte sich. Fühlte nach dem Schlüsselbund. Fand ihn in der Hosentasche.

Erreichte den Ausgang just in dem Moment, als der Motor des Nissan 370Z aufheulte. Ein leistungsstarker Sportwagen mit Sportauspuff und Unmengen an PS. Er wusste nicht, was schlimmer war. Dass die junge Frau einen solchen Boliden fuhr oder dass sie sich gerade jetzt ans Steuer setzte. In ihrem Zustand. Schwanger. Frisch verwitwet. Und womöglich wirkten ihre Beruhigungsmittel noch nach.
Er spielte mit seinen Schlüsseln. Triumph und Audi. Gottlob parkte der schwarze TT in unmittelbarer Nähe, und er hatte den alten Roadster, einen TR6 in British Racing Green, in der Garage gelassen. Mit einem dunklen Audi würde er ihr wohl kaum auffallen, anders, wenn er am Steuer seines Oldtimers sitzen würde. Schon schoss sie an ihm vorbei, er drehte sich ab. Längst hatte er den Audi entriegelt, und Sekunden später meldete sich auch sein Motor mit einem Röhren.

Jolene Maurer verließ die Stadt in westlicher Richtung. Um ein Haar hätte er sie verloren, als sie den Main überquert hatte und ans Niederräder Ufer abgebogen war. Er hatte keine Ahnung, wohin sie wollte, und befürchtete schon, sie habe ihn entdeckt und fahre nun absichtlich kreuz und quer durch die Stadt. Doch anscheinend verfolgte sie ein anderes Ziel. Sie fuhr in Richtung Schwanheim, dann auf die B40 und erneut über den Main. Hattersheim, Kriftel, Hofheim. Die Silhouette der Stadt im Rückspiegel wurde immer kleiner. Die Flugzeuge über ihm dafür immer größer. Seit der Erweiterung des Flughafens schienen auch die Metallriesen gewachsen zu sein, die auf der neuen Landebahn im Mönchswald zu Boden gingen.
Hinter Hofheim war es, als habe jemand einen Schalter umgelegt und auf Natur umgeschaltet. Wie aus dem Nichts begann der Taunus, plötzlich waren die beiden Autos fast alleine auf der Straße. Er vergrößerte den Abstand.

Was zum Teufel tat Jolene hier?
Er glaubte nun zu wissen, wo ihr Ziel lag. Wusste alles über den Ort, auch wenn er ihn nur vom Hörensagen kannte.
Warum fuhr sie hierher, und hatte es einen besonderen Grund, dass sie es ausgerechnet jetzt tat?

Nach einer Viertelstunde – er hatte schon wieder vergessen, welchen Ortsnamen er als Letztes passiert hatte – setzte sie den Blinker. Der Nissan bog in einen geteerten Feldweg ein. Weich geformte Hügel ließen die Landschaft wirken wie ein grünes Handtuch, das über einen Wäscheberg geworfen worden war. Am Horizont dunkle Waldränder. Und hier und da eine Schilderstange mit Hinweisen auf Radwege oder Durchfahrtsverbote. Immer einsamer wurde es ringsherum und immer schwieriger für den Verfolger, nicht aufzufallen. Sie näherten sich einem Hofgut, das wie eine Insel inmitten der Weite lag. Kurzerhand schlug der Fahrer des Audis sein Lenkrad scharf ein, denn die Straße schien direkt im Schlund des Hofes zu enden. Er erreichte eine bewucherte Anhöhe, von der er einen guten Blick auf alles hatte.
Der Nissan verschwand inmitten des Gebäudeensembles. Drei Seiten, die durch Mauerwerk und eine hoch gewachsene Hecke geschützt wurden. Als fürchte man sich vor der Außenwelt, auch wenn hier im Niemandsland wohl nur wenige fremde Besucher zu erwarten waren. Ein grünes Metallschild verkündete mit gelben Lettern den Namen des Hofes. So viel konnte er erkennen. Der Audi parkte hinter einem Wildwuchsdickicht, er verbarg sich zwischen daumendicken Brombeerranken. Er ließ den Blick wandern. Eine Trauerweide von beachtlichem Umfang markierte den Mittelpunkt des Anwesens. Eine kitschige Wandmalerei zeigte Motive aus dem Landleben des vorletzten Jahrhunderts. Pferde mit Pflugscharen, geschnürte Strohbündel, ein Gesichtsloser mit Dreschflegel. Irgendwo in der Ferne wummerte der Diesel eines Traktors.

Der »Weidenhof«. Ihr, die hier eintretet, lasset alle Hoffnung fahren. Er wusste nicht, was ihm an der Atmosphäre Unbehagen bereitete. War es die Selbstsicherheit, die Jolene in seine Pforten trieb? So selbstverständlich, dass sie nicht einmal ihre Schlangenbewegungen vollzog, sondern mit knallender Autotür und einem Winken signalisierte: *Hallo! Hier bin ich!*
Sekunden später trat jemand auf sie zu. Eine muskulöse Gestalt, die kaum eine Regung zeigte, was aber auch an der Entfernung des Beobachters liegen konnte. Sie hielt eine Art Krummsäbel in der Hand. Blickte sich kurz um, dann zuckten die Arme nach oben. Jolene bog den Oberkörper reflexartig nach hinten. Dann klapperte das Metall der Klinge auf den Boden.
Und die beiden umarmten sich, als wären sie Liebende, die sich nach wochenlanger Trennung endlich wiedersahen. Dann trat die Person zurück, als wolle sie Jolene von oben bis unten betrachten. Sekunden später verschwanden die beiden hinter einer Hausecke. Nicht aber, ohne sich noch einmal prüfend umgesehen zu haben.

Valentin Messner schnaufte schwer.
Er hätte in die Stadt zurückgemusst. Sein Handy hatte bereits mehrfach vibriert. Doch er konnte nicht weg. Dort unten war *sein* Kind, dessen war er sich absolut sicher. Es lebte im Bauch einer verheirateten Frau. Einer Frau, die nach dem Tod ihres Mannes, der sie betrogen hatte, nicht zu ihm gekommen war. Die es stattdessen vorzog, abzuhauen. Ausgerechnet hierher, wo sie nicht hingehörte. Sich an jemanden wandte, den er überhaupt nicht kannte. Weshalb tat sie das?
Messner liebte Jolene, und zwar viel mehr, als Siggi Maurer es je getan hatte. Umso mehr machte ihn die Ungewissheit darüber rasend, was sie dort unten trieb.

10:10 UHR
Offenbach.

Als im Polizeipräsidium Südosthessen die Meldung einging, dass es auf einem stillgelegten Industriegelände einen Toten gebe, genoss der diensthabende Ermittler gerade seinen Kaffee und die Tageszeitung. Es war Peter Brandt, ein Urgestein der Stadt und der dienstälteste Beamte der Mordkommission. Er aß den letzten Bissen seines Brötchens und spülte ihn mit einem großen Schluck hinunter.
»Wollen wir wetten?«, hörte er eine Frauenstimme fragen.
»Wetten? Um was?«
»Bandenkrieg oder Beziehungstat.«
Canan Bilgiç blickte ihn auffordernd aus unergründlich schwarzen Augen an. Und wieder einmal fragte sich der Kommissar, ob sie nicht viel zu jung für die Mordkommission war. Ob sie ihrem Job die notwendige Ernsthaftigkeit entgegenbrachte. Und, insgeheim, ob er nicht genauso gewesen war. Damals. Vor einer gefühlten Ewigkeit.
»So etwas machen wir hier nicht«, erwiderte er mit einem deutlichen Murren in der Stimme.
»Ist klar«, lachte das geschmeidige Gesicht mit der spitzen Nase und den kugelrunden Augen. Canan Bilgiç war seit Anfang des Jahres dabei. Sie war eine Deutschtürkin, so zumindest bezeichnete sie sich selbst. Geboren in Offenbach, aufgewachsen in Dreieich; die Familie war besser integriert, als man es manchem Deutschen nachsagen konnte. Canan hatte die Hochschule der Polizei als eine der Jahrgangsbesten verlassen. Festliche Zeremonie, Handschlag des Innenministers und dann direkt im Präsidium eingestiegen. Brandt erinnerte sich noch daran. Es war ein frostiger Tag gewesen, und Canan hatte ein Tuch um den Kopf gewickelt, als sie das Präsidium betreten hatte. Niemand hatte etwas gesagt, doch die Gesichter sprachen Bände. Kommissarin mit Kopftuch? War das jetzt erlaubt?

Doch noch bevor jemand etwas sagen konnte, hatte sie sich den filigranen Stoff vom Haupt genommen und mit ihrem entwaffnenden Lächeln gesagt: »Jetzt, wo ich Ihre Aufmerksamkeit habe: Das ist ein *Schal*. Es ist arschkalt da draußen. Und mein Name ist Bilgiç. Ich bin die Neue.«

Am nächsten Tag brachte sie zum Einstand Baklava mit. Sirupgetränkten Blätterteig mit Mandeln und Pistazien, nach einem Rezept, wie nur ihre Großmutter es konnte. Seither war ihre Herkunft kein Thema mehr unter den alteingesessenen Kollegen.

Ihre Laufbahn verlief ohne Komplikationen, und eines Tages landete sie in der Mordkommission unter der Leitung von Spitzer. Und bei Peter Brandt. Brandt war derjenige, dem es wohl am schwersten fiel, wobei das nichts Persönliches war. Für ihn würde Canan Bilgiç wohl immer *die Neue* bleiben. Als erwarte er immer noch, dass sie sich in Luft auflösen würde. Dass Nicole Eberl wieder durch die Tür treten würde, Brandts frühere Kollegin. Dabei war Nicole seit sechs Jahren tot. Doch an diesen Gedanken wollte Peter Brandt sich einfach nicht gewöhnen.

Ruckartig stand er auf, bereute dies sofort, denn sekundenlanger Schwindel ergriff ihn.

»Fahren wir hin«, sagte er und angelte seinen Schlüsselbund zwischen den Papieren hervor. »Dann wissen wir's.«

Es dauerte zehn Minuten. Canan hatte den Dienstwagen durch den Stadtverkehr gelenkt, und an mancher Stelle war dem Kommissar die Luft weggeblieben. Er dachte an seine Töchter. An die Fahrstunden, die er ihnen ab und an gegeben hatte. Er betete, dass sie einen gemäßigteren Fahrstil pflegten. Sarah und Michelle gingen längst ihrer eigenen Wege. Die Zimmer waren leer, und manchmal fühlte Brandt sich genauso. Er dachte darüber nach umzuziehen. Doch das war nicht so einfach. Denn dann müsste er gegenüber der Frau, die es in seinem Leben gab, Farbe bekennen. Zusammenziehen? Heiraten?

Oder doch besser alles so belassen, wie es war? Was machten schon zwei leere Kinderzimmer? Platz konnte man nie genug haben.
»Träumen Sie?«, hörte er Canan fragen.
»Albträume höchstens, so, wie Sie fahren!«
»Man muss sich dem Verkehr anpassen«, grinste die Frau. Schlagfertig war sie. Und im Grunde gab es auch sonst nichts an ihr auszusetzen. *Doch das muss ich ihr ja nicht gleich auf die Nase binden,* beschloss Brandt.
Die Adresse befand sich auf halbem Weg nach Hanau, in unmittelbarer Nähe des Mains. Große, asphaltierte Freiflächen. Alte und neue Geschäfts- und Industriebauten. Und jedes Mal schien es neue Namen zu geben, neue Firmenlogos. Manchen Gebäuden konnte man nicht ansehen, ob sie nun benutzt wurden oder leer standen. Eines hatten die meisten gemeinsam: hohe, abschreckende Zäune oder Gittertore.
»Wohin genau?«, wollte Canan Bilgiç wissen.
»Da vorne, glaube ich«, murmelte der Kommissar und erinnerte sich. Genau hier hatten seine Töchter ihre ersten Fahrversuche unternommen. Wie unheimlich. Dann erblickte er auch schon den Streifenwagen und zwei Beamte, die unschlüssig in der Gegend herumstanden. Und einen Sportwagen, der halb auf dem Gehweg geparkt war und überhaupt nicht ins Bild passte. Ein Nummernschild aus dem Main-Taunus-Kreis. *Natürlich,* dachte Brandt. Die Nobelgegend zwischen Frankfurt und dem Taunus. Für Leute von dort galten andere Regeln. Er entschied insgeheim, den Wagen abschleppen zu lassen. Und ihn für ein paar Tage aus dem Verkehr zu ziehen. Beweismittel, Spurensicherung. Irgendetwas würde ihm schon einfallen. Und wenn es nur dazu diente, einem dieser gelackten Schnösel auf die Zehen zu treten.
Er betrat das Gelände. Transformatoren und Kabelstränge bestimmten das Bild. Irgendwo in der Nähe musste sich ein Umspannwerk befinden. Gras wucherte aus Bodenritzen. Ein dunkler Fleck, kaum zu erkennen, war mit Hütchen markiert.
»Nicht drübersteigen. Bringt Unglück«, hörte er Canan sagen.

»Ist das Blut?«

Einer der Uniformierten bestätigte die Frage mit einem Nicken.

»Und wo ist die zugehörige Leiche?«

»Die liegt drüben, an der Mauer«, antwortete der Kollege und wies mit dem Finger in eine Richtung.

»Hm. Spurensicherung und Rechtsmedizin?«

»Der Notarzt hat den Tod festgestellt. Eindeutig ein Gewaltverbrechen. Damit war die Sache für ihn erledigt«, erklärte der Uniformierte. »Na ja, und die Spusi verspätet sich. Stau.«

Prima, dachte Brandt. Wenn's kommt, dann richtig. Als Nächstes stand ihm also ein Besuch bei der Rechtsmedizin ins Haus. Dr. Sievers, die Leiterin, war einmal mit ihm liiert gewesen. Die Trennung war äußerst schmerzhaft verlaufen, vor allem für ihn. Doch noch während er versuchte, nicht zu viele Gedanken an die Vergangenheit zu verschwenden, kam ihm eine zündende Idee.

»Das ist dann Ihr Job«, lächelte er zufrieden in Canans Richtung.

»Was denn?«, fragte sie irritiert. »Spuren sichern?«

»Nein.« Brandt schüttelte den Kopf. »Die Obduktion.«

»Cool.«

Er blickte seine Kollegin nur schief an, sparte sich aber jeden Kommentar. Stattdessen wandte er sich noch einmal an den Beamten: »Wer hat die Leiche denn gefunden?«

»Ein Kurierfahrer, der sich im Gebüsch erleichtern wollte.«

»Hm. Und wo ist er?«, wollte der Kommissar wissen, denn außer ihnen war weit und breit niemand zu sehen.

Sein Gegenüber räusperte sich. »Wir haben ihn zum Bäcker geschickt?«

»Wie bitte?«

»Er ist Diabetiker. Unterzuckert.« Der Mann hob die Schulter und zog ein Portemonnaie aus schwarzem Leder hervor. Die Kanten waren abgestoßen, die Oberfläche aufgerieben. Er hielt es dem Kommissar mit einer entschuldigenden Miene entgegen. »War für uns auch blöd, aber

er hat uns bereitwillig seine Geldbörse als Pfand angeboten. Die Personalien sind eindeutig, bei seinem Arbeitgeber haben wir ebenfalls nachgehakt, und hier ist auch ein Diabetiker-Ausweis drinnen.«
»Schon in Ordnung«, winkte Brandt ab und klappte das Portemonnaie auf. Er zog den Ausweis hervor, es war noch ein großformatiger und keine Scheckkarte. Dann wollte er nach dem Toten sehen.
Canan Bilgiç stand über den Körper gebeugt, der bäuchlings und mit dem Gesicht nach unten im kniehohen Unkraut lag. Abgeknickte Stängel ließen vermuten, dass der Tote denselben Weg genommen hatte wie er. Es gab keine Trampelpfade oder Wege, die von den Gebäuden oder vom Zaun hierherführten. Leider hatten der Kurierfahrer, die Polizeibeamten und der Notarzt die Schneise bereits deutlich verbreitert. Brandt dachte an die Spurensicherung und verzog den Mund. Doch er konnte es nicht mehr ändern.
»Wie sieht's aus?«, fragte er, als er an den Füßen des Unbekannten ankam, die in teuren Sportsneakers steckten.
»Na ja, er ist tot«, gab Canan zurück und fuhr sich durchs Haar. »Darf ich ihn umdrehen?«
»Untersteh dich!«
»Ich will aber das Gesicht sehen.«
»Nicht, bevor Platzeck und sein Team da sind«, widersprach Brandt.
»Wir haben schon genügend Spuren zertrampelt.«
»*Ihn* stört es jedenfalls nicht mehr«, gab Canan zurück. »Was mich wundert: Er liegt mit der Nase senkrecht nach unten.«
Brandt hatte auch schon darüber nachgedacht. Eine äußerst unnatürliche Haltung. »Ob er sich hergeschleppt hat?«, dachte er laut.
»Von der Blutlache am Eingang? Kann schon sein. Gibt es Spuren auf dem Weg hierher?«
»Ich habe nichts gesehen«, gestand Brandt. Wenigstens auf dem gepflasterten Teil des Bodens wäre ihm sicher etwas aufgefallen. Außerdem war es unlogisch. Wenn jemand lebensbedrohlich verletzt wurde, warum sollte er ins unwegsame Gelände fliehen? Warum

nicht in Richtung Straße, wo die Hoffnung bestand, dass ihn jemand sehen würde?
Offenbar hatte Canan ähnliche Gedanken.
»Mal angenommen, er hat sich hierher geschleppt«, sagte sie, »dann bricht er zusammen und dreht Mund und Nase zum Boden? Mit perforierter Lunge am Ende? Niemals! Er würde sich hinsetzen oder seitlich legen. Er würde nach Luft ringen. Er würde …«
»Ja, okay, ich hab's kapiert«, sagte Brandt, der sich mit einem Mal beklommen fühlte. Er dachte an den Porsche, der in der Nähe parkte. War es der des Toten? Und wieso kam ihm ständig dieses Kennzeichen in den Sinn?
Dann durchzuckte es ihn wie ein Blitz, und er wurde aschfahl.
»Scheiße«, hauchte Brandt, »lass ihn uns umdrehen. Schnell!«
Schon bückte er sich zu dem leblosen Körper und nahm nicht wahr, wie die junge Frau an seiner Seite mit einem spitzen Lachen aufbegehrte: »Aha. Jetzt also doch. Woher der Sinneswandel?«
»Weil das da draußen vielleicht sein Auto ist«, keuchte Brandt, während sich seine Hände unter den Körper gruben.
Und weil sich eine panische Angst in ihm ausbreitete, eine Wahrheit, die nicht bis zum Eintreffen der Spurensicherung warten konnte.
Denn plötzlich wusste er, wem das Kennzeichen gehörte. Es war der Porsche von Frank Hellmer.

10:40 UHR

Es war, als hätte sie es geahnt. Als das Telefon in Claus Hochgräbes Büro klingelte, hechtete die Kommissarin zum Hörer. Hochgräbe tat dasselbe, nur eben von seiner Seite des Schreibtischs aus. Beide

Hände erreichten den Apparat im selben Augenblick, unmittelbar, bevor zuerst ihre Schultern und anschließend die Köpfe aneinanderprallten. Schmerzverzerrte Gesichter. Der Telefonhörer, der zuerst auf der Tischplatte aufschlug und dann über die Kante sprang. Wäre er nicht durch die Kabelschnur an den Apparat gefesselt gewesen, er wäre vermutlich mehrere Meter weit geflogen. Stattdessen baumelte er mit einem blechernen »Hallo? Hallo?« im Lautsprecher an der geringelten Strippe.

Durant, deren Schläfe wie Feuer brannte, griff danach. Währenddessen hatte Hochgräbe auf die Freisprechtaste gedrückt.

»Hochgräbe hier«, keuchte er, »bitte entschuldigen Sie.«

»Was ist denn da los?«

Brandts Stimme klang anders als sonst. Vermutlich war er irritiert über den Lärm.

»Ärger mit dem Telefon«, erwiderte Durant schlagfertig. »Was verschafft uns die Ehre?«

»Ach, du bist auch da«, brummte Brandt.

»Das klingt ja sehr nett.«

»Ist Hellmer da?«, sprach der Kommissar weiter, ohne auf den Kommentar einzugehen.

»Nein. Soll ich ihn holen?«

»Wartet. Es geht um ihn. Wir haben seinen Porsche ...«

»Ihr habt den Porsche?« Durant sprang auf. »Wo ist er, was ist passiert?« Ihr Herz raste, als befände sie sich im Sprint.

»Das wollte ich gerne von euch wissen«, antwortete Brandt unwirsch. »Wenn ihr einen Einsatz bei uns habt, würde ich das gerne vorher erfahren. Wenigstens eine kurze Nachricht. Das ist doch nicht zu viel verlangt.«

»Was ist mit Peter?«

Brandt brauchte einige Sekunden, bevor er fragte: »Hä, wieso Peter? Ich dachte, wir reden von Frank?«

Durant, die den Hörer noch immer in der Hand hielt, riss den Arm

nach oben und drückte die Freisprechfunktion weg. Dann donnerte sie ins Mikrofon: »Kullmer, meine ich! Verdammt! Kullmer war mit dem Porsche unterwegs! Was ist mit ihm?«
»Aha.«
»Keine Zeit für lange Erklärungen«, übernahm Hochgräbe, der erneut auf die Taste drückte und Julia mit einem Kopfschütteln rügte. »Wir fahnden nach Kullmer und dem Porsche. Eine Undercover-Aktion.«
»Womit wir wieder beim Thema wären«, sagte Brandt, offenbar noch immer verärgert. »Wir wissen hier von nichts, aber zum Aufräumen sind wir gut genug.«
»Wo steht der Porsche denn? Wir holen ihn sofort ab.«
»Es geht nicht um den Porsche. Es geht um die Leiche.«
Durant wurde heiß und kalt. Es war doch nicht ... Nein. Dann würde Brandt nicht so lange um den heißen Brei herumreden. Oder war es doch ...
»Welche Leiche?«, hörte sie Claus fragen.
»Den Toten, den wir in der Nähe des Wagens gefunden haben. Er liegt bäuchlings im Gras und wurde mit mehreren Stichen erstochen.«
»Identität?«
»Keine Ahnung. Wie Kullmer sieht er jedenfalls nicht aus.«
»Ich bin in zehn Minuten da«, stieß die Kommissarin hervor und holte sich ein bejahendes Nicken von ihrem Lebensgefährten ab. Sie war schon halb aus der Tür, als sie noch einmal umkehrte und ihm einen Kuss auf den Mund drückte. »Ich liebe dich.«
Sie eilte in ihr Büro, das sie sich mit Hellmer teilte. Er saß nicht an seinem Platz. Sie fand ihn auf halbem Weg Richtung Toilette.

Sie konnte ihrem Amtskollegen aus dem Nachbarpräsidium das Wundern nicht verdenken. Und weil Peter Brandt ausgerechnet mit der Staatsanwältin Elvira Klein liiert war, würde es vermutlich nur

eine Frage der Zeit sein, bis man sich auch an anderer Stelle wunderte. Durant seufzte und fuhr sich durch die Haare, als könne sie ihre Sorgen einfach auskämmen.
Doch so einfach ging das nicht.

10:45 UHR

Elisa hatte eine Szene gemacht, wie sie einer Pubertierenden würdig war. Dabei war das Mädchen erst in der Grundschule, erste Klasse.
»Wo ist Papa?«
»Er ist auf einem Einsatz.«
»Warum hast du dann die ganze Nacht telefoniert?«
»Hab ich doch gar nicht.«
»Ist ihm was passiert? Was ist mit Papa? Wenn Papa etwas passiert ist, will ich das wissen!«
Elisa hatte gestampft, wild gestikuliert, und ihre Sätze begannen kehlig und verwandelten sich am Ende in ein Winseln. An Schule war nicht zu denken. Doch wohin mit ihr? Aus der Not heraus wandte sich Doris Seidel an Nadine Hellmer. Nadine hatte keine Einwände gehabt. Auch wenn die Frauen nicht eng miteinander befreundet waren, so verband sie das Schicksal, mit der Kriminalpolizei verheiratet zu sein. Nadine versprach, zum Präsidium zu kommen und Elisa dort in Empfang zu nehmen.
»Ich kenne die doch kaum«, hatte diese sich gewehrt.
»Du kannst auch in die Schule gehen!« Damit war die Diskussion beendet gewesen.

Nachdem Nadine Hellmer das Mädchen in ihre Obhut genommen hatte, machte sich Doris Seidel an die Arbeit. Die Meldeadresse von Walter Bortz lag in Sachsenhausen. Passend, wie die Kommissarin fand, denn näher konnte man kaum am Stadion wohnen. Sie wählte die Nummer. Eine Frauenstimme meldete sich.

»Doris Seidel, Kriminalpolizei. Ist Walter Bortz zu sprechen?«

»Nein. Und er kann mir auch gestohlen bleiben!« Die Stimme der Frau – rauchig und von einem starken Frankfurter Dialekt geprägt – wirkte vollkommen perplex. War ihre Information falsch? Doris wiederholte die Straße und die Hausnummer und fuhr fort: »Unter dieser Anschrift ist aber ein Walter Bortz gemeldet.«

Die Frau lachte auf. »Ja. Gemeldet. Papier ist eben geduldig.«

»Das heißt, er wohnt nicht mehr bei Ihnen?«

»Nein. Ich bin seine Ex-Frau, falls es Sie interessiert«, betonte ihre Gesprächspartnerin. »Auch ich bin hier gemeldet.«

»Verstehe«, murmelte Doris. »Wissen Sie denn auch, wo Ihr Ex jetzt wohnt?«

»Wo er wohnt?« Wieder lachte es durch den Lautsprecher. Es war ein Klang zwischen Hysterie und Sarkasmus. Die Stimme einer zutiefst enttäuschten Person. Seidel wollte gerade etwas sagen, da sprach die Frau weiter: »Wo er *schläft*, das weiß ich nicht. Aber *wohnen* ... wohnen tut er im *Tröpfchen*. Das war schon früher so. Und irgendwann wird wohl auch seine Urne dort stehen. Auf dem Ehrenplatz, zwischen Jägermeister und Jackie.«

Das *Tröpfchen*. Den Namen hatte Peter Kullmer erwähnt. Gestern. In dieser Kneipe hatte er Walter Bortz getroffen. Wo dieser ihm die wahnwitzige Idee seiner Undercover-Mission eingepflanzt hatte. Sie ballte die Fäuste und bedankte sich für die Information. Wechselte noch ein paar Sätze mit Frau Bortz, die natürlich wissen wollte, ob ihr Verflossener in Schwierigkeiten steckte. Es klang weniger besorgt als vielmehr so, als gönnte sie es ihm vom Herzen. Seidel erinnerte sich an ihre Zeit in Köln, damals, als ihre Be-

ziehung in die Brüche gegangen war. Manchmal ging es glimpflich, manchmal wünschte man sich auch Jahre danach noch die Pest an den Hals. Wer konnte wissen, was die Eheleute Bortz im Laufe der Jahre durchgemacht hatten. Ein Ehemann, der mehr Zeit in seiner Stammkneipe verbrachte als daheim? Da hatte die Kommissarin es doch gut erwischt – an und für sich. Sie mahlte mit den Zähnen.
Wenn Peter nur endlich wieder auftauchen würde.

*

Im Radio ertönte die Nachrichtenmelodie, es war elf Uhr. Wie die Zeit verflog. Doris drehte die Lautstärke auf null, denn sie musste sich konzentrieren. Erst nach mehrfachem Hin- und Hergeschiebe gelang es ihr, den Ford Kuga in eine viel zu enge Parklücke zu bugsieren. Das Rattern der S-Bahn schien ihren Körper in Vibrationen zu versetzen, es roch nach verschmortem Gummi, irgendwo wurde die Straße aufgerissen. War sie hier richtig?
Doch es gab nur ein *Tröpfchen* im Stadtgebiet. Eine einzige Kneipe mit diesem Namen, und das schwarz-weiße Namensschild mit dem vergilbten Henniger-Bier-Logo prangte direkt vor ihr. Doris Seidel atmete noch einmal tief durch. Sie hatte es aufgegeben, ihrem Liebsten Textnachrichten zu senden. Keine SMS, kein WhatsApp. Die blauen Häkchensymbole der App, die den Empfang einer Nachricht bestätigten, waren seit dem letzten Abend ausgeblieben.

21:48 Uhr: Love you.

Daneben ein Kussmund-Smiley.
Seitdem war Peter offline.

Eine Welle abgestandener Luft schlug ihr entgegen. Sie erblickte eine Handvoll Gestalten, die zusammenzuckten, als fürchteten sie das Tageslicht. Am Tresen lehnte eine bucklige Frau. Der wenig feminine Oberkörper steckte in einer unförmigen Jeansweste, einst hellblau, jetzt grau. Ebenso grau schien ihre großporige Gesichtshaut zu sein. Grau wie der Schleier des Zigarettenrauchs, der tief unter der Decke hing. Die Kommissarin unterdrückte den Impuls, sich die Hand vors Gesicht zu halten. Sie fasste sich ein Herz und trat an den Tresen.
»In der Tür geirrt?«, hörte sie es von irgendwoher murmeln. Sie reagierte nicht darauf.
Die Barfrau zuckte mit dem Kopf nach hinten, gerade so weit, dass Doris die damit verbundene Frage verstand – und ihr die Zahnlücke auffiel.
»Was darf's sein?«
»Eine Cola, bitte.«
»Hm.«
Die Frau angelte sich ein Glas mit grün-rotem Aufdruck. Hielt es unter den Zapfhahn, dessen Mechanismus lauter knackte, als gut war. Es spritzte, sie fluchte.
»Fass leer«, murrte sie, verbunden mit einigen unschönen Begriffen. Doris ergriff die Gelegenheit, um Punkte bei ihr zu sammeln. »Ist egal«, winkte sie ab. »Apfelschorle geht auch.«
»Muss trotzdem in den Keller«, war die Antwort, und schon war die Alte verschwunden. Nach Minuten kehrte sie zurück, zapfte zwei Gläser für den Ausguss, dann lief die Cola wieder einwandfrei. Das Glas zog Schlieren auf dem gewachsten, zerkratzten Holz. Kein Pappdeckel.
Doris bedankte sich und trank einen Schluck.
»Ich suche Walter Bortz«, sagte sie dann.
»Ich bin nicht das Fundbüro.«
»Trotzdem muss ich ihn finden. War er heute schon da?«

»Weshalb sollte er?«

»Weil er ständig hier ist.«

»Sagt wer?«

»Sagt Walter. Gestern zum Beispiel war er hier.«

»Na ja. Und?«

Komm schon, Mädchen, mahnte sich die Kommissarin. Gleich hast du sie. »Na ja, ich würde einfach hier warten, bis er kommt.«

»Wir sind keine Wartehalle.«

»Aber eine Trinkhalle, oder? Dann warte und trinke ich eben.«

»Cola?«, erkundigte sich die Alte genervt.

»Wieso nicht? Das Fass dürfte ja 'ne Weile reichen.«

»Hauptsache, Sie gehen mir und meinen Gästen nicht auf den Wecker.«

»Das kann ich nicht garantieren. Ich unterhalte mich nun mal gerne. Am liebsten mit Walter. Vielleicht kommt er ja schon bald?«

Die zittrige Hand der Bedienung fuhr über die Stirn. Haarsträhnen blieben kleben, sie schnaufte und richtete sie wieder. »Okay, passen Sie mal auf. Der Walter. Der kommt und geht, wann er will. Ich kann's Ihnen beim besten Willen nicht sagen, weil ich nicht seine Mutti bin, klaro? Pflanzen Sie sich meinetwegen in eine Ecke oder lassen Sie's sein, mir egal. Aber ich kann ihn nicht herbeizaubern. Also lassen Sie mich hier meine Arbeit machen und die Leute in Ruhe.«

Doris Seidel sah sich um. Keiner der Anwesenden schien sich mehr für ihr Gespräch zu interessieren. Ein dicker Flanellhemdträger mit ausgeleierten Hosenträgern schien auf seiner Tischplatte eingeschlafen zu sein.

»Rufen wir ihn doch an«, schlug sie vor.

»Tun Sie sich keinen Zwang an.«

»Hätte ich seine Nummer, hätte ich schon längst …«, wollte Seidel ausholen, doch die andere schnitt ihr mit einer Handbewegung das Wort ab.

»Jaja, kapiert. Ich mache das. Aber das kostet Einheiten. Und dann geben Sie endlich Ruhe!«
»Versprochen«, säuselte die Kommissarin und hielt dabei den gekreuzten Zeige- und Mittelfinger nach oben.
Die Bedienung drehte sich um und schien nach Bortz' Nummer zu suchen. Statt eines olivgrünen Telefonhörers an Ringelschnur, der an einem Wählscheibenapparat hing, hielt sie Sekunden später ein Klapphandy am Ohr. Doris war beeindruckt, auch wenn das Gerät bereits in die Jahre gekommen war.
»Walter? – Was?«
Die Kommissarin beobachtete ihr Gegenüber sehr genau. Zuerst zusammengekniffene Augen. Und den Hörer so fest an der Ohrmuschel gepresst, als führe sie ein Überseegespräch.
»Noch mal ... wie?«
Ihr Blick wurde leer. Offenbar verstand sie nicht, was Bortz ihr erzählte. Womöglich war er ja schon so betrunken wie der Flanellhemdschläfer. Oder er war *noch* so betrunken.
Mein Gott, dachte die Kommissarin. Es war gerade elf Uhr am Vormittag. Und dann wogte die Angst wieder durch ihren Körper, dem sie in den letzten Minuten eine Menge an Kraft und Konzentration abverlangt hatte. Wenn Bortz besoffen war, was bedeutete das für Peter? Lag er besinnungslos neben ihm? Und wo zum Teufel steckte er?
Doch dann schnellte eine knöcherne Hand in ihre Richtung. Das Klapphandy.
»Für Sie. Glaube ich.«
»Hallo? Wer ist da?«, fragte Doris unsicher. Es rauschte und knackte am anderen Ende.
»Brandt, Kriminalpolizei. Mit wem spreche ich denn bitte?«
Peter Brandt? Seidels Kinnlade klappte hinunter.
»Ähm, Seidel, auch Kripo«, antwortete sie, und ihr Herz begann zu hämmern. »Was, um Himmels willen, machst du an Bortz' Telefon?«

»Wir haben es bei einer Leiche gefunden«, antwortete der Kommissar. »Mutmaßlich bei seiner eigenen.«
Und in dieser Sekunde schien ihr der Himmel auf den Kopf zu fallen. Zumindest das Telefon tat es und prallte mit einem brechenden Geräusch auf den braunen Fliesenboden der Kneipe.
Wenn Bortz tot war ...
Was bedeutete das für Peter?
Doris Seidel rang nach Luft. Ihr wurde schwarz vor den Augen.

11:30 UHR

Als Julia Durant mit ihrem Roadster um die Ecke preschte, hätte sie um ein Haar den Porsche gerammt.
»Hossa! Fährt die einen heißen Reifen«, kommentierte Bilgiç, und Brandt verzog den Mund.
»Das sagt ja die Richtige«, schmunzelte er.
Durant zog nicht einmal den Autoschlüssel ab und registrierte im Davoneilen, dass ihre hastig zugeworfene Wagentür nur halb einrastete. Doch das war ihr in diesem Moment egal. Die bange Ungewissheit, dass der Leichenfund ihr keine guten Neuigkeiten über den Verbleib Kullmers bringen würde, trieb sie zur Eile.
Es handelte sich vermutlich um einen gewissen Walter Bortz, so viel hatte man ihr schon während der Fahrt mitgeteilt. Die Polizisten hatten ein Handy bei dem Toten sichergestellt, und plötzlich begann das Gerät zu klingeln. Eine nicht auf dem Gerät abgespeicherte Handynummer. Brandt hatte das Gespräch kurzerhand angenommen und am anderen Ende der Leitung eine Frau vorgefunden, die sich nach einem gewissen Walter erkundigt hatte. Den Nachna-

men hatte schließlich Doris Seidel geliefert, was ihn nicht minder verwundert hatte.

»Kannst du mir das alles mal endlich erklären?«, forderte er die Kommissarin auf, nachdem sie sich begrüßt hatten.

»Wieso ich? Du zuerst.«

Brandt zuckte die Schultern und führte sie zu dem Leichnam. Durant kannte ihn nicht, er entsprach aber in etwa der Personenbeschreibung, die sie von Kullmer erhalten hatte.

»Persönliche Gegenstände?«

»Nur das Handy und zwei Schlüssel am Bund. Kein Ausweis, kein Geld.«

»Wie lange ist er tot?«

»Gegen Mitternacht – nach vorläufiger Auskunft des Arztes, der den Tod festgestellt hat.«

»Ist Andrea informiert?«

»Logo. Die wartet schon auf ihn.«

Durant sah sich um. Ihr Blick fing sich an der Markierung des dunklen Flecks, der sich einige Meter entfernt befand. Sie deutete darauf: »Wurde er dort angegriffen?«

Brandt hob die Schultern. »Das wird sich noch zeigen.«

»Was ist das hier für ein Gelände?«

»Alte Industrie, ein verwinkelter Komplex. Die Stadt sucht einen Mieter oder jemanden, der das Areal anderweitig bebaut.« Brandt seufzte. »Aber für eine Fabrik mit Schadstoffemissionen sind die Auflagen zu hoch, und für alles andere ist die Raumaufteilung ungünstig. Vermutlich wird das Ganze also noch ziemlich lange leer stehen.«

Ein Schwarm Krähen stob kreischend auf, als habe ihnen jemand das Kommando dazu gegeben. Drei Viertel des Geländes waren eingezäunt und zugewuchert. Die Fenster mit Brettern verrammelt. Die Fassaden mit Graffiti beschmiert. Wie es hinter dem Hauptgebäude aussah, konnte man nur ahnen.

»Okay, was hat er hier gemacht? Und was hat Kullmer hier gemacht?«, dachte Durant laut.
»Und was machte Kullmer mit dem 911er?«, fügte Brandt auffordernd hinzu. »Komm schon, jetzt bist du dran.«
»Kullmer wollte sich mit Bortz treffen. Undercover. Wir haben einen toten Sportler, es ging um Hintergrundrecherche. Peter ...«
»Siggi Maurer!«, unterbrach Brandt sie. »Der hat sich doch umgebracht.«
»Sieht so aus. Aber wir würden gerne wissen, weshalb. Und ob nicht doch jemand nachgeholfen hat.«
»Und dazu muss Kullmer sich mit einem fremden Auto in ein fremdes Revier begeben.«
»Mensch, Peter.« Julia stöhnte auf. »Nicht wieder diese alte Frankfurt-Offenbach-Leier bitte.«
»Hatte ich nicht vor. Ich verstehe es bloß einfach nicht.«
»Sehen wir uns das Gebäude an«, schlug die Kommissarin vor. »Unterwegs erzähle ich dir mehr.«
Brandt wechselte ein paar Worte mit seiner jungen und – wie Durant fand – äußerst gut aussehenden Kollegin. Bevor er zurückkehrte, griff Julia zum Telefon, um Doris Seidel anzurufen.
»Der Tote ist definitiv Bortz«, erklärte sie ihrer Kollegin.
»Und Peter?«, keuchte Doris. Es musste die Hölle für sie sein, und leider war noch keine Erlösung in Sicht.
»Nichts. Aber wir haben den Porsche. Und als Nächstes kämmen wir das Gebäude durch.«
Den Blutfleck erwähnte Julia nicht. Es war auch so schon schlimm genug.
Als Peter Brandt zurückkehrte, schritten die beiden los in Richtung der Krähen, die alarmiert aufschrien.

12:05 UHR

Das Sonnenlicht war grell und traf die beiden Kommissare mitten in die Augen, als sie um die Gebäudeecke traten. Julia Durant blieb stehen und hob die Hand über den Kopf. Auch Brandt verharrte mit zusammengekniffenen Lidern. An der Zufahrt stand Canan Bilgiç. Wind strich ihr durchs Haar und ließ es wie lodernd erscheinen.

»Wie macht sie sich?«, fragte Durant.

»Hm?« Tat er nur so oder hatte Brandt die Frage wirklich nicht verstanden?

»Na, die Neue. Wie macht sie sich?«

Brandt seufzte. »Gut. Das ist es ja. Sie macht einen verdammt guten Job.«

»Sei doch froh.«

»Nein. Also ja, bin ich. Aber sie ist mir zu schnell. Ich fühle mich manchmal wie ein Nilpferd. Träge, schwer von Kapee …«

»Sag doch einfach alt.« Julia lachte und winkte ab. »Das kenn ich. Aber wenn's mal wieder so weit ist, treibe ich mich beim Laufen zur Bestzeit, und hinterher geht es wieder 'ne Weile. Solltest du auch probieren.«

»Bei mir hilft Pizza«, erwiderte Brandt und ließ es im Unklaren, ob er das ironisch oder ernst meinte. Zugenommen hatte er jedenfalls nicht.

Abrupt wechselte er das Thema: »Wie geht's dir eigentlich sonst so? Ich dachte, du seist noch in München.«

Durants Miene verdüsterte sich. Paps. Es gelang ihr manchmal, stundenlang nicht daran zu denken. Und dann rollte aus dem Nichts eine neue Welle heran. Manchmal wie ein Tsunami. Sie schluckte schwer. »Es geht. Muss ja. Aber sag mal, was ist aus eurer Observierung geworden?«

Brandt winkte ab. »Sei froh, dass du nicht dabei warst. Drei Stunden lang das Gequassel von Kollege Greulich, aber ansonsten Fehlanzeige.«
Ein kurzes Lächeln umspielte Durants Mundwinkel. Dann dachte sie wieder an Kullmer. »Scheiße. Wir müssen Peter finden. Unbedingt. Ich habe ein derart ungutes Gefühl, dass es mir den Magen umdreht.«
Ihre Übelkeit wurde nicht gerade besser, als sich das Telefon meldete. Im Gegenteil.

12:35 UHR

Peter Brandt hatte sich als Beifahrer angeboten. Vermutlich hatte er ihr angesehen, wie ihre Knie zu zittern begannen. Julia Durant war tatsächlich froh darüber, nicht alleine hinterm Steuer sitzen zu müssen. Brandts Kollegin verblieb mit der Spurensicherung vor Ort. Er navigierte die Kommissarin zum Klinikum Hanau, wo im Lauf der Nacht ein Mann mit schweren Stichverletzungen eingeliefert worden war. Der Leitstelle zufolge war ein anonymer Anruf eingegangen, um dessen Rückverfolgung man sich bisher noch nicht gekümmert hatte. Wie schwer die Verletzungen waren, hatten die beiden ebenfalls noch nicht in Erfahrung bringen können, doch dem Protokoll der Polizei nach hatte es eine Menge Blut gegeben.
Während Brandt ihr gelegentlich mit kurzen Kommentaren die Fahrtrichtung ansagte, spürte die Kommissarin ihr Herz hämmern. Jeder Kilometer zog sich wie Kaugummi, jede Ampel schien nur deshalb auf Rot zu schalten, um ihr Steine in den Weg zu legen. Dann erreichten sie endlich den Freiheitsplatz. Durant erkannte

nichts davon wieder. Hanau wandelte sein Gesicht mit jedem Mal, wenn es sie hierher verschlug. Vielleicht komme ich einfach zu selten hierher, dachte sie.

»Steig aus, ich suche einen Parkplatz«, schlug Brandt ihr vor. Sie nickte und bedankte sich. Hielt kurzerhand mit Warnblinker in der Nähe eines Zebrastreifens und kletterte aus dem Wagen. Brandt übernahm das Steuer, und als Nächstes hörte sie den Motor aufheulen, dann quietschten die Reifen. Gas und Kupplung sind Gewöhnungssache, wusste Julia, und ein leichtes Schmunzeln zog sich über ihr Gesicht. Es fühlte sich gut an. Bei all der Sorge, die auf ihr lastete. Doch viel zu schnell war es wieder vorüber.

Den Empfang zu finden war nicht schwer, doch das Ausfindigmachen eines Verantwortlichen, der ihr Rede und Antwort stehen konnte (oder wollte), glich einer Odyssee. Längst war auch Brandt im Klinikum eingetroffen, er hatte den Wagen im Parkhaus untergebracht. Gemeinsam warteten sie mit wachsender Ungeduld, bis sich endlich ein junger Arzt mit müden Augen zeigte.
»Sind Sie Angehörige?«, wollte er wissen.
»Wir sind von der Kripo.«
Der Mann runzelte die Stirn. »Dann tut es mir leid. Ich darf nur Angehörigen Auskunft erteilen.«
»Woher wollen Sie denn wissen, wer Angehöriger ist?«, konterte Durant. »Meines Wissens handelt es sich um einen noch nicht identifizierten Patienten.«
Die Augen des Arztes zuckten nervös. Julia dachte, der Mann hat als Mediziner eine Stichverletzung behandelt. Der Rest betraf ihn nicht, zumindest nicht direkt.
Brandt schien in eine ähnliche Richtung zu denken, denn er knüpfte an Durants Einwand an: »Die Verletzung des Unbekannten beruht mutmaßlich auf einer Straftat. Wir ermitteln hier. Gut möglich, dass es sich bei dem Mann um einen Mörder handelt.«

Er ließ es wirken. Schweiß bildete sich auf der Stirn seines Gegenübers.

»Oder um einen unserer Kollegen«, übernahm Durant wieder, um das Ganze voranzutreiben. »In beiden Fällen müssen wir den Mann schnellstmöglich identifizieren, wie Sie sehen. Auch im Interesse der Sicherheit Ihrer Klinik.«

»Ja, okay, ist in Ordnung«, gab sich der Arzt mit einem Nicken geschlagen. »Ich bringe Sie hin. Einen von Ihnen.«

Brandt signalisierte seiner Kollegin, dass sie diejenige sein sollte. Immerhin war Kullmer ihr Kollege, und keiner von beiden hatte einen Zweifel daran, dass er der Mann mit der Stichverletzung war.

Fünf Minuten später hatte Julia Durant Gewissheit. Er lag auf einem Krankenhausbett, den Oberkörper bandagiert und mit einer Menge an Schläuchen und Messgeräten, die Blutdruck und Herzfrequenz anzeigten. Peter Kullmer. Seine Haut war bleich, die Beatmungsmaschine röchelte, er sah vollkommen anders aus als sonst. Kein Pfau, kein Macho, einfach nur ein geschwächter Mann, der alt und eingefallen wirkte. Nicht so alt wie Paps, dachte Durant. Es stieß ihr übel auf. Alles roch wie in München. Derselbe Geschmack, der ihr auf der Zunge lag. Desinfektionsmittel, Krankenhausluft, die eine trockene, pelzige Zunge hinterließ. Tränen schossen ihr in die Augen, und mit ihnen kamen alle Emotionen angeschwemmt, die noch so frisch und unverarbeitet in ihr wohnten. Doch es war keine Zeit. Sie musste sich konzentrieren. Dort lag ein Mann, dessen Leben am seidenen Faden hing, soweit sie den Arzt verstanden hatte. Ein Mann, der leben wollte. Der leben *musste*. Und es lag an ihr, Doris Seidel über all das zu informieren.

12:40 UHR

Im Keller des Polizeipräsidiums erreichte Frank Hellmer das Reich der Computerforensik. Hoch technisierte Räume mit Gerätschaften, die auf den ersten Blick wirkten, als befände man sich in einer Art Zwischenlager der Cebit. Den zentralen Punkt bildete der Arbeitsplatz von Michael Schreck, dem Leiter der Abteilung. Er thronte inmitten einer ganzen Batterie von Monitoren, von denen nur wenige schwarz waren. Programme und Datenanalysen liefen parallel, und ein permanentes Surren lag in der Luft. Schreck bewegte den Kopf hin und her, klickte hier, klickte dort und schien damit jedem zu spotten, der behauptete, nur Frauen seien multitaskingfähig.
»Fremder nicht hadern einzutreten«, gab Schreck zum Besten und spielte damit zweifelsohne auf die eigenwillige Grammatik des Jedi-Meisters Yoda an. Hellmer grinste. Der Umgang mit Schreck wurde um ein Vielfaches einfacher, wenn man sich mit den Blockbustern der Achtziger auskannte.
Doch außer diesem Spruch wirkte der IT-Profi etwas neben der Spur. Hellmer griff sich einen Stuhl, dessen Plastikrollen über den Bodenbelag klapperten. »Du siehst nicht gerade frisch aus, wenn ich das mal so sagen darf«, sagte er.
»Na danke. Bist du jetzt mein Seelenklempner?«
»Brauchst du denn einen?«
»Ach, ich weiß auch nicht«, seufzte der Kuschelbär Schreck, an dem so gar nichts zu finden war, was dem Klischee des Computernerds entsprach. Außer natürlich, wenn er den Mund aufmachte und über seine Arbeit referierte. »Ich habe eine Einladung bekommen. In die Staaten. Und zwar nicht zum Urlaubmachen, wenn du verstehst ...«
»Ein Jobangebot?«, fragte Hellmer und wunderte sich, wie man derart trübsinnig auf so etwas reagieren konnte.

»Ja und nein. Es ist zeitlich begrenzt, aber schon eine große Sache. Ich habe mich dort einmal beworben, schon vor Jahren. Seitdem lädt man mich ein.«
»Na und? Mach doch mal.« Hellmer wusste von der Tochter des alten Chefs, dass sie mehrfach drüben gewesen war. Im Grunde befand sie sich die meiste Zeit über in den USA und kam nur noch selten nach Deutschland. »Der Boss wird sicher nichts dagegen haben«, fuhr er fort. »Und besser als dieser Keller hier ist es allemal.«
»Na ja. Ich müsste ein halbes Jahr unbezahlten Urlaub nehmen«, erwiderte Schreck, »vielleicht auch ein ganzes. Wenn, dann richtig. Sonst bringt es mir nichts.«
»Ich würde es machen, wenn ich ungebunden wäre«, beteuerte Hellmer und biss sich auf die Lippe. Er war in puncto Schrecks Liebesleben nicht up to date, wusste aber, dass es in dessen Beziehung kriselte. Womöglich mehr als nur vorübergehend.
»Na, mal sehen.« Michael Schreck schob das vor ihm liegende Schreiben beiseite und rang sich ein Lächeln ab. »Du bist ja sicher nicht hier, um mit mir meine Zukunftspläne zu erörtern, hm? Womit kann ich dienen?«
»Es geht noch mal um diese Sprachnachricht«, begann Hellmer.
»Klar. Darüber sollten wir reden«, bestätigte Schreck, und schon hatte er umgeschaltet auf den Vollprofi. Seine Finger klapperten, und ungefragt spielte er den Wortlaut noch einmal ab.
»Es tut mir leid, es tut mir leid, ich wollte das alles nicht.«
Siggi Maurers Stimme zeichnete hellgrüne Kurven auf dem Monitor. Schreck fror einen bestimmten Teil der Grafik ein und deutete darauf.
»Zwei Dinge«, sagte er mit einer Miene, die nichts Gutes verhieß. Hellmer war ganz Ohr.
»Erstens – und das ist absolut sicher – gehört die Stimme Siggi Maurer. Kein Nachahmer, kein Imitator, es ist eindeutig er. Und bevor du fragst: Es gibt genügend Material im Internet, um Maurers Stimme zu analysieren. Diese Worte stammen definitiv von ihm.«

»Hm. Und zweitens?«

»Zweitens wurde die Sprachnachricht aus einer ungewöhnlich hohen Entfernung aufgenommen. Schätzungsweise ein Meter oder mehr.«

»Und das ist seltsam?«

»Wie würdest du denn eine Sprachnachricht aufnehmen? Zeig es mir mal«, forderte Schreck.

Hellmer zog etwas umständlich das Smartphone hervor und hielt es sich mit dem Mikrofon vor den Mund.

»Siehst du.« Mike grinste. »Keine zwanzig Zentimeter. Und jetzt streck es mal von dir, so weit du kannst.«

Hellmer streckte den Arm aus. So würde doch niemand eine Sprachnachricht aufnehmen, dachte er. Schreck maß derweil mit den Händen den groben Abstand von Hellmers Mund bis zu dem Apparat.

»Sechzig Zentimeter. Geht da noch was?«

»Keine Chance.«

Hellmer zog den Arm wieder ein. »Verdammt, Mike, dann muss ja jemand bei ihm gewesen sein.«

»Wenn ihr keinen Selfiestick gefunden habt…«

»Haben wir nicht.«

Schreck stülpte die Unterlippe nach vorn. »Oder es lag irgendwo. Wo genau habt ihr das Handy denn gefunden?«

»In Maurers Hosentasche.«

»Aha. In der Hosentasche.« Michael Schreck schüttelte den Kopf. »Nein, Frank, da passt mal gar nichts. Ein Handy, ausgeschaltet, obwohl der Akku noch mehr als halb voll war. In Maurers Hosentasche. Und das, nachdem ihm irgendjemand kurz vor dem Tod das eingeschaltete Gerät noch vor den Mund gehalten hat. Das ist schräg, Frank. Viel zu schräg.«

Hellmer hatte nichts dagegen zu sagen.

Seine Gedanken rasten. Er musste Julia Durant informieren, doch sein Anruf ging ins Nichts.

13:10 UHR

Ohne zu zögern, hatte er sich in den Westhafen begeben. Jolene Maurer verdiente es, nicht am Telefon davon zu erfahren, dass sich die Hinweise in Richtung Mord verdichteten. Unterwegs hatte Frank Hellmer mit Andrea Sievers gesprochen, um sie auf den neuesten Stand zu bringen. Auch wenn Sievers keine Beweise fand, um die Selbstmordtheorie zu widerlegen, sollte sie ruhig mit einer anderen Perspektive an die Sache rangehen. Als er auflegte, stellte Hellmer fest, dass er kaum noch Akku hatte. Er fluchte leise. Üblicherweise lud er sein Handy unterwegs, im Porsche. Heute war alles anders. Als er an der Treppe stand, schaltete er das Gerät auf stumm und auf Sparmodus. Der Schrittzähler, hoffte er, würde trotzdem funktionieren. Dann eilte er die Stufen nach oben. Hellmer fühlte sich in den letzten Wochen irgendwie schlapp. Für regelmäßigen Sport wie etwa ein Fitnessstudio fehlte ihm die Disziplin. Weshalb auch woanders hingehen, wenn er ein Schwimmbad im Keller hatte? Nur nutzte er es einfach viel zu selten. Hellmer konnte seinen Puls bis in die Ohren spüren und hörte das dumpfe Pumpen, während sein Brustkorb sich hob und senkte. Mehr Sport, weniger Nikotin, dachte er. Als er oben angekommen war, wartete er einige Sekunden, um nicht wie kurz vorm Kollaps zu wirken, wenn die junge Sportlerwitwe ihm die Tür öffnete. Dann drückte er die Klingel.

Nichts.

Hellmer läutete erneut. Im Inneren ertönten weder Schritte noch waren sonst irgendwelche Geräusche zu vernehmen. Verdammt. Hätte er sich telefonisch ankündigen müssen? War es nicht vollkommen normal, dass Frau Maurer sich bis zur Beisetzung ihres Mannes praktisch rund um die Uhr um allerlei Dinge zu kümmern hatte? Sarg, Blumen, Traueranzeige. Und dann tauchte gewiss plötzlich eine Unmenge von

Reportern auf. Genau die Personen, die Siggi Maurer wie eine heiße Kartoffel hatten fallen lassen, als seine Leistung nachließ. Als seine Sportlerkarriere ein Ende nahm. Nur wenig hatte man noch über ihn berichtet; über sein Engagement in der Aids-Hilfe, über seine Spendenaktionen für die Kinderkrebshilfe. Über den *Menschen* Siggi Maurer. Viel interessanter schien es zu sein, mit bitteren Untertönen darüber zu schreiben, dass aus dem schillernden Idol nunmehr ein Spieler geworden sei. Ein Schürzenjäger. Einer, der sich glücklicherweise nicht mehr um Dopingtests scheren musste. Denn dafür hing er viel zu sehr am Koks. So zumindest wurde es hier und da geäußert.

Was, wenn Frau Maurer sich im Inneren ihrer Wohnung verschanzte? Frank Hellmer hätte es verstehen können und fragte sich für einen Augenblick, ob er die Klingel tatsächlich gehört hatte oder ob sie am Ende stumm geschaltet war. Er entschloss sich zu einem letzten Versuch und presste das Ohr ans Türblatt, welches sich unangenehm kühl anfühlte. *Rrring!* Nicht zu überhören. Das Klopfen konnte er sich wohl sparen. Hellmer löste den Kopf und formte die Hände zu einem Trichter vor dem Mund.

»Frau Maurer? Hier ist Hellmer. Kripo.«

Beim letzten Wort dämpfte er die Stimme. Er stellte sich vor, wie es für einen Unbeteiligten wirken musste, wenn irgendwo im Haus jemand »Kripo!« schrie.

»Geben Sie sich keine Mühe.«

Hellmer fuhr herum. Er hatte den Mann nicht kommen hören. Erst im zweiten Moment fiel ihm ein, um wen es sich handelte. Valentin Messner. Da sprach dieser längst weiter: »Jolene ist nicht da.«

»Okay. Und wo finde ich sie?«

Messner grinste schief. »Jedenfalls nicht, indem Sie hier vor ihrer Tür Sturm klingeln.«

»Es ist dringend«, erwiderte der Kommissar frostig. »Und den Rest überlassen Sie bitte mir.«

Messner hob die Hände vor die Brust. »War nicht böse gemeint.«

»Noch mal. Wissen Sie, wo Frau Maurer sich befindet?«
»Allerdings.« Die Miene des Mannes verdüsterte sich, und Hellmer hätte damit gerechnet, dass er eine ausführliche Antwort bekäme. Doch Messner hüllte sich in ein betretenes Schweigen.
»Ja – und?«, forderte der Kommissar irgendwann. »Wo ist sie denn?«
»Irgendwo im Hintertaunus.« Messner machte eine Grimasse und setzte nach: »Bei ihrer ›Familie‹.« Dabei betonte er das letzte Wort geradezu verächtlich.
Hellmers Gehirn rief sich die Ermittlungsdetails in Erinnerung. Jolene Maurer hatte angegeben, keine Familie zu haben.
»Ich dachte, sie hat keine?«
Messner gluckste. »Das dachte ich auch.«
»Also hat sie oder hat sie keine? Mensch, kommen Sie, nicht alles scheibchenweise!«
»Sie hat eine. Aber sie redet nicht darüber. Offiziell gibt es nur Jolene, so alleine, als sei sie mit dem Binsenkörbchen ans Mainufer gespült worden.«
Hellmer spitzte die Ohren. In seiner Hand lag bereits das Telefon, weil er Frau Maurer anrufen wollte. Er ließ es vorläufig zurück in die Gesäßtasche verschwinden.
»Und heute wissen Sie mehr«, konstatierte der Kommissar auffordernd, und Messner nickte.
»Wir haben uns besser kennengelernt, kamen uns näher, irgendwann erzählte sie mir die Sache. Aber ich hab's anscheinend nicht kapiert. Vorhin ist sie weggefahren. Ach ja, und das Handy hat sie vorher abgeschaltet. Das können Sie sich also sparen, denn so schlau war ich auch schon. Sie hat mich im Vorbeigehen ziemlich abgewimmelt. Also bin ich ihr gefolgt.«
Hellmers Blick schien Bände zu sprechen, vielleicht hatte er auch unbewusst reagiert, jedenfalls unterbrach Valentin Messner seine Aussage und beteuerte: »Das ist ja wohl nicht verboten! Sie ist schwanger, und ich mache mir große Sorgen.«

»Ich habe nichts dergleichen gesagt«, antwortete Hellmer. »Ist doch gut, wenn sie eine Familie hat und nicht alleine ist.«
»Pah!« Messner winkte ab. »Auf so eine Familie könnte man wohl verzichten.«
Die beiden Männer verständigten sich darauf, das Gespräch in Messners Wohnung fortzusetzen. Insgeheim hoffte Hellmer, dass die Maurer vielleicht noch auftauchte, während er hier war.

Messner war modern eingerichtet, etwas extravagant, wie der Kommissar fand. Vieles in seiner Wohnung erinnerte an die Hauptstadt. Ein großes Wandposter mit dem Fernsehturm am Alexanderplatz, ein kopfgroßes Stück Stahlbeton aus der Berliner Mauer, welches sich auf zwei Metallstangen und einem massiven Eisenfuß befand. Schwarz-Weiß-Fotografien der Siegessäule in verschiedenen Perspektiven. Messner schien seiner Heimat nachzutrauern. Hinweise auf eine Frau oder Familie gab es keine.
»Leben Sie hier allein?«, erkundigte sich Hellmer.
»Na ja, ich halte mir hier jedenfalls keine Hausfrau mit drei Kindern, während ich zum Vögeln nach oben gehe«, war die lakonische Antwort.
Hellmer wollte etwas zurückgeben, winkte dann aber ab und sah sich weiter um.
»Kein Foto von Jolene?«, fragte er schließlich.
»Wäre bisschen komisch, oder?«
»Weshalb?«
»Ich bin Siggis Arzt. Er steht hier regelmäßig vor der Tür und bettelt um Pillen – pardon – er stand.«
Hellmer zog die Stirn zusammen. Maurer war Messners Patient gewesen. Aha. »Um welche Pillen ging es dabei?«
Messner grinste. »Ärztliche Schweigepflicht?«
Der Kommissar wollte entgegnen, dass diese durch den Tod ja wohl hinfällig sei. Doch der Arzt fuhr bereits fort: »Schon gut, war nicht

ernst gemeint. Aufheller, Abdämpfer, Ausknipser. Seelenschmerz, Körperschmerz, Weltschmerz. Er hat so ziemlich alles geschluckt, was er in die Finger bekam.«

»Passt nicht gerade zu seiner ›Körper ist gleich Tempel‹-Philosophie, hm?«

Valentin Messner lachte bitter. »Definitiv nicht. Diese Zeiten sind vorbei.«

»Wie lange genau?«

»Zwei Jahre, Pi mal Daumen.«

Hellmer überlegte. »Gab es einen Auslöser? Die Affäre vielleicht?«

»Ausgeschlossen. Das läuft noch gar nicht so lange.«

Was sollte Messner auch anderes sagen? Was wäre er für ein Arzt, der zuerst die Psyche eines Patienten durch die Affäre mit dessen Frau zugrunde richtete und ihm dann zur Milderung allerlei Medikamente zur Verfügung stellte? Sicher kein Arzt, der Ambitionen hatte, die Nationalelf zu betreuen. Oder wenigstens die heimische Mannschaft.

»Siggi hat gekokst und gezockt, was das Zeug hält«, sagte Messner. »Der typische Fall eines fallenden Stars. Er hat eine Menge Skandale in allerletzter Minute weggedrückt. Will sagen: Er kaufte sich raus. Doch er litt unter demselben Problem wie so viele seiner Art. Die Einnahmen bleiben aus, der Lebensstil ändert sich aber nicht. Das Finanzamt fordert weiter. Die Exzesse werden mehr. So sieht der Anfang vom Ende aus.« Er räusperte sich, hob den Zeigefinger und betonte: »Und *dann* erst passierte das zwischen Jolene und mir!«

Hellmer nickte und machte sich eine Notiz. Danach führte er das Thema wieder zurück auf Jolenes geheimnisvolle Familie. Dahinter musste sich etwas verbergen, vermutete der Kommissar. Und tatsächlich: Valentin Messner warf ihm ein paar Brocken hin, Hellmer fragte nach, und langsam setzte sich ein Bild zusammen.

»Das alles ist im ländlichen Raum doch keine Seltenheit«, sagte Messner ungeduldig. Ausgerechnet *er*, dachte Hellmer. Ein Hauptstadtbürger. Was wusste der schon? Doch Hellmer musste Messner insgeheim zugestehen, dass seine Ausführungen Hand und Fuß hatten. Lebensläufe wie die der Familie Maurer waren tatsächlich keine Seltenheit. Jolenes Vater war als zweiter Sohn nach einer Totgeburt in ein altes Hofgut geboren wurde, dessen Wurzeln bis in die 1800er-Jahre zurückreichten. Er blieb das einzige Kind, und damit war klar, dass auch er später Bauer werden musste, genau wie seine Vorväter. Dabei spielte es keinerlei Rolle, ob er nicht etwas ganz anderes im Sinn hatte. Es waren die Sechzigerjahre, eine Zeit des Umbruchs. Dennoch: »Man spricht in so einer Familie nicht über Emotionen, man lernt es gar nicht erst«, fuhr Messner fort. »Man gibt seinen Träumen keine Namen, man verfolgt sie nicht. Man muss den Weg, der einem vorbestimmt wurde, annehmen. Und zwar dankbar. Denn sonst überschütten sie einen mit der Gewissensmasche. Also fügte Jolenes Vater sich und beackert seither das Land. Er hätte studieren können oder Balletttänzer werden, was auch immer. Stattdessen verlässt er das Anwesen kaum, wird zum Eigenbrötler, und es grenzt fast schon an ein Wunder, dass er tatsächlich eine Ehefrau gefunden hat. Und dann auch noch Kinder mit ihr zeugt.

Die Frau zieht also ebenfalls auf den Hof. Bevor sie merkt, wie ihr geschieht, wird sie zermalmt von einem übermächtigen System. Eine teuflische Schwiegermutter, ein brutaler Schwiegervater. Keine Grenzen, keine Privatsphäre. Doch was bleibt ihr übrig? Und dann versagt sie ausgerechnet dort, wo jedermann Erwartungen an sie hat: Sie bekommt ein Mädchen. Schlimmer noch, sie bekommt zwei davon. Und das Allerschlimmste: Es bleibt dabei. Kein Kronprinz, kein Stammhalter. Die Mutter wird untergebuttert, wie sie es mittlerweile gewohnt ist. Wird depressiv. Hängt sich an die Mädchen, von denen sie eine zu ihrem Ebenbild heranzieht. Sie hofft, dass sie den Absprung schaffen wird. Es einmal besser haben wird als sie. Und die andere Tochter gerät in die Fänge des Vaters. Er macht einen Jungen aus ihr, bringt ihr alles bei und schmückt sich mit ihr. Stück für Stück werden aus den beiden Yin und Yang. Ein Kronprinz, der so gar nichts Feminines mehr behält, und eine Prinzessin, der man nichts zutraut, außer vielleicht, in ein reiches Haus zu heiraten. Stammhalter auf Umwegen sozusagen. Aber zurück zu der anderen, dem Mannweib. Ich habe sie mal gesehen«, Messner prustete und fächerte sich Luft zu, »Mannomann. Der würde ich nicht im Dunkeln begegnen wollen.«

»Ja, okay, weiter«, drängte Hellmer.

»Die Große, nennen wir sie mal so, bekommt also denselben Hut übergestülpt wie ihr Vater. Sie wird den Hof übernehmen. Weil es schon immer so war. Jedes Aufbegehren dagegen wurde untergebuttert. *Wir haben das doch alles nur für dich aufgebaut.* Das schwebt da überall im Raum, so wie diese Kreidezeichen der Sternsinger. Eine Lüge, die für Außenstehende leicht zu durchschauen ist. Aber in solchen Familien funktioniert sie seit Generationen. Jolene hat von allen noch die größte Freiheit, sie ist kontaktfreudig und orientiert sich nach draußen. Und dann lacht sie sich ausgerechnet diesen Profisportler an. Einen, den jeder kennt. Der etwas von der Welt gesehen hat. Jemand, der so ist wie Jolene, denn sie selbst möchte auch, so schnell es geht, hinaus in die Welt. Psychologie studieren. Karitativ arbeiten. Den Planeten retten. Und viele Kinder haben. Dass Maurer auf dem Hof lebt, ist unmöglich. Ein Alphamännchen wie er, der andererseits nicht einmal Traktor fahren kann. Der Vater hätte nichts lieber gehabt als einen Schwiegersohn, dem er seine Drecksarbeit aufbürden kann. Und dann kommt ausgerechnet einer, der zwar Muskeln hat, aber sonst aus einer völlig anderen Welt ist. Das konnte nicht funktionieren. Andererseits scheut er sich nie, auf Maurers Bild in der Zeitung zu deuten und zu behaupten, dass dieser Typ mit seiner Tochter ginge. Jolene zieht also nach Frankfurt. Die Kontrolle über sie schwindet. Man befürchtet, sie könne ganz wegbleiben. Gar ihre Kinder woanders zur Welt bringen. Um sie doch noch irgendwie an den Hof zu binden, überschreibt man ihr kurzerhand den Pflichtteil ihres Erbes. Und zwar – das muss man sich mal vorstellen – ganz offen damit begründet, dass man sie unabhängig sehen möchte. Dass sie nicht von Maurers Gutdünken abhängig sei. Dass sie sich jederzeit von ihm trennen und nach Hause kommen könne. Bedingungen gab es keine. Aber man braucht nur eins und eins zusammenzuzählen. Die Tochter auf dem Hof ersetzt die bezahlte Pflegekraft. Eine beackert das Land, die andere wischt die Hintern ab. *Alles nur für euch,* so heißt es dann. Aber Jolene hat das durchschaut. Sie behielt ihre Unabhängigkeit, zumindest die von ihrem Elternhaus. Klar, sie führte vielleicht nicht das perfekte, glückliche Leben, doch sie würde niemals in Erwägung ziehen, ihre Kinder auf diesem kaputten Hof großzuziehen. Um eine neue Generation an dieses kranke System zu verlieren. Im Laufe der Zeit kam es zum großen Knatsch, und es folgte der absolute Bruch. Wer nicht für uns ist, ist gegen uns. Auch so eine Weisheit in solchen Familien. Jolene wird geschnitten, beleidigt und mit Drohanrufen belästigt. Man versucht, sie finanziell zu übergehen und mithilfe eines Notars auszubooten. Der totale Krieg. Sie unternimmt einige verzweifelte Versuche, das irgendwie zu kitten. Sie begreift nicht, woher dieser plötzliche Umschwung kommt, denn sie hat weder das Erbe gewollt, noch hatte sie ernsthafte Pläne, auf Dauer dort zu leben. Doch niemand erklärt es ihr. Es heißt, sie habe zu kommen. Sie habe zu kriechen. Oder sie solle ganz fortbleiben. Gestorben.«

Messner schnaufte angestrengt, er war ins Schwitzen gekommen.

»Krass«, kommentierte Hellmer, dem nichts Besseres einfiel. Er wusste nur allzu gut, dass Messner nicht übertrieb. Es gab solche Fälle. Öfter, als man dachte. »Deshalb auch Frau Maurers Aussage, nehme ich an. Dass sie keine Familie habe.«

»Vermutlich. Am Ende blieb ihr nichts anderes übrig, als zu akzeptieren, dass ihre Familie sie verstoßen hat. Und dass sie quasi ein Viertel eines Hofguts besitzt, auf das sie nie wieder einen Fuß setzen kann.«
»Na ja, sie könnte schon«, wandte Hellmer ein.
Doch Messner schüttelte energisch den Kopf. »Bis heute war ich mir jedenfalls sicher, dass das nicht passieren wird. Ich wusste bis heute nicht einmal, wo genau sich dieser Hof befindet. Das ist ja auch irgendwie ein Zeichen dafür, dass Jolene mit dem Thema abgeschlossen hat. Wissen Sie, was vor ein paar Monaten passiert ist?«
»Hm?«
»Sie begegnete ihrem Vater im Main-Taunus-Zentrum. Dabei hat er das noch nie zuvor besucht, aber darum geht es gar nicht.«
»Und weiter?«
»Sie sind sich am Ausgang zu den Fahrstühlen praktisch in die Arme gelaufen. Er hat sie angeglotzt, keine Miene verzogen und ist einfach weitergegangen. Kein Gruß, kein Zucken, kein gar nichts. So viel zum Thema ›alles für dich‹.«
Der Kommissar schluckte. Er blickte selbst auf eine Reihe von Beziehungsabbrüchen zurück. Dinge, die ihm wehtaten und über die er nicht nachdenken wollte. Zu hören, dass es jemand anderem so erging, war, als mache er es selbst noch einmal durch. Er hüstelte und fragte: »Glauben Sie denn, dass Jolene nach den aktuellen Ereignissen in Erwägung zieht, dorthin zurückzukehren?«
»Nach all den Dingen, die ihr angetan wurden?«, fragte Messner mit einem Stirnrunzeln. »Bis heute hätte ich es kategorisch verneint. Sie hat so oft geweint und nächtelang wach gelegen. Auch wenn das Ganze, also der endgültige Bruch, schon eine ganze Weile her ist. Aber nachdem sie heute dort war, hm. Es ist eben doch … Familie.«
»Es scheint ja außerdem, als sei nicht sie selbst, sondern Siggi Maurer das Böse, was man in ihr sah«, gab Hellmer zurück. »Er ist ja nun weg. Vielleicht öffnet das wieder eine Tür für sie.«

»Ich weiß es nicht. Wirklich nicht«, seufzte Messner. »Wenn das so wäre, hätte der Alte sein Kind ja grüßen können. Wenigstens nicken, wenn er schon nichts aus dem Mund rausbekam. Das sitzt also nicht nur bei Maurer. Man hat Jolene um eine Menge Geld betrogen, im Rahmen dieser Überschreibung und aller möglichen Winkelzüge. Unterm Strich, wenn man das alles überhaupt aufrechnen kann, hat sie praktisch dafür gezahlt, um sich enterben zu lassen.«

»Das kapiere ich nicht«, gestand Hellmer ein.

»Ich auch nicht. Fragen Sie sie am besten selbst. Obwohl«, Messner wedelte mit der Hand, »besser, Sie belassen es dabei. Es regt sie sehr auf. Und das ist nicht gut fürs Kind.«

Hellmer machte eine vielsagende Pause, bevor er die nächste Frage stellte. »Es ist Ihr Kind, nicht wahr?«

»Wenn ich das bloß wüsste …«

Sie unterhielten sich noch eine Weile. Hellmer erwähnte nicht, weshalb er ursprünglich hergekommen war. Die Sprachnachricht auf Frau Maurers Mailbox. Messner trank einen Gin Tonic, obwohl es noch nicht einmal zwei Uhr nachmittags war. Er bot Hellmer ebenfalls einen an. Der Kommissar konnte den Geschmack förmlich sehen. Wie sich Messners Lippe um das Glas legte, wie der säuerlich-bittere Geschmack mit einem Bitzeln Kontakt zu den Hautporen aufnahm. Dazu ein Geruch, der zuerst an scharfe Reinigungsmittel erinnerte und dann doch erfrischend natürlich war. Die Eiswürfel knackten. Es prickelte im Mund. Zuerst am Gaumen, dann in der Kehle. Und irgendwo auf dem Weg nach unten verwandelte sich die Eiseskälte in ein wohliges Brennen.

»Ich mache Ihnen gerne einen«, beteuerte Messner.

Die Worte rissen Hellmer aus seiner Fantasie. Er schüttelte sich und lächelte vielsagend.

»Danke. Das habe ich hinter mir.«

Offensichtlich hatte Messner bemerkt, wie seine Augen der dämonischen Flüssigkeit im Glas gefolgt waren. Dem durchsichtigen, unscheinbaren Teufel, der Frank Hellmer schon so fest in den Händen gehalten hatte, dass eine Flucht praktisch unmöglich war. Und der immer noch nach ihm griff.
Es ging zwar keinen etwas an (potenzielle Verdächtige schon gar nicht), aber Hellmer hatte gelernt, dass Offenheit die stärkste Waffe gegen Alkoholsucht war.
Ich bin Alkoholiker. Ich trinke nicht mehr.
Und jeder Tag, jede weitere Stunde erfüllten ihn mit Stolz. Auch wenn es ein harter Kampf gewesen war, der immer wieder Rückschläge und Ermüdungsphasen mit sich gebracht hatte.
»Wie lange?«
Hellmer rechnete nach. Vor ein paar Monaten, zwischen Heiligabend und Neujahr, hatte er eine Zahl ausgerechnet gehabt. 3535 Tage. Und erst unlängst hatte er einen ganz besonderen Meilenstein gefeiert.
»Zehn Jahre und elf Tage«, murmelte er nach kurzem Nachrechnen.
»Respekt. Aber es stört Sie nicht, wenn … oder?«
»Jein.«
»Ist ja auch egal. Ist eh zu früh.«
Messner stand auf und schüttete den Rest des Glases in die Spüle. Dann öffnete er den Kühlschrank, ein amerikanisches Modell mit Chrombeschlägen, und holte eine Flasche Pepsi aus der Tür. Er deutete darauf, Hellmer nickte, dann kehrte Messner zurück.
»Wieso klemmen Sie sich eigentlich so hinter Maurers Tod?«, wollte er wissen, während er zwei Gläser füllte. Wieder knackten Eiswürfel und klimperten an die beschlagenen Ränder. »Ich dachte, es sei Selbstmord.«
»Trotzdem gibt es Dinge, denen wir nachgehen müssen«, antwortete Hellmer und grinste innerlich über seine Antwort, die diplomatischer kaum hätte sein können. Er glaubte zwar nicht, dass Mess-

ner als Nebenbuhler um die Gunst um Maurers Frau einen Mord begangen haben könnte. Wieso auch? Jolene Maurer hatte sich ja entschieden. Oder gab es da mehr? Musste er nun, da sie offensichtlich über ihre Familie gelogen hatte, auch an anderen Dingen zweifeln?

»Mal angenommen, Maurer wäre der Vater des Kindes«, begann der Kommissar, während er sich entspannt zurücklehnte. »Wie hätten Sie darauf reagiert?«

Valentin Messner riss die Augen auf. Damit hatte er offenbar nicht gerechnet, wie Hellmer zufrieden feststellte.

»Hey! Erwarten Sie jetzt, dass ich sage, ich wäre wutentbrannt mit einem Strick nach oben geeilt?«

»Es wäre zumindest ein nachvollziehbares Motiv.«

»Blödsinn. Ich dachte, darüber seien wir hinweg. Ich liebe Jolene. Und wenn Sie in Lebensgefahr gewesen wäre, keine Ahnung ... Würden Sie für einen geliebten Menschen töten?«

Hellmer zog die Lippen zusammen und schwieg.

»Na ja, okay«, fuhr Messner fort, »das würde ja wohl jeder. Aber so war es nicht.«

»Hat Maurer seine Frau misshandelt?«

»Nein. Und auch sonst keiner.«

»Dessen sind Sie sich sicher?«

Messner musste lachen. Es klang verbittert. »Wir haben eine Affäre. Da sieht man sich auch nackt. Blaue Flecken oder sonstige Dinge hätte ich da bemerkt.«

»Gut, in Ordnung.«

Hellmer stand auf und stürzte den Rest der Pepsi hinab.

»Herr Messner, danke für das Gespräch. Falls Sie Frau Maurer antreffen, sagen Sie ihr bitte, dass ich sie dringend sprechen möchte. Sie soll sich bei mir melden.«

Im Treppenhaus roch es nach Putzmittel. Irgendwo klapperte ein Eimer. Frank Hellmer zog eine zerdrückte Zigarettenpackung hervor, in der nur noch ein Glimmstängel enthalten war. Er blickte über das Geländer nach unten und überlegte, wie es ihm vorhin gegangen war. Musste er jetzt tatsächlich rauchen? Seine Finger hatten die Zigarette längst zur Hälfte aus dem Karton gezogen. Er schob sie zurück. Der Filter wackelte, die Spitze verkantete, und im nächsten Moment war er abgeknickt. Scheiße. Hellmer zerknüllte das Päckchen, Tabak krümelte in seine Finger, und es roch aromatisch. *Geschieht dir recht,* dachte er und suchte vergeblich nach einer Möglichkeit, den Abfall zu entsorgen. Für eine Sekunde dachte er daran, noch einmal nach oben zu gehen und eine Notiz zu hinterlassen. Stattdessen entschied er sich, eine SMS zu schreiben. So viel Akku sollte er noch zur Verfügung haben.
Kaum dass der Kommissar seinen Apparat in den Standard-Betriebsmodus versetzt hatte, poppten allerlei Hinweise auf.
Prima, lächelte er. Madame Durant gibt sich die Ehre. Aber wieso gleich im Dutzend? Na, die wird sich wundern.
Und dann klingelte das Handy auch schon.
»Hast Sehnsucht, ja?«, meldete er sich. »Du wirst nicht glauben, was Mike …«
Doch längst hatte Julia Durant ihn unterbrochen. Sie befand sich in Hanau. Und was sie ihm sagte, versetzte den Kommissar in Angst und Schrecken.
»Scheiße, ist nicht wahr«, hauchte er.
»Ich würd's nicht glauben, wenn ich nicht hier säße.«
»Wie geht es Peter denn? Er wird doch wieder?«
Hellmer schämte sich, dass ihm parallel zu seiner Sorge um Kullmer auch der 911er in den Kopf schoss. Natürlich fragte er nicht. Denn Blech konnte man ersetzen, aber einen Kollegen wie Peter Kullmer …

14:00 UHR

Doris Seidel war zurück ins Präsidium gefahren, um sich dort mit Nadine Hellmer und Elisa zu treffen. Seit der Porsche aufgetaucht war, war eine gefühlte Ewigkeit vergangen. Wie eine eingesperrte Raubkatze tigerte Doris die Gänge entlang. Elisa war nach einem lautstarken Streit um eine Nichtigkeit eingeschlafen. Nadine hatte ihr ein Kissen und eine Wolldecke organisiert, das Mädchen lag eingerollt in einer Ecke des Konferenzzimmers. In dieser Minute traf Frank Hellmer ein, der die Strecke vom Westhafen-Tower in Rekordzeit genommen hatte.
Doris kauerte auf einem der Stühle in dem abgedunkelten Zimmer, Nadines dünne Jacke hing über ihren Schultern. Sie wirkte, als habe man sie sediert. Ihre Bewegungen kamen wie in Zeitlupe.
»Alles in Ordnung bei dir?«, wollte Hellmer wissen, nachdem er ein paar Sätze mit Nadine geflüstert hatte.
»Es geht schon wieder.« Doris stand auf. Taumelte kurz, erlangte dann die Kontrolle über sich zurück. Vor wenigen Minuten war ein Anruf eingegangen, der ihr den Boden unter den Füßen weggerissen hatte. Es hieß, dass ihr Liebster lebensgefährlich verletzt sei und auf der Intensivstation liege. Es hatte eine Messerstecherei gegeben. Brandt hatte zuerst Hellmers Porsche und dann einen Toten gefunden. Und schließlich ein blutiges Messer.
In Seidels Kopf drehte es sich, als würde darin ein Karussell Funken sprühend außer Kontrolle geraten. Der Lärm der Stadt, den sie sonst kaum als störend empfand, untermalte dieses Gefühl. »Ich möchte sofort nach Hanau, okay?«, bat sie und deutete in Richtung Tür. Hellmer nickte. Sie verständigten sich darauf, dass er Doris' Wagen nehmen würde. Nadine und das Mädchen sollten später nachkommen. Später. Wenn man etwas mehr über Peters Zustand wusste. Hellmers Herz pochte bis zum Hals, als er sich den Fahrer-

sitz einstellte. Auf der Fahrt sprachen sie noch einmal darüber, wie Brandt und der 911er ins Spiel gekommen waren.
»Also stand der Wagen dort, wo Peter ursprünglich hinwollte«, konstatierte Doris nickend. »Was bedeutet das? Wer hat ihm dort aufgelauert? Was ist meinem Peter …«
Sie stockte. Ihr Puls war schwach, doch die wenigen Herzschläge stachen in der Brust. Wer hatte ihn niedergestochen und warum? Was, wenn er nicht mehr aufwachte? Sie unterdrückte die Tränen.
»Er ist jedenfalls stabil«, erklärte Hellmer, doch sein Blick verriet, dass es kaum mehr als eine Floskel war.
Die beiden jagten in Richtung Hanau, so schnell der Stadtverkehr es zuließ.

*

Julia Durant hatte zwischenzeitlich mit der Spurensicherung telefoniert. Das Messer trug einige verwischte, aber noch verwertbare Fingerabdrücke. Darunter einen halben Daumen mit deutlichen Minuzien. Es dauerte nicht lange, bis die Abdrücke abgeglichen waren. Sie gehörten, mit einer Ausnahme, zu Walter Bortz.
»Was ist mit dem anderen?«, wollte sie wissen.
»Wir bereiten ihn noch etwas auf und lassen ihn durchlaufen«, teilte man ihr mit. Das würde dauern, wie sie wusste.
Doch schon eine Viertelstunde später hatte die Spurensicherung sich wieder gemeldet. Der verbleibende Fingerabdruck gehörte niemand anderem als Peter Kullmer.
In der ersten Sekunde wollte sie es nicht glauben, doch dann kam ihr in Erinnerung, dass vor wenigen Wochen die gesamte Abteilung ihre Abdrücke hatte registrieren lassen müssen. Es war darum gegangen, die Kontaminierung von Beweisstücken auszuschließen. Doch was bedeutete dieser Umstand für Kullmer? Dass er das Messer in der Hand gehalten hatte? Hatte Bortz ihn abgestochen und Kullmer sich

gewehrt? Aber wie war sein Widersacher dann erstochen worden? Peter Kullmer mochte ein Heißsporn sein, hin und wieder, doch er kannte seine Grenzen. Er würde niemanden ermorden. Aber Bortz' Verletzungen und die Lage seines Leichnams schienen auszuschließen, dass er in einem Handgemenge unglücklich verletzt worden war. Dass er zu Boden gegangen sein sollte, wo er einen Blutfleck hinterließ und sich anschließend mehrere Meter in Richtung Gebüsch geschleppt hatte, wo er schließlich verblutet war. Nein. Da musste jemand nachgeholfen haben, und das war mit Sicherheit nicht Kullmer gewesen. Nicht so verletzt, wie er war. Und außerdem: Weshalb hatte der Notarzt nur ihn versorgt? Hatte er die Leiche im Dunkel nicht gesehen? War die Polizei deshalb nicht sofort an Ort und Stelle zitiert worden? Und wie stand es um den anonymen Anrufer?

Julia Durant sehnte sich nach einer Zigarette, auch wenn sie dieses Laster schon vor Jahren aufgegeben hatte. Vom Eingang her roch es nach Rauch. Sie überlegte, ob sie sich einfach dazustellen sollte. Nur eine Zigarette. Nur fünf Minuten lang dastehen und all die verwirrenden Fragen durchgehen. Fragen, auf die sie keine Antwort fand. Und der Einzige, der alles hätte aufklären können, lag oben auf der Intensivstation. Das Leben am seidenen Faden.

Die Kommissarin trat nach draußen und wollte gerade unter den stumm vor sich hin paffenden Personen wählen, als sie eine Stimme hörte. Doris Seidel. Sie näherte sich im Laufschritt, Frank Hellmer folgte ihr in einiger Entfernung.

»Was ist mit Peter?« Die Panik stand Doris ins Gesicht geschrieben.

»Er ist ...«, begann Julia, aber sofort wehrte ihr Gegenüber ab: »Sag um Himmels willen nichts von stabil!«

Doris' Augen funkelten.

»Das ist alles, was der Arzt mir sagen wollte«, erwiderte die Kommissarin. »Komm, lass uns nach oben fahren.«

Die Zigarette schlug sie sich wieder aus dem Sinn. Und ebenso – zumindest vorläufig – die Sache mit dem Messer. Sollte Brandt sich darüber den Kopf zerbrechen. Er war zurück an den Fundort gefahren. Widerwillig zwar, doch Julia Durant hatte darauf bestanden. Ihn mit Engelszungen darum gebeten. Bei einer derart heiklen Geschichte wollte sie die Ermittlung in den Händen eines Kollegen sehen, dem sie blind vertraute. Davon gab es nur wenige, aber Peter Brandt gehörte zweifellos dazu.

14:00 UHR

Das Zimmer roch nach kaltem Zigarettenrauch. Es war ein Gestank, der hier überall wohnte. In den vergilbten Gardinen, im Schaumstoff der Möbel, sogar in der Bettwäsche. In dem Kissen, das sie zwischen den Händen hielt. Verkrampfte Finger, ihr ganzer Körper stand unter Spannung. Der Mann auf der Couch grunzte. Seine Hand fiel hinab, streifte eine halb leere Bierflasche, die ins Wanken geriet. Glas auf Glas. Eine andere Flasche stürzte um, zum Glück war sie leer. Er bemerkte nichts von alldem. Lag da wie ohnmächtig, der Alkohol ... Ein ehedem stattlicher Mann, gebrochen von einer teuflischen Sucht.
Sie hob das Kissen. Wie oft hatte sie schon genauso vor ihm gestanden? Wie oft hatte sie sich die Kraft gewünscht, diesen letzten Schritt zu gehen. Einen Meter nur, eine kleine Bewegung, ein wenig Druck. Er würde sich nicht wehren. Seine großporige Haut würde nur ein wenig grauer werden, eine kleine Spur lebloser bloß, er sah ohnehin bereits aus wie der wandelnde Tod. Und sie würde das Kissen auf seinem Gesicht halten, mit all ihrer Kraft, mit allem Mut, der ihr zeit ihres Lebens gefehlt hatte. Es würde ihre einzige Chance sein, sich von ihm zu befreien, es sei denn, sie wartete auf sein na-

türliches Ableben. Doch er war robust, auch wenn er nicht so aussah. Er hatte einen Bürgerkrieg überstanden, er hatte Hunger, Durst und Kälte überstanden. Und den Tod. Und auch wenn er so hilflos wie ein Baby wirkte, wenn er im Delirium zwischen den fleckigen Polstern lag, er war derselbe starke Mann geblieben. Stark genug, um in ihr Zimmer einzudringen, auch wenn sie sich mit aller Kraft gegen das Türblatt lehnte. Stark genug, sie zu kontrollieren. Sie an sich zu binden.

Ein weiteres Röcheln aus seiner Kehle. Wie lange stand sie schon hier? Wie oft hatte sie schon genauso dagestanden? Sie wusste es nicht. Sie wusste nur: Sie hatte es noch nie geschafft, dabei müsste sie es nur ein Mal tun. Aber vermutlich würde sie bis in alle Ewigkeit bloß dastehen, so wie jetzt, mit weißen Knöcheln und Fingernägeln, die sich in den Baumwollbezug des Kissens gruben, als wolle sie es erwürgen. Stellvertretend für ihn. Sie würde warten, bis er aufwachte. Würde sich fügen, so wie sie es von klein auf gelernt hatte.

Ihre Gedanken flohen in eine Zeit, in der alles besser gewesen war, zumindest scheinbar. Und erst als sie die fremden Hände schon auf ihrer Taille spürte, gelang es ihr, in die Realität zurückzukehren. Wieder eine Gelegenheit vertan. Du bist selbst dran schuld, sagte sie sich und ließ das Kissen auf den nahe stehenden Sessel gleiten. Längst wanderten die Hände nach oben, umfassten ihre straffen Brüste. Mit bemühter Zärtlichkeit, gleichzeitig mit ungehemmter Lust und ohne Rücksicht darauf, ob sie nun wollte oder nicht. Der Atem in ihrem Nacken, die Stimme mit dem verwaschenen Klang. Er sagte etwas, es sollte wohl leidenschaftlich klingen, doch es waren plumpe Worthülsen.

Er wollte sie. Sie würde es über sich ergehen lassen. Es gab Schlimmeres im Leben, das wusste sie, auch wenn ihr vieles davon erspart geblieben war. Seine Hände zogen ihr das Shirt über den Kopf. Dann öffnete er die Hose, gerade so weit, dass er sie ein

Stück nach unten schieben konnte. Er drückte sich von hinten an sie, drang unsanft in sie ein. Massierte ihre Brustwarzen und murmelte keuchend vor sich hin. Vielleicht glaubte er, sein kreisendes Umspielen würde es ihr angenehmer machen. Sie ließ es geschehen. Meistens brauchte er nicht lange, auch wenn ihr jeder Stoß, bis er sich endlich in sie ergoss, wie ein Schlag mit der Peitsche vorkam. Oder wie die flache Hand des Schicksals, die sie mitten ins Gesicht traf. Schallend. Wie sie dastand, auf den Sessel gebeugt, gegenüber der Couch. Das Kissen direkt vor ihr. Es war zu Boden gerutscht.
Sie würde es *niemals* schaffen, diesem Leben zu entfliehen.
Nicht jedenfalls, solange *er* lebte.

14:10 UHR

Platzecks Team war in dem Gebäudekomplex verschwunden, und Brandt fragte sich, ob es nicht sinnvoller wäre, vier weitere Männer anzufordern. Die Fassade wirkte bedrohlich und so geheimnisvoll, als würde sie selbst entscheiden, welche Informationen sie preisgeben wollte und welche nicht. Wie Aasgeier gaben sich zudem ein halbes Dutzend Krähen ihr Stelldichein. Brandt mochte diese Vögel nicht, auch wenn sie majestätisch wirkten und überaus intelligent waren. Doch er bekam das Bild nicht aus dem Kopf. Eine Krähe mit einem Augapfel im Schnabel. Woher es plötzlich kam, er wusste es nicht. Ein Erinnerungsfetzen, zehn Jahre alt, aus einem anderen Fall, in dem Brandt mit seiner Frankfurter Kollegin ermittelt hatte. Eine Krähe hackt der anderen kein Auge aus. Dieser Spruch hatte sich ihm eingeprägt. Doch um die Augen der Krähen machte der

Kommissar sich keine Sorgen. Er hoffte nur, dass hier nicht noch eine Leiche herumlag. Und dass die Krähen sie nicht vor der Spurensicherung fanden.

»Hallo – jemand zu Hause?«

Peter Brandt zuckte zusammen. Seine Kollegin hatte sich ihm genähert, ohne dass er sie bemerkt hatte. Er sah sie an, dann an ihr vorbei, dann wieder zurück. Im Hintergrund ging eine Person im Ganzkörperkondom auf und ab. Die Schutzkleidung flatterte im aufkommenden Wind. Brandt fröstelte.

»Was gibt's denn?«, wollte er wissen.

»Na ja, wir sollten reingehen«, schlug Canan Bilgiç vor, und in ihren Augen loderte etwas, was Brandt als eine Mischung aus Neugier und Eifer deutete. Wie konnte man nur derart vor Energie sprühen?

»Hier draußen alles klar?«, hakte er nach und erntete ein spöttisches Lachen.

»Klar ist relativ. Zwei Männer, einer tot. Ein Messer, Abdrücke von beiden. Eine Blutlache auf dem Asphalt, eine Leiche, die zwanzig Meter entfernt ins Gras gedrückt wurde. Und dann ist einer der Typen auch noch einer von uns ...«

»Ja, und?«, unterbrach Brandt sie.

»Ich finde das ziemlich verdächtig, du etwa nicht? Er geht undercover, macht mit seinem Porsche auf dicke Hose. Es kommt zum Streit. Wer weiß, wie viele noch dabei waren. Vielleicht war es Notwehr, vielleicht aber auch nicht. Es gibt da Geschichten über diesen Kuller ...«

»Kullmer. Was für Geschichten?«

»Na ja, Geschichten eben. Du weißt schon. Man erzählt sich, er habe zu viel Testosteron. Stimmt das denn nicht?«

Brandt winkte ab. »Vergiss es. Das ist lange her. Peter Kullmer hat sich verändert.«

»Menschen ändern sich nicht«, beharrte Bilgiç.

»Selbst wenn«, murmelte Brandt. »Kullmer würde nie ...«

»Auch wenn es Notwehr war, wird er uns einiges zu erklären haben«, erwiderte seine Kollegin, drehte sich so zackig um, dass ihre Haare durch die Luft flogen, und schritt voller Elan auf die verbarrikadierte Fassade zu.

*

Etwa zur selben Zeit, ein paar Kilometer Luftlinie entfernt, hielt Doris Seidel die Hand ihres Mannes. Gedankenfetzen rasten ihr durch den Kopf. Peter. Ihr Mann. Die beiden waren nicht verheiratet, doch es fühlte sich komisch an, wenn Fünfzigjährige sich als Freund und Freundin bezeichneten. Und der Begriff Partner wurde als Kollegen verstanden, nicht als Lebensgefährten. Doch wieso dachte sie überhaupt an so etwas – in einem Moment wie diesem? Lag es an ihrer Angst, was geschehen würde, wenn Peter starb? Sie hatten nichts geregelt. Sie waren zwei Kollegen, die vor ein paar Jahren eine Tochter bekommen hatten. Die eine Eigentumswohnung besaßen. Was also, wenn …
Doris verjagte den Gedanken. Es klopfte und zischte aus den Maschinen. Jemand räusperte sich. Der Arzt stand hinter ihr. Sie wusste nicht, wie lange schon.
»Die Operation war heikel«, berichtete er. Dann folgte ein medizinischer Erguss, von dem die Kommissarin nur die Hälfte verstand. Es fielen Begriffe wie »Aortenriss« und »Glücksfall«. Mit den Ohren versuchte sie zu folgen, doch immer wieder dominierte der Ton des Beatmungsgerätes ihre Wahrnehmung. Eine Maschine, die für ihn atmete. Ein Glücksfall?
»Wieso Glück?«, fragte sie so abrupt, dass der Arzt ins Stocken kam.
»Na ja, Glück im Unglück«, antwortete er und fuhr sich durchs Haar. »Eine Floskel. So sagt man das doch. Er hatte Glück, dass die Verletzung klein genug und der Notarzt schnell genug war.«

Seidel überlegte kurz. »Wer hat den Notarzt überhaupt verständigt?«
Der junge Mann hob die Achseln und sagte: »Das weiß ich nicht. Aber es kann nicht lange nach dem Eintritt der Verletzung passiert sein.«
Doris Seidel dachte nach. Das würde bedeuten, dass der Messerstecher selbst den Notruf gewählt hätte. Oder dass es einen Zeugen gab. Sie war plötzlich wie elektrisiert.

*

Peter Brandt hatte sich bereits geduckt, um durch die erstbeste Türöffnung zu steigen. Da erklang ein stechender Pfiff, durch zwei Finger geblasen, gefolgt von einem »Hierher!«.
Ich bin doch kein Hund, dachte Brandt, auch wenn er nicht böse darüber war, dass ihm das Betreten der muffig riechenden Halle vorläufig erspart blieb. Stattdessen sah er einen weiß umflatterten Arm winken. Der Astronautenanzug der Spusi. Der Mann (was Brandt nur durch die Stimme feststellen konnte) stand an einem Fenster im Obergeschoss des zweistöckigen Nebengebäudes. Er deutete auf eine Rampe, die zu einem Metalltor führte. Einer der beiden Flügel stand offen.
»Ladies first.« Der Kommissar feixte seiner Kollegin zu und wies mit der ausgestreckten Hand ins Halbdunkel.
»Angst vor Gespenstern?«, konterte sie.
»Quatsch, ich bin nur höflich.«
Peter Brandt seufzte. Es würde noch sehr lange dauern, bis die beiden sich aufeinander eingespielt hätten.

14:20 UHR

Tote Kerle nerven nicht.
Wenn Andrea Sievers einen ihrer trockenen Sprüche zum Besten gab, erntete sie entweder einen Lacher, oder die Augen verdrehten sich bis zum Anschlag. Denn ihr Sarkasmus kannte kaum Grenzen, und wenn, dann schoss er gerne darüber hinaus. Doch in so einem Beruf, der einen immer wieder mit den tiefsten Abgründen menschlichen Handelns konfrontierte, brauchte man einen Schutzschirm. Ein dickes Fell. Eine Schale, die so hart war, dass auch der schärfste Angriff den Kern nicht verletzte. Ihr Rezept, wie sie immer wieder betonte, war, sich nicht von den Lebenden ärgern zu lassen. Deshalb arbeitete sie mit Leichen.
Der neue Tote (Siggi Maurer befand sich ebenfalls noch in einem der Kühlfächer) konnte von Andrea eindeutig als Walter Bortz identifiziert werden. Dabei war ihr eine Ermittlungsakte hilfreich gewesen, die sie von den Kollegen aus Frankfurt erhalten hatte. Bortz hatte einige Verfahren wegen Körperverletzung, Erregung öffentlichen Ärgernisses und Sachbeschädigung. Das meiste waren Kleinigkeiten, doch in der Summe schien es sich um einen jähzornigen Zeitgenossen zu handeln. Jemand, mit dem man sich besser nicht zu eng abgab, wie Sievers für sich entschied.
Die Polizeifotos waren eindeutig. Es brauchte keine persönliche Identifizierung eines Angehörigen. Und so erbärmlich, wie Bortz aussah, war das vielleicht auch besser so. Sievers hatte ein Büschel erdiges Gras aus dem Mund entfernt. Die Totenstarre hielt das Gesicht in seltsamer Verzerrung fest, Bortz erinnerte an Moorleichen, deren Gesichter häufig mit weit aufgerissenem Mund und Augen konserviert wurden. Eine Momentaufnahme des Todeskampfes, erstickend, ertrinkend, in panischer Haltung. Dann hatte sie den Körper umgedreht, was bei Bortz' Körpergewicht und der fettigen Haut

nicht einfach gewesen war. Nichts widersprach der Theorie, dass man ihn niedergestochen und dem Verbluten preisgegeben hatte. Doch dann war da dieser eine Totenfleck, ein Abdruck in Form eines Bügeleisens, der mitten auf dem Rücken prangte. Es war der Abdruck einer Schuhsohle, ganz ohne Zweifel.

Sievers angelte sich das Telefon. Sie überlegte eine Weile, wen sie anrufen sollte – Peter Brandt oder Julia Durant? Mit Peter verband sie eine unglücklich verlaufene Liebschaft, mit Julia eine lockere Freundschaft. Ein Punkt für Durant. Doch gefunden hatte man den Toten zwischen Offenbach und Hanau. Das war Peters Revier. Ein Punkt für ihn also. Und außerdem war ihre Trennung nun wirklich lange genug her. Okay, sie hatte Schluss gemacht, und das ziemlich abrupt. Aber er war längst wieder glücklich liiert. Soll sich nicht so anstellen, dachte Andrea mit einem fast schon hämischen Lächeln, als sie auf Brandts Kurzwahltaste drückte.

14:25 UHR

Canan Bilgiç stand im grellweißen Licht zweier LED-Spots und kam aus dem Staunen nicht mehr heraus. Was von außen wie eine jahrelang verlassene Lagerhalle aussah, wirkte im Inneren wie ein bequemes Wartezimmer. Eine Lounge. Ein Klubraum. Was auch immer. Zwei lange Tische mit Eckbänken und Lederstühlen. Eine, wenn auch behelfsmäßig, eingerichtete Bar. Zumindest schien es etwas Derartiges zu sein. Zwei halbrunde Theken, offenbar Module aus dem Messebau, die aneinandermontiert waren. Darauf Flaschen und Gläser. Auf dem Boden verliefen Kabel, stolpersicher festgeklebt unter Bühnentape. Es war ein verlassener Raum, aber irgend-

jemand hatte sich sehr viel Mühe gegeben, dem Ganzen einen wohnlichen Anstrich zu verleihen.
»Krass«, kommentierte die junge Frau. »Jugendliche?«
Brandt schüttelte vehement den Kopf. Jugendliche würden hier anders hausen, würden Müll herumliegen lassen, würden mit Softair-Waffen auf alles Mögliche schießen. Und überall Schmierereien hinterlassen. Der Raum allerdings, er mochte um die dreißig Quadratmeter haben, war wie frisch gefegt. Ein vereinzeltes Zigarettenpäckchen lag herum, ansonsten gab es nicht einmal leere Trinkbehältnisse.
»Alles, aber keine Jugendlichen«, beantwortete Brandt die Frage, auch wenn Canan sich längst einem der Spurensicherer zugewandt hatte. Die beiden tauschten Informationen aus, von denen der Kommissar nichts verstand. Dann wiederholte Canan etwas davon: »Sieht tatsächlich nach etwas anderem aus.« Sie deutete zu dem abgelegenen Tisch. »Spuren von Koks. Außerdem hochpreisige Spirituosen, selbst das Bier ist teuer. Corona und Becks. Glasflaschen. Das passt nicht zu der Sorte von Jugendlichen, die sich in *Lost Places* wie diesen herumtreiben.«
Peter Brandt nickte. »Kokain«, wiederholte er. Sofort musste er an seinen Kollegen vom Rauschgiftdezernat denken. Dieter Greulich. Ein Ex-Mordermittler aus Brandts Team. Die beiden waren einander spinnefeind gewesen, und erst Greulichs Weggang hatte das Verhältnis ein wenig entspannt. Zusammenarbeiten wollte er trotzdem nicht mit ihm. Denn Greulichs Name war praktisch Programm. Er war das Grauen in Person. Weshalb Peter, allein um ihn zu ärgern, seinen Namen auch gerne falsch, nämlich mit einem Ä, buchstabierte.
Als sein Handy zu klingeln begann, war Brandt es, dem Ärger beschert wurde. Andrea Sievers. Noch immer bestand ihr Namenseintrag in seinem Mobiltelefon einzig aus ihrem Vornamen. Wie lange war es her, dass allein diese Buchstaben ihm das Blut in Wallung

gebracht hatten? Heute schien nichts mehr davon übrig zu sein, trotzdem machte diese Frau immer noch etwas mit ihm. Sie war ihm unangenehm. Er war froh, wenn er nichts von ihr zu hören oder zu sehen bekam, und im Grunde war das auch sein gutes Recht. Nicht nur als Ex-Liebhaber. Auch als Kommissar der Mordkommission. Kamen keine Anrufe, gab es keine Leichen. Win-win für alle.

»Willst du nicht drangehen?«, neckte Canan, nachdem sie einen Blick auf das Display erhascht hatte. Sie hatte die alten Geschichten natürlich längst über den Flurfunk gehört.

Brandt rümpfte die Nase und drehte sich weg. »Hallo, Andrea«, seufzte er dann.

»Wie begeistert das wieder klingt«, kam es zurück. »Ich freue mich auch, dich zu hören«, sie pausierte kurz, »mein Lieber.«

Lieber. Nicht Liebster. Das machte sie mit voller Absicht. Doch Brandt zwang sich zur Ruhe.

»Ich nehme an, es gibt was Neues?«

»Allerdings. Euer Messeropfer. Todesursache war Kreislaufversagen und Herzstillstand nach massivem Blutverlust. Aber es wurde nachgeholfen. Darüber hinaus. Auf dem Rücken des Toten findet sich die Kontur einer Sohle.«

»Ein Fußabdruck?«

»Ein Schuhabdruck«, korrigierte Dr. Sievers lachend. »Ich glaube nicht, dass der Mann barfuß war.«

»Aber dass es ein Mann war …«, wollte Brandt kontern, denn im Grunde verriet eine Sohle erst einmal gar nichts. Doch so schnell ließ die Rechtsmedizinerin sich nicht übertrumpfen.

»Keine Absätze«, fiel sie ihm ins Wort. »Schuhgröße 43 bis 45. Das macht eine Täterin eher unwahrscheinlich.«

Brandt gab sich geschlagen. »Ja, erledigt. Was hast du noch?«

»Kommt drauf an.«

»Worauf?«

»Gibt es Blutspuren, die darauf hindeuten, dass der Mann sich aus eigener Kraft bewegt hat?«

Brandt überlegte. »Nein. Nur einen Fleck, die Probe müsstest du haben. Könnte aber auch Kullmers Blut sein.«

Die Verwunderung war kaum zu überhören, als Sievers nachfragte: »Kullmer? Hab ich das eben richtig gehört? Peter Kullmer?!«

»Ja, genau der. Er war an der Messerstecherei beteiligt.«

»Gibt's ja nicht. Und wann wollte mir das mal jemand sagen?«

»Hab ich doch gerade.« Brandt genoss den Triumph nur wenig. Immerhin stand das Überleben seines Frankfurter Kollegen auf der Kippe. Und es bestand zumindest die Möglichkeit, dass der Undercover-Ermittler ein Menschenleben auf dem Gewissen hatte. Was Kullmer wohl für eine Schuhgröße hatte? Vermutlich 44, so wie fast alle Männer, von denen Peter es wusste.

Andrea Sievers spulte noch ein paar Details herunter. Sie hatte die Blutgruppen der sichergestellten Proben bestimmt. Der Blutfleck auf dem Boden stammte nicht von Walter Bortz. Dafür fand sich dasselbe Blut aber an dessen Kleidung, neben seinem eigenen. Gehörte die zweite Probe also zu Kullmer? Die genetische Auswertung dauerte noch. Ihre Stimme war kühl, pikiert. So hart sie sich auch gab, sie war offensichtlich beleidigt, dass man sie nicht früher benachrichtigt hatte.

»Ich kann so nicht arbeiten«, sagte Andrea abrupt und brachte es damit auf den Punkt. »Wenn ich Proben nehme und ihr habt Hinweise auf den Geber, dann muss ich das wissen. *Capice?*«

»Ist angekommen«, brummte der Kommissar. »Es ging halt alles so schnell.«

Er berichtete kurz alles, was sie bislang wussten, dann verabschiedeten die beiden sich. Doch vor dem Auflegen erkundigte sich Andrea noch nach Julia Durant.

»Ist in der Klinik, schätze ich. Wieso?«

»Ich habe auch etwas für sie. Eine DNA-Übereinstimmung. Hat mit diesem Maurer-Selbstmord zu tun.«

Der Boxer. Brandt wurde hellhörig.

»Kannst du auch mir sagen. Kullmer war angeblich mit diesem Fall betraut, als er undercover ging.«

»Hm. Na ja, es gibt einen Treffer. Maurers Sperma und eine tote Frau. Liegt gut zwei Jahre zurück.« Sievers nannte den Namen. »Sag ihr, sie soll mich anrufen, falls du sie vor mir siehst, okay?«

»*Bene.*«

Brandt benutzte das Italienisch seiner Großmutter nur noch selten. Sievers hatte das wohl ausgelöst. Und sie war auch verantwortlich für die Gänsehaut, die sich auf seinen Armen ausbreitete. Es war der Fall. Der Name. Eine monatelange Ermittlung, in der es so viele Pannen und Skandale gegeben hatte wie lange nicht mehr. Und eine Tote, deren Schicksal tragischer kaum hätte sein können. Hatte sie sich das Leben genommen? War sie freiwillig von der alten Eisenbahnbrücke gesprungen, die sich über die A5 spannte?

Brandt wusste es nicht. Er wählte Durants Nummer. Vielleicht konnte sie ja etwas damit anfangen.

16:10 UHR

Weil es für Julia Durant im Klinikum Hanau nichts weiter zu tun gab, war sie zu Familie Marić aufgebrochen. Bei Peter Kullmer im Krankenhaus zu sitzen und auf jede noch so kleine Regung zu hoffen war ihr aktuell nicht möglich. Viel zu nah ging ihr der Verlust, den sie selbst gerade erst erlitten hatte. Sie schaltete um. Anderes Thema. Zwangsläufig.

Der Hinweis auf Maurers DNA in dem alten Fall hatte sie stutzig gemacht. Die Ermittlungen im Mordfall Marić waren damals an die

Kollegen aus dem Taunus gegangen. Die Familie des Opfers war dort gemeldet, westlich von Frankfurt. Doch immer wieder war der Fall über die Stadtgrenze geschwappt. Der Sohn, Gorhan, unterhielt einige zweifelhafte Verbindungen zur Frankfurter Unterwelt. Der Verdacht lag nahe, dass sein Restaurantbetrieb nichts weiter als eine Geldwaschanlage war. Dann gab es einen Vater. Ein vom Alkohol beinahe völlig zerstörter Mann, der sich kaum noch selbst auf den Beinen halten konnte. Egal, ob nüchtern oder betrunken. Beim Überbringen der Todesnachricht war Peter Kullmer dabei gewesen. Er hatte in dieser Nacht Dienst gehabt. Durant erinnerte sich an seinen Bericht, dass sie dreimal von vorne hatten beginnen müssen, bis es das Delirium des Mannes durchdrang. Und seine Reaktion sprach Bände. Er lallte etwas in einer fremden Sprache – eher Wut als Trauer – und ließ den Arm durch die Luft schnellen. Dabei ging eine halb volle Flasche Doppelkorn zu Bruch. Seine Augen, plötzlich hellwach, folgten den Glasscherben. Und sahen, wie die Flüssigkeit sich ihren Weg in den Teppichboden suchte. Dann erst begann er zu wimmern. Und es musste auf jeden, der dabei war, so wirken, als weine er um den Alkohol und nicht um seine Frau. Wie hart hatte ihn dabei die Tatsache getroffen, dass Ilka Marić Sex mit anderen Männern gehabt hatte? Und wie würde er reagieren, wenn jetzt, so lange Zeit später, Siggi Maurers Name fiel?

Als der knallrote Opel sich der Straße näherte, in dem das Mehrfamilienhaus stand, drehte die Kommissarin das Radio leiser. Kim Wilde. Der Achtziger-Wahn, der seit geraumer Zeit um sich griff, schmeckte ihr überhaupt nicht. Man tat überall so, als habe dieses Jahrzehnt einzig allein aus a-ha oder Depeche Mode bestanden. Warum bekam man so wenig von den legendären Rockbands geboten? Bon Jovi, KISS, Def Leppard. Wo waren sie? Doch ihr blieb keine Zeit für solche Gedanken. Schon war sie angekommen. Die Fassade des vierstöckigen Wohnblocks war graubraun. Über den Balustraden hingen Kleider, oder man hatte Sichtschutzmatten gespannt.

Das Rasenstück zwischen Eingang und dem Mülltonnenbereich unmittelbar am Trottoir war mit ausrangierten Grills, gebrochenen Plastikmöbeln und allerlei Schrott beladen. Entweder jemand zog aus, oder es gehörte längst zum Alltag. Keinen schien es zu stören. Durant rief sich weitere Fakten in Erinnerung. Gorhan Marić war als Hauptverdächtiger gehandelt worden. Zumindest für eine Weile. Man behauptete, er habe seine Mutter zur Prostitution gezwungen. Doch beweisen konnte es niemand. Auch nicht, inwiefern der Sohn die ausführende Instanz seines Vaters war. Ob der Trunkenbold im Hintergrund noch die Fäden zog oder ob er einfach nur noch sein Dasein fristete, machtlos gegenüber den Dingen, die sich in seiner Familie abspielten. Trank er gar aus Verzweiflung? Die Staatsanwaltschaft war mächtig ins Schwimmen geraten bei all den Theorien. Die Presse hatte mitgemischt, der Fall war im Internet diskutiert worden, es gab tausend Spuren und stapelweise Akten. Erschwerend kam hinzu, dass die Familie aus einem anderen Kulturkreis kam. Lückenhafte Deutschkenntnisse des Vaters, ein anderes Männer- und Frauenbild. Am Ende reichte nichts von alldem aus, um eine zufriedenstellende Klärung zu erzielen. Und anscheinend war man an mancher Stelle auch überhaupt nicht daran interessiert gewesen.

Da war man *ein Mal* in Südfrankreich, dachte die Kommissarin, als sie auf die Klingel drückte. Denn dort war sie zum Zeitpunkt des Todes der Frau gewesen. Irgendwo im Haus erklang ein Geräusch. Ein Schrei. Dann wurde es wieder still. Sie klingelte erneut und fragte sich, ob das Hören einer hysterischen Stimme schon genügte, um sich gewaltsam Zugang zu verschaffen. Doch eigentlich wusste sie längst, dass sie dem Schrei einer Frau immer folgen würde. Zumal es in diesem Fall sogar möglich war, dass hinter der Tür ein Mörder wohnte. Doch es war kein weiterer Mucks zu vernehmen. Dann ein Poltern. Leichte Schritte. Der dunkel umhüllte Kopf eines Mädchens, der in der Tür erschien. Bei genauerem Hinsehen moch-

te sie Mitte zwanzig sein. Ihre fast schwarzen Pupillen blickten die Kommissarin verunsichert an, während sie mit dem Finger eine letzte Haarsträhne unters Kopftuch schob.
»Wer sind Sie? Was wollen Sie?«
»Julia Durant.« Sie hielt ihren Dienstausweis nach oben. »Kripo Frankfurt.« Ihr fiel ein, dass es sich nur um Dina, die Tochter der Marić, handeln konnte.
»Meine Abteilung war an der Ermittlung beteiligt...«, begann sie, doch die junge Frau rang sich ein Lächeln ab und hob den Finger: »Stimmt. Ich erinnere mich. Und Sie wollen zu uns?«
Durant bestätigte. Eine tiefe, unfreundliche Stimme schallte durchs Treppenhaus, und Dina Marić fuhr regelrecht zusammen. Sie antwortete etwas in derselben fremden Sprache.
»Gehen wir nach oben«, hauchte sie und lief, ohne abzuwarten, los. Durant folgte ihr, obwohl sie die Frau sehr viel lieber alleine befragt hätte. Sie war sich sicher, dass die schreiende Stimme Marić gewesen war. Auch wenn es nur so ein Gefühl war. Doch wenn es eine Sache gab, auf die Julia Durant sich verlassen konnte, dann war es ihr Bauchgefühl.

Die Wohnung war unaufgeräumt. Ein blau-weißes Auge aus ineinander verschmolzenem Glas hing neben der Tür, ein Souvenir, wie es Türkei-Urlauber gerne mitbrachten. In einem Karton neben der Wohnzimmerwand lag auf verknülltem Papier der zerbrochene Korpus einer Wasserpfeife. Einige Schläuche mit Mundstücken umringten ihn. Die Marić waren keine Türken, sondern stammten aus dem ehemaligen Jugoslawien. Es roch nach Schweiß und Frittierfett. Von dem Vater war nichts zu sehen. Irgendwo in einem Nebenzimmer rumpelte es. Dann schob sich der Sohn Gorhan zwischen Dina Marić und Julia Durant.
»Polizei«, sagte er verächtlich und ballte die Fäuste vor seinem ärmellosen Shirt. Eine Menge Tätowierungen – Fratzen und ver-

schlungene Symbole – schmückten den ausgeprägten Bizeps. »Was wollen Sie schon wieder?«

»Es geht um den Mord an Ihrer Mutter.« Durant gab sich unbeeindruckt, obwohl sie sich ganz und gar nicht wohl in ihrer Haut fühlte.

»Mal wieder.« Der Mann lächelte gequält und ließ sich auf die schwarze Kunstledercouch fallen.

Durant wartete nicht auf eine Einladung, denn die würde sie nicht bekommen, das wusste sie. Stattdessen nahm sie auf einem der Sessel Platz, nachdem sie einige Zeitschriften von der Sitzfläche auf den gekachelten Couchtisch gelegt hatte.

Dina stand unschlüssig herum, also deutete die Kommissarin auf den freien Platz neben dem Bruder. »Bitte, nehmen Sie Platz. Es betrifft Sie alle beide.«

Widerwillig folgte die junge Frau der Aufforderung, positionierte sich aber nur auf der Lehne. Durant vermutete, dass das nicht nur an den Kleidungsstücken lag, die auf dem Sofa verstreut lagen. Offenbar mied Dina die Nähe zu ihrem Bruder. Halbbruder, wie ihr in Erinnerung kam. Die Kommissarin biss sich auf die Lippe. Sie hätte sich besser vorbereiten müssen. Doch andererseits konnte ein frischer Blick auf die Familiendynamik auch ganz interessant sein. Ob die Kollegen aus dem Taunus sich damit befasst hatten? Sie schob den Gedanken für später beiseite.

»Wo ist Ihr Vater, Vlado?«, erkundigte sie sich.

»Beschäftigt«, gab der Bruder zurück.

»Er schläft«, sagte Dina fast zeitgleich und mit einer ausweichenden Geste in Richtung Flur, der offenbar zum Schlafzimmer führte. Sie erntete einen vernichtenden Blick, dann zischte der Mann ihr etwas zu, was Durant nicht verstand. Frau Marić richtete sich auf und machte Anstalten zu gehen, auch wenn ihre Augen verrieten, dass sie etwas anderes wollte.

»Was haben Sie zu ihr gesagt?«, erkundigte sich die Kommissarin freiheraus.

»Sie soll sich um ihre Arbeit kümmern«, murrte Gorhan. »Das hier ist Männersache.«

»Ich bin auch eine Frau«, konterte sie.

Sichtlich verärgert erwiderte er: »Das kann ich nicht ändern. Aber Dina hat hier nichts verloren. Das ist *meine* Wohnung, hier bestimme ich.«

Am liebsten wäre Julia Durant aufgesprungen, hätte ihn am Schlafittchen gepackt und durchgeschüttelt. Dabei hätte sie ihm etwas über das Ende der Sklaverei oder zumindest über Emanzipation erzählt. Doch sie musste einen anderen Weg wählen.

»Nun gut«, sie hob die Schultern und zog den Notizblock hervor. »Wenn Ihnen die Anwesenheit Ihrer Schwester eine so große Angst bereitet, dann meinetwegen.« Sie atmete einmal tief durch, während ihr Gegenüber um einige Nuancen dunkler wurde. »Ich werde sie dann einfach gesondert vorladen und auf dem Präsidium befra…«

Der Rest des Wortes ging in einem lautstarken Geräusch unter, als Marić' Hand auf den Tisch schmetterte. Ein paar leere Dosen fielen um.

»Angst!« Er lachte hysterisch auf, und er tastete nach einer Dose Red Bull. Er kippte einen Schluck, dann sagte er: »Ich habe doch keine …«

»Gut.« Durant hatte sich innerlich zwar völlig verkrampft, mimte aber die Unbeeindruckte. »Dann spricht ja nichts dagegen, dass wir unser Gespräch zu dritt fortsetzen. Kommen wir also endlich zur Sache.«

Das Aluminium der Red-Bull-Dose knackte unter dem malmenden Griff, in dem sich die Wut des Mannes entlud. Er brabbelte etwas in seiner Muttersprache, dann, etwas lauter, wandte er sich an Dina. Julia Durant verstand kein Wort, doch die Spannung im Raum hätte vermutlich dazu gereicht, um alle Hochhäuser der Stadt eine Nacht lang zu beleuchten.

Ihr kam eine Idee.

Sie tastete nach ihrem Handy.

17:15 UHR

Zurück im Präsidium, traf Durant sich mit Hellmer und Hochgräbe, wo sie von ihrem Besuch bei Familie Marić berichten wollte. Doch zuerst musste sie haarklein von Kullmer erzählen, was ihr schwerfiel, denn im Grunde war sie nun weniger schlau als vorher.
»Ist er wach?«, wollte Hochgräbe wissen.
»Keine Ahnung«, murmelte Durant und schlug vor, sich bei Doris Seidel ein Update zu holen. Wenige Minuten später wussten sie Bescheid. Keine Veränderung. Doch zumindest bestand keine akute Lebensgefahr mehr. Alles andere würde sich mit der Zeit ergeben. Hoffentlich. Denn die Frage, die niemand zu stellen wagte, war, wie genau Kullmers Gegner zu Tode gekommen war. Welche Rolle *er* dabei gespielt hatte. Ob dem Kommissar am Ende tatsächlich die Pferde durchgegangen waren.
»Steinigt mich nicht, aber wir müssen Peters Blut untersuchen«, sagte Hochgräbe. »Alkohol, Drogen et cetera.«
Durant hätte sich am liebsten an die Stirn getippt, wusste aber, dass Claus recht hatte. Nichts durfte ausgelassen werden. Sonst könnte es das traurige Ende für Peters Karriere bedeuten. »Wird erledigt«, sagte sie knapp.
Ohne weiteres Zutun stand Hellmer auf, um sich darum zu kümmern. Mit dem Telefon in der Hand trat er aus der Tür. Derweil kam Durant auf einen weiteren Punkt, etwas, das Doris in all der Aufregung vergessen hatte zu erwähnen.
»Walter Bortz wohnt nicht bei seiner Meldeadresse. Doris hat mit seiner Frau oder Ex-Frau gesprochen, bevor sie nach Hanau fuhr. Dem sollten wir nachgehen.«
Hochgräbe wählte die IT an und setzte Michael Schreck darauf an, alles über Bortz aus dem Netz zu fischen, was es gab. Ferner die Mobilfunkdaten. Sämtliche Spuren, die ein Mensch heutzutage

zwangsläufig in der digitalen Welt hinterließ. Parallel dazu beauftragte er, alles über das Umfeld, den letzten Wohnort und sonstige Details über Walter Bortz in Erfahrung zu bringen.
»Ich werde noch mal bei dieser Kneipe aufschlagen«, vermeldete Hellmer, der gerade vom Telefonieren zurückgekommen war.
»Und ich rede mit seiner Witwe«, entschied Durant. Dann überlegte sie. »Oder Ex-Witwe. Wie auch immer. Aber jetzt möchte ich endlich vom Fall Marić erzählen! Da liegt nämlich einiges im Argen.«
Beide Kollegen lauschten. Die Kommissarin endete damit, wie die beiden Geschwister darauf reagiert hatten, als sie den Namen Maurer ins Spiel gebracht hatte.
»Du hast es ihnen gesagt?«, fragte Hochgräbe alarmiert.
»Ja. Gorhan Marić ist sofort aufgesprungen. Wo die Drecksau sei, wollte er wissen.« Durant stöhnte und verdrehte die Augen. »Schätzungsweise ist es für Maurer besser, dass er tot ist. Sonst hätte ich es auch nicht ausgeplaudert. Denn würde er noch leben, und dieser Marić fände seine Identität heraus – dann gute Nacht. «
»Na gut. Das Problem haben wir tatsächlich nicht mehr«, gab Hochgräbe trocken zurück. »Was ist mit der Schwester?«
»Sie hat die Hände im Gesicht vergraben. Schluchzte leise. Ich konnte sie nicht die ganze Zeit im Blick haben, weil ich befürchten musste, dass ihr Bruder ausrastet.«
»Keine Alleingänge mehr dorthin, verstanden?«, mahnte Hochgräbe an. »Es sind Kriminelle, und sie haben eine andere Mentalität. Nicht, dass das jetzt jemand falsch versteht. Aber Familienehre, Blutrache et cetera – das kann man vorher kaum abschätzen, welchen Nerv man trifft. Ich möchte nicht noch jemanden von euch im Krankenhaus liegen haben.«
Dass er damit primär Julia meinte, hatte Claus in seiner Wortwahl gekonnt verschleiert. Sie nickte nur und fuhr fort: »Aber jetzt passt mal auf, das Beste kommt nämlich noch. Ich habe diesen Gorhan

genau beobachtet. Er scheint ja der Patriarch in diesem System zu sein. Der, der alle Zügel in der Hand hält.«

»Das war damals auch so.« Hellmer nickte. »Wobei die Rolle von Vlado, dem Vater, immer wieder unterschiedlich bewertet wurde. Aber was spielt das für eine Rolle?«

»Deine Partnerin ist ja nicht von gestern«, grinste Durant. »Zuerst wollte er seine Schwester in ein anderes Zimmer schicken. Sie scheint sich ihm manchmal zu widersetzen. Jedenfalls habe ich das unterbunden. Hat ihm nicht geschmeckt, aber er konnte nichts dagegen machen. Also hat er ihr in seiner Muttersprache Anweisungen gegeben. Immer wieder zwischendurch.«

»Aha.«

»Ja, aha! Ich habe sie aufgezeichnet, mit der Diktierfunktion, und den PC damit gefüttert.«

Claus Hochgräbe räusperte sich mit amüsierter Miene. Ausgerechnet Julia Durant, die sich sonst schon weigerte zu entscheiden, ob sie ein Update installieren sollte.

»Er sagte sinngemäß, dass sie schweigen solle. Dass sie ihr Maul halten solle, weil es ihr sonst schlecht bekäme. Und das direkt vor meiner Nase.«

»Was willst du jetzt tun?«, wollte Claus wissen.

»Ich vernehme sie im Präsidium«, verkündete die Kommissarin. »Ganz offiziell, mit allem Pipapo. Dann wird sie sich mir schon öffnen.«

»Na ja.« Hellmer wirkte nachdenklich. »Warum sollte sie das ausgerechnet jetzt tun? Warum nicht schon vor zwei Jahren?«

»Weil sich niemand für ihre Rolle interessiert hat«, gab Durant zurück, und es klang fast trotzig. »Der Vater, der Bruder, die Mutter. Dina Marić taucht immer nur am Rande auf. Das habe ich nie kapiert, wieso ihr keine größere Bedeutung beigemessen wurde.«

Hochgräbe hatte keine Einwände. Er versprach, sich bei den Kollegen im Nachbarpräsidium grünes Licht zu holen. Julia Durant kehrte an ihren Schreibtisch zurück und fühlte sich zum ersten Mal am Tag zufrieden. Zufrieden mit einer einzigen Sache jedenfalls, aber am Rest der sie umgebenden Katastrophen konnte sie nichts ändern. Also genoss sie es, für ein paar Sekunden jedenfalls, denn dann trat Frank Hellmer in den Raum. Er hielt eine Kaffeetasse in der Hand.

»Wir müssen aufpassen, dass wir uns nicht verzetteln«, sagte er.
Durant sah von ihren E-Mails auf. »Wie meinst du das?«
»So, wie ich's sage. Peter fällt aus. Doris hat somit ganz andere Sachen im Kopf, und auch bei mir dreht sich's immer wieder darum. Ob wegen der Stecherei oder ob er überlebt oder ob er nach dem Aufwachen noch derselbe ist. Kann ja sein, dass er Amnesie hat oder das Gehirn unterversorgt war oder Gott weiß was.«
»He, mal langsam«, wandte die Kommissarin ein. Hellmer war sonst alles andere als ein Nervenbündel, aber er wirkte richtiggehend verstört. »Kullmer ist stabil, und von Hirnschäden hat kein Mensch was gesagt.«
»Trotzdem.« Hellmer malte einen Kreis in die Luft. »Wir alle sind total verwirrt. Da passieren Fehler. Zum Beispiel das mit dem Taunus. Scheiße, Julia, wir müssen uns mehr abstimmen. Auch die Maurers haben Verbindungen dahin. Das ist mir total durch die Lappen ...«
»Was denn?« Julia Durant hatte keinen Schimmer, worauf ihr Partner hinauswollte.
»Jolene hat Familie im Taunus. Irgendwo jwd, Richtung Eppstein oder so.«
»Jolene hat keine Familie«, widersprach Julia und wollte nach ihren Notizen greifen, um Frank das Ganze zu beweisen.
»Doch. Sie hat allerdings mit ihnen gebrochen. Beziehungsweise die Familie mit ihr. Das hat mir der Doc berichtet.«
Durant schluckte. »Okay. Also Messner wusste davon?«
»Als einer von wenigen, ja. Und heute ist Jolene Maurer dorthin gefahren.«

»Woher weißt du das?«

»Auch von ihm. Ich wollte zu ihr, habe sie auch versucht zu erreichen, aber Fehlanzeige. Dann ist Messner mir über den Weg gelaufen. Aber das ist nicht das Problem.«

»Sondern?«

»Jolene müsste längst zurück sein. Ich habe ihr ein paar Nachrichten auf dem Handy hinterlassen. Und Messner wollte mir auch Bescheid geben, wenn sie wieder auftaucht. So langsam mache ich mir Sorgen.«

»Verdammt.« Durant verstand. Normalerweise hätte sie die Familie Marić mit ihrem Kollegen zusammen aufgesucht. Und danach hätten sie das familiäre Umfeld von Jolene Maurer überprüfen können. Hellmer hatte recht. Die Sache mit Kullmer lenkte sie ab. Machte sie anfällig für Fehler. Das durfte nicht passieren.

»Hast du noch was vor heute?«, fragte sie daher.

Hellmer verneinte und erwähnte Nadine, die sich ja um Kullmers und Seidels Tochter kümmerte.

»Gut. Dann machen wir uns direkt auf den Weg zu Jolenes Familie. Frau Marić bestellen wir für morgen ein. Und das Gespräch mit der Witwe Bortz ist aufgeschoben. Da kann ja nichts mehr passieren.«

Frank Hellmer stürzte seinen Kaffee in einem Zug hinunter und knallte die Tasse auf den Schreibtisch. »Na dann los!«

Es fühlte sich auch für Julia gut an, wieder voll und ganz dabei zu sein. Keine Sorgen, keine Ängste, nur zwei Kommissare, die sich auf die Ermittlung konzentrierten. So wie es früher gewesen war. Hoffentlich hielt dieses Gefühl eine Weile vor.

Das Telefon schrillte, als die beiden schon auf dem Flur standen. Mit einem Achselzucken kehrte Durant noch einmal um. Michael Schreck.

»Den Bortz könnte man fast schon beneiden«, leitete der IT-Experte ein.

»Für was?« Seinen Tod konnte Mike ja wohl kaum damit meinen.

»Tja, pass mal gut auf: Er ist frischgebackener Millionär.«
»Millionär.« *Dieser* Typ? »Bitte komm zum Punkt, okay?«, bat Julia. »Wir haben's nämlich eilig.«
»Okay, verstanden. Na ja, Lotto macht's möglich. Er hat den Jackpot geknackt. Nicht den großen, aber immerhin. Zweieinhalb Millionen Euro sind doch auch ganz nett. Da muss 'ne alte Frau lang für stricken.«
Julia Durant seufzte amüsiert. Um Filmzitate aus den Achtzigern war Mike niemals verlegen. Sie bedankte sich, er solle die Infos an Hellmer mailen, dann ein hastiger Abschied. Den Rest konnte ihr Partner ihr dann unterwegs vorlesen.
Umso interessanter war nun die Frage, ob es sich bei Frau Bortz tatsächlich noch um die angetraute Witwe handelte oder ob sie bereits seine offizielle Ex-Frau gewesen war. Denn für sie gab es urplötzlich zweieinhalb Millionen Mordmotive mehr.
Und aus diesem Grund entschieden die Kommissare, nun doch zuerst bei ihr vorbeizufahren.

*

Auf dem Weg zur Autobahn meldete sich Peter Brandt. Durant legte ihn auf Freisprecheinrichtung, sodass Hellmer mithören konnte, der neben ihr saß und sich sichtlich unwohl dabei fühlte, dass sie hinter dem Steuer war. Dass es ihr Opel und nicht sein Porsche war, mit dem sie in Richtung Sonnenuntergang jagten. Doch die nachfolgenden Infos waren derart aufrüttelnd, dass dieser Frust schnell in den Hintergrund geriet.
In einem der oberen Räume des verlassenen Gebäudekomplexes war eine junge Frau aufgefunden worden. Nur spärlich bekleidet, offensichtlich stark unter Drogen, und sie wirkte, als sei sie aus einer Art Dornröschenschlaf erwacht. Orientierungslos, Verlust von Raum- und Zeitgefühl. In ihren Augen ein banger, fragender Ausdruck. Wo

bin ich? Warum bin ich hier? Und alles an ihrer Körperhaltung, am Zustand ihrer Kleidung, an der Art, wie sie sich bewegte, deutete darauf hin, dass sie Schmerzen hatte. Und sie sich vor allem eines fragte: Was ist mit mir passiert?
»Konntet ihr ihre Identität feststellen?«, fragte Durant in den Lautsprecher.
Es rauschte kurz. Dann kam Brandts Stimme: »Nein. Sie hatte nichts bei sich außer ihren paar Kleidungsstücken und zwei großen Violetten.«
Da Julia nur selten Fünfhunderteuroscheine zu Gesicht bekam, dauerte es ein paar Sekunden, bis der Groschen fiel.
»Prostituierte also. Geht ihr davon aus, dass sie eine Professionelle ist?«
Brandt murrte etwas und sagte dann: »Sie ist so verdammt jung. Ich hoffe es nicht. Aber irgendwer muss ihr das Geld ja zugesteckt haben. Und sie spricht noch nicht. Oder kaum. Faselte nur etwas von Mozart und Sellerie.«
»Mozart ... und *was?*«
Die Verbindung wurde schlechter. Brandt erzählte von einer Musikanlage in einem Nebenraum, die eine CD mit klassischen Stücken enthielt. Und vielleicht meine das Mädchen ja »Salary«, englisch für Gehalt. Das erkläre zumindest das Geld.
»Kommt ihr vorbei?«, wollte Brandt wissen.
»Geht nicht. Wir müssen in die andere Richtung.«
Brandt sagte etwas in der Art, dass sie nach Offenbach jetzt also auch noch das Präsidium im Westen übernehmen wollten. »Viel Spaß dabei«, schloss er und versprach, sich darum zu kümmern, dass man der jungen Frau besondere Aufmerksamkeit schenkte.
Durant seufzte, denn sie wusste, was das im Klartext bedeutete. Fremde Ärzte. Die Untersuchung des Schambereichs. Abstriche. Als wäre das, was in der vergangenen Nacht passiert war, nicht schon beschämend genug. Doch was blieb ihnen übrig?
Diese Welt würde nicht besser werden. Im Gegenteil.

Der Opel hatte gerade die Baustelle hinter dem Preungesheimer Dreieck erreicht, als Hellmer sich mit den Handflächen auf die Knie klatschte. Eben waren sie noch unter der Unterführung hindurchgefahren, die mit Eintracht-Graffiti übersät war. Nun rief er: »Mensch, Julia, ich hab's! Salary!«

»Was hast du?«, fragte sie abwesend, denn der Verkehr auf der A66 erforderte ihre ganze Aufmerksamkeit. »Gehalt? Das hab ich auch. Leider kommen nicht allzu viele violette Scheine dabei rum.«

»Salieri, du Huhn!«, unterbrach Hellmer sie forsch. »Was verbindet denn Bortz, Kullmer und Maurer?«

Durant kniff die Augen zusammen, während ihr Partner das (zumindest für ihn) so Offensichtliche beantwortete: »Die Eintracht, Mann! Salieri ist der neue Spieler. Und er ist bekannt für sein ausschweifendes Leben. Geld, Party, junge Dinger. Mit dem werden die Frankfurter ihren Spaß haben.«

»Mhm.«

Sollte Hellmer tatsächlich recht behalten, hatten sie diesen Spaß hiermit bereits.

17:30 UHR
Hanau.

Regen hatte eingesetzt. Die Bewegungen aller Anwesenden schienen mit dem Fallen der Tropfen schneller zu werden, als habe man einen unsichtbaren Knopf gedrückt. Man versicherte einander, dass draußen sämtliche Blutspuren dokumentiert seien. Fragte, ob über den Fundort des Toten ein Baldachin gestellt werden solle. Nein. Wozu. Es gab ungefähr drei Dutzend hochauflösende Aufnahmen alleine von den Abdrücken, die der Körper im Gras hinterlassen hatte.

Peter Brandt ließ sich nicht beeindrucken. Junge Menschen waren seiner Meinung nach zu hektisch bei Nebensächlichkeiten und übersahen dabei oft das Wesentliche. Alles, was zum Tod des Mannes geführt hatte, hatte hier drinnen seinen Lauf genommen. Im Trockenen. Jetzt musste die Sprache, die die Spuren redeten, nur noch entschlüsselt werden. In Peters Hand lag das neue Smartphone. 3G. Das bedeutete langsames Laden, so viel wusste der Kommissar. Er wartete, bis das Bild sich aufgebaut hatte. Speichern. Nächstes Bild. Dabei fragte er sich im Stillen, wie Elvira wohl darüber denken würde, wenn er sich Fotos von muskulösen Sportlern und diesem Gigolo Kullmer in die Fotogalerie legte. Löschen nicht vergessen, mahnte er sich amüsiert.

Eine Kollegin hatte dem Mädchen eine Decke um die Schultern gelegt und ihr einen heißen Tee organisiert. Sie kauerte mit hochgezogenen Knien auf einem ledernen Sessel, den die Spusi bereits freigegeben hatte.

»Verstehen Sie meine Sprache?«, vergewisserte Brandt sich, als er mit seinem Handy fertig war. Durant hatte ihn darauf gebracht, dass er den Namen Salieri eingeben und dem Mädchen ein paar Bilder zeigen sollte.

Salieri. Eintracht Frankfurt. Auch das noch.

Es hatte im Laufe der Jahre etwas nachgelassen, aber Peter Brandt war seit seinen Kindertagen ein eingefleischter Fan der Offenbacher Kickers. Sein Vater hatte ihn regelmäßig zu den Heimspielen mitgenommen, und das zu Zeiten, in denen der OFC noch in der Bundesliga spielte und ein Erzfeind der Eintracht war. Und das vor allem, weil sie einander ebenbürtige Gegner waren. Frankfurt, Bayern München, Borussia Mönchengladbach. Diese Zeiten waren lange vorbei. Regionalliga. Gerede über Insolvenz.

Brandt mahlte mit den Kiefern. *Und dann kommt so ein millionenschwerer Schnöselspieler ausgerechnet über meine Stadtgrenze.*

»Wie bitte?«

Er zuckte zusammen. Offensichtlich waren seine Gedanken nicht leise gewesen.

»Geschichte wiederholt sich eben«, sagte er lakonisch. »Vor Jahren hatte ich einen Fall mit dem Bender. Ex-Eintrachtler. War ein Auffindungszeuge in einem Mordfall bei Dreieich.«

Er winkte ab. Das war über zehn Jahre her und seine Kollegin viel zu jung, sowohl, um irgendwelche Profikicker von damals zu kennen, als auch, um sämtliche seiner Mordfälle parat zu haben.

Doch Canan nickte. »Der Fall Schirner. Büchner-Gymi.«

Brandts Kinnlade klappte herunter. »So etwas weißt du?«

»Kunststück. Ich war dort auf der Schule. So etwas vergisst man nicht.«

»Echt?« Brandt rieb sich das Kinn. Damals war ein Oberstufenlehrer brutal ermordet worden. Im Leben von pubertierenden Jugendlichen, die ihre Identität erst noch finden musste, dürfte so ein Ereignis tief greifende Dinge auslösen. Unvergessliche Dinge.

»Das steht übrigens auch in meinem Lebenslauf«, setzte Canan Bilgiç mit einem angriffslustigen Funkeln in den Augen nach.

»Was interessiert mich dein Schulabschluss? Ich bin ja nicht die Personalabteilung. Das Hier und Jetzt ist viel wichtiger.«

»Stimmt.« Canan sprang auf und griff sich das Smartphone ihres Kollegen. »Und deshalb legen wir jetzt mal los. Ich übernehme die Befragung, du die Beobachtung. Man sagt dir ja nach, dass deinen Augen nichts entginge.« Sie hüstelte. »Obwohl sie schon so alt sind.«

Brandt wollte intervenieren, biss sich aber auf die Lippe. Verdammt. Sie war gut. Und er mochte sie. Mehr, als er zugeben wollte.

Die junge Frau wirkte noch immer orientierungslos und abgestumpft. Man hatte ihr Blut abgenommen, um es auf K.-o.-Tropfen und andere Substanzen zu testen. Die Pupillen reagierten nur langsam auf Bewegungen und Lichtveränderungen. So etwas spielte man nicht, zumindest nicht ohne eine immense schauspielerische Gabe. Brandt hockte nach vorn gebeugt auf seinem Stuhl und beobachtete mit Argusaugen, wie sie reagierte. Sämtliche körpereigenen Reaktionen derart zu kontrollieren, dass eine Lüge aufrecht blieb, gelang kaum jemandem.

Canan fing mit Bortz' Fotografie an. Zum Glück hatte die Bildersuche ein brauchbares Ergebnis geliefert, und sie musste nicht ein Foto der Leiche zeigen. Die junge Frau reagierte nicht auf das Porträt.

»Kennen Sie diesen Mann?«

Nichts.

Canan sprach den Namen deutlich aus. Sagte, er sei in der Nacht hier gewesen. Doch sie erreichte nichts.

Canan scrollte nach links. Salieris Bild tauchte auf. Es zeigte ihn in einer Unterwäschen-Pose. Nackter Oberkörper. Tätowierungen. Ein Sixpack zum Dahinschmelzen.

»Salieri! Salieri!« Es klang noch immer wie Sellerie.

Das Mädchen begann zu zittern.

»Böser Mann!«, keuchte sie und hob die Hände vors Gesicht. Sofort senkte Canan das Telefon.

»Hat er Ihnen ... etwas angetan?« Die Frage kam etwas unbeholfen. Doch sie verfehlte ihre Wirkung nicht.

»Hat uns gebracht«, war die Antwort. »Hat uns bezahlt.«

Das Geld war längst eingetütet. Brandt machte sich eine Notiz. Womöglich trug es Salieris Fingerabdrücke. Dann würde die Eintracht ohne einen begnadeten Torjäger weitermachen müssen. Er konnte nicht verhehlen, dass er dieses Risiko ohne jeden Vorbehalt einging.

Derweil zeigte die junge Frau deutliche Ermüdungserscheinungen. Sie war so schwach, und Brandt mochte sich nicht vorstellen, was sie alles durchgemacht hatte. Dinge, über die sie nicht reden konnte und über die sie vermutlich niemals hinwegkam. Auch Canan

schien das zu bemerken, denn sie bedeutete ihrem Kollegen, dass es vielleicht besser sei, das Gespräch zu beenden.
»Zeig ihr nur noch das Bild von Kullmer«, bat der Kommissar sie.
Canan Bilgiç brauchte eine Weile, um die Aufmerksamkeit des Mädchens zurückzugewinnen. Und tatsächlich gelang es ihr, wenn auch nur in langsamen, gebrochenen Sätzen, ein paar Informationen zu sammeln.
Auch Peter Kullmer war letzte Nacht dabei gewesen. Zusammen mit Salieri. Sie hatten getrunken, sie hatten gekokst. Wie die allerbesten Freunde.
Brandt schluckte. Es sah nicht gut aus für Kullmer. Und er kannte eine Kommissarin, der das überhaupt nicht gefallen würde. Doch darauf konnte, nein, durfte er keine Rücksicht nehmen.

18:55 UHR

Die Fenster des einst zweifellos eleganten Mehrfamilienhauses waren aus ergrautem Sandstein gemauert. Mit ein wenig Fantasie sahen sie aus wie trübe Augen in einem traurigen Gesicht. Eine Fassade, der der Verfall der Stadt nicht gefiel. Die den alten Zeiten nachtrauerte, auch wenn man sich dabei fragen durfte, zu welcher Zeit genau die Stadt und die Menschen wirklich *besser* gewesen waren als heute. War es nicht vielmehr so, dass sich gewisse Dinge nie änderten? Julia Durant schüttelte sich, um den Gedanken beiseitezuschieben. Derlei Fragen hatte sie in der Vergangenheit meist mit ihrem Vater diskutiert. Fragen über Gott und über die Welt, die er erschaffen hatte. Die er zu dulden schien, auch wenn sie gewiss nicht seinen Vorstellungen entsprach.

»Träumst du?«, wollte Hellmer wissen und versetzte ihr einen Stups mit dem Ellbogen.
»Schon abgehakt«, gab sie zurück und drückte auf den Messingknopf des Klingelfelds.

Frau Bortz empfing die beiden in bequemer Garderobe. Schlabberklamotten, wenig Schminke, keine erkennbare Frisur. Durant sah sich um. Auf dem Küchentisch lagen Essenskartons verschiedener Lieferdienste. Das passte zu dem Sammelsurium bunter Speisekarten, die der Kommissarin in der Garderobe aufgefallen waren. Die meisten steckten zwischen Glas und Metallrahmen des mannshohen Spiegels. Augenscheinlich verließ Frau Bortz ihre Wohnung nicht oft oder nicht gerne. Oder beides.
»Wie viele von Ihnen kommen denn noch?«, fragte sie mit ruppigem Ton, nachdem sie die Dienstausweise einer genauen Prüfung unterzogen hatte. »Und was wollen Sie überhaupt von mir?«
»Der Tod Ihres Mannes wirft leider Fragen auf«, sagte Hellmer und erntete dafür ein verächtliches Schnauben.
»Walter ist Vergangenheit.« Frau Bortz räusperte sich. »Das soll jetzt nicht herzlos klingen«, sagte sie, als habe sie plötzlich ein schlechtes Gewissen, »aber er war kein guter Ehemann. Und ich war froh, als er weg war. Deshalb kann ich Ihnen auch nicht die Bestürzte vorspielen, okay?«
»Müssen Sie auch nicht«, sagte Durant freundlich. »Aber wir haben nun mal unseren Job zu tun. Gerade, weil es sich um ein Gewaltverbrechen handelt.«
»Hmm. Ich habe davon ja nichts mitbekommen. Ich habe Walter schon mindestens zwei Wochen nicht gesehen, das habe ich längst ausgesagt. Was genau ist denn dann Ihr Job?«
»Es mag Ihnen seltsam vorkommen«, leitete Hellmer ein, »aber wir müssten uns ein Bild über Ihre Vermögensverhältnisse machen. Speziell über die Ihres Mannes.«

»Vermögensverhältnisse!« Frau Bortz lachte spitz, nachdem sie das Wort mit hämischem Ton wiederholt hatte. Dann griff sie zu ihrem Glas, welches zur Hälfte mit Sherry gefüllt war. Es war elf Uhr morgens. Julia Durant verspürte Mitleid mit ihr. Niemand sollte um diese Tageszeit das Bedürfnis empfinden, Alkohol in sich hineinzukippen. Und es war gewiss nicht ihr erstes Glas. Obwohl sie Frau Bortz' unmittelbar folgende Reaktionen nicht aus den Augen lassen wollte, schenkte sie Hellmer einen kurzen Blick. Seine Augen hafteten auf der Frau, nicht auf dem Glas. So weit, so gut. Es hatte Tage gegeben, an denen Frank Hellmer genauso drauf gewesen war wie sein Gegenüber. Er wäre fast daran zugrunde gegangen. Aber das war ein anderer Hellmer gewesen. Einer, zu dem er nie mehr werden wollte. Julia musste sich keine Sorgen machen, das wusste sie, auch wenn es natürlich niemals eine absolute Sicherheit geben würde.

Frau Bortz deutete auf die schwappende Flüssigkeit. »Da, sehen Sie«, forderte sie und nahm einen großzügigen Schluck. Mit der Linken deutete sie auf den Flüssigkeitspegel. »Das hier war der Anteil, der von Walters Kohle in unsere laufenden Kosten geflossen ist. Frankfurt ist halt scheißteuer, aber das wissen Sie ja selbst.«

Sie stürzte den Rest des Glases hinunter und gab einen kehligen Laut von sich. »Und das hier pumpte er in die Scheiß-Eintracht«, verkündete sie mit einer düsteren Grimasse. »Jedenfalls glaube ich das. Wie viel Prozent davon er stattdessen zu seiner Hure getragen hat … ist mir jetzt auch egal.«

Durant war nicht entgangen, dass der zweite Schluck deutlich größer gewesen war als der erste.

»Kommen Sie über die Runden?«, erkundigte sie sich.

»Musste ich ja vorher auch«, kam es schroff zurück. Frau Bortz stellte das Glas auf die Tischplatte. Gefährlich nah an den Rand; um ein Haar hätte sie die Kante verfehlt. Sie drückte es mit zittriger Hand in die richtige Richtung und murmelte etwas Unverständliches.

»Was ist mit der Scheidung?«, wollte Hellmer wissen.

Wieder das Lachen. »Hat sich ja wohl erledigt.«
»Ist sie schon durch?«, bohrte er weiter.
»Ja. Nein. Was soll das denn?« Die Frau griff erneut zur Flasche. Überlegte es sich dann anders und nahm stattdessen einen Schluck schwarzen Kaffee. »Erwarten Sie von mir, dass ich seine Beerdigung bezahle? Einen auf trauernde Ehefrau mache, vor einer Handvoll Leute, mit denen wir eh nichts zu tun hatten?«
»Beantworten Sie bitte die Frage«, sagte Julia Durant ruhig, aber bestimmt. »Es ist wichtig für unsere Ermittlung. Außerdem haben wir das beide selber schon durch«, fügte sie hinzu. Warum sie das tat, wusste sie nicht. Aber sowohl ihre als auch Hellmers Scheidung lag schon so viele Jahre zurück, das durfte sie erwähnen. Nur, um eine gemeinsame Basis zu schaffen. Es schien zu wirken.
»Na, willkommen im Klub.« Frau Bortz verzog die Mundwinkel. Sie deutete zwischen den beiden hin und her.
»Und Sie beide? Verheiratet? Echt?«
Hellmer kicherte. »Nein. Jeder für sich.«
»Ach so. Na, egal. Der Beschluss ist so gut wie durch. Der Rest ist nur noch Formsache. Warum ist das denn wichtig? Wegen der Meldegeschichte?« Sie schüttelte den Kopf. »Ich habe Walter x-mal gesagt, er solle sich darum kümmern. Aber stattdessen schlug er immer wieder hier auf, nahm seine Post mit, benutzte die Waschmaschine ... Na ja, er ließ mir besser gesagt seinen siffigen Kram meistens einfach hier.«
»Und das haben Sie mitgemacht?«
»Ja, Mann! Die Miete ging von seinem Konto.« Frau Bortz schluchzte und griff wieder zur Sherryflasche. Sie schenkte ein, rieb sich die Augen und nahm einen Mundvoll. »Wie auch immer. Damit ist es ja dann wohl vorbei. Ich werde mir etwas anderes suchen müssen.«
Durant und Hellmer wechselten einen vielsagenden Blick. Diese Frau wusste nichts von Bortz' Vermögen. So gut konnte man nicht schauspielern. Solange die Scheidung noch nicht rechtskräftig war,

durfte sie auf über eine Million Euro hoffen. Falls es keine Angehörigen gab, womöglich sogar auf das gesamte Vermögen. Für eine gequälte Existenz, wie die Bortz sie offenbar in den vergangenen Jahren gefristet hatte, waren das eine Menge Gründe, um sich nicht mit billigem Sherry die Kante zu geben. Es müsste sich wie Schicksal anfühlen, wie Karma, wie ein Erlösungsschlag von unsichtbarer Hand.
Durant lächelte. »Damit würde ich vielleicht noch warten.«
»Hä?« Frau Bortz spielte mit dem Glas. Nein. Sie hatte keinen Schimmer. Eine letzte Frage noch, entschied die Kommissarin.
»Hat Ihr Mann oder Ex-Mann eigentlich Lotto gespielt?«
»Pff! Er hat wohl alles gezockt, was möglich war. Er hat sogar damals, in den Neunzigern, mit seinen Kumpels darauf gewettet, ob dieser verunglückte Rennfahrer überlebt oder nicht. Ayrton Senna. Ich werde den Namen niemals vergessen.« Ihre Stimme wurde bitter. »Walter hat eine Menge Geld dabei gewonnen. Er hatte als Einziger auf Tod gesetzt.«
»Nun ja, vergessen wir mal die Vergangenheit«, sagte Julia Durant und knackte mit den Fingerknöcheln. »Ihr Ex hatte ein glückliches Händchen. Lotto-Jackpot.«
Es kam viel zu selten vor. Eigentlich nie. Deshalb fühlte es sich auch so verdammt gut an, jetzt mal die Fortuna spielen zu dürfen. Und der entgleiste Gesichtsausdruck ihres Gegenübers sprach Bände.
»*Wie bitte?*« Die Bortz stellte den Sherry weg und glotzte ziemlich belämmert über den Tisch. »Sagen Sie das noch mal.«
Durant berichtete von dem Gewinn. Frau Bortz sprang mit einem Quieken auf, umarmte zuerst sie, dann Hellmer. Sie rannte zum Kühlschrank, Glasflaschen klirrten in der Tür, und sie kehrte mit einem billigen Schaumwein zurück. Dann stockte sie, und ihre Bewegungen froren ein.
»Das Geld, ähm, ich bekomme doch etwas davon, oder?«
»Das müssen Sie Ihren Anwalt fragen«, erwiderte Hellmer. »Aber solange die Papiere noch nicht durch sind ...«

Frau Bortz gewann ihr Lächeln zurück. »Wunderbar! Darauf trinken Sie doch ein Glas mit mir, oder?«

»Wir sind im Dienst«, lehnte Hellmer ab, und es kam frostiger daher, als er es vielleicht hatte klingen lassen wollen. Er tat Julia leid. Konnte man überhaupt ein Leben führen, ohne dass ständig jemand von einem erwartete, dass man Alkohol trank? Dass man sämtliche Freude, Trauer, Glück und Ärger stets zum Anlass nahm, um Spirituosen in sich zu schütten?

»Aber ich darf doch«, gluckste Frau Bortz unbeeindruckt. Sie ließ den Plastikkorken ploppen, Schaum ergoss sich über ihre Hand und tropfte zu Boden. Und noch bevor sie die Flasche über ein halbwegs sauberes Glas hielt, versteifte sie sich, und ihre Miene wurde steinern.

»Ich bekomme doch etwas davon. Oder? Deshalb sind Sie doch hier, nicht wahr?«

»Bedaure. Das sollten Sie mit Ihrem Anwalt klären«, antwortete Julia Durant. »Meine Meinung zählt da nicht. Uns interessierte nur, ob Sie davon wussten.«

»Warum?«

»Weil es ein Eins-a-Mordmotiv ist«, konterte Hellmer, als wolle er sich an der Frau rächen.

»Ich glaube, es ist besser, wenn Sie jetzt gehen«, erwiderte Frau Bortz mit bebender Stimme und deutete in Richtung Tür. Durant wollte etwas Beschwichtigendes sagen, während Hellmer sich bereits in den Flur zurückzog, doch Frau Bortz fiel ihr ins Wort: »Ich habe weiß Gott genug ertragen. Da brauche ich mich nicht auch noch beleidigen zu lassen.«

Mit diesen Worten schob sie die Kommissare aus der Tür, die Hellmer bereits geöffnet hatte. Dann ein Knall der zufallenden Tür, und im nächsten Moment waren die beiden allein.

»Mensch, was sollte das denn?«, wollte Julia von ihrem Partner wissen.

Hellmer winkte ab. »Ich kann sie nicht ausstehen.«
»Musst du ja auch nicht. Aber hältst du sie wirklich für fähig, ihren Mann umzubringen? Ausgerechnet jetzt? Die Hälfte des Gewinns hätte sie doch reich genug gemacht.«
»Hör schon auf. Sie kann es ja gar nicht gewesen sein«, frotzelte Frank. »Die Spusi sagt, es sei ein Zweikampf zwischen Männern gewesen. Einer davon ist tot. Und der andere ist Peter.«
»Scheiße, das weiß ich auch«, murrte Durant, und ihre Laune trübte sich wieder deutlich. Sie waren so schlau wie zuvor, und das ging ihr gewaltig gegen den Strich.

19:15 UHR

Draußen auf dem Gehweg streckte Hellmer abwechselnd die Beine von sich. Es knackte irgendwo in den Gelenken, und er quittierte dies mit einem erleichterten Stöhnen.
»Selten so unbequem gesessen«, kommentierte er und neigte dann den Kopf. »Was ist los, Partnerin? Dich beschäftigt doch irgendwas.«
Julia Durant nickte. »Mir geht Jolene Maurer nicht aus dem Kopf. Schon die ganze Zeit nicht. Ich werde das Gefühl nicht los, dass wir uns den Hof ansehen sollten. Jetzt.« Frank Hellmer verdrehte die Augen. »Du willst jetzt noch in den Hintertaunus gurken?«
»Eppstein ist doch kein Hintertaunus. Das solltest du besser wissen als ich. Und ich fahr auch alleine, wenn du unbedingt nach Hause willst.«
»Was soll denn schon passieren?«, meuterte Hellmer weiter. »Maurer ist tot. Auch wenn es kein Selbstmord war: Jolene kann's nicht gewe-

sen sein, selbst wenn sie vollgepumpt mit Steroiden gewesen wäre. Die wiegt kaum ein Drittel von ihm.«
»Und was ist mit dem Arzt?«
»Was soll mit dem sein? Mal abgesehen davon, dass er es bestimmt nicht war, würde er garantiert nicht auch Jolene umbringen. Die ist schwanger, Mann, wahrscheinlich sogar von ihm. Und mehr Verdächtige haben wir nicht. Vermutlich ist sie auf ihrem Bauernhof im Niemandsland so sicher wie in Abrahams Schoß. Und wer weiß. Vielleicht liegt sie auch längst wieder in ihrem Loft und ist nur froh, mal ihre Ruhe zu haben.« Hellmer stieß Atem durch die Nasenlöcher. »So schnittig dieser Doc auch ist … Ich wollte ihn auch nicht permanent um mich haben.«
»Ach, ich weiß nicht.« Julia schüttelte den Kopf. »Dann lass uns wenigstens noch mal vor Ort nach dem Rechten sehen. Im Westhafen, meine ich. Wenigstens das noch. Der Taunus kann meinetwegen bis morgen früh warten.«
Hellmer lächelte erleichtert. Vielleicht hatte er auch ein schlechtes Gewissen, weil er sich zuvor so vehement gewehrt hatte. Jedenfalls sagte er: »Ich übernehme das mit Jolene Maurer, okay? Das bekomme ich auch alleine hin, und danach fahre ich direkt nach Hause.«
Dann wollte er wie selbstverständlich nach seinem Wagenschlüssel greifen. Fluchend stellte er fest, dass sich der Porsche ja noch immer außerhalb seiner Reichweite befand.
»Meinst du, die rücken den 911er schon raus?«, wollte er wissen.
Julia lachte auf. »Kannst ja mal bei Brandt anfragen! Aber ich schätze, die müssen ihn komplett auf den Kopf stellen.«
»Wieso denn das?« Hellmer kratzte sich unterm Kinn. »Ich habe ihn Kullmer ausgeliehen. Er ist damit gefahren. Punkt.«
»Und er hatte eine Messerstecherei«, ergänzte Julia. »Was, wenn er jemanden mitgenommen hat? Was, wenn Geld oder Drogen gefunden werden? Wenn er am Ende den Bortz selbst auf dem Beifahrersitz hatte. Oder wenn sich auf dem Leder Blutspuren finden.«

»Oh Gott«, stöhnte Hellmer auf und schlug die Hände vors Gesicht. »Das ist ja wohl nicht dein Ernst.«
Durant schluckte. Sie hatte übertrieben, gewiss. Sie hatte es unbedacht genossen, sich vorzustellen, wie Hellmer seine teuren Autositze blutverschmiert vors geistige Auge bekam. Wie er sich die Reinigung ausmalte. Den Ekel. Er war so unglaublich pingelig, wenn es um seinen Sportwagen ging. Aber dann war ihr ein ganz anderer Gedanke gekommen. Was, wenn das alles tatsächlich so war? Was würde das für Peter Kullmer bedeuten?

19:50 UHR

Man hatte die junge Frau ins Klinikum Hanau gebracht, was den Ermittlern Zeit verschaffte. Wohin auch sonst mit jemandem, dessen Identität nicht festzustellen war? Einer Person, die entweder in katatonisches Schweigen verfiel, wenn man sie befragen wollte, oder hinter einem Vorhang aus Tränen verschwand. Peter Brandt unterstellte ihr nicht, dass sie ihm etwas vorspielte. Aber insgeheim war er der Meinung, dass man sich grundsätzlich nicht mit Typen wie Salieri abgeben sollte. Dass man das Risiko gar nicht erst eingehen sollte, sich Alkohol, Drogen und der Willkür von mächtigen Männern auszusetzen. Doch das war blauäugig, deshalb behielt er den Gedanken auch für sich. Im Grunde konnte er dankbar sein, dass seine eigenen Töchter einen anderen Weg eingeschlagen hatten. Sie waren vielleicht nicht verheiratet, hatten keine Kinder, aber sie lebten ihr Leben. Glückliche Leben, wie sie beteuerten. Und nirgendwo waren Männer wie Bortz oder Salieri im Spiel. Das war weitaus mehr, als sich so mancher Vater erhoffen durfte.

Brandt wartete am Eingang auf Julia Durant. Ein seltsames Déjà-vu, wenn man bedachte, aus welchem Grund die beiden heute schon einmal hier gewesen waren.

»Gibt's was Neues von Doris?«, erkundigte er sich.

Durant schüttelte den Kopf. Sie hatte schon eine ganze Weile nichts mehr gehört. Aber keine Nachrichten bedeuteten in diesem Fall wohl gute Nachrichten.

Eigentlich hatte Julia Durant nach Hause fahren wollen, doch kurz bevor sie Hellmer am Präsidium absetzen konnte, hatte der Kollege aus Offenbach sich gemeldet. Kurzerhand war sie noch einmal aufgebrochen. An einen ruhigen Abend vor dem Fernseher war ohnehin nicht zu denken. Und die Arbeit lenkte sie auch ab. Von Kullmer. Von Paps. Von was auch immer.

Sie fuhren mit dem Fahrstuhl nach oben, und der Kommissar dirigierte sie vorbei an geschlossenen Türen und vorbeieilenden Kitteln. Es herrschte geschäftige Betriebsamkeit. Keiner schien sich für die Menschen ringsum zu interessieren. Jeder ging seiner eigenen Tätigkeit nach.

Jane Doe (auch wenn niemand diesen Namen laut aussprach) lag unter einer Decke, die sie bis zum Hals gezogen hatte. Es zeichneten sich kaum Konturen ab, sie wog kaum über fünfzig Kilo. Durant glaubte, ihren Hals mit nur einer Hand umfassen zu können. Ganz anders die Wangen. Auch wenn sie derzeit blass und schlaff aussahen, war das Gesicht des Mädchens doch ein hübsches. Volle Lippen, kleine Nase, runde Wangen. Und selbst mit geschlossenen Lidern war zu erkennen, dass sie ausgeprägt große Augen besaß.

»Osteuropa?«, hauchte Durant in Brandts Richtung.

Dieser hob die Schultern. »Weiß nicht so recht. Auch beim Akzent bin ich mir nicht sicher. Dafür hat sie einfach zu wenig von sich gegeben.«

Die Kommissarin erkundigte sich nach den medizinischen Befunden. Geschlechtsverkehr: eindeutig ja. Betäubungsmittel: sicher, aber die Analyse der Substanzen stand noch aus. Mageninhalt: nichts Auffälliges, hauptsächlich Flüssigkeit.
Na klar, dachte die Kommissarin. Eine solche Figur erhält man nicht, wenn man Pizza oder Currywurst in sich reinstopft. Oder dick belegte Salamibrote, schoss es ihr sofort in den Kopf, doch sie schob den Gedanken beiseite.
»Sie hat um die zwei Promille«, hörte sie Brandt sagen. »Und die Spusi hat Erbrochenes gefunden, wahrscheinlich von ihr.«
»Hm. Wie viel muss so jemand trinken, um auf nüchternen Magen zwei Promille zu bekommen?«, dachte Durant laut. »Das kann bei dem Fliegengewicht ja nicht viel sein.«
Sie dachte an den Maurer-Fall und bat Brandt, man solle nach hochprozentigem Alkohol suchen. Auch wenn es – außer über Kullmer und Bortz – keine Verbindung zwischen den Fällen gab ... Vielleicht war es eine neue Mode in der Stadt, den Alkoholgehalt von harmlos erscheinenden Drinks zu manipulieren. In Kreisen wie von Salieri oder Maurer brauchte man kein Rohypnol, um willige Mädchen um sich zu scharen. Nur einen kleinen Kick und sie machten alles, was man wollte. Und im Gegensatz zu K.-o.-Tropfen war das kreative Mischen von Getränken nicht per se verboten.

Als das Handy klingelte, fuhr Julia Durant erschrocken zusammen. Sie murmelte eine Entschuldigung und ärgerte sich, den Apparat nicht lautlos geschaltet zu haben, wie sie das sonst meist tat, wenn sie ein wichtiges Gespräch hatte. Nicht auszudenken, wenn ein Geständiger die Unterbrechung dazu nutzen würde, um seine Redebereitschaft zu überdenken, nur, weil ihre beste Freundin ihr von ihrer neuesten Affäre berichten wollte.
Stirnrunzelnd nahm sie das Gespräch an. Um diese Uhrzeit. Münchner Vorwahl. Sie hatte sie nicht eingespeichert, doch sie ahnte, wer ...

»Bestattungshaus Fuhrmann. Guten Tag, Frau Durant. Ich hoffe, mein Anruf kommt nicht ungelegen.«

»Um ehrlich zu sein«, wollte sie beginnen, doch schon fiel ihr die Stimme ins Wort: »Wir erledigen das ganz schnell, danke, dass Sie sich die Zeit nehmen.«

»Aber ich habe ...«

»Sie haben nichts zu tun, das ist korrekt«, säuselte der Mann. Er mochte keine dreißig sein, die Kommissarin hatte ihn nur ein Mal zu Gesicht bekommen. In Polohemd und mit gewachster Beckham-Frisur wirkte er so gänzlich anders, als sie sich jemanden vorgestellt hatte, der tote Menschen unter die Erde brachte. Andererseits: Sahen Mörder wie Mörder aus?

»Ich möchte gerne den Termin und ein paar Fragen mit Ihnen durchgehen«, sprach Beckham weiter.

»Entschuldigen Sie, ich bin mitten in einer Vernehmung«, stieß Durant hervor.

»Oh.«

Mehr hatte er nicht zu sagen. *Oh.*

»Können wir später telefonieren?«, fragte Julia mit wachsender Verärgerung.

»Wir machen es schnell, was halten Sie davon?« Ohne auf eine Antwort zu warten, fuhr der Bestatter fort: »Ich kann Ihnen die erste Juniwoche vorschlagen, um die Urne beizusetzen.«

Die Kommissarin riss die Augen auf. »Was? Es ist Anfang Mai!«

»Verzeihung. Aber kommende Woche ist Pfingsten. Danach Fronleichnam.«

»Und da stirbt man besser nicht, oder wie?«

»Frau Durant ...«

»Es kann doch nicht sein, dass ich einen Monat auf die Beerdigung warten muss!«

»Frau Durant. Bei einer Kremierung dauert es doch immer länger. Wir hätten frühestens den 25. Mai bekommen. Aber das wird zu

knapp. Der nächstmögliche Termin liegt am Dreißigsten, nach dem Fronleichnamswochenende.«
»Bleibt mir was anderes übrig?«
»Ich fürchte, nein.«
»Welche Uhrzeit?«
»Elf Uhr?«
»Mhm.«
»Bitte, Frau Durant, ich muss es noch einmal sagen. Drei Wochen sind bei einer Feuerbestattung wirklich nicht viel Zeit. Ich weiß, es fällt schwer, so lange zu warten.«
»Schon gut. Was passiert ... Ich meine, wo ist mein Vater die ganze Zeit über? Ist die Verbrennung dann auch erst am Dreißigsten?«
Der Mann erklärte ihr, dass das Krematorium einen eigenen Rhythmus habe. Dass die Verbrennung jederzeit nach der Freigabe durch den Leichenbeschauer passieren könne.
»Kann ich daran teilnehmen?«
Beckham druckste. »Es ist zumindest nicht unmöglich«, sagte er zögerlich. Doch Durant hatte den Gedanken längst wieder verworfen. Es hatte sich nur für eine Sekunde lang richtig angefühlt.
»Vergessen Sie's.« Sie winkte ab, auch wenn keiner sie sehen konnte. »War nur so ein Gedanke. Also dann der Dreißigste um elf Uhr.«
»Ist notiert. Dann kommen wir jetzt ...«
Diesmal war Durant es, die dem Mann ins Wort fiel: »Zurück zu meiner Vernehmung, genau.«
»Aber ...«
»Alles andere kann warten«, sagte sie scharf. »Es sind ja noch über drei Wochen Zeit bis dahin. Da wird sich schon eine Gelegenheit finden.«

»Wer war *das* denn?«, wollte Brandt wissen.
Nachdem sie es ihm erklärt hatte, meinte Brandt lapidar, man wolle es sich besser niemals mit ihr verscherzen, und Julia gab zurück,

dass er damit absolut richtigläge. »Wenn du eine Furie kennenlernen willst ...«, sagte sie gerade, als Brandt sie am Arm packte. Dann hörte Durant es auch. Die junge Frau hatte die Arme unter der Decke hervorgeschafft und rieb sich die Augen. Dabei brabbelte sie.
Sofort waren die beiden Ermittler bei ihr. Einer links, einer rechts. Sie hatten sich nicht gerade leise verhalten, das war ihnen klar, besonders Julia schämte sich für das energische Telefongespräch. Doch jetzt war es nicht mehr zu ändern.
»Wo bin ich? Was ...«
Zwei riesige Pupillen musterten den Raum. Zuerst die fremden Gesichter, dann die Umgebung, dann das Bett. Die Frau hob die Hände. »Was mache ich hier? Und wer sind Sie?«
Julia Durant wechselte einen eiligen Blick mit Peter Brandt. Er ließ ihr den Vorrang. Also griff sie nach der Hand der Unbekannten und nannte ihren Namen und Dienstrang.
»Können Sie mir auch Ihren Namen sagen?«, fragte sie direkt danach.
»Mira«, war die Antwort. Mira Irgendwas, Brandt machte sich eine Notiz. Durant hatte den Nachnamen nicht verstanden, weil das Mädchen sich zu Brandt gedreht hatte. Aber er hatte melodisch geklungen.
»Ich kenne Sie«, konstatierte Mira.
Brandt fing Durants Blick. Sie nickte ihm zu. Also sagte er: »Wir haben Sie in einem verlassenen Gebäude aufgefunden. Offenbar gab es dort eine Party, letzte Nacht. Können Sie uns etwas darüber sagen?«
Miras Linke schnellte vor ihren Mund. »Oh! Freya!«
»Wer ist das?«, hakte Brandt nach.
»Meine Freundin. Wo ist sie?« Die Frage klang angsterfüllt.
»Wir haben nur Sie gefunden ...«, wand der Kommissar sich um eine direkte Antwort herum.

»Ihrer Freundin geht es sicher gut«, setzte Durant nach und erntete einen dankbaren Blick von ihrem Kollegen.
»Können Sie uns sagen, woran Sie sich als Letztes erinnern?«
Mira überlegte angestrengt. Doch dann schüttelte sie den Kopf. »Kälte. Dunkelheit. Ich habe Schmerzen in den Beinen. Aber sonst …«
Ihr Deutsch war praktisch akzentfrei, wie Durant nebenbei registrierte. Sie drückte sich grammatikalisch korrekt aus und musste nicht erst nach den passenden Vokabeln fischen. So sprach nur jemand, der schon lange hier lebte oder sogar hier geboren worden war.
»Können Sie uns sagen, mit wem Sie dorthin gekommen sind? Wer alles dort war?«
»Viele Männer.«
»So wie Rico Salieri«, platzte es aus Brandt heraus. Mira zuckte zusammen.
»Salieri. Ja. Er hat uns mitgenommen.«
»Woher kennen Sie sich?«, fragte Durant.
»Nur indirekt. Über Freya. Freya hat eine Freundin …« Dann stockte Mira. »Was ist mit Freya?«
»Wir wissen es leider nicht. Aber wir finden es heraus«, versprach Brandt mit einem Lodern in den Augen.
»Bitte suchen Sie sie«, kam es fast flehend, und Mira griff nach Brandts Unterarm. Er versicherte es ihr.
»Gibt es noch etwas, an das Sie sich erinnern können?«, wollte Durant wissen. Doch es ließen sich nur einzelne Puzzlestücke aus dem Kopf des Mädchens abrufen. Sie hatte sich mit Freya in der Stadt getroffen. Eine Szenekneipe, in der auch bekannte Persönlichkeiten verkehrten. Salieri war aufgetaucht, hatte den beiden einen Drink spendiert. Danach seien sie mit ihm mitgefahren. Mira konnte sich weder an Uhrzeiten noch an andere Namen erinnern. *Männer.* Auch an Kullmer? Nein. Den Mann von dem Foto? Ach so, ja. Er habe mit Salieri getrunken. Danach habe sie ihn nicht mehr gese-

hen. Salieri hatte Mira mitgenommen, Freya auch. Sie hatten Sex gehabt. Erst zu dritt, dann waren sie getrennt worden.
»Und dann?«
Schmerzen. Finsternis.
Mira wimmerte und verfiel in eine Art Starre. Ausgerechnet in diesem Augenblick betrat eine Schwester das Zimmer und erklärte die Befragung für beendet. Brandt und Durant verließen das Zimmer. Mira würde die Nacht in der Klinik verbringen. Nun galt es, Antworten zu finden. *Namen*. Und Peter Brandt ließ keinen Zweifel daran, dass er sich persönlich hinter die Sache klemmen würde.
Lag es daran, dass Kullmer ihm ins Revier gefunkt hatte? Oder daran, dass Salieri ein Eintracht-Spieler war? Ein Frankfurter. Ein natürlicher Feind jedes Offenbachers.
Durant wusste, wie Peter Brandt tickte. Und ihr war klar, dass sie ihn begleiten musste. Nicht, dass er übers Ziel hinausschoss. Es reichte schon, wenn Kullmer das getan hatte.

20:35 UHR

Sie erreichten Salieris Wohnung, die im Westhafen lag. Ein Zufall, dem die Kommissarin keine Bedeutung beimaß, denn sie wusste von Kullmer, dass mehrere Spieler der Eintracht hier wohnten. Kein anderer Stadtteil schien derzeit so begehrt zu sein wie der alte Industriestreifen, der so lange ein Dasein als Schandfleck gefristet hatte – und trotzdem von stadttypischem Charme gewesen war.
Niemand öffnete die Tür. Schlief er schon? Als sich nach dem dritten Klingeln dann doch etwas regte, flammte die Hoffnung auf.

Doch es war nur eine zerzauste Brünette, die den Kommissaren verriet, dass Salieri in einer Kneipe am Feiern sei.
»Männerabend.« Dabei verzog sie verächtlich die aufgespritzten Lippen und winkte ab. Die Fingernägel so lang, dass sie als Fächer hätten durchgehen können.
Ob es einen Namen gebe.
Sie nannte ihn. Durant kannte die Lokalität. Ein rotes Ziegelgebäude, das früher mit Rohren und Kesseln vollgestopft gewesen war. Danach eine Weile Leerstand und drohender Verfall. Seit geraumer Zeit befand sich dort eine angesagte Gastronomie. Sie bedankte sich, ließ trotzdem ihre Visitenkarte da. Im Gehen hörte sie, wie Peter Brandt etwas auf Italienisch sagte.
»Was war das?«, wollte sie wissen, als die beiden wieder im Freien waren. Brandt grinste. »Ich habe sie nur ein wenig ... motiviert.«
Julia Durant hielt es für besser, nicht genauer nachzufragen.

Zehn Minuten später hatten sie Salieri gefunden. Er grölte gerade zu Gianna Nannini, die in unangenehmer Lautstärke ihre WM-Hymne von 1990 zum Besten gab. Durant glaubte, ein paar Gesichter zu erkennen, denen sie zwangsläufig begegnete, wenn ihr Kollege Kullmer alles mit seinen Sportnachrichten zupflasterte.
Salieri war alkoholselig. Schon wieder. Durant fragte sich, wann er sich denn sportlich betätigte. Oder ob er sämtliche Eskapaden mit seinem Leistungssport ausglich. Falls ja, wäre das beneidenswert. Selbst als (endlich erfolgreiche) Nichtraucherin mit halbwegs konstantem Lebenswandel fühlte sie sich durch das Jogging oft nur unzureichend ausgeglichen. Aber das mochte auch daran liegen, dass Salieri halb so alt war wie sie. Überhaupt, dachte sie, war es ein Unding, wie diese millionenschweren Superstars noch immer hofiert wurden. Bei mir würden die so hart trainieren, dass ihnen allen der Gedanke an eine feuchtfröhliche Party verginge.

»Wir haben ein paar Fragen zu letzter Nacht«, rief sie durch zu Trichter geformte Hände.

»Ich weiß von nichts«, wehrte der Fußballspieler ab und griff sich an den Kopf. »Blackout.«

Blackout. Auch so ein Begriff, dachte Julia, den man sich unter meiner Führung ganz schnell aus dem Vokabular streichen würde.

»Das glauben wir nicht«, meldete sich Brandt zu Wort.

»Ihr Problem.« Und damit stand Salieri einfach auf und wollte gehen. Doch Brandt packte ihn am Schlafittchen und zog ihn zu sich.

»*Mingia* ... Was ...«, empörte sich der athletische Südländer.

»Jetzt hör mir mal zu, Bürschchen. Wer feiern kann, der kann auch dafür geradestehen. Eine junge Frau liegt im Krankenhaus, und eine andere ist verschwunden. Blackout? Dass ich nicht lache! Ich will eine Speichelprobe, sofort, und ich will wissen, wo Freya ist. So heißt die Vermisste.«

Salieri wand sich frei. Im Augenwinkel nahm Durant wahr, dass irgendwer sein Handy gezückt hatte und das Ganze zu fotografieren schien. Sie malte sich aus, was passieren würde, wenn Brandt und Salieri auf YouTube oder Facebook auftauchten, und schritt zielstrebig auf die Person zu.

»Lassen Sie das!«

»Sie können mich nicht zwingen.«

»Ich kann das Gerät beschlagnahmen«, konterte Durant. »Potenzielles Beweismittel.«

Das Telefon senkte sich. Sie zwang sich zu einer eisernen Miene, damit ihr Bluff nicht aufflog. »Und jetzt löschen.«

Die Finger des Besitzers huschten über das Display.

»Auch aus dem Papierkorb«, beharrte die Kommissarin.

Es fluchte. Dann quittierte ein Systemklang die erfolgreiche Löschung.

»Und lassen Sie es in der Tasche«, sagte Durant im selben Moment, als hinter ihr die Tischdecke abgeräumt wurde und ein halbes Dutzend Gläser zu Bruch gingen. Sie fuhr herum und traute ihren Augen

kaum. Brandt und Salieri bildeten ein Bündel. Beide hatten die Hände in die Kleidung des anderen gegraben. Hellmers Rücken knallte auf die Tischplatte, seine Arme waren um Salieri geschlungen. Schon richtete sich das Bündel wieder auf, taumelnd und raufend keuchten sie sich Beschimpfungen zu. Worte, die so scharf klangen wie Skalpelle. Und plötzlich schnellte ein Handy in die Höhe. Dann noch eines. Durant stürzte auf die beiden zu und schob sich dazwischen. »Teufel noch mal, Schluss damit!«, keuchte sie und betete, dass sie die Streithähne auseinanderbekam, bevor jemand die Bilder einfing.
Das Italienisch, mit dem Salieri Brandt eine letzte Salve hinterherrief, verstand sie nicht. Doch sie musste nicht fragen. Es war mit großer Wahrscheinlichkeit äußerst bedrohlich gemeint gewesen.

»Ich sollte das besser alleine durchziehen, hm?«, schlug sie vor, als die Nachtluft Brandts Gesichtsfarbe wieder in einen normalen Teint verwandelte.
»Mir egal«, keuchte er. Seine Stirnadern waren noch immer geschwollen. Er zog eines der Wattestäbchen hervor, mit denen man Proben von genetischem Material nehmen konnte. Auch durch die schützende Plastikröhre konnte die Kommissarin erkennen, dass es benutzt war. Die Oberfläche war beschlagen.
»Ist das ...«
»Salieris DNA«, beendete Brandt den Satz und reichte ihr das Probenröhrchen. »Was du damit machst, ist mir wurst. Aber ich werde ihn mindestens für Hausfriedensbruch drankriegen.«
»Hausfriedensbruch.«
»Ja! Das Betreten des verlassenen Geländes war nicht genehmigt«, knurrte Brandt. »Und wenn sich herausstellt, dass er seinen Schwanz in die Kleine gesteckt hat, werde ich damit nicht hinterm Berg halten. Dann kostet ihn das erheblich mehr als läppische tausend Euro!«

*

Julia Durant war froh, als sie endlich zu Hause war. Das Präsidium hatte sich noch einmal gemeldet. Man hatte eine Bestätigung der Lotterie, dass außer dem Gewinner niemand sonst über dessen Identität in Kenntnis gesetzt worden sei. Das wäre nicht unüblich. Für den Rundfunk hatte man lediglich die Information bereitgestellt, dass es sich um einen Spieler aus dem Rhein-Main-Gebiet handele. Es habe zwar mehrfach Anfragen gegeben, aber die seien abschlägig beschieden worden. Jede Zeitung würde sich gerne damit brüsten, das Konterfei und ein paar private Details über den frischgebackenen Millionär als Aufmacher zu haben. Waren es doch Geschichten, die jeder liebte. Einer von uns, ein Durchschnittstyp, plötzlich kann er sich all das leisten, von dem er nie zu träumen gewagt hatte. Es stieß ihr bitter auf, als sie an Walter Bortz dachte. Was wohl mit dem Geld passieren würde?
Außerdem hatte Frank Hellmer sie versucht zu erreichen. Zweimal sogar. Er hatte eine Nachricht auf der Sprachbox hinterlassen, die Durant abhörte, nachdem sie aus ihren Kleidern geschlüpft war. Ihr Partner hatte sich einen Dienstwagen genommen, um nach Hause zu fahren. Dort erwartete ihn neben seiner Frau Nadine auch Elisa – Kullmers Tochter. Elisa würde die Nacht über bei den Hellmers bleiben, während Doris in der Hanauer Klinik ausharrte. Vielleicht war das auch der Grund, weshalb Frank dann doch keine große Eile gehabt hatte, um heim nach Okriftel zu fahren, sondern sich so bereitwillig für den Schlenker in Richtung Westhafen angeboten hatte. Um nachzusehen, ob Frau Maurer wieder zu Hause war. Ob in ihrem Penthouse Licht brannte.
Der erste Anrufversuch Hellmers war über einer Stunde her. Durant hatte ihn wohl schlicht überhört. Der zweite Anruf folgte unmittelbar darauf, und diesmal hatte Hellmer die Mailbox abgewartet: »Mensch, schläfst du etwa schon? Na, egal. Entwarnung in Sachen Jolene Maurer. In der Wohnung ist zwar alles dunkel, aber sie hat sich gerade bei mir gemeldet.« Hellmers Stimme klang erleichtert,

aber auch triumphierend. Als wolle er noch einmal betonen, dass er recht gehabt hatte, sich gegen die Fahrt nach Eppstein zu wehren.
»Es geht ihr gut, aber sie hat sich schon hingelegt. Alles Weitere dann morgen, okay? Schlaf gut weiter. Ich mach's auch bald.«
Auch die Kommissarin verspürt eine gewisse Erleichterung. Sie schlüpfte unter die Bettdecke, wo Hochgräbe bereits auf sie wartete. Er war über seinem Buch eingeschlafen, von ihm war nur ein leises Schmatzen zu hören. Nur ihre Gedanken sprachen noch, auch wenn sie nach und nach in Richtung Traumwelt hinüberglitten. Warum hatte Jolene Maurer gesagt, sie habe keine Familie? Wer verleugnete seine Angehörigen?
Aber was auch immer Frau Maurer über ihre Herkunft hinterm Berg hielt: Es musste bis morgen warten.

DIENSTAG

DIENSTAG, 10. MAI, 3:40 UHR

Julia Durant fand sich inmitten eines schwarzen Spiegels. Auf den zweiten Blick wurde ihr klar, dass es sich um ein Gewässer handelte. Sie sah an sich hinab. Sie trug ihr weißes Schlafshirt, die Füße waren nackt. Und sie waren nass. Mit einem Mal wankte alles, und ihr wurde flau. Dann registrierte sie die hölzerne Reling. Das Schwappen eines Ruders. Den Mann, der es in Händen hielt. Er trug eine schwarze Kapuze, die seinen Kopf in Dunkel hüllte. Sie duckte sich, um nicht über Bord zu fallen. Wollte dem Mann zurufen, der nur eine Armlänge entfernt und doch unendlich weit weg erschien. Doch sie war stumm. Nicht einmal ein lautloses Flüstern gelang ihr. Ein weißes Tuch flatterte nach oben. Ein Windstoß. Und da lag er. Pastor Durant. Zwei Münzen in die Augenhöhlen gedrückt. Es plätscherte und gluckste. Unter einen schrillen Schrei mischte sich Musik. *Don't Pay the Ferryman*. Eine Hand griff nach ihr, sie war kalt wie Eis. Die beiden Münzen ploppten aus den Augen ihres Vaters, und er rief: »Der Teufel! Der Teufel!«, und der gesichtslose Fährmann begann keckernd zu lachen und stampfte mit dem Pferdefuß ein Loch ins berstende Holz des Kahns.

»Nicht!« – »Lass uns frei!«

Julia erwachte aufrecht im Bett sitzend. Claus saß neben ihr, hatte einen Arm um sie geschlungen und griff mit dem anderen nach ihren gestikulierenden Händen.

»Schhhh, Julia, du hast nur geträumt.«
Der Bestatter. Fuhrmann. Ferryman.
Du bist wirklich nicht mehr ganz dicht, sagte sie sich. Es dauerte eine halbe Ewigkeit, bis sie wieder eingeschlafen war.

10:20 UHR

Bist du denn von allen guten Geistern verlassen?«
Peter Brandt hielt das Telefon instinktiv weg vom Ohr, damit die Stimme der Staatsanwältin ihm nicht das Trommelfell durchbohrte. Elvira Klein hatte diese gewisse Frequenz, diesen durchdringenden Klang, wenn sie aufgebracht war. So hatte er sie einst kennengelernt. Und lieben. Doch das gab dem Kommissar nicht das Recht, sich über gewisse Dinge hinwegzusetzen. Seine Lebensgefährtin nahm ihren Job äußerst genau und konnte es nur schwer ertragen, wenn Brandt eigenwillige Wege beschritt. Sie hatten es nie geschafft, ihre Berufe und das Schlafzimmer voneinander zu trennen. Meistens klappte das auch gut, denn immerhin spielten sie auf derselben Seite des Gesetzes. Aber jetzt?
Brandt fühlte sich wie ein Schuljunge, über dem ein Donnerwetter seiner Lehrerin niederging. Platzregen inklusive. Und das Schlimmste war: Elvira hatte recht. Und würde sie in diesem Augenblick vor ihm stehen, Gift sprühend und elektrisiert – Peter würde erregt sein von ihrer Leidenschaft. Doch stattdessen schnarrte die Alarm-Frequenz durchs Telefon, und er konnte nur betreten in die Zwischenräume murmeln.
»Was habt ihr euch nur dabei gedacht? Mann, Peter, dieser Typ ist nicht mal Deutscher!« Klar, dass es um Salieri ging. »Er beschäftigt ein halbes Dutzend Anwälte, allesamt laute, aufdringliche Italiener,

die mich am liebsten vierteilen und grillen würden. Typen wie du, mein Lieber, um das mal nicht zu vergessen. Salieri ist immerhin ein Landsmann von dir.«

Peter Brandt war zum Teil Italiener. Spross einer Gastarbeiterfamilie, die nach dem Krieg nach Deutschland gekommen war.

Elvira Klein schäumte weiter: »Das ist auch keine Frankfurt-Offenbach-Kiste. Da geht's nicht um die blöde Eintracht oder die dummen Kickers. Das ist ein Staatsbürger mit entsprechenden Rechten. Den kannst du nicht bedrohen oder respektlos behandeln, ohne dass das Konsequenzen hat. Verdammt!« Elvira atmete angestrengt durch und machte eine kurze Pause, bevor sie fortfuhr: »Jetzt sitzt mir hier die deutsche *und* die italienische Justiz im Nacken. Vielen Dank dafür!«

»Es. Tut. Mir. Ja. Leid.«

Peter Brandt hatte genug. Er wusste, dass Elvira recht hatte. Prinzipiell jedenfalls. Aber sollte er die Nennung eines Verdächtigen nur deshalb ignorieren, weil es sich um einen millionenschweren Prominenten handelte? Gewiss nicht. Und Julia Durant hätte das auch nicht getan.

Elvira murrte noch ein wenig vor sich hin, dann verabschiedeten sich die beiden. Aber nicht, bevor sie Peter das Versprechen abgenommen hatte, dass er den Fall Salieri nicht ohne Rücksprache weiterverfolgen würde.

Kaum, dass Elvira aufgelegt hatte, meldete sich Andrea Sievers. Vom Regen in die Traufe, dachte der Kommissar. Elvira und seine Ex Andrea waren so etwas wie dickste Freundinnen. Ein Umstand, mit dem er wohl nie klarkommen würde.

»Nimm du das mal«, sagte er zu Canan Bilgiç und streckte ihr den Apparat entgegen. Diese schaute zwar irritiert, griff aber zum Telefon.

Peter Brandt verließ das Dienstzimmer. Er brauchte frische Luft. Und er war sich sicher, dass der Anpfiff, den Julia Durant von der

Staatsanwältin bekommen hatte, nur halb so arg gewesen war. Wenn überhaupt. Am liebsten hätte er sofort im Präsidium angerufen, doch sein Handy war ja drinnen. Also lief er ein paarmal auf und ab, bis er Canans Gesicht hinter der Glastür erkannte.
Sie winkte energisch.

»Und das hast du auch wirklich richtig verstanden?«
Peter Brandt schämte sich, schon während er diese Frage stellte. Abgesehen von Canans erstklassigen Noten ...
»Deutsch ist meine Muttersprache«, unterbrach ihre unterkühlte Antwort seine Gedanken. »Also ja, *sì, evet*. Es ist dieselbe DNA, die sich bei Mira und bei der toten Frau Marić fand. Zwei Jahre Unterschied, dieselbe DNA.«
»Verdammt und zugenäht«, stieß Brandt durch die Zähne. »Walter Bortz?«
»Eben nicht. Es handelt sich um eine bisher unbekannte Person. Keine Treffer.«
Brandt dachte nach. Konnte es sich um eine Verunreinigung handeln? Man hörte ja immer wieder ... Aber nein. Nicht bei Andrea Sievers. Man konnte ihr vieles nachsagen (Peter fand, sie habe mindestens ein paar Defizite im emotionalen Umgang mit den Lebenden) – schlampig war die Rechtsmedizinerin jedenfalls nicht.
»Gut, okay. Dann müssen wir sehen, dass wir einen Treffer kriegen.«
»Können vor Lachen«, erwiderte Canan Bilgiç. »Ohne Vergleichsprobe kann das jeder sein.«
»Ach nee.« Peter Brandt grinste sie schief an. »Aber wir wissen, dass Bortz und Salieri miteinander zu tun hatten. Genau wie Maurer. Dann müssen wir eben dort weiterstochern. Gleichen wir die unbekannte DNA doch mal mit der von Salieri ...« Er unterbrach sich abrupt und biss sich auf die Lippe. »Scheiße.«
»Was denn?«, wollte Canan wissen und, wenn auch widerwillig, setzte Peter sie ins Bild.

Elvira Klein hatte sich unmissverständlich ausgedrückt. Er musste sich raushalten. Allerdings würde er die Fährte nicht kalt werden lassen, nur, weil sie ihm einen Dämpfer verpasst hatte. Polizei und Staatsanwaltschaft. Sie mochten zwar auf derselben Seite kämpfen, aber mit unterschiedlichen Waffen und Mitteln. So hatte Brandt sie damals kennengelernt, oh, er hatte die Klein sogar aus tiefster Seele verachtet. Bis es plötzlich *Klick* gemacht hatte. Bis aus den Funken sprühenden Wortduellen eine ganz andere Leidenschaft entflammt worden war.
Brandt beschloss, sich noch einmal unter vier Augen mit Elvira zu unterhalten. Außerhalb ihrer Büros. In anderer Atmosphäre. Denn wenn es darum ging, die schmutzigen Seiten Frankfurts auszuleuchten, wenn es darum ging, die Ratten aufzuscheuchen, die sich in den teuersten und elegantesten Etagen versteckten – dann war seine geliebte Staatsanwältin eine starke Verbündete.

Eine Viertelstunde später redete Brandt noch einmal selbst mit Andrea Sievers, die ihm mitteilte, dass Julia Durant den alten Fall bereits aufrollte. Er solle sich mit ihr in Verbindung setzen, und der Kommissar entschied, das im Verlauf des Tages zu tun. Bis dahin gab es noch eine Menge zu tun. Mira hatte den Nachnamen von Freya genannt, und nach drei Fehlschlägen hatte man die richtige Adresse herausgefunden. Dorthin würde er als Nächstes fahren.

11:05 UHR

Einige Kilometer östlich von Eppstein im Taunus.
Julia Durant ließ den Wagen ausrollen, bis er zum Stehen kam. Der Dreck war bis zu den Scheiben gespritzt, wie sie verärgert feststellte,

weil sie den Roadster erst für teures Geld gewaschen hatte. Inklusive Heißwachs. Das konnte sie jetzt gerade noch mal machen. Sie beobachtete einen hellbraunen Klumpen, der sich die Beifahrerscheibe hinabbewegte und eine Schmierspur hinterließ.

Dann sah sie den Hof. Hier oben musste auch Valentin Messner geparkt haben. Es sah fast idyllisch aus. Ein natürlicher Wall auf der einen, Hecken auf den anderen drei Seiten. Das Haus nicht modern, aber halbwegs gepflegt. Ein Anstrich würde ihm dennoch guttun, dachte sie. Niemand war zu sehen. Und ringsum nur freie Natur. Felder und Wiesen. Es musste Jolene schwergefallen sein, dieses Paradies zu verlassen. Dieser Eindruck zumindest drängte sich auf. Aber Durant wusste, dass sich hinter den schönsten Fassaden die dunkelsten Geheimnisse verbergen konnten. Sie wusste es nur allzu gut. Und nach allem, was Hellmer über Jolene in Erfahrung gebracht hatte, schien dieses Paradies für sie zur Hölle geworden zu sein. Die Hecken ihre Gefängnismauern.

Frank Hellmer saß auf dem Beifahrersitz und spielte mit einer Zigarette. »Sieht idyllisch aus, irgendwie. Aber wohnen möchte ich hier trotzdem nicht. Zu abgeschieden.«

Das stimmte wohl. Abgeschieden genug, um nichts mit anderen Menschen zu tun haben zu müssen. Niemand kam. Weder aus Neugier, noch, wenn man um Hilfe schrie. Und schon kehrte die Beklemmung zurück, trotz des weiten Horizonts.

»Ich bin gespannt, wie Jolene Maurer das sieht«, erwiderte Julia Durant nachdenklich. Sie legte den Rückwärtsgang ein, und der Opel erzitterte mit einem Knarzen.

»Schönen Gruß vom Getriebe«, spöttelte Frank.

»Na, ich habe mein Auto wenigstens noch.«

»Warum haben wir die Maurer eigentlich nicht mit hiergenommen?«, fragte sie, weil es ihr spontan in den Sinn kam.

Hellmer zog eine Grimasse. »Hätte ich sie vielleicht fragen sollen?«

»Na ja, vielleicht hätte sie es ja gut gefunden, noch mal in Begleitung aufzukreuzen. Dieser Ort löst ja ziemlich widersprüchliche Gefühle in ihr aus, nach allem, was man so hört.«

»Hm. Ich bin gespannt, wie sie reagiert, wenn wir es ihr erzählen. Darauf, dass wir da waren, meine ich.«

Durant schaute irritiert. »Wieso weiß sie das nicht?«

»Wann hätte ich's ihr denn sagen sollen?«

»Ich dachte, ihr habt telefoniert?!«

»Haben wir nicht. Sie hat mir getextet.«

»Bitte was?« Das durfte doch wohl nicht wahr sein! SMS konnten von jedermann verfasst werden. Julia sah ihren Partner entgeistert an. »Du hast nicht mit ihr gesprochen? Nicht ihre Stimme gehört? Nicht ...«

»Hä? Nein. Wieso auch? Sie war tagsüber nicht daheim, also habe ich ihr ein paar Nachrichten hinterlassen. Abends war auch keiner da, aber dann hat sie sich bei mir gemeldet. Ihre Antwort war eindeutig: ›Es ist alles in Ordnung, ich bin nur sehr müde. Bitte, können wir uns morgen treffen? Danke und gute Nacht.‹«

»Das ist alles? Per SMS?«

»Sí.«

»Oh Mann.« Julia hätte sich am liebsten vor den Kopf geschlagen. Vielleicht reagierte sie auch über. Aber was, wenn nicht? Was, wenn jemand sich Jolenes bemächtigt hatte und mit einer simplen SMS vorgaukelte, alles sei okay? Bei einer Entführung kam es auf jede Stunde an. Und immerhin warf der Tod von Siggi Maurer genügend Fragen auf. Es bestand ja auch, zumindest in der Theorie, die Möglichkeit, dass Frau Maurer sich bereits auf halbem Weg in ein fernes Land befand, mit dem Deutschland kein Auslieferungsabkommen hatte. Wenngleich sie ihr nach wie vor keinen Mord zutraute.

»Wenn uns da mal kein übler Patzer passiert ist«, brummelte sie und wunderte sich noch immer, weshalb Hellmer die Sache so blauäugig sah. Durant nahm ihr Telefon zur Hand und versuchte, bei Frau Maurer durchzukommen. Weder Handy noch Festnetz waren erfolgreich, was sie kaum noch wunderte.

Die beiden fuhren durch die Einfahrt, welche von akkurat geschnittenem Kirschlorbeer gesäumt wurde. Das Anwesen wirkte verlassen, dann aber hörten die beiden das Kreischen einer Trennscheibe. Erst bei genauerem Hinsehen war eine Bewegung zu erkennen. Es musste sich um Inga handeln, Jolenes Zwillingsschwester. So viel hatte die Recherche hergegeben. Inga Tiller, geboren einen Tag vor ihrer Schwester, was Durant zunächst stutzig gemacht hatte. Aber die Geburtsurkunden sprachen eine eindeutige Sprache: Jolene war drei Minuten nach Mitternacht zur Welt gekommen, Inga um 23:56 Uhr. Was damals nur sieben Minuten Unterschied gewesen waren, schlug sich bereits darin nieder, dass eine immer zuerst Geburtstag feiern durfte. Und nun stand die Frau in all ihrer Pracht (oder eher Macht?) vor den beiden Kommissaren. Sie trug eine schwarze Cargohose und ein fleckiges Poloshirt. Ihre Pranken umklammerten ein ölig glänzendes Metallteil, an dem sie zuvor herumgeschliffen hatte. Vermutlich gehörte es zu irgendeinem landwirtschaftlichen Arbeitsgerät. Überall an ihrem Oberkörper zeichneten sich Sehnen und Muskeln ab, erst auf den zweiten Blick waren die weiblichen Formen zu erkennen. Inga hob den Kopf nur langsam, wie ein müder Wachhund, und verzog keine Miene.
Durant und Hellmer wiesen sich aus. Inga quittierte das mit einer Art mürrischem Husten.
»Wir sind auf der Suche nach Ihrer Schwester Jolene«, sagte die Kommissarin.
»Jo ist nicht hier«, war die Antwort. Ihre Miene blieb vollkommen unbewegt.
»Sie war aber hier«, beharrte Durant.
Keine Reaktion. Stattdessen kreischte die Flex auf, und Funken stoben zwei Meter weit ins Nichts.
»Hey! Meine Kollegin hat Ihnen eine Frage gestellt!«, schrie Hellmer und suchte nach dem Stecker, um ihn herauszuziehen. Doch schon erstarb der Lärm, und Inga legte den Schleifer beiseite. Sie betrachtete ihr Werk. Dann blickte sie zu Hellmer. »Was denn?«

»Na, wir wollen wissen, ob Jolene hier war!«
»Sie wissen's doch schon.«
»Und was wollte sie hier?«
»Keine Ahnung.«
»Na kommen Sie. Es muss doch einen Grund haben, warum sie hier herausgefahren kommt. Offiziell gab es doch keinen Kontakt mehr zu ihrer Familie.«
»Interessiert mich nicht. Mir sagt hier eh keiner was.«
»Hm.« Das konnte stimmen – oder auch nicht. Durant kam eine Idee. »Es heißt, Jolene gehöre ein Teil dieses Anwesens.«
Ingas Gesicht wurde rot. »Pah!«
Das war zumindest eine eindeutige Reaktion. Wut. Das konnte jeder. Egal, wie hartgesotten man sich auch gab.
»Stimmt das denn nicht?«, bohrte Durant weiter und folgte den Blicken ihres Gegenübers, die für einen kurzen Moment in Richtung eines Gebäudes am anderen Ende der Freifläche zielten.
»Sie ist ja weg!«, sagte Inga.
»Ist es das dort drüben? Hat sie es vermietet?«
»Weiß ich doch nicht.« Sie legte den Kopf schief, als sei ihr etwas eingefallen. Doch dann kam bloß ein »Nein« hinterher.
»Also Nein? Oder wissen Sie es nur nicht?«
Inga stöhnte genervt. »Das Haus steht leer. Mehr weiß ich nicht.«
»Aber gestern war sie dort.«
»Mhm.«
»Was wollte sie?«
»Hat sie nicht gesagt.«
»Wir würden uns gerne dort umsehen«, sagte Hellmer unvermittelt. »Geht das?«
Julia Durant wartete gespannt. Oft passierte es, dass halbwegs pfiffige Gesprächspartner nach einem Durchsuchungsbeschluss fragten. Sich erkundigten, ob die Polizei so einfach in ein Haus eindringen dürfe. Manchmal genügte es, wenn man auf die Rückfrage antwor-

tete, dass es doch sicher nichts zu verbergen gebe. Ein Trick. Aber einer, der noch legitim war. Es gab zwei Möglichkeiten, fifty-fifty. Entweder, Inga Tiller war von der Sorte, die alles und jeden sofort mit Klageandrohungen überschüttete. Keine Seltenheit in Gegenden, wo man sich wegen Banalitäten mit den Nachbarn überwarf oder – wie hier – gar nicht erst welche in seine Nähe kommen ließ. Oder aber ...
»Na, meinetwegen.«
Ingas Gleichgültigkeit beendete Durants Gedankenstreifzug. So zäh sie als Gesprächspartnerin auch war; das war jetzt einfach gewesen. Schon setzte sich die stattliche Frau mit leicht gebeugter Haltung in Bewegung. Es war, als schleppe sie noch immer die Pflugschar (oder was auch immer sie da bearbeitet hatte) mit sich herum. Die Kommissarin sah sich noch einmal um und fragte: »Sonst ist niemand hier?«
»Nö.«

Die Kommissare folgten der einsilbigen Frau. Wie musste es für sie wohl gewesen sein, im Schein einer so hübschen Schwester aufzuwachsen? Die Ähnlichkeit der beiden beschränkte sich tatsächlich nur auf die Körpergröße, und selbst hier übertrumpfte die Ältere die Jüngere. Um fünf Zentimeter in der Höhe und einer Menge an Muskelmasse. War es ein Schutzmechanismus, um sich vor den gierigen Blicken des Vaters zu schützen? Julia Durant erinnerte sich, dass Hellmer einen möglichen Missbrauch erwähnt hatte. Um ein Haar wäre sie in einen offenen Kanal gestolpert, daher konzentrierte sie sich nun erst mal nur noch auf den Untergrund.
Ihre Schritte führten sie über brüchigen Betonguss, aus dessen Fugen immer wieder Grün hervorbrach. Fünfzigerjahre wie die meisten Gebäude. Auf den Dachflächen gewelltes Asbest, monoton grau, hier und da moosbewuchert oder mit einem schwarzen Film überlagert. Dann traten sie um eine Ecke, und auf den ersten Blick kam es

ihnen wie ein Vorher-Nachher-Foto vor. Das Nebengebäude wirkte wie ein greller Kontrast, wie ein Fertighaus aus dem Katalog. Alles war wie neu. Helles Holz, glänzende Dachziegel. Sicher weder hochwertige noch bauökologische Produkte, aber immerhin nicht so altbacken wie das restliche Anwesen.

Inga Tiller blieb stehen. »Auch rein?«, ließ sie mürrisch verlauten.

»Na klar.«

Sie klapperte mit einem Schüsselbund. Durant wusste nicht, was sie seltsamer finden sollte. Die Tatsache, dass sie einen Schlüssel besaß, oder die Tatsache, dass sie ihn fest an ihrem Bund trug. Hatte das etwas zu bedeuten?

»Wohnen Sie jetzt hier?«, wollte sie daher wissen.

»Nee, wieso?«

»Sie haben den Schlüssel an Ihrem Bund.«

»Na und?« Ihre sonst so leere Miene verzog sich zu einer spöttischen Grimasse. »Ist doch alles eins hier.«

»Wie meinen Sie das?«, hakte Hellmer nach.

»Jo ist doch eh weg.«

Sollte das eine Erklärung sein? Doch bevor die Kommissare etwas sagen konnten, drückte die Amazone die Tür auf und sagte: »So. Ist offen. Ich gehe eine rauchen.«

Durant wollte etwas erwidern, sah aber Hellmer den Kopf in Richtung Flur bewegen.

»Lass sie«, raunte er, als sie drinnen waren. »Sie kapiert nicht, was du von ihr willst.«

Durant sah durch die Strukturglasscheibe, hinter der sich die Umrisse des ungleichen Zwillings abzeichneten, die sich eine Zigarette anzündete.

»Was gibt's denn da nicht zu kapieren?«

»Sie ist in einer Seifenblase aufgewachsen. Für Gefühlsausbrüche gab es entweder Schelte oder Ignoranz. Oder sogar Schlimmeres. Mehr als Hunger, Durst und Kälteempfinden hat sie an Emotionen nie gelernt.«

»Und das weißt du woher?«
»Aus dem, was mir über Jolene berichtet wurde. Aus dem ganzen Umfeld hier. Und weil ich es kenne. Du weißt ja, es gibt da ein paar Menschen in meiner Familie ...«
Frank musste nicht weiterreden, denn Julia verstand nur allzu gut. In seiner Vergangenheit hatte es eine schlimme Scheidung gegeben. Inklusive Beziehungsabbrüche zu seiner Familie. Zu Kindern. Zu Menschen, von denen man erwarten sollte, dass Blut dicker wäre als ein verletztes Ego oder ein paar Krokodilstränen.
»Schon okay«, murmelte die Kommissarin. Vermutlich ärgerte sie sich nur, weil Jolene ihr nichts von alldem aufgetischt hatte. Dabei war sie es doch gewesen, mit der sie auf der Matratze gehockt hatte. Arm in Arm. Seelenverwandte in einem Kinderwunsch, die doch auf anderen Seiten standen. Hier eine junge Frau, die von ihrer Schwangerschaft völlig überrascht worden war. Die sie in ihrer plötzlichen, neuen Lebenssituation noch ziemlich fordern würde. Und da die Frau, deren Fruchtbarkeit niemals zum Tragen gekommen war, sosehr sie es sich auch gewünscht hatte.

Das Haus war großzügig geschnitten, wenn auch deutlich kleiner als das Penthouse im Westhafen. Zwei Bäder, drei Zimmer. Vieles wirkte so, als befände man sich in einer selten genutzten Ferienwohnung. Oder wie in der Ausstellung eines Möbelhauses. Teilweise eingerichtet, aber nicht mit Leben gefüllt. Gestellte Maklerfotos.
»Und das alles hier gehört ihr?«, vergewisserte sich Julia. Frank nickte. »Das hat Doc Messner zumindest behauptet.«
Warum aber war dann das Bett nicht bezogen? Wo hatte Jolene übernachtet? Die Kommissarin schritt ins Bad, betätigte den Lichtschalter und den Wasserhahn. Erst kalt, dann warm. Alles funktionierte, auch wenn es beim warmen Wasser einige Sekunden dauerte.
»Das begreife ich alles nicht.« Sie fuhr sich angestrengt über den Nacken. »Sie sagt, sie habe keine Familie. Kaum stirbt der Mann,

steht sie aber hier auf der Matte, anstatt sich von ihrem Lover trösten zu lassen. Was sagt uns das?«

»Ihre Familie wird's uns jedenfalls nicht sagen«, brummte Hellmer. Beide traten zurück in den Flur, und er stieß anschließend die letzte Tür auf, hinter der sich ein lichtdurchfluteter Raum verbarg. Sechzehn Quadratmeter schätzungsweise, gleich lang wie breit. So viel konnte sie bereits erkennen. Bevor Julia Durant begriff, wie ihr geschah, zogen zwei starke Arme sie wortlos in das Zimmer hinein.

11:15 UHR

Zur selben Zeit, im Institut für Rechtsmedizin, rauchte Dr. Andrea Sievers der Schädel. Sie wühlte in der Jackentasche nach ihren Zigaretten und eilte nach oben. Dort inhalierte sie einige Male tief, schloss die Augen und sammelte ihre Gedanken. Sie musste sich in Acht nehmen, dass sie nichts durcheinanderwarf. Also noch einmal ganz von vorne: Vor etwa zwei Jahren hatte es eine Tote gegeben. Ilka Marić. Sie stammte aus dem ehemaligen Jugoslawien. Der Fall war halbherzig verfolgt worden, und das auch nur, weil die Frau sich von einer Brücke auf die Autobahn hatte fallen lassen. Trotz Dunkelheit und Regen und mäßigem Verkehr hatte es eine Handvoll Augenzeugen gegeben. Und es hätten viel mehr sein müssen, dachte Andrea zerknirscht, doch wer konnte schon wissen, wie viele ignorante Arschlöcher einfach weitergefahren waren, ohne sich für den Vorfall zu interessieren. In solchen Dingen kannte sie kein Pardon. Genauso nachlässig die Polizei. Das Ganze wurde nach Wiesbaden abgegeben, und keiner schien böse darum gewesen zu sein. Was sollte man schon mit einer solchen Toten anfangen? Wer konnte wissen,

ob es nicht die häuslichen Verhältnisse waren, die sie in den Selbstmord getrieben hatten? Fall abgeschlossen.
Dass sie vor ihrem Tod Geschlechtsverkehr gehabt hatte, schien dabei nur eine untergeordnete Rolle zu spielen. Dass es Spuren von drei Männern waren, auch nicht. In *der* Gegend ... womöglich eine Prostituierte. Eine Frau, die keinen Beruf gelernt hatte, von der aber erwartet wurde, dass sie ihre Familie satt bekam. Sie hinterließ eine erwachsene Tochter und ein Kleinkind. Es gab außerdem einen Sohn, der das Geld offenbar verzockte, und einen Mann, der den Rest davon versoff. Eine kaputte Familie, in der die Männer das Sagen hatten. So viel hatte man ermittelt. Das Puzzle ergab, zumindest halbwegs, einen Sinn. Die Akte wurde geschlossen.
Dann die Sache mit Kullmer, Bortz und Salieri.
Plötzlich gab es eine Menge Proben. Walter Bortz war einer der Männer, dessen Sperma sich in der Toten von damals gefunden hatte. Genau wie Siggi Maurer. Nur konnte sie die beiden nicht mehr fragen, weil sie tot auf ihren Sektionstischen lagen. Aber dann gab es noch eine andere Probe. Salieri. Er hatte Sex mit Mira gehabt, wie es hieß. Der Abgleich stand noch aus. Doch vor zwei Jahren war er noch nicht in Frankfurt gewesen. Und auch in Miras Körper befanden sich weitere DNA-Spuren. Wem sie zuzuordnen waren, wussten sie noch nicht, aber zu Bortz passten sie schon mal nicht. Das Verblüffende dabei war aber, dass es sich um dieselbe Person zu handeln schien, die auch mit der toten Frau auf der Autobahn verkehrt hatte. Vor zwei Jahren. Verdammt!
Andreas Gedankenkarussell kreiste, nein, es raste. Hatte sie auch sicher keine Proben vertauscht? Konnte man Verunreinigungen ausschließen? Man hörte immer wieder von derlei Dingen. Beweisketten, die platzten, nur weil eine nichtig erscheinende Kleinigkeit schiefgelaufen war. Das durfte nicht passieren. Andrea Sievers wusste, dass sie alles noch einmal genau überprüfen musste. Die Tote von damals verdiente es. Vielleicht die letzte Chance, dass man ihre

Todesumstände aufklärte. Und dass die Männer, die sie in den Tod getrieben hatten, bestraft wurden.

Denn eine Sache hatte damals praktisch überhaupt keine Beachtung gefunden. Jedenfalls sah es nach den Akten, die Andrea kannte, so aus. Die Frau war barfuß gewesen. Mit hochgradigen Verletzungen der Fußsohlen. Der Regen mochte die Spuren verwaschen haben, doch sie musste über Geröll und Dornen geklettert sein. Jemand, der einen einfachen Ausweg aus seinem Leben sucht, würde sich nicht mehr derartig quälen. Dafür gab es genügend andere Möglichkeiten. Nein. Diese Frau war von ihren Peinigern in den Tod getrieben worden. Und damit war ein Suizid vom Tisch.

Jemand *musste* dafür die Verantwortung übernehmen.

Andrea tastete ihre Jeans nach dem Handy ab, doch dann fiel ihr ein, dass sie es unten hatte liegen lassen. Sie drückte die Zigarette auf einem Mauervorsprung aus. Grauer Sandstein, der von kleinen schwarzen Ascheflecken gesprenkelt war.

Andrea würde sämtliche Fakten noch einmal überprüfen. Und dann erst würde sie Julia Durant informieren.

11:30 UHR

Stille umgab sie. Ihre Augen wanderten durch den Raum, erst ziellos, dann begann sich das Puzzle zu sortieren. Ein hüfthohes Möbel, eine Wärmelampe, alles in hellen Creme- und Holztönen gehalten. Hier und da bunte Farbtupfer, die der stummen Leere eine Andeutung von Leben verliehen.

Julia Durant hatte nie ein Babyzimmer eingerichtet. Nicht einmal vor ihrem geistigen Auge. Wickeln, Baden, eine rustikale Wiege,

womöglich aus Familienbesitz. Über derlei Dinge hatte sie sich niemals auch nur ansatzweise Gedanken gemacht.
»Was ist das hier?«, hauchte sie schließlich.
»Na, ein Kinderzimmer«, flachste Hellmer, der ihre Worte nicht als ernst gemeinte Frage verstand.
»Logisch. Ein Kinderzimmer. Aber für wen? Es dürfte doch niemand ernsthaft davon ausgehen, dass die Maurer ihr Kind hier aufziehen wird.«
Hellmer nickte. Dann deutete er in Richtung Fenster, es zeigte in dieselbe Richtung wie die Haustür. »Vielleicht hat die geliebte der beiden Töchter ja auch etwas in Arbeit.«
Durant schüttelte ungläubig den Kopf. »Nein, Frank. Das glaube ich eher nicht.«
Sie fragte sich, ob die umliegende Region besonders gläubig war. Ob katholisch oder evangelisch. Und ob ihr im Haus Kruzifixe begegnet waren. Im Schlafzimmer hatte keines gehangen. Vielleicht war dies aber auch gar nicht relevant.
»Irgendwen findet jede Frau, glaub mir«, beharrte Hellmer. »Und wenn es nur für eine Nacht ist.«
»Selbst *wenn*, die werden sich doch kein uneheliches Kind hierherholen«, sagte sie daher mit einem vehementen Kopfschütteln. »Nicht hier auf dem Land. Das funktioniert nicht, glaub mir. Und außerdem dachte ich, dass diese Parzelle hier Jolene gehört.«
»Würde mich nicht jucken, wenn ich ehrlich bin«, sagte Hellmer gleichgültig. »Sie ist weg, die andere ist hier. Sie hat sogar den Hausschlüssel am Bund. Was interessiert es sie also, wer im Grundbuch steht. Alles innerhalb dieser Hecken ist *eins*. Gesetzbücher und gesellschaftliche Normen bitte am Eingang abgeben. Hier gelten eigene Regeln.«
Julia Durant wiegte den Kopf. Sie stammte selbst aus einer kleinen Gemeinde. Und auch wenn es die protestantische Diaspora in Bayern gewesen war: Konservativ, eigenbrötlerisch und nach außen hin

verschlossen waren dort nicht wenige Familien. Insbesondere auf den großen, vorgelagerten Höfen.

Ein Schauer lief ihr den Rücken hinunter, als sie mit dem Zeigefinger über die Wickelunterlage strich. Sie trat ans Fenster und hielt ihn prüfend ins Tageslicht. Kein Staub. Irgendjemand hielt dieses Zimmer sauber. Irgendjemand lebte in der Fantasie, dass hier ein Kleinkind einziehen würde. Hielt diese Fantasie, die vielleicht nur einem krankhaften, unrealistischen Wunschdenken entsprang, mit dem Staubtuch am Leben. Plötzlich wurde ihr eng um die Brust.

Sie wollte nur noch raus.

Weg von hier.

*

Hellmer war der Erste, der durch die Haustür nach außen trat. Ein Sonnenstrahl traf sein Gesicht, er musste niesen. Er blickte sich um. Von Inga Tiller keine Spur.

»Wo ist sie?«, hörte er seine Kollegin fragen.

Auf der anderen Seite des Gebäudes kreischte die Trennscheibe auf. Hellmer verzog das Gesicht. »Was hiermit beantwortet wäre.«

»Ich werd aus dieser Frau nicht schlau«, brummelte Durant und zog die Haustür zu.

Die beiden umrundeten das Haus und erreichten Frau Tiller, die gerade einige Metallbrocken aufsammelte und auf einen Haufen Bauschutt warf. Dann sah Hellmer nur noch, wie seine Kollegin ihn überholte und sich vor der anderen aufbaute.

»Wo ist Jolene?«, hörte er sie fragen.

»Weiß ich doch nicht«, erwiderte Inga. Wenigstens griff sie nicht wieder zur Flex.

»Aber sie war doch hier!«

»Na und?«

Hellmer schloss zu Durant auf und keuchte: »Wo wollte sie hin? Was hat sie gesagt? Weshalb ist sie nicht hier?« Seine Finger deuteten auf das Gebäude.
»Weil sie weg ist!«, kam es, deutlich lauter.
Auch der Kommissar verschärfte daraufhin seinen Tonfall: »Sie sind doch Ihre Schwester, verdammt! Und auch noch ein Zwilling. Herrje, das verbindet doch, oder nicht? Sie *müssen* doch etwas wissen!«
Aber vielleicht wusste Inga Tiller ja tatsächlich nichts.
»Wann haben Sie Jolene zuletzt gesehen?«, hakte Julia Durant nach.
»Ich meine vor ihrem gestrigen Auftauchen hier.«
»Weiß nicht. Sie ist ja schon länger weg.«
»Tage, Wochen, Monate?«
»Letztes Jahr oder so.«
»Also wusste hier niemand, dass sie schwanger war, korrekt?«
Hellmer nickte anerkennend. Solche Gedankenblitze waren nur Frauen vergönnt. Er überließ Julia das Gespräch. Einsilbig gab die Schwester zu Protokoll, dass sie es gewusst habe. Ab und zu gäbe es mal Nachrichten über Facebook oder WhatsApp, also zu Geburtstagen und Feiertagen.
»Und da hat sie es Ihnen gesagt?«
»Nee.«
Es war zum Mäusemelken. Musste man ihr wirklich alles einzeln aus der Nase ziehen? »Sondern?«
»Irgendwer hat's halt erzählt.« Inga Tiller hob die Schultern und zog eine Zigarette aus der Brusttasche. »Stand bei Facebook oder in der Zeitung.«
Sie setzte den Tabak in Brand und inhalierte tief. »War's das jetzt bald?«
Durant zuckte ebenfalls mit den Achseln. »Kommt drauf an.«
Einsilbig konnte sie auch.
»Auf was?«
»Ich will wissen, wo Jolene ist.«

»Ist mir egal. Hier ist sie nicht.
Und tatsächlich machte die Frau nun Anstalten wegzugehen. Doch Julia Durant stellte sich vor sie.
»Moment. Haben Sie sie vom Hof fahren sehen? In welche Richtung ist sie abgebogen? Und wann war das?«
»Ich sag's doch, ich weiß es nicht!«, blökte Inga und funkelte sie an.
»Dann können Sie auch nicht wissen, dass sie weg ist«, mischte Hellmer sich ein. »Ich habe sechs Garagen gezählt und x mögliche Verstecke für ihren Sportwagen. Sollen wir mal suchen gehen?«
»Mann!« Die Frau stampfte so fest auf, dass man fast befürchten konnte, sie bräche durch den gegossenen Betonboden.
»Komm, vergiss es«, sagte Durant zu Hellmer und drehte sich dabei mit dem Körper zu ihm. »Vielleicht weiß sie's ja wirklich nicht. Wir fordern ein paar Beamte an, dann haben wir Gewissheit.«
Hellmer verkniff sich ein Grinsen und nickte. Das Telefon lag bereits in seiner Hand, als sie die Schwester schnauben hörte.
»Was ist denn jetzt? Kann ich weg?«
Ja, das konnte sie. Julia Durant entließ sie mit den Worten, dass in Kürze ein paar Beamte klingeln würden. Es war ihr egal. So wie anscheinend alles, was um sie herum geschah.
»Was für 'ne Type«, sagte sie kopfschüttelnd, als Inga um die Hausecke verschwunden war.
»Jetzt klingst du schon wie Messner«, amüsierte sich Hellmer, wurde aber sofort wieder ernst. »Wenn die ganze Familie so ist«, fuhr er fort, »wundert's mich nicht, dass Jolene ...«
Wie aufs Stichwort meldete sich das Smartphone. Er prüfte das Display, drückte das Gespräch stumm. Keine zwei Sekunden später klingelte es erneut.
Durant sah ihren Kollegen fragend an. Hellmer formte mit den Lippen den Namen des Arztes, Messner. Und noch bevor sie ihm bedeuten konnte, dass er wohl besser rangehen sollte, hatte er das Gespräch bereits angenommen.

»Sie ist da«, verkündete Valentin Messner mit gepresster Stimme, und er klang außer Atem, als habe er die Stufen zu seiner Wohnung im Eilschritt genommen.
»Wer ist wo?«, fragte Hellmer nach.
»Na Jolene. Hier«, antwortete der Mann.
»Bei Ihnen?«
»Oben in ihrer Wohnung.«
»Gehen Sie zu ihr«, schaltete Durant sich ein, auch wenn sie sich nicht hundertprozentig sicher sein konnte, ob das eine gute Idee war. Messner und Maurer. Doch sie wollte es nicht riskieren, dass Jolene sich wieder in Luft auflöste und nicht erreichbar war. Sie musste mit dieser Frau reden, um jeden Preis.

*

Hellmer wirkte erleichtert, sodass Durant sich jeden weiteren Kommentar zu der Sache mit den SMS ersparte. Das würde ihm nicht noch einmal passieren.
Als der Opel gerade aus der Hofeinfahrt schoss, näherte sich ein Mercedes SUV in Metallicsilber. Ein grimmiger, schnauzbärtiger Zwerg am Steuer, eine gequält dreinblickende, hochgewachsene Graublonde auf dem Beifahrersitz. Zweifelsohne Jolenes Eltern. Und zweifellos fragten die beiden sich nun, wem das fremde Auto wohl gehörte. Durant fand den Gedanken höchst amüsant, wenn sie sich vorstellte, wie Inga Tiller ihnen mit ihrem begrenzten Artikulationsvermögen erklärte, dass es sich um die Kriminalpolizei aus Frankfurt gehandelt habe.

13:10 UHR

Es war keine einfache Aufgabe gewesen, Valentin Messner aus der Tür des Penthouse zu schieben, als diesem klar geworden war, dass die Kommissare ohne sein Beisein mit Frau Maurer sprechen wollten.
»Danke«, kam es von Jolene Maurer, und sie schenkte Hellmer ein müdes Lächeln.
»Es wäre hilfreich gewesen, wenn Sie etwas dazu gesagt hätten«, brummte der Kommissar.
»Was soll ich denn tun? Valentin ist immer für mich da. Ich kann doch nicht …«
»Sie wissen also auch, dass er Sie gestern verfolgt hat?«, erkundigte sich Durant und musterte die Frau scharf. Jolene nickte, doch sie ließ sich ein entscheidendes bisschen zu viel Zeit dafür. Das jedoch machte sie mit einer versteinerten Miene wett. Durant wusste, dass sie nichts gegen den Arzt sagen würde. Nicht jetzt.
Also fragte sie vorerst nicht weiter.
Julia Durant hatte von unterwegs Alina Cornelius verständigt und sie gefragt, ob sie bei dem Gespräch dabei sein könne. Leider befand sich Alina in Würzburg. Sie tat geheimnisvoll, vermutlich ein Rendezvous, aber Durant stand nicht der Sinn nach Rätselraten. Die Entfernung allerdings war zu weit, um sie auf die Schnelle zu überbrücken. Die Kommissarin hätte gerne jemanden dabeigehabt, der Jolene Maurers familiäre Lage beurteilen konnte. Besser, als sie oder Hellmer es vielleicht konnten.
Dann hatte Frank die Idee, das Gespräch mit dem Smartphone aufzuzeichnen. Sie baten Frau Maurer um ihre Einwilligung. Diese überlegte einige Sekunden, die Hand auf dem Babybauch liegend. Hellmer ließ den Kommentar fallen, dass man auf dem Präsidium ganz automatisch aufgenommen würde. Dies nötigte die angespannte Mutter in spe zu einem Nicken.

»Meinetwegen«, hatte sie gesagt. Zu verbergen habe sie ohnehin nichts. Und Julia Durant war noch immer geneigt, ihr das auch glauben zu wollen.

»Wir waren bei Ihnen zu Hause«, eröffnete Hellmer das Gespräch. Jolene schien nicht sofort zu verstehen, dass er damit den Taunus und nicht das Penthouse meinte. Daher fügte er hinzu: »Wir haben Ihre Schwester getroffen.«

»Okay. Und?«

»Ist das alles? *Und?*«

»Was soll ich denn sagen? Ich war dort. Jetzt bin ich hier.«

»Sie haben uns gegenüber ausgesagt, dass Sie keine Familie haben«, schaltete sich Durant ein.

Frau Maurer seufzte schwer. »Na ja, Valentin hat das ja bereits erklärt, oder?«

»Schon. Trotzdem steckt da ja etwas dahinter«, warf Hellmer ein. »Und wir ermitteln hier immerhin die Hintergründe zum Tod Ihres Mannes.«

Jolene Maurer hob die Achseln. »Aber was hat mein Familienkram denn da für eine Bedeutung?«

»Ganz einfach«, antwortete Hellmer. »Wir möchten ergründen, wer vom Tod Ihres Mannes profitieren würde. Da fallen mir gleich mehrere Personen ein, hinten, im Taunus, oder irre ich mich?« Er machte eine vielsagende Miene und schwieg.

Jolene schluckte. Und sie ließ sich eine Menge Zeit mit ihrer Antwort. Endlich sagte sie: »Sie konnten ihn nicht leiden, das gebe ich zu. Aber das war's auch schon. Meine Eltern sind böse Menschen, so schwer es mir auch fällt, das zu sagen. Sie haben mich so tief enttäuscht…«

»Also sehen Sie da keine Verbindungen. Kein Motiv«, sagte Hellmer.

»Welches Motiv denn?«

»Dass Sie und Ihr Kind zurück in Ihr Haus kehren.«

»Dorthin zurück?« Jolene riss die Augen auf und lachte. Es klang verbittert. »Niemals! Wie kommen Sie denn auf so was?«
»Nun ja, Ihr Mann ist tot«, äußerte Hellmer.
»Ja. Und das ist hart. Aber ein Grund weniger, meine Freiheit aufzugeben.«
»Ich fühlte mich da draußen eigentlich ziemlich frei«, sagte Durant wie beiläufig, auch wenn das nur die halbe Wahrheit war. Sie hatte die Beklommenheit ebenfalls gespürt, und zwar deutlich. Doch das wollte sie von Jolene selbst hören. »So im Gegensatz zur Innenstadt«, setzte sie nach.
»Pah! *Frei!*« Frau Maurer verzog spöttisch den Mund. »Ich kann Ihnen sagen, wie das aussehen würde. Ständig fährt jemand ums Haus, ständig klingelt jemand an der Tür, ständig glotzt jemand ins Fenster. Mach dies, tu das, komm hierhin, geh dahin.« Sie öffnete den Mund und deutete mit dem Zeigefinger hinein. »Zum Kotzen. Und genau darum ging es mir. Ich wollte noch einmal sichergehen. Noch einmal genau das spüren. Wissen, dass ich mich richtig entschieden habe. Dass es auch nach all dem Abstand noch da ist.« Sie atmete schwer. »Vielleicht können Sie das nicht nachvollziehen. Aber allein schon dieses Gefühl, wenn man da durch die Hecke fährt. Als schnüre sich einem die Kehle zu. Oder im Haus zu stehen und ständig zu prüfen, ob sich außen, hinter den Gardinen etwas bewegt. Zusammenzucken, wenn ein großer Vogel vorbeifliegt. Wenn die alte Stalltür um die Ecke im Wind klappert und bei jedem Schlag das Herz bis unters Kinn pocht, weil es klingt, als klopfe einer an der Haustür.«
Sie schwieg ein paar Sekunden. »Ich werde niemals dorthin zurückgehen.«
»Und doch haben Sie es getan«, sagte Durant. »Warum?«
»Ich musste.«
»Weshalb?«
»Ich wollte meinen Reisepass holen. Das habe ich nie geschafft, jetzt …«

»Sie wollen verreisen?«, unterbrach Hellmer sie.
»Nein. Also ja. Ich bin mir noch nicht sicher. Aber ich möchte es können. In ein paar Wochen geht das ja nicht mehr.«
»Frau Maurer, Sie können zu diesem Zeitpunkt der Ermittlung nicht einfach so verreisen«, schaltete sich Durant wieder ein. Das würde ja bedeuten, sie wolle sich außerhalb Europas begeben. Irgendwohin fliegen. Am Ende mit einem One-Way-Ticket.
»Verhaften Sie mich etwa?«
»Wie kommen Sie darauf?«
Hellmer half aus, indem er hinzufügte: »Sollten wir das denn?«
Jolene lehnte sich zurück und atmete tief. Dann lächelte sie. »Ich habe irgendwo gelesen, dass diese Fernsehsprüche in Wirklichkeit nicht gelten. ›Verlassen Sie die Stadt nicht‹ und so weiter. Solange ich nicht angeklagt oder verhaftet werde, bin ich frei. Und nein. Sie sollten mich nicht verhaften. Ich habe nichts getan. Außer natürlich meine Familie verraten.« Jolene kniff neugierig ihre Augen zusammen. »Haben Sie eigentlich mit denen gesprochen?«
Durant verneinte. »Bloß mit Inga.«
»Hm.
»Das klingt, als bedeute es Ihnen nichts«, sagte Hellmer.
»Nein. Aber Inga … ist eben Inga. Sie redet mit keinem, schon gar nicht mit Fremden. Oder war das bei Ihnen etwa anders?«
Durant lächelte und schüttelte den Kopf. »Sie haben sie gestern also auch getroffen?«
»M-hm.«
»Kennt sie Ihre Pläne?«
»Sie interessiert sich nicht dafür. Sie begreift auch nicht, weshalb ich so ein Problem mit meiner Familie habe. Sie wurde anders erzogen. Sie ist die Thronfolgerin, sie führt den Betrieb fort, sie hat sich ihrer Rolle ergeben. Dafür bekommt sie alles hinterhergetragen. Für den Rest der Welt interessiert sie sich nicht, auch nicht für mich. Das war schon immer so. Ingas Horizont endet an unseren Äckern, und

das genügt ihr. Sie käme mit allem anderen hier draußen einfach nicht klar.«

»Aber sie haben sich umarmt«, erinnerte sich Hellmer. So zumindest hatte Messner es ihm beschrieben.

»Stimmt.« Jolene neigte den Kopf. »Das mag mit Siggis Tod zu tun haben. Sie wünschte mir sogar ihr Beileid. Das war aber auch schon alles.«

»Noch mal. Kennt Inga Ihre Pläne? Weiß sie, dass Sie nicht zurückkehren werden?«

»Sie hat gefragt: ›Kommst du jetzt wieder?‹ Ich habe Nein gesagt. ›Nein, ganz sicher nicht‹, habe ich gesagt.«

»… und ihr dann Ihren Schlüssel gegeben?«, wollte Durant wissen.

»Wieso den Schlüssel?« Jolene reckte den Hals, vermutlich ein Reflex, um den Schlüsselbund zu erspähen. Sie hatte offenbar keinen Erfolg damit, fragte aber noch einmal: »Wieso meinen Schlüssel?«

»Inga hat uns Ihre Wohnung aufgeschlossen«, erklärte Durant, und Hellmer sagte: »Der Schlüssel befand sich an ihrem Bund, so, als gehöre er dort schon immer hin.«

Jolene Maurer lachte spitz. »Klar. Sie hat einen, mein Vater hat einen, so läuft das eben. Privatsphäre? Wozu denn? Wir sind doch alle eins.«

Julia Durant mahlte mit den Zähnen. Immer wieder kamen Verdachtsmomente auf, die sie an den möglichen Missbrauch denken ließen. Hatte es doch Jolene getroffen und nicht Inga? Hatte Inga sich rechtzeitig schützen können und die Begierden ihres Vaters auf das Püppchen gelenkt? Doch die Kommissarin kam nicht dazu, das Unaussprechliche in eine Frage zu packen. Schon ergriff Frau Maurer wieder das Wort: »Hören Sie. Ich hatte keine schlechte Kindheit. Alles war gut, solange ich mich fügte und keine eigenen Bedürfnisse hatte. Dann die Pubertät. Erster Freund. Seitdem ging es abwärts.«

»Und Ihre Mutter?«

»Ach. Der ging es doch selbst nicht besser. Sie hat vor vielen Jahren resigniert. Schuhe und Medikamente, damit hält sie sich am Laufen, im wahrsten Sinne. Alles, was man so bestellen kann. Es gab Phasen, da hat sie die Sachen an mich adressiert, um keinen Ärger zu kriegen. Das ist ihre Art, mit den Dingen klarzukommen. Sie hat mich dazu erzogen, den Absprung zu schaffen, aber hatte immer Panik davor, dass ich flügge werde. Und als ich mir schließlich meine Freiheit erkämpft hatte, wandte sie sich gegen mich. So wie alle anderen auch.« Jolene zog die Schultern hoch und drückte eine Träne weg. »Sie hätte es anders haben können. Ein Wort hätte genügt.«
»Wie meinen Sie das?«
»Sie hätte abhauen können. Zu uns. Oder wir hätten ihr etwas in der Stadt besorgt. Meine Mutter ist es auf diesem beschissenen Hof genauso ergangen wie mir. Nur sie hat aufgegeben. Und nun tickt sie genauso. Doch trotzdem …«
»Vielleicht kommt das ja noch.«
»Nein.« Jolene wehrte energisch ab. »Jetzt ist es zu spät. Ich bin heilfroh, dass wir uns gestern nicht begegnet sind. Sonst hätte ich am Ende noch ein schlechtes Gewissen.«
»Weil Sie sich gegen sie stellen?«
»Weil ich nicht das tue, was von mir erwartet wird. Und das, ohne dass man mir sagt, was genau eigentlich von mir erwartet wird. Soll ich rüberkriechen? Weshalb? Soll ich mich entschuldigen? Für was? Ich weiß es nicht, verstehen Sie, ich kapiere es nicht.«
»Nun ja, es scheint ja um das Haus zu gehen. Auch wenn Sie jetzt nichts mehr erben, haben Sie da nicht trotzdem eine ganze Menge bekommen?«
»Von wegen!« Frau Maurer sprang auf, fasste sich aber sofort an den Kopf, als würde ihr schwindelig. Julia Durant spannte sich an, ihr zu Hilfe zu eilen, aber Jolene sank bereits auf die Armlehne, in deren Innerem es metallisch knackte. »Ich besitze vielleicht ein Haus, das mag sein. Aber der Preis ist mir zu hoch. Ich will es

nicht, ich wollte es nie. Siggi und ich haben vielleicht den Fehler gemacht, das alles nicht rechtzeitig zu beenden. Uns nicht auf die Hinterbeine gestellt zu haben. Aber Sie kennen meine Eltern nicht. Ach ...«

Sie winkte ab. Dann zählte sie ein halbes Dutzend Beispiele auf. Julia Durant blendete einiges davon aus, was zu sehr ins Detail ging. Aber mit jedem Satz konnte sie ihr Gegenüber ein wenig besser verstehen.

»Bevor ich Siggi kennenlernte, wollte ich studieren. Am liebsten in Hamburg, Köln oder Berlin. Hauptsache, etwas von der Welt sehen. Das passte natürlich niemandem, und siehe da, ich bekam eine Ausbildungsstelle angeboten. Meine Mutter arbeitete damals noch im Nierenzentrum, und sie kennt da eine Menge wichtiger Leute. Ich wollte das nicht, ich wollte etwas völlig anderes machen.« Jolene seufzte. »Na ja, das war dann auch der Sommer, in dem ich Siggi begegnete. Ich brannte quasi durch, das erste Mal, dass ich die große Freiheit spürte. Wenn auch nur in Frankfurt. Meine Eltern drehten fast durch. In der Anfangszeit fuhr mein Vater fast täglich an der Wohnung vorbei. Damals war das noch im Nordend. Und meine Mutter rief an den Wochenenden an, um mich zum Hofkehren oder zum Staubwischen abzukommandieren. Dem hat Siggi aber einen Riegel vorgeschoben.« Jolene grinste. »Er hat einfach aufgelegt. So etwas hätte ich mich niemals getraut.«

»Und dann?«

»Dann wurden meine Großeltern krank. Sterbenskrank, so hieß es. Dabei waren es normale Alterserscheinungen. Aber es genügte, um mir ein derart schlechtes Gewissen zu machen, dass ich zurückging. Ich bin immer wieder auf diese Masche hereingefallen. Schließlich starben die Großeltern in kurzem Abstand. Schon auf dem Friedhof wurde verkündet, dass es ihr Herzenswunsch gewesen sei, dass ihre Enkel auf dem Hofgut bleiben würden.« Frau Maurer wischte sich

mit einem Seufzer über die Stirn. »Setzen Sie sich mal über solch einen psychischen Druck hinweg. Immer wieder, bei jeder Gelegenheit. Ich vermute, Sie haben das Kinderzimmer gesehen?«
Durant nickte.
»Da sehen Sie mal, *wie* krank das alles ist. Ich habe diesen Raum jedenfalls nicht eingerichtet. Und ich garantiere Ihnen, dass ich dort niemals ein Kind wickeln werde! Mag ja sein, dass die Wände darum *mir* gehören. Aber um über mein Leben zu bestimmen, muss ich anderswo sein. Dort, wo diese Krakenarme mich nicht mehr runterziehen können. Eines noch, zum Abschluss«, keuchte die Frau, die sich zunehmend in Rage geredet hatte, »und das ist der Gipfel von allem. Als klar wurde, dass Siggi und ich zusammenbleiben werden, dass wir weggehen vom Hof, haben sie ihm einen Privatdetektiv hinterhergeschickt. Um zu beweisen, dass er ein schlechter Ehemann ist. Damit ich mich scheiden lassen kann und noch mehr Kohle absahne.«
Durant war wie elektrisiert. Gegen verkorkste Verhältnisse konnte man wenig tun, besonders, wenn das hieß, sich gegen die eigene Familie zu stellen, anerzogenes Verhalten abzulegen. All das wusste Durant. Jolenes Schicksal oder das ihrer Mutter: keine Seltenheit. Alina Cornelius hatte ihr erzählt, dass die meisten ihrer weiblichen Klientinnen solche waren, die es nicht geschafft hatten, aus diesen Teufelskreisen auszubrechen. Stattdessen saßen sie bei ihr auf der Couch. Ende vierzig, die Kinder aus dem Haus, eine Depression auf der Seele. Doch die Sache mit dem Privatdetektiv ging über das übliche Maß hinaus.
»Moment, ein Detektiv? Wann genau?«
Jolene Maurer erhob sich und schritt zu einer Kommode aus hellem, fleckigem Holz. Ein neues Möbel, auf alt gemacht. Sie zog eine Schublade heraus und entnahm ihr ein Stück Papier.
»Detektei Simon Jensen.« Sie grinste. »Dass es so etwas überhaupt noch gibt.«

»Unterschätzen Sie das mal nicht«, entgegnete Hellmer. »Und er wurde sicher von Ihren Eltern bezahlt?«
»Mein Vater vermutlich.« Jolene schüttelte den Kopf. »Typisch. Nicht die Eier, meinem Mann offen entgegenzutreten. Aber dann hintenrum.«
»Nun ja, immerhin war Siggi Boxer«, wandte Durant ein.
»Ach, darum geht es doch gar nicht«, wehrte Frau Maurer ab. »Aber vergessen Sie es. Wollen Sie das Zeugs mitnehmen?«
Sie kramte eine Handvoll Fotos aus der Schublade und reichte sie Hellmer. Er bedankte sich und hielt die Bilder so, dass auch Julia sie sehen konnte. Sieben Mal Siggi Maurer. Fünf verschiedene Frauen. Die Posen, in denen sie sich befanden, schienen allesamt eindeutig. Mal auf dem Schoß, mal im Arm. Zwei Aufnahmen zeigten ihn hinter Glas, vermutlich eine Autoscheibe. Küssend.
Jolene Maurer ergriff wieder das Wort. »Sie brauchen nichts zu sagen. Ich kenne die Bilder. Sie lagen in der Post, ohne Absender. Aber ich weiß, wer sie mir geschickt hat. Und ich weiß auch von Siggis Leben, das wusste ich vorher schon. Er war nicht perfekt. Das Thema hatten wir bereits. Aber er hat mich geliebt. Und er ist mit seinen Schwächen und Fehlern offen umgegangen. Das ist mehr, als ich von zu Hause erwarten kann.«
Durant nickte nur und bedankte sich für die Fotos.
»Wir werden diesen Jensen einmal aufsuchen«, sagte sie dann. »Wissen Sie, ob er immer noch für Ihre Familie arbeitet?«
»Nein.«
»Okay. Das wird er uns ja sagen können. Wenn Sie möchten, informieren wir Sie darüber.«
»M-hm.«
»Noch eine letzte Frage.« Julia Durant stand auf, während sie weitersprach. Hellmer tat es ihr gleich. »Wo waren Sie, nachdem Sie den Hof verlassen haben?«
»Wieso ist das wichtig?«

»Routine«, ließ Hellmer wie beiläufig verlauten.
»Na gut. Ich wollte alleine sein. Verstehen Sie? *Alleine.*« Jolene fasste sich wieder an den Bauch und raunte: »Dabei bin ich ja nie wirklich alleine.«
Durant nickte, und die Frau sprach hastig weiter: »Verstehen Sie das nicht falsch. Ich möchte dieses Kind. Ich freue mich sogar darauf. Aber alles andere – das schaffe ich nicht.« Ihr Blick huschte in Richtung des Geländers. »Hier ist alles voll von Siggi. Ein Stockwerk tiefer Valentin. Und dann dieses verfluchte Haus. Ich wusste zuerst nicht, wohin ich sollte. Aber ich *konnte* nicht hierher zurückkommen. Wenigstens für eine Weile.«
»In Ordnung. Und wo waren Sie dann?«
»Ich bin durch die Gegend gefahren. Kreuz und quer. Dann war ich spazieren, etwas essen und habe mir eine Pension gesucht. Ach ja, und ein paar Hygieneartikel musste ich mir kaufen. Die Reise war ja eher ungeplant.«
»Geben Sie uns den Namen der Pension?«
»Klar.«
Jolene Maurer verschwand und kehrte mit dem Kassenbon einer Drogerie und einer Quittung zurück. Sämtliche Behauptungen, die sie getroffen hatte, ließen sich beweisen.

Frank Hellmer sah das anders. Als sich die Tür hinter den Kommissaren schloss, schnaubte er: »Da weiß jemand, wie ein perfektes Alibi auszusehen hat!«
Durant neigte den Kopf. »Findest du? Ich hatte das Gefühl, als sei sie größtenteils ehrlich gewesen.«
»Hm. Nein.« Hellmer fummelte an seinem Smartphone herum. Für eine Sekunde erklang Frau Maurers Stimme. Leise, etwas blechern, aber deutlich zu verstehen.
»Meinetwegen.« Julia deutete mit dem Daumen hinter sich, während sie treppab schritten.

»Aber du glaubst doch nicht, dass Jolene oben am Geländer stand und ihrem Mann den letzten Schubser versetzt hat?«
»Ich glaube gar nichts. Aber ich *weiß,* dass sie etwas verheimlicht.«
»Aha. Und woher?«
»Weil sie zu offen ist, in mancher Hinsicht. Zu kalkuliert. Wer sammelt schon Kaufbelege und Quittungen?«
Ich zum Beispiel, dachte Julia Durant. Sagte aber nichts.
»Sie hat ihren Pass geholt, das glaube ich ihr. Sie will sich absetzen, das ist auch klar. Und alles andere drum herum ist Show. Vielleicht musste sie noch ein paar dunkle Geschäfte erledigen. Vielleicht ist sie heute nur aufgetaucht, um ihre Siebensachen zu holen. Und Messner funkte ihr dazwischen, als er uns anrief. Hast du es nicht gesehen vorhin? So wirklich innig waren die beiden ja nicht gerade.«
Julia überlegte kurz, so deutlich war ihr das nicht aufgefallen.
»Ich sehe trotzdem kein Motiv«, sagte sie dann, und Hellmer klopfte sich prompt mit einem Lacher auf die Jacke, in der sich die Fotos befanden.
»Reichen ein halbes Dutzend nicht aus?«
»Nein. Von den Affären wusste sie auch so.«
»Behauptet sie.«
Hellmer gab nicht nach. Und so langsam bekam Durant das Gefühl, dass er einen guten Grund dafür hatte. Valentin Messner. Das Kind. Siggi Maurer als Störenfried. Ein Relikt, das man loswerden musste.
Die Kommissarin blieb so abrupt stehen, dass ihr Kollege prompt in sie hineinlief. Sie stolperten, und im Taumeln umklammerte Hellmer ihre Hüfte. Nur knapp entgingen sie einem Sturz.
»Scheiße, Frank!«
»Ich bin eben umwerfend«, grinste er und ließ sie los. Doch sein rasender Puls war noch immer zu spüren. Sie verharrten für eine Weile. Dann sagte Julia Durant: »Du, ich glaube das alles nicht.

Für mich ist Jolene Maurer ein Opfer ziemlich beschissener Umstände.«
»Gut. Kann sie ja. Aber werden Menschen nicht genau deshalb zu Tätern?«
»Mag sein. Aber nicht sie.«
»Wetten doch?«
Verdammt noch mal! Warum wollte plötzlich jeder mit ihr wetten?

14:15 UHR

Es war eine der Lebensweisheiten, die Pastor Durant seiner Tochter mit auf den Weg gegeben hatte. Nichts auf die lange Bank zu schieben. Wichtige Dinge sofort zu erledigen. Auch wenn Julia Durant nicht immer ein Paradebeispiel in der Umsetzung dieser Maxime war – den Privatdetektiv suchten die Kommissare sofort auf. Dass sie ihn in seinen Räumlichkeiten auf der Mainzer Landstraße antrafen, schien außergewöhnlich.
»Nur nach telefonischer Verabredung«, erklärte er lakonisch, ließ sich aber dazu herab, eine Ausnahme zu machen. Immerhin arbeiteten sie ja auf derselben Seite.
Julia Durant musterte die Räumlichkeiten, die nichts von den Serien-Detektiven der Achtzigerjahre hatten. Ein karger Raum, mühsam belebt durch einen Benjamini, dem die Hälfte der Blätter fehlten. Kaltweißes Licht. Ein paar großformatige Fotografien der Frankfurter Skyline. Und hinter einer Sichtschutzwand ein wirrer Haufen von Kabeln und allerlei elektronischen Geräten.
»Ich werte gerade Daten aus«, erklärte Jensen. Er war beinahe zwei Meter groß und breit gebaut. Vielleicht das Einzige, was ihm so

etwas wie Respekt verlieh. Der Rest seiner Firma hätte auch ein zweitklassiger Computerladen sein können, dem die Laufkundschaft fehlte.

Durant erklärte ihm, worum es ging.

»Maurer. M-hm. Schlimme Sache.«

»Sie meinen seinen Tod.«

»Den auch. Aber auch sonst. Ein klassischer Absturz, wie ihn Promis gerne hinlegen, wenn ihr Stern am Verblassen ist.«

»Geht das etwas konkreter?«

»Ich darf Ihnen meine Erkenntnisse nicht einfach so ...«

»Doch. Maurer ist tot. Es war womöglich kein Selbstmord.« Mehr wollte Durant dazu noch nicht preisgeben. »Rufen Sie Frau Maurer an, dann ...«

»Schon gut.«

Es musste komisch aussehen, wie ein Hüne die Hände in Verteidigungsstellung nahm, während eine kleine Frau von eins sechzig mit in die Hüften gestemmten Armen vor ihm stand. Hellmer jedenfalls hob sich die Hand vor den Mund und wirkte amüsiert.

»Ich gebe Ihnen alles, was Sie brauchen. Wie gesagt. Selbe Seite und so.«

Simon Jensen stieß eine Tür auf und kehrte kurze Zeit später mit einem Papierordner und einer Box voll CD-ROMs zurück.

»Das ist mein gesammeltes Material. Ich muss Sie vorwarnen. Vieles davon ist noch nicht ausgewertet.«

»Wieso nicht?«

»Weil ich die Arbeit eingestellt habe.«

Bevor sie fragen konnte, ob es dafür einen speziellen Grund gab, hörte Durant ihren Partner sagen: »Na, beginnen wir mal von vorn. Wie kam das alles denn zustande?«

Jensen kniff die Augen zusammen. »Sie wissen nicht ...?«, sagte er, setzte dann aber noch mal neu an: »Beauftragt wurde ich von den Tillers. Das wissen Sie ja bereits. Und der Kontakt kam über drei

Ecken zustande, es war ein anderer Klient von mir. Ein Zahnarzt, der seine Frau beschatten ließ, weil er glaubte, sie habe ein Verhältnis. Solche Sachen gibt's weiß Gott nicht nur im Fernsehen.«
»Wem sagen Sie das«, brummte Hellmer, und Jensen lächelte.
»Gut für meine Branche. Na, jedenfalls kannten sich der Zahnarzt und Frau Tiller irgendwie. Ist ja auch unerheblich. Als Nächstes jedenfalls klingelte sie mich an. Na ja, ich sagte ihr, dass ich nicht gerade billig sei. Das war ihr egal. Und ich betonte, dass ich wenig Lust habe, permanent in den Taunus zu gurken. Das sei auch kein Problem, hieß es. Meine Tätigkeit beschränke sich auf Frankfurt und Umgebung.« Jensen zuckte die Achseln. »Warum sollte ich also absagen?«
»Gut, weiter bitte«, drängte Durant.
Der Detektiv legte eine Hand auf die Kiste mit den Speichermedien und sagte: »Ich habe eine Menge herausbekommen.« Er räusperte sich. »So einen Fall hatte ich, mal unter uns gesagt, noch nie. Aber ich habe es beendet. Und zwar endgültig.«
»Klar. Wenn Maurer tot ist ...«, warf Durant ein, dann merkte sie, dass das vorschnell gewesen war. »Moment«, hakte sie nach, »*Sie* haben es beendet?«
Jensen nickte hastig. »Ja. Ich. Vor zwei Wochen oder so.«
»Warum?«, wollte Hellmer wissen.
Jensen trat von einem Bein aufs andere. Dann griff er sich unwillkürlich an den Magen.
»Das hat mehrere Gründe«, wich er aus.
»Hat er Sie bedroht?«, fragte Durant, einer Eingebung folgend.
»Hat Maurer Sie verprügelt?«, präzisierte Hellmer, nur eine Sekunde zeitversetzt.
»Themenwechsel«, knurrte Jensen mir finsterem Blick.
Durant rang sich ein beschwichtigendes Lächeln ab und schüttelte den Kopf. »Sorry, aber das bestimmen wir. Bitte beantworten Sie die Frage.«
Jensens Antwort kam zwischen den Zähnen hervorgepresst, und das mit einem Gesicht, als trüge er noch immer eine schmerzhafte Erin-

nerung an die Prügel mit sich. Doch es war nicht der Ex-Boxprofi gewesen, der ihm die Visage poliert hatte.

»So ein Südländer, mehr kann ich nicht sagen«, schloss er seine Ausführungen. »Habe ihn nur im Dunklen gesehen.«

Durant musste an Gorhan oder Vlado Marić denken. Nun ja, Vlado wohl eher nicht ...

»Wann und wo war das genau?«, wollte Hellmer wissen.

Jensen überlegte. »Samstags, glaube ich. Vor vierzehn Tagen. Müsste Hanau gewesen sein.«

»Könnten Sie den Angreifer identifizieren?«

»Kaum. Es waren Sekundenbruchteile. Er kam aus dem Nichts. ›Was machst du hier?‹ – ›Verpiss dich!‹ Dann muss er meine Kamera gesehen haben.« Jensen verzog den Mund. »Die hat mehr abbekommen als ich. Dumm nur, dass es eine Digitalkamera war.«

»Dumm? Weshalb?«, fragte Hellmer. Und überhaupt: Wer fotografierte heutzutage denn nicht digital?

»Tja.« Jensen grinste gequält. »Ich hab einen in die Magengrube gekriegt und bin in Richtung Auto gekrochen. Aber die Kamera flog ins Gebüsch, nachdem er sie total zerdeppert hat.«

»Weiter!«

»Am nächsten Tag habe ich die SD-Karte rausgeholt. Dieser Idiot. Auf der war nicht mal der kleinste Datenfehler.«

Die Kommissarin deutete fragend auf die CD-Sammlung auf dem Tisch. »Und diese Daten sind auch hier drin?«

»Yep. Datum, Uhrzeit und auch der Ort.«

»Gut«, sagte Hellmer. »Und deshalb haben Sie dann also Ihren Überwachungsjob quittiert, ja?«

Jensen nickte, aber Durant hakte nach: »Sie erwähnten vorhin mehrere Gründe.«

»Hab ich das?«

Beide Kommissare nickten auffordernd und schwiegen.

»Gut«, sagte Simon Jensen, »dann passen Sie mal auf. Ich weiß nicht, was für ein Bild Sie von meiner Branche haben, aber ich habe so etwas wie einen Kodex.«

»Und der wäre?«

»Ganz einfach. Ich bearbeite nur Fälle, die ich, hm, ethisch vertretbar finde.«

»Aha. Siggi Maurer ist ja nun nicht gerade ein makelloses Exemplar gewesen, aber ...«

»Ich spreche auch nicht nur von Maurer. Dessen Ansehen ist mir schnuppe, auch wenn man nichts Schlechtes über Tote sagen soll. Mir geht es vielmehr um die Tillers.«

Hellmer zog die Augenbrauen hoch. »Die immerhin Ihre Auftraggeber sind.«

»Das *waren* sie. Denn sie hatten wirklich niedrige Beweggründe. Die sollten ihr Geld in einen guten Therapeuten stecken oder einen Coach, einen Mediator oder meinetwegen einen Schamanen engagieren!« Jensen schnaufte empört. »Zuerst brechen die mit ihrem Kind, und dann versuchen sie, dessen Beziehung zu zerstören.«

»Haben sie das gesagt?«, fragte Durant.

»Na hören Sie mal, das ist doch offensichtlich. Mein Auftrag war es, Maurers dreckige Wäsche auszugraben. Sie haben ihn ordentlich schlecht gemacht und behauptet, dass er ihr sonst was antäte. Sie wollten Beweise. So viele wie möglich. Was weiß ich, was sie damit angestellt hätten. Doch für mich sah es tatsächlich so aus, als müsse ich ihre arme Seele von Tochter retten.«

»Hmm.« Hellmer knetete sich die Unterlippe. »Und dann passierte was? Sie schmeißen das Ganze hin, und jemand hängt den Maurer ans Geländer?«

Jensen zuckte zusammen. »Damit meinen Sie aber nicht mich.«

»Wer weiß.«

Schweiß trat auf die Stirn des Detektivs. »Hören Sie«, sagte er eindringlich und ruderte mit seiner Rechten, »ich bin ein harmloser Typ und gutmütig ohne Ende. Am liebsten mache ich elektronische

Überwachung, denn ich habe keine Lust auf Zuhälter, Schlägertypen, Mafiosi oder sonstigen Abschaum. Der Auftrag passte mir hinten und vorne nicht, aber die Schwiegermutter von Maurer stellte es so dramatisch dar. Als habe Maurer ihr die Tochter entrissen und in seinen Turm verschleppt, wo sie nun dahinsiechen würde, während ihr kleines Traumschloss leer steht.«
»Pathetisch bis zum Abwürgen«, kommentierte Hellmer und verdrehte die Augen.
»So hat sie es dargestellt?«, vergewisserte Durant sich.
»Wenn ich's doch sage«, beharrte Jensen. »Ich habe das Gesprächsprotokoll, da können Sie's nachlesen.«
»Wir glauben Ihnen auch so«, erwiderte Durant. »Vorläufig zumindest.«
Der Detektiv gewann allmählich seine Selbstsicherheit zurück. Er deutete auf einen teuren Kaffeevollautomaten.
»Ich würde gern ... Möchten Sie auch?«

Es dauerte einige Minuten, bis alle drei versorgt waren. Durant hatte in den Notizen geblättert, die Jensen ihr überreicht hatte, und betrachtete nun den knisternden Schaum, der ihren Cappuccino krönte. Sie fragte sich, ob es nicht an der Zeit war, sich einen solchen Apparat anzuschaffen. Sie ging im Kopf durch, wo in der Küche sie das Ungetüm wohl platzieren könnte und was Claus davon halten würde. Dann aber dachte sie daran, dass sie so ein Gerät wohl besser ins Büro stellte. Wann nahm sie sich schon die Ruhe, zu Hause Kaffee zu trinken?
»Rausgeschmissenes Geld«, murmelte sie geistesabwesend, und die beiden Männer blickten sofort zu ihr. Erschrocken zuckte sie mit den Mundwinkeln. »Habe nur laut gedacht. Aber noch mal zu Ihnen, Herr Jensen. Das alles klingt schon recht, hm, psychologisch. Auch vorhin, das mit dem Mediator und so. Ist das nicht ein wenig übers Ziel hinausgeschossen? Für einen Privatdetektiv?«

»Mag sein.« Jensen grinste schief. »Ich wollte es mit Psychologie probieren, aber ich bin eine Null in Mathe. Trotzdem kenne ich mich ein bisschen aus. Und der Fall Maurer ist ein klassisches Familiendrama – nur eben nicht so, wie es im Fernsehen abläuft.«
Durant schätzte, dass er auf TV-Krimis anspielte, entschied aber, sich dumm zu stellen.
»Wie läuft es denn da?«, fragte sie stattdessen.
»Na ja, irgendwer stirbt ...« Jensen schluckte und räusperte sich.
»Es ist ja wer gestorben«, lächelte Hellmer.
»Ja, aber nicht direkt in dem System. Nicht *in* der Familie«, betonte Jensen, dem schon wieder die Schweißperlen auf der Stirn standen. »Jolene ist ja weggegangen. Im Fernsehen rastet für gewöhnlich jemand aus, anstatt zu gehen. Oder jemand kehrt zurück, und dann stirbt jemand.«
»Die wenigsten unserer Ermittlungen laufen ab wie bei *Ein Fall für zwei*«, brummte Hellmer.
Durant allerdings schwieg. Denn die Motive, das musste sie Jensen lassen, waren immer dieselben. Im Fernsehen wie in der Realität.
»Wer hätte denn Ihrer Meinung nach sterben können?«, fragte sie.
»Der Vater«, sagte Jensen und reckte den Daumen nach oben, als begänne er eine Aufzählung. »Ermordet von seiner Ehefrau. Motiv: Freiheitsdrang. Sie will ihm entfliehen, will sich frei machen. Eine Form von Emanzipation, wenn wir es so wollen.«
Durant wollte etwas sagen, doch schon streckte sich Jensens Zeigefinger aus.
»Die Mutter.«
Durant zog die Stirn in Falten, denn sie hätte eher mit der Nennung der Schwester gerechnet. Mord aus Habgier. Die Prinzessin bekommt ein Schloss, die Königin geht leer aus. Also beschleunigt sie die Erbfolge ein wenig. Es klang absurd, aber ...
Jensen sprach weiter: »Es ist nur so dahingesponnen, aber Folgendes: Die Mutter will gehen. Der Vater tötet sie, weil er nicht zulassen

kann, dass jemand sein Reich verlässt. Er ist so erzogen. Einzelkind. Ein Narzisst wider Willen. Wer mich verlässt, ist mein Feind. Feinde müssen sterben.«

»Okay, das reicht jetzt aber«, unterbrach Hellmer. »Es ist ja keiner von denen gestorben. Tot ist Siggi Maurer. Gibt es dafür auch eine Theorie?«

»Jein.« Jensen schürzte die Lippen. »Am wahrscheinlichsten wäre da der Vater. Oder die Schwester, womöglich auch in dessen Auftrag. Oder eben beide. Aus demselben Grund. Töte denjenigen, der uns das Kind gestohlen hat. Dann wird sie wiederkommen, Enkel inklusive, und alles wird gut. Auch die Mutter stünde wohl hinter solch einem Plan.« Jensen nahm einen schnellen Schluck aus seiner Tasse. »Eine Gemeinschaftsproduktion also. Eine Intrige. Erst zerstöre ich das Ansehen des Opfers, und anschließend erledigt man ihn.«

Julia Durant rieb sich über den Hals. Es war plötzlich so heiß hier drinnen, oder kam ihr das nur so vor? Noch immer kämpfte ihr Körper mit den Begleiterscheinungen ihrer biologischen Uhr, und sie fand diese Symptome ganz abscheulich.

»Es wundert mich ein wenig, dass Sie einen Suizid ausschließen«, sagte sie dann. Ihres Wissens nach war noch keine offizielle Stellungnahme nach außen gegeben worden, in der man die Todesursache des Boxers als Mord einstufte.

»War es das denn?«, fragte Jensen mit einer vielsagenden Miene.

»Wir gehen nicht davon aus«, antwortete Hellmer so unverbindlich, wie es in dieser Situation noch möglich war.

»Na also. Hätte mich auch gewundert.«

»Wieso?«

Und wieder schnellte die Hand zu einer neuen Aufzählung nach oben. »Maurer kommt nach Hause. Zwei Personen betreten das Haus. Zwei Personen verlassen das Haus. Maurer ist tot.«

»Noch mal bitte«, forderte Hellmer.

»Woher wissen Sie das?«, wollte Durant zeitgleich wissen.

»Ich war da«, sagte Jensen.

»Ich dachte, Sie hätten hingeschmissen«, sagte Hellmer, doch Durant legte ihm die Hand auf den Arm und forderte den Detektiv auf, ausführlich zu berichten.

Siggi Maurer war nach Hause gekommen, weit nach Mitternacht und offensichtlich alkoholisiert. Er trat ein, das Licht im Treppenhaus ging an, kurz darauf folgte die Beleuchtung im Penthouse. Eine Weile später war alles erloschen.

»Ich gebe ja zu, dass ich mir ein paar Schlagzeilen erhofft habe«, gestand Jensen ein. »Deshalb bin ich an Maurer drangeblieben und auch an diesem Bortz. Die trafen sich an den unmöglichsten Stellen, und immer wieder trieben sich Salieri und andere Promis mit denen rum. Wissen Sie, was ein Foto bringen würde, das Maurer mit Koksnase zeigt?« Er dämpfte seine Stimme. »Jetzt vermutlich noch viel mehr als zuvor. Aber so etwas mache ich nicht. Jedenfalls bin ich an den Typen drangeblieben, weil ich wissen wollte, was da im Busch ist. In dieser Nacht schien aber nichts mehr zu passieren, also wollte ich mich vom Acker machen. Plötzlich kamen da zwei Gestalten. Keine Ahnung, wer die waren. Und dann ging bei Maurer das Licht wieder an. Und eine Weile später – paarundvierzig Minuten, um genau zu sein – verschwanden die Typen wieder. Das Licht oben blieb an. Und dann passierte gar nichts mehr.«

»Aha. Und weiter?«

»Nichts weiter. Es gab die Meldung über den Selbstmord. Aber ich dachte mir nichts dabei. Ich hätte mich auch noch gemeldet, wirklich, aber die Daten sind zum Großteil noch nicht ausgewertet. Und über die beiden Typen kann ich auch nicht mehr sagen. Irgendwie ging ich die ganze Zeit davon aus, dass es Nutten waren oder so. Na ja, und außerdem hatte ich dort theoretisch ja nichts verloren. Nachstellen ohne Auftrag. Sie wissen schon. Und ob Sie es glauben oder nicht, ich war schon kurz davor ...«

»Zu spät!«, erwiderte Durant verärgert, und auch Hellmer ließ seinen Frust verlauten. »Sie wollen doch ein Profi sein«, murrte er. »Strafvereitelung ist tausendmal schlimmer als Nachstellen. Oder wollten Sie das am Ende selbst aufklären und die Lorbeeren einheimsen?«

16:05 UHR

Julia Durant trottete die Treppe hinauf, die vom Erdgeschoss zu ihrer Wohnung führte. Sie war müde, hatte hämmernde Kopfschmerzen. Claus hatte sie nach Hause geschickt, wo sie ein paar Tabletten nehmen und sich etwas Ruhe gönnen sollte.
Sie schloss ihre Sicherheitstür auf. Die Tür war vergleichsweise neu und passte nicht so recht zu dem Ambiente des alten Hauses. Doch was nützte eine hübsche, antike Tür, wenn sie keine Sicherheit bieten konnte? Die Zeiten waren gefährlich, und die Hemmschwelle, Polizisten anzugreifen, war bedrohlich tief gesunken. Das hatte Durant bereits am eigenen Leib erfahren müssen. Sie kickte die Tür mit dem Absatz zu, dabei segelten die Briefe und Wurfsendungen zu Boden, die sie unter den Arm geklemmt hatte.
Lautlos fluchend dachte sie an Familie Maurer. Susanne, Julias Freundin, hatte ihr diese Wohnung überschrieben, als sie nach Frankreich auswanderte, ohne auch nur die geringsten Erwartungen daran zu knüpfen. Außer vielleicht, dass Julia damit glücklich wurde. Doch diese Art der Schenkung war wohl die seltenste Form von allen. Meistens ging es um Steuern. Grunderwerb, Erbschaftssteuer. Hessen war da kein billiges Pflaster. Und Frankfurt oder auch der Taunus sowieso nicht.

Was steckte hinter alldem?
Michael Schreck hatte ihr einen USB-Stick gebracht, den die Kommissarin kurzerhand mit nach Hause genommen hatte. Sie nahm Ibuprofen und ruhte eine Viertelstunde. Nun machte sich die Wirkung bemerkbar. Auf dem Sofa sitzend, mit angezogenen Beinen, widmete sie sich dem Inhalt von Schrecks Datenträger. Der Laptop auf Durants Beinen summte leise vor sich hin, das blaue Licht des Sticks flackerte.
Es gab verschiedene Ordner.

Fotos
Videos
Presse
Bortz
Sonstiges

Durant klickte sich im Presse-Ordner durch ein paar Meldungen. Die meisten kannte sie bereits. Doch es gab eine Meldung, circa ein Jahr alt, in der darüber spekuliert wurde, ob Maurer und ein paar andere Sportpromis hinter illegalen Wetten steckten. Ein paar Wochen später meldete dasselbe Blatt einen Erfolg. Geldwäsche im großen Stil, Steuerbetrug, unter den Hauptverdächtigen war auch Maurer. Doch von einem endgültigen Nachweis, einer Konsequenz, war nichts zu finden.
Durant betrachtete im Folgenden allerlei Aufnahmen in den Foto-Ordnern. Michael Schreck hatte das Internet fleißig abgegrast, es waren viele Dutzend Dateien. Nichts davon war besonders spektakulär. Maurer hier, Maurer da. Maurer vor zehn Jahren. Ein Muskelpaket, glänzend wie ein Brathähnchen, mit einem Siegergürtel um die Hüfte. Maurer heute. Ein alternder Star. Falten, schlaffe Haut, aber trotzdem noch immer mit einem beachtlichen Bizeps. In seinen Armen mal Jolene, mal irgendwelche Blondinen. Klassische

Revuebilder, wie es sie von jedem Promi gab. Erst eine Aufnahme, die Maurer zusammen mit Rico Salieri zeigte, ließ sie stutzig werden. Die beiden lachten miteinander, standen nicht nur zufällig am selben Fleck. Sie kannten sich. Durant klickte weiter. Und als sie auf einem anderen Foto Walter Bortz zu erkennen glaubte, beschleunigte sich ihr Herzschlag. Sie vergrößerte das Foto, sofort wurde es pixelig. Doch das war Bortz, ganz sicher. Sie wechselte zu dem Ordner, der seinen Namen trug. Dasselbe Foto. Schreck hatte die Datei sogar BORTZ_MAURER genannt. Im Hintergrund befand sich eine Leuchtschrift, die sie jedoch nicht entziffern konnte.
Bortz, Salieri und Maurer. Drei Typen, die zumindest auf den ersten Blick unterschiedlicher nicht hätten sein können. Und am allerwenigsten passte Bortz in dieses Bild. Was verband die Männer miteinander? Allein die Liebe zum Sport? Liebte ein Profisportler seinen Beruf tatsächlich? War ein Sportler auch ein Sportfan? Oder spielte man, wie Salieri es unverhohlen in Interviews zugab, einfach, weil man es konnte und weil man das seltene Glück hatte, damit Millionen scheffeln zu können?
War das die Art von Idolen, die jemanden wie Bortz zu einer ultrastarken Bindung an seinen Verein veranlassten? Oder hielt er seiner Eintracht trotz Salieri die Treue? Wie kam es, dass einer wie er in dieser Liga der Sportprominenz mitmischte?
Julia Durant verstand es nicht. Es war nicht ihre Welt. Gerade jetzt wäre ihr jemand wie Kullmer wichtig gewesen. Er kannte sich aus. Doch er war noch immer nicht bei Bewusstsein. Sie griff zum Hörer, um Doris Seidel anzurufen. Erkundigte sich, wie es ihrem Kollegen ging und ob es etwas Neues gäbe.
»Leider nein«, war die Antwort.
Aus medizinischer Sicht sprach nichts dagegen, dass Peter Kullmer aufwachte. Er müsse einfach nur die Lider heben und aus dem Schlaf zurückkehren. Doch aus irgendeinem Grund tat er es nicht.
Julia konnte die Verzweiflung, die aus Doris' Worten sprach, nicht

überhören. Viel mehr als der Kollege fehlte hier der Mann, der Vater, der Mensch.

»Melde dich einfach, okay?«, sagte sie zum Abschied, auch wenn es ein wenig hilflos rüberkam. Was sollte sie sonst auch tun?

Paps würde beten, dachte sie dann. Und auch wenn Julia schon ziemlich lange aus der Übung war und erst in der Nacht, als er gestorben war, wieder damit angefangen hatte, versuchte sie es erneut.

Lieber Gott ...

*

Frank Hellmer rief an, als Julia gerade in frische Kleidung schlüpfen wollte. Der neue BH hatte juckende Abdrücke hinterlassen, sie warf ihn achtlos auf die Doppelmatratze ihres Betts und entschied, ihn vorläufig nicht mehr zu tragen. Dabei war ...

Sie ließ das Handy sinken, obgleich sie das Gespräch längst angenommen hatte, und starrte auf die fein säuberlich zurechtgezupften Kissen und Decken.

»Sakrament!«, rief sie.

Aus weiter Ferne erklang eine vertraute Stimme.

»Was?«

Es war Hellmer, der da unter ihrem Handgelenk baumelte. Genauer gesagt seine Stimme aus dem Lautsprecher, die reichlich irritiert klang.

Durants Gedanken rasten. In ihrem Kopf setzte sich ein Memory zusammen, Bilderpaare fanden aus einem großen, wirren Haufen zueinander.

Das Bett. Jolene Maurer hatte sie auf einem perfekt gemachten Bett empfangen. Sie hatte darauf gesessen, angelehnt an Julia, die Hand auf dem Babybauch. Ein Bild, das sich der Kommissarin allein aufgrund der tiefen Emotionalität eingeprägt hatte. Wann hatte sie das Bett gemacht? Nach dem Aufstehen? Nachdem sie ihren toten

Mann gefunden hatte? Und würde ein Streit mit den zwei Unbekannten, die Jensen beobachtet haben wollte, sie nicht viel früher geweckt haben? Valium hin oder her?

»Hallooo!?«

»Frank, sorry«, keuchte sie, nachdem sie sich das Gerät zurück ans Ohr geklatscht hatte. »Ich rufe dich zurück, okay?«

»Was ist denn los?«

Na gut, dann eben sofort. Sie erklärte ihm, was in ihrem Kopf vorging. Hellmer hatte nichts dagegenzusetzen, außer einer Sache: »Das Valium hat sie aber doch erst danach bekommen, oder? Zwischen dem Fund ihres toten Mannes und dem Eintreffen der Polizei.«

»Na ja, das hat sie so ausgesagt«, erwiderte die Kommissarin, »ob es stimmt, steht auf einem anderen Blatt.«

Dieses Bild von Jolene Maurer passte ihr so überhaupt nicht in den Kram. Aber die Indizien …

»Befragen wir sie«, sagte Hellmer kurzum. »Ich hatte etwas anderes mit dir vor, aber das kann warten.«

»Und wie wir sie befragen!«, knurrte Julia Durant.

Sie konnte es nicht leiden, wenn man ihr etwas vormachte. Und Jolene Maurer hatte sie – die Sache mit ihren Eltern mit einberechnet – nun bereits zwei Mal belogen.

17:20 UHR

Eigentlich müssten wir zu Marić«, sagte Hellmer. »Er verdient es, zu erfahren, zu wem das Sperma in seiner Mutter gehört.«

Julia Durant beobachtete die Rücklichter ihres Vordermanns. Ein fremdes Kennzeichen, er steuerte ziemlich unsicher durch den

Stadtverkehr in Richtung Eschenheimer Turm. Sie dachte daran, dass die dortige Kreuzung ihn vermutlich vollends überfordern würde.

»Wie sich das anhört«, murmelte Durant nur. Das Sperma in seiner Mutter. Aber Hellmer hatte recht. Gorhan Marić war als Verdächtiger behandelt worden – und allem Anschein nach nicht gerade respektvoll. Sie konnte sich vorstellen, wie das bei manchen älteren Kollegen geklungen hatte.

Jugos unter sich – kannste nix machen – die Alte hat's jetzt sicher besser als vorher.

Wenig später erreichten sie den Maintower und dann das Wohnhaus der Maurers. Jolene öffnete sofort, Hellmer hielt sich, wie kurz zuvor mit seiner Partnerin vereinbart, im Hintergrund. Sein Job war es, das Ganze anteilslos zu beobachten, ohne Frau Maurer aus dem Blick zu lassen.

Sie hatte graue Augenränder und wirkte, als sei sie eben erst aufgestanden.

»Alles in Ordnung mit Ihnen?«, erkundigte sich Durant.

»Ja, geht schon.« Jolene tippte sich mit einem gequälten Lächeln auf den Bauch. »Mein Körper tickt jetzt nach einem anderen Rhythmus.«

»Hm. Gutes Stichwort. Wie war das noch mal in der Nacht auf Sonntag?«

Jolene gab sich irritiert. »Sonntag? Da ist doch … Das war die Nacht, in der …«

»Die Nacht, in der Ihr Mann starb«, unterbrach Durant sie betont sachlich.

»Was soll da gewesen sein?«

»Mir ist es nicht gleich aufgefallen, aber Sie haben in dieser Nacht nicht geschlafen. Jedenfalls nicht in Ihrem Bett.«

»Was?«

»Das Laken, die Decke«, erklärte Durant ungeduldig. »Niemand macht sein Bett, nachdem er seinen Ehepartner tot aufgefunden hat.«
»Ja. Okay.« Jolene schnaubte. »Aber niemand erzählt der Polizei, dass er ausgerechnet in dieser Nacht bei seinem Liebhaber war. Begreifen Sie das?«
Durant überlegte kurz. »Okay, Sie waren bei Messner. Das hätte ich mir denken können. Doch das wirft ein neues Problem auf.«
»Und das wäre?«
»Es wurden zwei Personen dabei beobachtet, wie sie die Wohnung betraten. Nachdem Ihr Mann das Licht gelöscht hatte.«
»Wie? Personen?«
»Zwei Personen. Genauso viele wie Sie und Herr Messner.«
»Aber wir waren bei Valentin. Wir ... Na ja, Sie wissen schon.« Jolene wischte sich eine Träne aus dem Auge, und ihre Stimme bebte. »Scheiße, Frau Durant, ich bin weiß Gott nicht stolz drauf.« Sie warf einen Blick in Richtung Hellmer, dann sah sie zurück zu Durant. Wollte etwas flüstern, doch die Kommissarin hob die Hand. Sie hatte verstanden.
Jolene Maurer hatte Sex mit ihrem Lover gehabt. Eine Liebesnacht, wie es viele davor gegeben hatte. Nur dass in dieser Nacht ihr Mann gestorben war. Ein Mann, den sie trotz allem noch irgendwie geliebt hatte. Der – wenigstens zu fünfzig Prozent – der Vater ihres Kindes war. Jolene musste sich furchtbar fühlen ... *wenn* sie die Wahrheit sagte.
»Gut, okay, wir nehmen das mal so auf«, beendete Julia Durant das Ganze. »Und bitte denken Sie haargenau darüber nach, ob Sie uns sonst noch etwas verheimlicht ...«
»Moment, Moment«, fiel ihr Frau Maurer ins Wort. »Was heißt denn überhaupt: *beobachtet?*«
Die Kommissarin wechselte einen raschen Blick mit ihrem Partner. Der deutete ein Kopfschütteln an.
»Eine Zeugenaussage«, antwortete Durant also ganz unverbindlich. »Routinearbeit. Wir gehen jedem Hinweis nach.«

»Jetzt verheimlichen Sie mir aber etwas.«
Julia Durant hätte am liebsten ein gepfeffertes Kontra gegeben, überging den Kommentar aber stattdessen.
»Wie gesagt. Wenn es noch irgendetwas gibt …«
Doch das Gespräch war an einem toten Punkt angelangt. Jolene Maurer gab zu verstehen, dass sie sich wieder hinlegen müsse. Die beiden nahmen das hin und verabschiedeten sich.
Vielleicht würde sie sich melden, vielleicht auch nicht. Durant war sich nicht sicher, aber sie versuchte, der Frau nachzufühlen, wie es ihr ging. Das schlechte Gewissen musste sie rasend machen.

Später im Auto rekelte sich Frank Hellmer in seinem Sitz. Irgendwo in seiner Wirbelsäule knackte es, und zwar so laut, dass Julia entsetzt die Augen weitete.
»Man wird halt nicht jünger«, grinste ihr Kollege. »Aber was anderes. Wenn die zwei Personen zuerst ins Haus gegangen sind und dann das Licht im Treppenhaus anging und dann erst das bei Maurer. Wer hat ihnen denn dann die Tür aufgemacht?«
»Stimmt.« Durant biss sich auf die Lippe, darauf hätte sie auch selbst kommen können. Andererseits war die Zugangstür fast immer offen gewesen, wenn sie dort gewesen war. Das umtriebige Hin und Her an einem Tatort konnte den Blick auf alltägliche Details doch ziemlich verschleiern. Mist!
»Und, was denkst du?«
Sie überlegte schnell. »Na ja, bleiben doch nur zwei Möglichkeiten. Entweder einer von denen hatte einen Schlüssel, oder jemand hat ihnen geöffnet.«
»Oder beide hatten einen Schlüssel«, beharrte Hellmer und spielte dabei eindeutig auf das heimliche Liebespaar an. »Keiner von denen ist derart abgebrüht«, wandte sie ein.
»Tja. Wir könnten wetten«, schlug Hellmer vor.
»Bloß nicht!«

Er hatte es sicher nicht so gemeint, doch nach allem, was die Kommissarin wusste, waren Glücksspiel oder, ganz allgemein, die Jagd nach dem Adrenalinkick einer der Hauptgründe für all das Übel, das sich seit Sonntag ereignet hatte. Und auch wenn es nur so dahergesagt war – es machte sie wütend.

»Maurer und Messner ziehen den meisten Nutzen aus allem«, beharrte Hellmer.

»Aber sie hätten das Haus nicht von außen betreten müssen«, widersprach Durant. »Warum sollten sie auf Maurer lauern, wenn er doch sowieso nach Hause kommen würde? Warum riskieren, dass er die beiden sieht?«

»Mag sein.« Hellmer nickte. »Das hätten sie auch bequem vom Türspion aus tun können. Trotzdem ist mir die Maurer nicht ganz koscher. Dafür verheimlicht sie uns zu viel. Das naive Dummchen nehme ich ihr einfach nicht ab.«

»Ich auch nicht«, sagte Durant. »Vielleicht sind wir nach all dem Datenmaterial von Jensen und Schreck ein Stückchen schlauer.«

»Erinnere mich nicht daran«, jammerte Hellmer.

»Na ja. Ich habe die ganzen CDs unserem Mike aufgehalst«, grinste die Kommissarin. »Ich sagte ihm, als Computerfuzzi ist das doch genau sein Ding.«

Hellmer lachte auf. »Vergraul ihn besser nicht.«

»Wieso?«

»Sonst kommt er am Ende nicht wieder.«

Julia Durant begriff noch immer nichts, und Hellmer klärte sie daher über Schrecks geplanten Wechsel in die USA auf.

Verdammt. Die Nachricht traf sie überraschend hart. Ausgerechnet Schreck. Ein Urgestein. Und war er nicht mit Sabine, einer ehemaligen Kollegin, liiert?

Wieder einmal merkte Julia, wie wenig sie von manchen Entwicklungen mitbekam, die um sie herum stattfanden. War sie so sehr mit sich selbst beschäftigt? War nicht sie es gewesen, die früher meist als

Allererste von allem gewusst hatte? Und warum konnten die Dinge nicht einfach so bleiben, wie sie waren?
Doch Julia Durant wusste eines nur allzu gut: Das Einzige, was beständig blieb, war die Veränderung.

17:55 UHR

Beide Kommissare hatten den Tag über nur hastig gegessen, wenn man Schokoriegel überhaupt als Mahlzeiten zählen konnte. Zu viel Zucker, zu viel Kaffee, das machte sich nun bemerkbar. Sie betraten den Imbiss von Gorhan Marić und sahen sich um. Schon draußen auf der Straße hatte es nach gebratenem Fleisch gerochen, und der Gedanke an einen Kebab ließ Julia Durant das Wasser im Mund zusammenlaufen. Ein Blick auf Hellmer genügte, um zu erkennen, dass es ihm ähnlich erging. Balkan und Döner. Da nahm es jemand wohl nicht so ernst mit der kulturellen Abgrenzung. Doch den meisten war es gemeinhin egal, ob ihr Fleisch Schaschlik, Kebab oder Gyros hieß. Hauptsache fettig, gegrillt und in Soße ertränkt. Genauso wollte Durant es in diesem Augenblick auch, während sie im Eingang innehielt und den Laden betrachtete.
Die Inneneinrichtung sah auf den ersten Blick wenig einladend aus. Auch Hellmer schien es nicht besonders appetitanregend zu finden, sagte aber nichts.
»Du hast auch Hunger, hm?«, fragte Durant ihn daher.
»Lass uns abwarten, wie das Gespräch verläuft«, schlug ihr Partner vor.
Gorhan Marić stand nicht persönlich hinter der Theke, sondern sie mussten erst nach ihm verlangen. Das gestaltete sich schwierig,

denn offensichtlich endeten die Deutschkenntnisse der Bedienung unmittelbar am Ende der Speisekarte.

Während die Kommissare warteten, jeder eine Dose Cola vor sich, musterten sie den Laden. Helle Bodenfliesen aus dem Baumarkt, viele davon bereits geplatzt. Grelles LED-Licht in einer alten Leuchtstofflampe. Ein ungesund ratternder Kompressor, der die gesamte Kühltheke in Vibration zu versetzen schien. Im Radio spielte fremdländische Musik. An den Wänden Fotografien von Fußballmannschaften, die weder Durant noch Hellmer kannten. Blinkende Spielautomaten. An einem hockte ein Mann, der nicht einmal den Blick gehoben hatte, als die beiden eingetreten waren. Außerdem gab es eine Pinnwand, an die neben einigen Flyern und Taxirufnummern auch aktuelle Zeitungsartikel gepinnt waren. Durant versuchte, die Überschriften zu entziffern. Da erschien endlich Gorhan.

»Sie schon wieder«, war die mürrische Begrüßung.

»Freut uns auch«, gab Durant mit spitzem Mund zurück. »Es gibt neue Erkenntnisse, falls es Sie interessiert.«

»Aha. Und?«

Andrea Sievers hatte die Kommissarin darüber in Kenntnis gesetzt, welche DNA-Spuren sie gefunden hatte. Siggi Maurer und Walter Bortz hatten mit Ilka Marić verkehrt. Für jemanden aus Gorhans Kulturkreis musste es unerträglich sein, solche Details zu erfahren. Und auch wenn er Durant zutiefst unsympathisch war, sie genoss es nicht, ihm die neuen Erkenntnisse mitzuteilen.

»Ilka« – sie verwendete ganz bewusst nicht den Passus »Ihre Mutter« – »hatte demnach sexuellen Kontakt mit Siggi Maurer und Walter Bortz.« Sie pausierte kurz. »Welche Erklärung könnte es dafür geben?«

Gorhan tat etwas, was die beiden Ermittler erschreckte. Er spuckte auf den Boden. Und dann stieß er hervor: »Sie war eine Hure. *Hure!*«

Hellmer räusperte sich. Er hatte die ganze Zeit über geschwiegen. Julia war heilfroh, dass er dabei war, denn sie wusste nicht, wie Gorhan sich ihr gegenüber sonst verhalten hätte.
»Herr Marić«, sagte Hellmer langsam, »es muss dafür doch etwas mehr geben. Hintergründe. Wie ist Ihre Mutter an diese Männer geraten?«
»Sie war nicht meine Mutter!«
»Ich kann verstehen, wenn Sie … enttäuscht sind«, reagierte Hellmer ein wenig hilflos, doch Gorhan schnitt ihm das Wort ab: »Nein. Sie verstehen gar nichts! Ilka war nicht meine Mutter!«
»Sondern?«
»Sie war Dinas Mutter, nicht meine. Sie war eine dreckige, kleine Hure, die sich nach dem Tod meiner Mutter bei meinem Vater eingeschleimt hat. Die sich mit Dina schwängern ließ, damit er sich um sie kümmern musste. So sieht es aus und nicht anders.«
»Haben Sie das irgendwo zu Protokoll gegeben?«, wunderte sich Durant, denn sie war sich sicher, dass sie sich an so etwas erinnern würde, wenn sie es in den Ermittlungsakten gelesen hätte. Doch da war nichts dergleichen gewesen – oder?
»Nein.« Gorhan lachte kehlig und öffnete den doppeltürigen Metallschrank, der sich neben dem Flaschenkühler mit Coca-Cola-Aufdruck befand. Grüne Flaschenböden kamen ins Bild, Aluminiumfolie, seine Hand verschwand und kehrte mit einer orangegelben Getränkedose zurück. Ein Logo, das die Kommissarin nicht kannte. Ein rotes X prangte darauf. Sicherlich ein Energydrink, dachte sie, während Marić weitersprach. »Wann hätte ich es denn aussagen sollen? Etwa, als ich unter Mordverdacht stand? Als man mich vor allen Nachbarn abführte? Oder als man den Fall dann endlich als vermuteten Selbstmord zu den Akten legte?«
Das klang überzeugend, das musste die Kommissarin ihm zugestehen. Niemand war verpflichtet, sich selbst zu belasten. Und ein derartiger Hass auf die Stiefmutter … Außerdem war Gorhan Marić ein Ausländer mit fragwürdigen Verbindungen ins kriminelle Milieu.

Auch wenn Justitia blind sein mochte und vor dem Gesetz alle gleich sein sollten – an seiner Stelle hätte sie vermutlich nicht anders gehandelt. Hasste er auch seine Halbschwester Dina? Projizierte er etwas auf sie? Und gab es da nicht noch ein kleines Kind? Wo war das? Und was war mit Dina? Fühlte sie sich schuldig für das, was ihre Mutter getan hatte? Schuldig gegenüber ihrem alkoholkranken Vater oder schuldig gegenüber Gorhan, weil er vermutlich ein anderes Leben führen könnte, wenn es die beiden Frauen nie gegeben hätte. Und das Kind.
Julia zupfte an Franks Ärmel und gab ihm mit einer Geste zu verstehen, dass sie reden wolle. Allein.
Doch Hellmer hatte bereits eine Frage auf den Lippen. »Glauben Sie denn an einen Selbstmord?«, fragte er in Marić' Richtung.
Dieser hob die Schultern. »Selbstmord? Nein. Unfall? Vielleicht. Aber jemand ist dafür verantwortlich. Das sollten Sie ermitteln. Oder geht Ihnen das alles am Arsch vorbei, weil wir Jugos sowieso alle kriminell sind?«
Durant zuckte zusammen. »Wieso glauben Sie das? Wir sind hier, oder etwa nicht?«
»Ja. Zu zweit. Damit Sie mich gleich wieder verhaften können.« Marić winkte ab. »Ach, verschwinden Sie einfach. Seien Sie ehrlich und lassen Sie's gut sein. Niemand interessiert sich für Gerechtigkeit.«

Fünf Minuten später standen die beiden Kommissare draußen. Es war eine saubere Gegend, das fiel ihnen erst jetzt so richtig auf. Keine leer stehenden Gebäude, kaum Graffiti, kein Müll in den Rinnsteinen. Keine Spielhöllen und Billigreklamen. Hellmer kaute an seinem Fladen, Durant hatte dankend abgelehnt, auch wenn ihr der Magen bereits in den Kniekehlen hing. Sie hatte auf einen Asia-Imbiss oder eine Pizzeria gehofft, aber es gab nichts. Ein Blumenladen, eine Volksbank, ein Metzger, der längst geschlossen hatte. Shit!
»Willst du beißen?«, fragte Hellmer.
»Nein danke«, wehrte sie ab. »Schmeckt er denn?«

»Zu scharf. Zu viel Knoblauch«, gab Hellmer kauend zurück.
»Schätze, das hat er absichtlich gemacht.«
»Ich weiß nicht. Meinst du?«
»Nein, war ein Scherz. Was hältst du von seiner Story?«
»Zweierlei«, erwiderte Julia Durant, und prompt stieg schlechte Laune in ihr auf. »Erstens kann ich ihn verstehen, zumindest teilweise, und zweitens ist das schlampige Arbeit. Aber so richtig schlampig!«
Wenn es etwas gab, das sie überhaupt nicht leiden konnte, dann, wenn Ermittler sich Pannen erlaubten. Oder, wenn diese Pannen am Ende sogar mit Absicht geschahen.
Hellmer stimmte zu. Er biss erneut ab, dann warf er den Rest in den Abfall, öffnete die Beifahrertür und sank auf den Sitz. »Wir müssen uns um das Kind kümmern«, sagte er.
Allerdings, dachte auch Durant.
Und zwar dringend.
Sie ärgerte sich maßlos darüber, dass es ihr offenbar entgangen war, dass sich ein Kleinkind in Marić' Wohnung befunden hatte. Beziehungsweise, dass es ein solches Kind überhaupt gab. Es hatte nirgendwo eine Rolle gespielt, fast genauso wenig wie Dina.
Julia Durant sah auf die Uhr. Dann rief sie im Präsidium an und ordnete an, dass sich jemand darum kümmern solle. Geburtsregister, Jugendamt et cetera. Und sie wollte mit jemandem aus Wiesbaden sprechen. Am besten mit den ermittelnden Beamten, mit jemandem, der ihr Rede und Antwort stehen konnte. Nach längerem Hin und Her und weil Hellmer ihr davon abriet, mit diesem Temperament bei den benachbarten Kollegen aufzulaufen, wählte sie eine Telefonnummer, die sie schon länger nicht mehr gewählt hatte.
Eine vertraute Stimme meldete sich.
»Hallo?« Sie gehörte Ex-Kommissariatsleiter Berger. Im Hintergrund lief Musik.
»Julia Durant hier.«
»Jetzt bin ich aber baff.«

Die Kommissarin erklärte in wenigen Sätzen, weshalb es kein reiner Höflichkeitsanruf war. Als Ilka Marić zu Tode gekommen war, hatte Berger noch im Chefsessel gesessen. Er kannte Gott und die Welt. Niemand eignete sich besser, um in alten Fällen herumzuschnüffeln, ohne jemandem auf die Füße zu treten. Berger erkundigte sich, wie es so lief. Er reagierte bestürzt auf die Sache mit Kullmer.
»Na, Sie lassen's ja ganz schön krachen. Ich hoffe, das wird wieder. Sie halten Kullmer doch nicht für tatbeteiligt?«
»Ich versuche, es zu verdrängen«, gestand Julia. »Doch er hatte definitiv Alkohol intus und zeigte eine ungewohnt große Leidenschaft für diesen Undercover-Einsatz. Wir dürfen auf diesem Auge nicht blind sein, auch wenn ich es ihm nicht zutraue. Nicht dem Peter, der er seit Elisas Geburt geworden ist.«
»Hm. Gut. Ich werde mich im Fall Marić umhören. Habe die Sache noch gut im Kopf. Es hieß damals von oben, wir sollen das Ganze abgeben.«
»Ja, aber warum?«
»Erstens, weil die Familie Marić keine Frankfurter sind. Und dann schaltete sich dieser alte Haudegen ein, Staatsanwalt aus Wiesbaden, und nahm es uns aus den Händen. Übergeordnete Interessen, parallel laufende Ermittlungen wegen anderer Delikte, was weiß ich. Sie waren damals im Urlaub, also war ich nicht böse drum. Sitzt dieser Gorhan denn eigentlich noch?«
»Nein. Ihm konnte nichts nachgewiesen werden.«
»Ach, stimmt. Das war der erste Erfolg der Wiesbadener.« Berger betonte das sonderbar und fügte hinzu: »Sie machten einen Suizid daraus. Fall gelöst.«
»Mit zweierlei Sperma im Körper, Reizwäsche und blutig gestochenen nackten Füßen?«, fragte Durant skeptisch und schnaufte. »Bei kaltem Regen und Sturmböen?«
»Wie auch immer. Sie können jedenfalls von Glück reden, dass Sie mich erreichen. Marcia und ich reisen viel, wir waren acht Wochen

in Kanada und an der Ostküste. Wobei ich mich auch freue, mal wieder von Ihnen zu hören. Hoffentlich nimmt Ihr Claus das nicht persönlich – Sie haben das doch mit ihm abgeklärt?«
Durant räusperte sich und nuschelte etwas. Dann: »Er kennt hier doch niemanden. Und außerdem haben Sie jetzt Zeit.«
Berger stöhnte auf und gab sich geschlagen. »Okay, ich forsche da mal nach. Aber lassen Sie es mich in meinem Tempo erledigen, klar?«
»Meinetwegen. Aber es steht eine Menge auf dem Spiel.«
»Schon verstanden. Ich melde mich. Ach, und Frau Durant?«
»Ja?«
»Diesen Spruch mit der Zeit … Sie haben ja keine Ahnung. Sagen Sie das nie wieder!«
Julia grinste und versprach es ihm.

Zehn Minuten später. Frank Hellmer war sonderbar schweigsam. Er hatte gefragt, ob er rauchen dürfe. Klar, immer. Julia kam damit klar, wenn er Tabakduft verbreitete. Sie hatte es geschafft aufzuhören. Vor Jahren. Aber sie roch es noch immer gerne. Und Franks Rauchschwaden einzuatmen war wie ein kleiner, ungefährlicher Rückfall für sie.
»Du bist so still«, sagte sie schließlich, während er inhalierte und aus dem Fenster sah. »Stimmt etwas nicht?«
Die Fassaden wurden höher und eintöniger. Wohnblocks. Ob man die Autobahn rund um die Uhr hörte? Ob die Wäsche, die auf den Balkonen über der Leine hing, nach Dieselstaub roch? Dann reagierte Frank auf ihre Frage: »Dieser Imbiss. Ist dir da was aufgefallen?«
»Irgendwie billig. Find ich.«
»Die Miete in der Gegend muss ziemlich hoch sein«, erwiderte Hellmer und wiegte den Zeigefinger hin und her. »Und dann dieser Nobel-Kühlschrank. Amerikanisches Modell, Edelstahl, mit Wasseranschluss und Eisbereiter. Der kostet so um die viertausend Euro.«

»Aha. Und das weißt du woher?«

Hellmer druckste. »Nadine und ich wollten uns so ein Teil mal in die Küche stellen. War aber nicht genug Platz.«

Durant zwinkerte ihrem Kollegen zu. »Klar. Eure Luxusprobleme will ich mal haben.«

»Hör doch auf. Es geht hier um Marić. Diese Klitsche, die er da betreibt. Das ist entweder eine Goldgrube, was ich mir beim besten Willen nicht vorstellen kann, oder eine Geldwaschanlage. Und dann diese Bilder, hast du die gesehen?«

»Die Zeitungsartikel?«

Hellmer verneinte. »Die Fotos von ihm meine ich. Zusammen mit dem halben Kader der Eintracht. Und eine alte Aufnahme von Siggi Maurer. Er im Ring, Marić außen an den Seilen.« Er runzelte die Stirn. »Das hast du nicht gesehen?«

»Wo hingen die denn?«

»Neben den Spielautomaten.«

»Scheiße. Nein.«

Durant biss sich auf die Unterlippe. Sie hatte den Glücksritter ebenso ignoriert wie er sie. Deshalb waren ihr die Fotos wohl entgangen. »Das heißt, Marić hat ein paar mächtige Freunde«, dachte die Kommissarin laut und überlegte schon, bei nächster Gelegenheit umzukehren. Salieri, Bortz, Maurer. Die Hinweise lagen alle so offensichtlich da, doch warum erkannte sie die Verbindung nicht?

»Wir sollten diesen Laden auf den Kopf stellen«, entschied sie mit grimmiger Miene und bat ihren Kollegen, sich mit der Staatsanwaltschaft in Verbindung zu setzen.

»Vergisst du da nicht wen?«, sagte Frank Hellmer. Er meinte damit Claus Hochgräbe, so viel war sicher.

»Klar. Dann erst ihn«, lächelte Julia Durant. Sie war nicht allzu böse, dass sie nicht mit Elvira Klein in Kontakt treten musste. Nicht nach dem letzten Telefonat mit ihr. Nicht wegen eines Beschlusses, der womöglich weitere Verbindungen zu Rico Salieri herstellte.

18:40 UHR

Michael Schreck erreichte die beiden Kommissare, als sie den Ginnheimer Spargel passierten. Frankfurts Fernsehturm mit den in hellem Purpur illuminierten Ringen, die wie überdimensionale Wurfscheiben über der Spitze lagen. Jeder hier wusste, dass das Fundament des Turmes in Bockenheim stand. Aber daran störte man sich nicht.
»Wir sind gleich bei dir, was gibt's?«, sagte Hellmer, der sich Julias Apparat geangelt hatte.
Mike klang aufgeregt, meinte aber, die paar Minuten habe es noch Zeit.
»Und worum ging es, hat er das gesagt?«, bohrte Durant nach.
»Um Jensens Daten«, sagte Hellmer. Mehr wusste er auch nicht.

Etwas später saßen die drei zusammen. Michael Schreck wirkte übernächtigt, was Julia ein schlechtes Gewissen machte, hatte sie ihm doch ungefragt das ganze Material aufgebürdet. Ewas fahrig begann er, seine Ergebnisse aufzulisten. Es ging dabei aber weder um die Maurers noch die Tillers.
»Walter Bortz?«, wunderte sich Durant.
»Ja. Eine ganze Menge. Er muss ihn ausgiebig beschattet haben.«
Simon Jensen hatte nichts davon gesagt. Weshalb nicht? Am liebsten hätte die Kommissarin ihn sofort herbeizitiert, aber sie übte sich in Geduld.
Es gab Fotos von einer Ackerfläche, der in einem verwucherten Hang endete.
»Rödelheim«, erklärte Mike, »dort, wo die Eschborner Landstraße über die A5 geht.«
»Ist das …«, dachte Hellmer laut und unterbrach sich wieder. Durant wusste, was ihm im Kopf herumspukte. Vor Jahren war ihm auf

der Autobahn eine Frau vor den Wagen gelaufen. Es war ein Fall, an den sie nur noch in ihren Albträumen dachte. Doch die Stelle, die Hellmer meinte, lag weiter nördlich. Am Nordwestkreuz.

»Das alte U.S.-Gelände«, folgerte sie daher. Ein fünfzehn Hektar großes Areal östlich der A5, mit zahllosen Lager- und Maschinenhallen. Seit Jahren dem Verfall preisgegeben. Das Gelände verfügte über einen stillgelegten Gleisanschluss, der in die Trasse der Kronberger Bahn gemündet hatte. Die Bahnüberführung befand sich ein Stück weiter südlich der Brücke der Eschborner Landstraße. Es war der Ort, an dem Ilka Marić zu Tode gekommen war.

Eine Aufnahme zeigte Bortz, wie er neben einem Motorroller stand.

»Was hat Bortz dort getrieben?«, fragte Durant. Es konnte kein Zufall sein, dass er sich am Ort von Ilkas Ableben herumdrückte.

»Das weiß ich nicht«, antwortete Schreck. »Aber das Foto ist erst letzte Woche entstanden. Und es gibt weitere. Er hat sich öfter dort herumgetrieben, wie es scheint. Wisst ihr da etwas?«

Durant erklärte kurz die Verbindung von Bortz zu Frau Marić. »Das schlechte Gewissen trieb ihn um«, schloss sie.

»Sehe ich auch so«, bestätigte Hellmer. »Da hat jemand eine Menge Schuldgefühle.«

Die Kommissarin griff zum Telefon und wählte Jensens Nummer. Es meldete sich nur die Mailbox. Sie legte fluchend auf, rief dann erneut an und hinterließ eine Nachricht.

»Ich habe eine ganze CD voll mit Bortz«, sagte Schreck. »Die Geo-Daten machen drei Orte aus, an denen er sich immer wieder herumgetrieben hat. Einmal das alte U.S.-Areal, dann eine Adresse in Sossenheim ...«

»Was ist mit Hanau?«, unterbrach Hellmer ihn.

Schreck runzelte die Stirn. »Wozu braucht ihr mich eigentlich noch, wenn ihr alles schon wisst?«

»Wissen wir ja gar nicht«, grinste Hellmer. »Zeig mal her, bitte.«

Sie klickten sich durch zwei Dutzend Aufnahmen. Sie zeigten das

verlassene Industriegelände in der Nähe von Hanau aus verschiedenen Perspektiven. Mal mit Bortz, mal ohne ihn. Die Dateien waren chronologisch sortiert. Es sah aus wie eine Ortsbegehung. Wie eine Inaugenscheinnahme, ob das Terrain geeignet sei ... geeignet wofür?
»Bortz ist ein paar der Gebäude abgegangen. Auf dem letzten Bild grinst er übers ganze Gesicht«, fasste Durant zusammen. »Er scheint zufrieden zu sein. Wann wurde das aufgenommen?«
»Vor vierzehn Tagen.«
»Hm. Also hat er langfristig geplant«, dachte sie laut. Schreck legte den Kopf schief.
»Das ist der Ort, an dem es Kullmer erwischt hat«, erklärte Hellmer ihm schnell. »Na ja, und Bortz kam da auch selbst ums Leben. Er lag im Gras, in der Nähe der Zufahrt. Eine üble Laune des Schicksals. Er scheint sich vor zwei Wochen ganz unbewusst die Location für sein Ableben ausgesucht zu haben.«
»Creepy«, erwiderte Mike Schreck und schüttelte sich.

Das Telefon klingelte. Simon Jensen, der sich umständlich dafür entschuldigte, dass er nicht sofort zu erreichen gewesen sei.
»Schon gut«, sagte Durant. »Wir werten gerade Ihre Daten aus. Sie hatten ein auffallend großes Interesse an Walter Bortz.«
Jensen räusperte sich. »M-hm. Kann ich wohl nicht leugnen.«
»Kommen Sie! Das geht auch ausführlicher. Sie sind doch keiner, der einen Fall zuerst hinschmeißt und dann über Tage hinweg ins Blaue weitermacht. Ach, über *Wochen*.«
»Gut, ja, ich gebe es zu«, antwortete Jensen zerknirscht. »Die Sache mit Maurer war eine riesige Nummer. Ich habe mir gedacht, ich sammle noch ein wenig weiter. Über Maurer, über sein Umfeld. Der trieb sich mit Bortz herum, aber auch mit Rico Salieri. *Mann! Salieri!*«
Julia Durant glaubte zu verstehen. Fotos von Salieri waren bestimmt sehr gefragt in der Klatschpresse.

»Sie rochen eine Story und wollten damit Geld verdienen.«
»Ja.« Der Detektiv räusperte sich und fuhr leise fort: »Vom Berufsethos allein wird man nicht satt.«
»Sie müssen uns alles sagen, was Sie wissen. Maurer ist tot, Bortz ist tot, und vor zwei Jahren starb an der A5 schon eine Frau.«
»Dachte ich's mir doch«, sagte Jensen. »Ich habe mich an diesen Bortz geheftet, weil er immer mit Maurer zusammen war. Dabei passten die gar nicht zueinander. Einmal kam er sogar in den Westhafen, vor zwei Wochen oder so. Bortz sah an diesem Tag richtig beschissen aus. Wie ein geprügelter Hund. Und er war definitiv alkoholisiert. Seitdem habe ich ihn genauer unter die Lupe genommen.«
»Das hätten wir übrigens auch gern früher gewusst«, antwortete Durant mürrisch.
»Ich kann nur sagen, dass es mir leidtut. Aber ich hatte ja selbst noch kein Gesamtbild. Und so richtig weiter kam ich auch nicht. Bortz steckte bis zum Hals in irgendwas drinnen, aber was das war, habe ich noch nicht kapiert. Kennen Sie den Film *Das zehnte Opfer? Running Man?* Oder *Battle Royale?* Ich habe da eine Theorie, aber leider fehlen mir die Beweise.«
Durant folgte Jensens Ausführungen gebannt. Vieles davon ergab einen Sinn. Labyrinthartige Gebäudekomplexe. Kameras. Männer mit einer Menge Geld und einem offensichtlichen Hang zu Wettspielen. In diesem Fall kam eine sexuelle Komponente dazu. Junge Frauen, gefügig durch Alkohol oder Drogen. War Ilka Marić damals ein Wetteinsatz gewesen? Waren die drei Kerle, von denen zwei nun tot waren und der dritte noch nicht identifiziert werden konnte, die Gewinner gewesen? Oder waren das bloß wilde Theorien? Befand sich der dritte in Lebensgefahr?
Durant wusste, dass sie dem Detektiv gegenüber keine Details ausplaudern durfte. Also behielt sie ihre Gedanken vorläufig für sich.

»Wir brauchen *alles,* was Sie über Bortz wissen«, sagte sie nur, »und zwar jetzt. Den Rest übernehmen wir. Und da Ihnen das so wichtig ist: Wenn die Sache aufgeklärt ist, werden wir Ihre Mithilfe gerne erwähnen.«
»Hm. Und die Bildrechte?«
»Übertreiben Sie es nicht«, gab Durant trocken zurück. Wenn Simon Jensen nur halb so schlau war, wie sie annahm, wusste er sehr genau, dass er mit seinen Fotos eine Menge Geld verdienen konnte. Auch ohne die Erlaubnis der Mordkommission.
Als die Kommissarin auflegte, lächelte sie. »Die Sache ist richtig groß, wie wir es bereits angenommen haben. Perverse Spiele mit Frauen. Alles, um ein paar gelangweilten, geilen Säcken einen Kick zu verschaffen. Aber das Allerbeste ist, dass wir Bortz' neue Wohnung kennen. Jensen ist ihm dorthin gefolgt.«
»Lass mich raten. Sossenheim?«, fragte Schreck und hob die Augenbrauen.
»Ja. Woher weißt du das?«
»Na, die Geo-Daten«, grinste er. »Ich habe sie euch doch vor fünf Minuten erst aufgelistet. Es ist der einzige Ort, an dem es Wohnhäuser gibt. Hochhäuser. Ich hoffe, du hast zu der Adresse auch einen passenden Namen.«
Durant presste die Kiefer aufeinander. Jensen hatte ihr natürlich keinen Namen geliefert. Und das Gebäude, das Mike ihr auf dem Monitor zeigte, hatte Platz für mindestens zwanzig Wohnungen.
Verdammt.

19:10 UHR

Dario spielte mit abgegriffenem Playmobil, das schon bessere Zeiten gesehen hatte. Mit ihren Unterlagen auf den Knien saß Dina Marić da, einen Becher Kaffee neben sich, und versuchte, sich zu konzentrieren. Sie musste eine Hausarbeit verfassen, eine Gruppenarbeit mit ihrer Freundin Freya. Doch es scheiterte bereits an der ersten Seite. Alles in ihrem Kopf war lauter, chaotischer und wichtiger als Resilienzforschung oder die neuesten Erkenntnisse der Kinder- und Jugendpsychiatrie. Gorhan. Er war in den letzten Tagen besonders schlimm, und sie wusste, weshalb. Doch sie wollte ihm nicht zugestehen, dass er ihr das Einzige zerstörte, über das er keine Macht besaß. Auch wenn es so viel einfacher wäre, das Studium hinzuschmeißen. Mehr als ein Mal hatte Dina sich schon gefragt, ob sie es je zu einem Abschluss schaffen würde. Ob sie nicht einfach aufgeben solle. Geld konnte man auch auf andere Weise verdienen, das wusste sie selbst am besten. Aber Dina träumte noch immer von einem Beruf, in dem sie sich nicht selbst entwürdigen musste. In dem sie etwas für andere tun konnte, ohne dabei ihren Körper feilzubieten.
Freya meldete sich auch nicht. Dina hatte ihr eine E-Mail geschickt, aber nur eine recht einsilbige Antwort erhalten. An ihr Handy ging Freya nicht, sie schaltete es nicht mal ein. Dina wäre am liebsten zu ihr gefahren, doch das ging gerade nicht. Sie musste sich gedulden, und das machte sie rasend. Was, wenn …
Im nächsten Augenblick spürte sie, wie eine kleine Hand sie antippte. Zuerst am Knie, dann zupfte der Junge an Dinas Ärmel. Hatte er schon wieder Hunger? Nein. Das konnte nicht sein. Er hatte doch erst gegessen, und bald würde sie ihn endlich ins Bett legen können. Durst vielleicht? Doch als sie sich zur Seite beugte, um die Unterlagen für einen Moment zur Seite zu legen, begriff sie es. Dario wollte

ihre Zuneigung. Etwas vorgelesen bekommen. Es war das wichtigste Bedürfnis, nach dem der kleine Mann mit den schwarzen Knopfaugen gierte. Nähe. *Liebe.*
Dina Marić half ihm, während er auf ihren Schoß kletterte. Schon verschwand sein Kopf zwischen ihrer Brust und der Achsel. Er zog die Knie an, rollte sich ein.
Liebe.
Während Dina begann, eine alte Melodie aus ihren Kindertagen zu summen, gab Dario ein paar glucksende Geräusche von sich. Sichtlich zufrieden – und er zeigte keinerlei Interesse daran, sich in absehbarer Zeit wieder von ihr zu lösen. Sie fuhr ihm durchs Haar. Schwarze, dichte Strähnen. An den Seiten kurz geschnitten, oben lang. Ein breiter Nacken und ebenso breite Schultern. Dario würde einmal eine stattliche Figur abgeben, wenn er sich diese Proportionen erhielt. Groß, gut aussehend und ein Frauenschwarm. Ganz so, wie sein Vater es war. Oder wie er es einmal gewesen war. So, wie andere Menschen ihn sehen konnten, die nicht dazu verdammt waren, mit ihm zusammenleben zu müssen.
Dina summte noch immer, als die Erinnerungen aufstiegen. Es war hier geschehen. In diesem Haus. An einem dieser Abende, als der Alte nicht zu Hause gewesen war. Dina hatte eine ganz bestimmte Nacht im Sinn, denn so weit konnte sie problemlos rechnen. Sie hatte im Wohnzimmer vor dem Fernseher gesessen. Ihre Mutter neben ihr. Auf dem Tisch ein Korb mit Wäsche. Wenn sie zusammen waren, das hatte Dina schnell herausgefunden, kam *er* wenigstens nicht in ihr Zimmer gestampft. Alleine darin sitzen und Musik hören? Das machte man wohl nur, wenn man eine Familie hatte, in der solche Dinge nicht geschahen.
Die Haustür wurde aufgeschmettert. Gorhan. Alkoholisiert oder mit Kokain in der Nase. Dina erkannte es an seinen Augen. Die beiden Frauen hatten sich einen stummen Blick zugeworfen, mehr war nicht nötig, und Ilka Marić machte sich auf den Weg in Rich-

tung Küche. Meistens erwartete Gorhan etwas zu essen, und sie wollte ihm keinen Grund geben, aggressiv zu werden, nur weil nichts vorbereitet war.
Er senkte den Kopf in Dinas Richtung. Er sagte kein Wort, doch die langsame Bewegung seiner Hand sagte alles.
Geh in dein Zimmer.
Und ohne ein Wort war sie aufgestanden, hatte das Sockenpaar zurück in den Wäschekorb gelegt und sich auf den Weg gemacht. So war Gorhan. Er hatte die absolute Macht, und er rechtfertigte sich vor niemandem.
Dann hatte sie gewartet. Minutenlang. Angespannt, auf der Matratze sitzend, die Hände auf den Knien. Kalter Schweiß auf der Stirn und mit aufkommender Übelkeit. Gorhan war ihr Halbbruder. Er war der Ältere, geboren von einer anderen, fremden Mutter. Aber trotz allem war er ihr Bruder. Und seine Hände auf ihrer Haut zu spüren, seinen wollüstigen Atem in ihrem Nacken, seine Lust in ihrer Scham zu beherbergen – das war falsch. Das war widerlich. Doch er würde es immer wieder tun. Wie so oft. Nur an diesem Abend ließ er sich Zeit. Es verstrichen weitere Minuten. Und dann erst war Dina Marić klar geworden, dass Gorhan sich heute anderswo seine Befriedigung verschaffte.
An einer Frau, die er ebenso beherrschte wie sie.
Die er auf seine eigene Art erniedrigte. Und dabei ein Kind in ihr zeugte.

Dina Marić konnte den Jungen nicht lieben. Sie hatte es schon so oft versucht. Doch da war nichts. Er war ein Spross der Sünde, ein Kind, das ihre Mutter nicht gewollt hatte. Das sie noch enger an diese Familie fesselte, von der sie sich sonst vielleicht hätte lösen können. Mit Dinas Hilfe. Auch wenn solche Befreiungsaktionen meist nur im Traum funktionierten. Ilka Marić bekam das Baby. Und noch während es in ihr wuchs, konfrontierte die junge Frau ihren Halbbruder mit der Wahrheit – während er sie wieder einmal vergewaltigte. Dass sie wusste, dass das Kind nur von Gorhan gezeugt sein konnte.

»Wieso?«, hatte dieser gekeucht, ohne von ihr abzulassen. »Der Alte schiebt in ihr doch auch noch rein.«

»Es gibt fruchtbare Tage, schon mal davon gehört?«

»Na und?«

»Nur du warst es. Mama weiß das. Papa ... nicht.«

Prompt hatte Gorhan sich von ihr gerollt. Seine Adern an der Schläfe waren angeschwollen.

»Das wird auch so bleiben, hörst du?«, stieß er hervor.

Natürlich konnte das so bleiben. Dina Marić mochte ein Mädchen einfacher Herkunft sein, aber dumm war sie nicht. Im Gegenteil. Sie hatte ihre Chance erkannt und genutzt. Das Geheimnis, welches sie mit Gorhan teilte, war der Grund, weshalb er ihr erlaubte, dass sie sich an der Fachhochschule einschrieb. Studieren. Sosehr er es auch verachtete, es bedeutete Dinas Weg in die Freiheit. Irgendwann. Und dann war das Kind gekommen. Und dann war Ilka Marić gestorben.

Das Studium dauerte noch immer an. Freiheit? Die fühlte sich anders an. Dina spürte Darios warmen Speichel, der durch den Stoff ihres Ärmels drang. Er war eingeschlafen.

Behutsam legte sie ihn auf das Sofa und deckte ihn zu. Hoffend, dass er durch die Bewegungen nicht wieder aufwachte.

Sie griff zu dem Kissen und hielt eine Sekunde inne.

Seit seiner Geburt kümmerte sie sich um den kleinen Dario. Hatte ihn gewickelt, während Gorhan in seinem Imbiss stand und Vater sich sonst wo herumtrieb und Spielautomaten fütterte. Hatte ihm Fläschchen zubereitet, weil das Stillen in Ilkas Alter nicht mehr so recht funktionieren wollte. Er hing an ihr wie ein Klotz. Wie ein kleiner, zweiter Gorhan, der ihr mit jeder Geste zu verstehen gab:

»Meinen Vater kannst du hassen. Aber *mich?* Ich bin doch bloß ein süßes Kind.«
Dina drückte das Kissen zusammen, dann schob sie es unter Darios Kopf. Er schmatzte leise.
Sie würde sich um ihn kümmern, das stand außer Frage. Das hatte sie immer getan, und sein Schicksal war ihr nicht gleichgültig. Nur *lieben*. Das konnte sie ihn nicht.
Und das würde sie auch niemals können.

Eine Viertelstunde später versuchte sie wieder, sich auf den Text zu konzentrieren. Der leuchtend gelbe Textmarker in Dinas Hand umrahmte die wichtigen Passagen, und manchmal schien es ihr, sie färbe ganze Absätze damit ein. Wie sollte sie das alles lernen? Wie konnte sie sich überhaupt etwas merken? War es nicht Ziel, wenn man eine Abhandlung zu einem Thema verfasste, dass auch etwas davon hängen blieb? Es glich einem Wunder, dass sie überhaupt noch dabei war. Der Antrag auf ein Teilzeitstudium. Die Möglichkeit, außerhalb von zu Hause etwas zu lernen, auch wenn sich dazu nicht häufig die Gelegenheit fand. Doch bald würde alles anders sein. Das zumindest sagte sie sich immer wieder, auch wenn sie oft nicht so recht daran glauben konnte, dass sich tatsächlich etwas ändern würde.
Und dann ließ ein Poltern ihr das Blut in den Adern gefrieren. Ein dumpfer Schlag, gefolgt von einem Stöhnen. Es schepperte.
Reflexartig sah sie nach dem Kleinen. Doch wie durch ein Wunder schlummerte Dario noch immer friedlich zwischen den Sofakissen.
Dina Marić machte sich auf den Weg in Richtung Schlafzimmer. Ihr Vater musste aus dem Bett gefallen sein. Mal wieder. Dieser dauerbetrunkene Nichtsnutz.
Dina wusste nicht, wofür sie ihn am meisten verachtete. Dafür, dass er sie nicht vor Gorhan beschützt hatte, oder dafür, dass nicht er

anstelle ihrer Mutter vor zwei Jahren gestorben war. Seitdem vegetierte er im Dauersuff vor sich hin. Und sie musste darunter leiden.

Heute, sagte sich Dina im Stillen, als sie seinen schlaksigen Körper umklammerte. Arme und Beine hingen schlaff wie ein Bündel Wäsche in Richtung Boden.
Nicht bald. Nicht irgendwann.
Warum sollte sie noch länger warten?
Doch dann erklang sein Stimmchen. »Was ist mit Tata?«, fragte Dario.
»Hat er sich wehgetan?«
»Er ist nur müde«, log Dina. Stets die alte Leier. »Du weißt doch, dass es ihm nicht gut geht. Er muss noch ein bisschen schlafen. Dann geht's ihm auch wieder besser.«
Damit gab der Kleine sich zufrieden.
Vlado Marić war sein Vater, sein Held, auch wenn Vlado die Gegenwart des Kindes kaum wahrnahm. Das war etwas, von dem Dina in einem ihrer Fachtexte gelesen hatte. Die unbedingte Liebe eines Kindes zu seinen Eltern. Und das, obwohl die biologische Wahrheit … sie verwarf den Gedanken schnell wieder.
Dina sortierte die Extremitäten ihres Vaters. Deckte ihn zu. Achtete darauf, dass sein Kopf nicht verdreht war, nachdem sie das Kopfkissen aufgeschüttelt und neu positioniert hatte.
Sie hatte ihre Mutter geliebt. Sie tat es noch immer. Aber ihren Vater? Nein. Den Mann, zu dem Vlado geworden war, konnte Dina nicht mehr lieben. Schon lange nicht mehr.
Und vielleicht hatte er es einzig und allein seinem Kind zu verdanken, dass er diesen Tag überleben würde. Ausgerechnet diesem Kind, das vielleicht als Einziger in der Familie noch daran glaubte, dass er es einst mit der Mutter gezeugt hatte.

Als Dinas Handy mit einem energischen Klingeln auf sich aufmerksam machte, war ihr klar, dass sie das Studieren für heute endgültig abschreiben konnte.

19:20 UHR

Durant und Hellmer trafen mit zwei Fahrzeugen ein, weil Frank sich dazu entschlossen hatte, hinterher direkt nach Okriftel zu fahren.
»Irgendwann brauche ich auch mal Schlaf«, waren seine Worte gewesen. Er klang frustriert. Julia vermutete, dass durch den Fall Maurer alte Erinnerungen ans Licht gezerrt worden waren. An seine erste Ehe, die in die Brüche gegangen war. An Kinder, zu denen er seitdem kaum noch Kontakt hatte. Dabei hatte er wieder eine neue Liebe gefunden, mit der er zwei Töchter hatte. Doch das eine machte das andere nun mal nicht wieder gut.
Vor dem grauen, sechsstöckigen Gebäude warteten bereits zwei Streifenwagen. Die Beamten hatten auf Anweisung bereits damit begonnen, mit einem Foto von Bortz von Tür zu Tür zu gehen. Irgendwo *musste* er jemandem aufgefallen sein. Schon im Hausflur spürte Durant ein Unbehagen, alles war düster, leblos und deprimierend. Hässliche, wirre Graffiti waren der einzige Farbpunkt. Lidl-Tüten und Müll auf den Freiflächen der einzige Hinweis, dass sich hier überhaupt noch Leben befand. Dann aber gewöhnten sich ihre Ohren an den Klang. Irgendwo klapperte etwas. Und anderswo schrie ein Kind. Eine Tür wurde aufgeschlagen, Sekunden später fiel sie wieder ins Schloss. Jemand schrie.
»Es ist definitiv dieser Gebäudeteil?«, vergewisserte sich Hellmer noch einmal, und Durant nickte. Jensen hatte es eindeutig beschrie-

ben. Allerdings waren es weitaus mehr als zehn Parteien, die hier befragt werden mussten.

»Wie weit sind Sie?«, fragte Durant einen der Beamten, der sich am Aufgang zur zweiten Etage befand und mit den Fingern über das Display seines Telefons strich.

»Mein Kollege geht in die letzte Wohnung der zweiten. Ich weiß nicht, wie weit sie oben sind. Aber es geht nicht jede Tür auf. Einige Lücken.«

»Hm, danke. Darum kümmern wir uns«, entschied Durant. »Aber zuerst putzen wir mal ein paar Klinken in der dritten.«

Eine Viertelstunde später läutete Hellmer an der letzten Tür auf seiner Seite des Flurs. Er wartete ungeduldig. Seine Blicke suchten Julia Durant, die jedoch hinter einer Ecke verborgen war. Gerade als sich die Tür einen Spalt weit öffnete und ein müdes Augenpaar hinter der Sicherheitskette hervorlugte, vernahm der Kommissar ein Rufen.

»Frank! Hierher, schnell!«

Er entschuldigte sich und rannte los. Ließ die verdutzte Person einfach stehen.

Julia Durant stand im Türrahmen, zu ihren Füßen kauerte eine Frau. Blass und nur mit einem fleckigen Hemd bekleidet.

»Was ist los?«, presste er hervor.

»Wir brauchen einen Notarzt!«

»Nein, bitte nicht!«, wimmerte das Bündel mit den strähnigen Haaren. »Helfen Sie mir nur auf, ich möchte zurück ins Wohnzimmer.«

Durant und Hellmer wechselten schnelle Blicke. Dann beauftragten sie einen der Beamten, der Durants Rufen ebenfalls gefolgt war, ärztliche Unterstützung anzufordern.

»Volltreffer«, keuchte die Kommissarin, während sie die Frau in ihrer Mitte hielten und sie ins Wohnungsinnere führten. Hellmers Blick fiel im Vorbeigehen auf das Foto von Walter Bortz, das offen-

bar zu Boden gesegelt war. Er verstand. Er wollte noch fragen, ob die Beamten ihre Tür-zu-Tür-Befragung abbrechen sollten, doch die junge Frau ergriff das Wort. Es war mehr ein Krächzen.
»Wasser. Bitte.«
Sie setzten sie auf einen kakifarbenen Dreisitzer, dessen Kanten Abschürfungen von Katzen- oder Hundekrallen aufwies. Die junge Frau, vermutlich keine fünfundzwanzig, zog sich eine Wolldecke mit Pferdemotiven über den Unterkörper.
Hellmer suchte den Raum ab, fand eine Flasche Sprudel und reichte sie ihr. Sie trank gierig.
»Frau Gerdes, ist das korrekt?«, fragte Durant.
Die Frau nickte. »Corinna Gerdes.«
Ihr schlanker Hals wies grüngelbe Flecken auf. Als sie bemerkte, wie die Kommissare darauf starrten, zog sie sich die Decke bis unters Kinn.
»Was ist mit Ihnen passiert?«, erkundigte sich Durant. »War das ...«
»Walter Bortz«, hauchte Frau Gerdes, dann machte sie eine vielsagende Pause, bevor sie sagte: »Das war er.«

Die Notärztin traf ein. Sie untersuchte die junge Frau. Puls, Blutdruck, äußere Verletzungen. Selten war Julia Durant so dankbar gewesen, dass sie es mit einer Frau zu tun hatte. Sie fand eine Gelegenheit, die Ärztin darum zu bitten, ob sie Frau Gerdes auf bestimmte Verletzungen untersuchen könne. Sexuelle Gewalt. Was auch immer es für Anzeichen geben möchte. Doch Frau Gerdes lehnte eine solche Untersuchung rigoros ab.
»Sie beteuert, nicht vergewaltigt worden zu sein. Aber sie wurde bis zur Bewusstlosigkeit gewürgt, außerdem hat sie Prellungen am Hinterkopf. Ich bin keine Rechtsmedizinerin, doch das sieht mir nach häuslicher Gewalt aus. Würgemale, circa zwei Wochen alt, und eine mögliche Gehirnerschütterung. Ich empfehle dringend, dass sie sich röntgen lässt. Und eine stationäre Aufnahme. Nur, um sicherzugehen.«

Durant bedankte sich und versprach, dafür Sorge zu tragen, dass die Frau sich darauf einließ.
Dann setzte sie sich wieder zu ihr.

Die Geschichte von Corinna Gerdes war keine neue. Sie verdingte sich als Prostituierte, Walter Bortz war einer ihrer Stammkunden gewesen. Bei seinem letzten Besuch, am 24. April, habe er sie abends aufgesucht. Stark alkoholisiert und äußerst aggressiv. Er habe sie gewürgt und ihren Kopf auf den Boden geschlagen. An mehr könne sie sich nicht erinnern. Doch er sei wiedergekommen, völlig aufgelöst, und habe sich entschuldigt. Habe ihr geholfen, denn sie hatte tagelang nicht aufstehen können.
»Er hat sich hier einquartiert, was sollte ich machen?«, erklärte Frau Gerdes weinerlich.
»Schon gut«, beruhigte die Kommissarin sie. »Und dann?«
»Er hat seinen Kram im Schlafzimmer. Zwei große Taschen. Er sagte, er würde alles wiedergutmachen. Er hat sich wirklich geschämt …«
»Dürfen wir die Sachen ansehen?«, fragte Hellmer.
Gerdes hatte nichts einzuwenden, also machte der Kommissar sich mit einem der Beamten auf den Weg.
»Hätten Sie ihn denn angezeigt?«, fragte Durant. »Wenn er sich nicht um Sie gekümmert hätte?«
»Ich glaube nicht. Ich weiß es nicht.«
»Aber Sie haben sein Foto vorhin sofort identifiziert«, sagte Durant.
»Ja. Walter ist seit Samstag nicht wiedergekommen. Und dann kommt die Polizei …«
Corinna Gerdes' Augen wurden feucht. »Was ist denn passiert?«
Er war ein schlechter Mensch, dachte Durant insgeheim. Bösen Menschen widerfuhren böse Dinge. Stattdessen sagte sie nur: »Eine Messerstecherei.« So viel wusste auch die Presse.
»Hm.« Es entstand eine Pause. Hellmer kehrte mit einer Reisetasche

zurück und vermeldete, dass sich außer Klamotten nichts darin befand.

Corinna Gerdes räusperte sich. »Wussten Sie, dass Walter im Lotto gewonnen hat?« Sie lächelte. »Er ist Millionär. Er hat gesagt, davon gehen wir weg und lassen den ganzen Scheiß hinter uns.«

»Tut mir leid, aber daraus wird wohl nichts«, sagte Hellmer. »Da hat Frau Bortz noch ein Wörtchen mitzureden.«

Corinna schluckte schwer. »Aber das Geld ... darf ich doch behalten, oder?«

»Welches Geld?«

Frau Gerdes deutete auf das Wandregal. Zwischen abgegriffenen Taschenbüchern steckte ein weißes Kuvert. In ihm befand sich ein dicker Stapel Hunderteuroscheine.

»Das ist von Bortz?«

»M-hm.«

Durant überlegte schnell. Sie wusste von Schreck, dass Walter Bortz sich seinen Lotteriegewinn noch nicht hatte auszahlen lassen. Und es hatte geheißen, er habe vorher nie Geld gehabt. Er musste demnach eine Quelle gehabt haben, und diese Quelle war mit Sicherheit keine saubere gewesen.

20:20 UHR

Claus Hochgräbe hatte sich um das Abendessen gekümmert. Man konnte es bereits im Treppenaufgang riechen. Julia Durant roch Paprika und Kräuter und meinte sich zu erinnern, dass er etwas von Pizza gesagt hatte. Vorbei waren die Zeiten, in denen sie sich dreimal die Woche etwas zu essen bestellte und der Rest der Hauptmahlzeiten aus Tomatensuppe oder Salamibroten bestand. Wobei – und Julia schmunzelte, während sie die Haustür aufschloss – sie sich solche Angewohnheiten wohl niemals ganz austreiben lassen würde. Und Claus hatte das auch nicht vor. Warum auch. Sie durfte es einfach genießen, einen Mann im Haus zu haben, der leidenschaftlich gern kochte.

»Punktgenau, so mag ich das«, begrüßte er sie. Dabei wussten beide, dass das nicht stimmte. Julia war viel später dran als geplant. Doch sie hatte ihm Bescheid gegeben, bevor sie losgefahren war.

Claus' T-Shirt war mit Mehl bestäubt. Er umarmte sie behutsam und küsste sie auf die Stirn. Julia prüfte seinen Blick. Es war nicht einfach, denselben Beruf auszuüben und derart intim zusammenzuleben. Grenzen mussten vereinbart werden. Schon alleine deshalb, weil es ihre Wohnung war, in die er eingezogen war. Dafür gehörte die Mordkommission praktisch ihm, denn er war Julias Chef, auch wenn niemand den Laden besser kannte als sie selbst. Und heute war ein Tag, an dem die Grenzen verschwammen. Ein Tag, in dem das Holzhausenviertel zur Außenstelle der Adickesallee wurde. Wo die Wohnung und das Präsidium eins waren.

»Wie war es denn noch?«, wollte Hochgräbe wissen, noch bevor Durant sich ihrer Schuhe und der Utensilien entledigt hatte. Darunter auch die Post, die sie unbeachtet auf den Beistelltisch legte. So gerne er auch in der Küche stand … an den Briefkasten ging er fast nie.

»Bei Marić? Na ja.« Durant berichtete kurz, wobei sie nicht ausließ, dass Hellmer die teure Einrichtung und die Verbindungen zu Salieri, Bortz und Maurer aufgefallen waren.

»Außerdem haben wir herausgefunden, wo Walter Bortz die letzten zwei Wochen gelebt hat. Er hat eine Frau misshandelt und sich dann dort einquartiert und sie gepflegt. Vermutlich, um zu verhindern, dass sie ihn anzeigt.«

»Aha. Und das hat sie ihm durchgehen lassen?«

»Er hat ihr fünfzigtausend Gründe gegeben, um das nicht zu tun«, sagte Durant bitter und erzählte von dem Geldkuvert. Bortz musste sich dieses Geld geliehen haben, oder er hatte es sich auf krummen Wegen verdient. Ob es am Ende, wenn sich kein Gläubiger meldete, bei Frau Gerdes bleiben konnte? Durant fand diese Option nicht schlimm. Denn der offizielle Gewinn würde vermutlich an Frau Bortz ausgeschüttet werden. Und es war höchst unwahrscheinlich, dass diese der Geliebten ihres Ex-Mannes irgendeinen Anteil daran zukommen lassen würde.

»Dann ist dieser Bortz ja doch nicht so ein Ekel, wie alle Welt behauptet, wie?«

Julia bedachte Claus mit einem prüfenden Blick. »Na, also wer Frauen in den Tod treibt und andere bis zur Besinnungslosigkeit würgt ...«

»Ich meine ja nur. Er hatte sich nicht unter Kontrolle, aber er bereute seine Taten. Das macht es nicht wieder gut, das weiß ich selbst. Aber vielleicht hat ihn das dazu bewogen, Kullmer zu helfen. Vielleicht *wollte* er, dass das alles aufhört. Jetzt, wo er ausgesorgt hatte. Und all sein Geld seine schlimmen Taten nicht ungeschehen machen konnte.«

»Mag sein. Geholfen hat es ihm nicht«, murmelte Durant. Und Ilka Marić würde auch nicht wieder lebendig werden.

Die beiden setzten sich an den Tisch, und Claus brachte das Tablett mit der Pizza. Salami, Schinken, saure Gurken. Ein Teil mit Oliven. Der Teig war fast perfekt gelungen, und Julia verbrannte sich fast die Lippen, als sie sich gierig dem ersten Stück widmete.

»Vorsicht!«, mahnte Hochgräbe mit einem Lächeln.

»Hab's gemerkt.« Julia Durant musterte ihn erneut. Wie er dasaß, wie er aß, wie sich gab. So liebevoll. Doch irgendetwas sagte ihr, dass sich dahinter noch etwas verbarg.

»Um einen Durchsuchungsbeschluss habe ich mich jedenfalls gekümmert«, sagte er zwischen zwei Bissen und trank einen Schluck

Wein. »Das steht morgen auf dem Programm, zeitgleich mit einem Besuch bei Rico Salieri.«
Durant wollte etwas sagen, doch Hochgräbe gab ihr zu verstehen, dass er noch nicht fertig war.
»Mann, was habt ihr euch bei Salieri nur gedacht? Du und Brandt. Die Klein hat mir eine Gardinenpredigt gehalten, die sich gewaschen hat.«
»Mir auch«, murrte Durant. »Es tut mir leid.«
»Oh. Das hört man selten von dir.« Es lag etwas in Claus' Stimme, das ihr nicht gefiel.
»Was soll das denn heißen? Ich mache ja wohl auch nicht ständig alles falsch! Und wenn, dann stehe ich dazu.«
»Das ist gut.« Hochgräbe nickte und gab sich unbeeindruckt von ihrer Reaktion. Er biss erneut ab und sagte kauend: »Ich kam mir jedenfalls ziemlich blöd vor, als ich in Wiesbaden anrief und mir sagen lassen musste, dass du den Berger vorgeschickt hast.«
Scheiße. Das Fettnäpfchen. Berger hatte es vorhergesagt, und sie hatte es trotzdem voll erwischt.
»Ja, in Ordnung«, reagierte sie gereizter, als sie es wollte. »Es war eine spontane Idee. Und immerhin besser, als wenn ich selbst dort aufgelaufen wäre.«
Hochgräbe lachte auf. »Besser als deine ›Mit dem Kopf durch die Wand‹-Julia. Definitiv!«
Damit verdiente er sich einen Knuff in die Seite. Doch er wich aus und war auch längst wieder ernst. Es war noch nicht überstanden.
»Du kannst mich nicht einfach so übergehen.«
»Sei doch froh, wenn Berger sich den Schuh anzieht.«
»Warum sollte ich froh sein?«
»Ihm nimmt's keiner mehr krumm, wenn er in alten Wespennestern rumstochert. Und er hat eine Menge guter Verbindungen. Höchste Zeit, ein paar Gefallen einzufordern, die ihm noch zustehen.« Julia zögerte kurz und setzte dann nach: »Auf seinen Weltreisen braucht er die nicht mehr.«

»Du vermisst ihn, hm?«

Na toll, er tat es schon wieder. Julia kam überhaupt nicht damit zurecht, wenn Claus mitten in einem Streitgespräch auf sein Fürsorger-Programm umschaltete.

»Ja. Tue ich. Ist das nicht normal?«

»Doch. Aber Dienst ist Dienst. Und ich muss über alles Bescheid wissen. Sonst sitze ich nicht lange auf Bergers Platz. Es gibt nicht nur Befürworter für meinen Wechsel hierher. Und die warten nur darauf, dass ich mir einen Fehler erlaube.«

Julia Durant sagte eine Weile nichts und aß ein weiteres Stück Pizza. Sie wusste, dass Hochgräbe recht hatte. Und sie wusste, dass man an mancher Stelle die Säge bereithielt, um seinen Thron zu zerlegen. Berger hatte aufgeräumt im Präsidium, und es waren Köpfe gerollt. Hochgräbe verdankte seinen Platz dieser Säuberungsaktion, das war kein Geheimnis. So etwas vergaß man nicht. Und so mancher lauerte bereits darauf, dass Hochgräbe die Flinte ins Korn warf. Oder dass sie ihm jemand abnahm. Und deshalb war es umso besser, dass Berger den Job übernahm, die alte Ermittlung zu durchleuchten. Kein Risiko für Claus, aber am Ende, wenn sich ein Erfolg einstellte, würde es seine Position weiter festigen. Falls sich ein Erfolg einstellte. Nur eines versäumte Julia Durant dabei. Sie weihte ihren Lebensgefährten nicht in die Sache ein. Noch nicht. Denn womöglich würde er die Sache sonst abblasen.

Durant und Hochgräbe unterhielten sich eine Weile über Unverfängliches. Über Bergers Tochter, die an der amerikanischen Ostküste lebte. Über Elisa Seidel und Nadine Hellmer, die das Mädchen noch immer in ihrer Obhut hatte, wenn sie nicht gerade im Klinikum Hanau waren. Und natürlich über Kullmer. Ob Julia sein Verhalten in den letzten Tagen als normal bezeichnen würde. Ob es etwas gab, das vorgefallen war. Doch da war nichts. Je länger die Kommissarin darüber nachdachte, desto unwahrscheinlicher erschien es ihr, dass Peter sich zu etwas hatte hinreißen lassen. Nicht zu einer Gewalttat. Nicht Peter. Sie schämte sich beinahe, dass sie diese Möglichkeit überhaupt in Betracht gezogen hatte. Hochgräbe quittierte diese Aussage mit einem unsicheren Gesichtsausdruck. Wie lange kannte er das Team denn schon? Nicht lange genug, so viel war sicher.

»Ich muss dir auch noch etwas zeigen«, murmelte er schließlich.

»Was denn?«

Hochgräbe griff nach seinem Tablet und entsperrte das Display. Er öffnete einen blauen Rahmen. Facebook. Julia fragte sich, was er vorhatte, doch sie ließ ihn gewähren. Als Nächstes erkannte sie das Konterfei eines unbekannten Mannes. Fabi Zlosch. Nicht sein Realname vermutlich. Sie überlegte kurz und lächelte. Zlosch rückwärts ergab Scholz. Wie gut, dass man bei Facebook mittlerweile zumindest darauf achtete, dass die Leute sich Namen gaben, die nicht ausschließlich aus Fantasiekürzeln bestanden. Dann glitt ihr Blick auf ein Foto, und das Lächeln wich einem entsetzten Herabfallen der Kinnlade.

»Das ...«, stotterte sie.

»... bist du.« Hochgräbe nickte. Unter dem Foto standen ein paar Dutzend Reaktionen, darunter auch der wütend dreinblickende rote Smiley. Es war eine verwackelte Aufnahme vom letzten Abend, als sie mit Brandt in der Kneipe aufgelaufen war. Brandts Kopf war verwackelt, ihrer unscharf. Aber man erkannte die beiden trotzdem. Und noch besser war die Hand zu erkennen, die nach dem filmenden Smartphone griff. Sogar Salieri war im Bild. Es sah aus, als befände die Kommissarin sich in einem Handgemenge. Als würde sie handgreiflich werden. Auch wenn dieses Bild in völlig falschem Kontext stand ... das Internet war geduldig. Und die Reaktionen sprachen für sich.

Durant las einige Kommentare. Darunter auch mehrmals das böse Wort mit F, welches sich auf Glotze reimte. Einmal auch mit V. Generell war den Hass-Texten eine primitive Rechtschreibung und

Grammatik zuzuschreiben, aber die Botschaft war unmissverständlich: »Mal wieder Bullenwillkür.«
»Kripo-Schlampe.«
»Handspiel! Rote Karte!« (einer der harmloseren Texte)
»die müsst ma ins tor gespannt und vonn de mannschaft richtig durchgenomme wern!«
Julia wurde übel.
»Wer ist dieser Typ?«, hauchte sie.
»Fabian Scholz? Schätze, es ist der Typ hinter dem zweiten Handy. Mann. Ich wollte dir das eigentlich gar nicht zeigen. Aber ich befürchte, da ist etwas ins Rollen gekommen, was wir nicht aufhalten können.«
»Was denn?«, fragte Julia, auch wenn ihr klar war, dass Claus damit keinen Fußball meinte.
»Scholz ist ein Ultra. Er kannte Bortz und Salieri. Ein paar andere Spieler haben seine Seite geliked, er ist unheimlich gut vernetzt.«
»Ja, meinetwegen«, sagte Julia und fuhr sich genervt durch die Haare. »Aber ich stehe dazu. Es war impulsiv, zugegeben, doch Salieri ist verdächtig. Heute noch mehr als gestern. Damit werden die Fans wohl leben müssen.«
»Trotzdem bist du da außen vor«, beharrte Claus. »Ich kümmere mich persönlich darum. Denn morgen früh steht das in der Zeitung. Und dann wissen alle, welchen Draht du zur Eintracht hast.«
»Ich habe mit der Eintracht doch überhaupt nichts am Hut!«, empörte sich die Kommissarin.
»Das ist eins so schlimm wie das andere«, sagte Claus resigniert. »Ich ziehe dich ja auch nicht vom Fall ab. Aber den Kontakt zu Salieri übernimmt Hellmer. Oder ich selbst. Denn unser Offenbacher da drüben ist genauso verbrannt.«

Eine Stunde später saßen die beiden noch immer zusammen. Vergessen war die Diskussion. Sie kuschelten, schwiegen. Es brauchte nicht viele Worte zwischen ihnen. Bei Claus konnte Julia sein, wie sie war, und dieses Wesen kannten nur sehr wenige Menschen. Und nachdem sie das Thema Arbeit für heute abgehakt hatten, war Raum für die kleine, verletzliche Julia Durant. Für das Mädchen, das nach ihrer Mutter nun auch den Vater verloren hatte. Und Claus hielt ihren Kopf, während sie weinte, und sie schämte sich nicht einmal dafür.

21:30 UHR

Die Auspuffanlage knallte, kurz bevor der Motor nach einem letzten Aufdrehen auf sechstausend Touren erstarb. Rico Salieri richtete sich auf. Sein Hintern schleifte beinahe auf dem Asphalt, so tief lagen die Sitze. Es war ein klassisch ferrariroter 488 GTB, weit oberhalb der 600 PS, von null auf hundert in drei Sekunden. Ein Wagen, der nicht zum ersten Mal vor dem Balkan-Imbiss parkte. Doch heute kam Salieri weder zum Essen noch zum Spielen.
Er stieg aus und ignorierte die staunenden Blicke einer Gruppe Halbstarker, die an einem Stromkasten auf der gegenüberliegenden Straßenseite herumlungerten. Sie tranken Bier und aßen etwas aus den Papiertüten des Imbisses. Salieri hoffte, sie würden nicht in der nächsten Minute wegen Autogrammen auf der Matte stehen. Fans und Verehrer kotzten ihn an. Seine Welt war eine andere, und er engagierte sich weder für karitative Zwecke, noch fühlte er sich Frankfurt oder Deutschland besonders verbunden. Er war hier, um Geld zu verdienen. Und er wusste, wo er Dampf ablassen konnte, ohne dass man ihn dabei behelligte. Zumindest hatte er gedacht, es zu wissen.
Wie aufs Stichwort lief Gorhan Marić ihm ins Sichtfeld. Sofort erhellte sich das mürrische Gesicht des Jugoslawen (Salieri interessier-

te es nicht sonderlich, welchem der Balkanstaaten genau sich sein Gegenüber zurechnete).

»Rico! Hättest du angerufen …«

Schon stand er vor ihm und erwartete offenbar eine brüderliche Umarmung. Doch Salieri ging auf Abstand und deutete auf die Fotos neben den Spielautomaten.

»Tickst du noch ganz richtig, diesen ganzen Kram hier aufzuhängen?«

»Hat dich doch noch nie gestört.«

Zugegeben, damit hatte er recht. Doch es waren einige Fotos dazugekommen. Gorhan brüstete sich förmlich damit, wie dicke er mit manchen Sportlern war – insbesondere mit Rico.

»Sieh zu, dass der Scheiß wegkommt. Schlimm genug, dass die Bullen meine DNA haben.«

Gorhan lachte auf und winkte ab. »Die waren schon zwei Mal da. Mit denen ist's nicht weit her.«

»Nimm das nicht so leicht! Einer von denen liegt auf Intensiv, verdammte Scheiße. Da verstehen die Cops keinen Spaß, das sag ich dir.«

»Ist doch sein Pech«, sagte Marić scharf, doch Salieri packte ihn am Schlafittchen und schüttelte ihn kurz.

»Bist du bekloppt? Die Bullen sind jetzt schon außer Rand und Band. Gestern Abend hat mir dieser Halbaffe mit seiner Tussi eine Riesenszene gemacht. Wir müssen da Gegenmaßnahmen ergreifen, kapiert?«

Längst hatte Salieri ihn wieder losgelassen, und Gorhan Marić glotzte ins Leere. Der Sportler betrachtete ihn prüfend, unsicher, ob seine Botschaft auch angekommen war. Das geschah öfter, wenn er mit diesem verlausten Jugo zu tun hatte, der ihn immer *Bruder* nannte. Aber sei's drum. In Zeiten wie diesen durfte man nicht wählerisch sein bei der Wahl seiner Verbündeten. Insbesondere derer, die einem die Drecksarbeit abnahmen. Und parallel dazu würden Salieris Anwälte Kooperationsbereitschaft heucheln und die Kriminalpolizei mit einer Flut von Beschwerden, Anträgen und anderem Papierkram überschütten. Sollten die mal sehen, wer am Ende den längeren Atem hatte. Salieri war jung, trainiert und strotzte nur so vor Energie. Außerdem besaß er das nötige Kleingeld. Und das bedeutete in dieser Stadt unterm Strich das meiste.

Etwas später stand Salieri an einem der beiden Stehtische vor einem Energydrink und einem Dönerteller und ärgerte sich darüber, dass der Tisch wackelte. Er war generell nicht gut drauf und brauchte jemanden, an dem er seinen Frust abreagieren konnte. Draußen waren Stimmen zu hören, vermutlich die Jugendlichen, doch keiner betrat den Imbiss. Gorhan Marić war vor die Tür getreten, hatte eine Zigarette geraucht und womöglich ein Machtwort gesprochen. Vielleicht hatte er auch Autogramme und irgendwelche Eintracht-Fan-Artikel in Aussicht gestellt. Im Reden war Marić groß. Und sein Organisationstalent für gewisse Dinge auch, das musste man ihm lassen. Doch für einen wie Rico Salieri war und blieb er ein Straßenköter.
»Was waren das überhaupt für Fotzen, die du mir da angeschleppt hast?«
Gorhan war gerade wieder eingetreten und auf dem Weg hinter den Tresen. Er hielt inne und drehte sich zu dem Fußballer um. »Welche Fotzen?«
»Na diese Schnallen. Freya. Mira.«
»Was war denn nicht in Ordnung?«
Salieris Fäuste ballten sich. »Die eine kippt nach dem zweiten Drink um, und die andere kriegt nach dem Ficken eine Lebenskrise. *Das* war nicht in Ordnung! Kapierst du? Ich will Groupies, keine Nutten, dafür bezahle ich dich!«
Marić hob abwehrend die Hände. »Die beiden waren total nass, als sie deinen Namen hörten, ich schwör's. Tut mir leid. Ich muss da ...«

»Du musst da gar nichts mehr!«, wetterte Salieri weiter. »Ich will meine Weiber einsteigen und aussteigen sehen. Zwischendurch dürfen sie mich anhimmeln und die Beine breitmachen. Das ist doch nicht zu viel verlangt, oder? Wenn ich eine haben will, die ich erst abfüllen oder mit der ich rumdiskutieren muss, kann ich auch daheim bleiben.«

»Ja, kapiert.« Gorhan Marić schien sich mit einem Nicken ein halbes Dutzend billiger Rechtfertigungen zu sparen, was Salieri nur recht war. »Was ist denn mit ihnen passiert?«

»Mir doch egal. Die eine hab ich nicht mehr gesehen, und die andere lag bewusstlos rum.«

Er aß den letzten Bissen und schob kauend den Teller von sich.

»Hör zu, Gorhan, das sag ich dir«, murmelte er dann und schluckte hinunter, bevor er weitersprach. »Keine Fehler mehr. Nicht den klitzekleinsten! Die Bullen dürfen nichts von unserer Verbindung mitbekommen, also häng diese Scheißfotos wieder ab. Ich werde die nächste Zeit weder zocken noch sonst was, also ruf mich auch nicht an, klaro?«

»Klar, Bruder.«

»Nenn mich nicht so. Für die nächsten Wochen sind wir beiden überhaupt nichts. Und wenn ich was brauche«, er stockte, »na ja, das ergibt sich dann schon. *Ich* melde mich. Du nicht. Basta.«

Damit richtete er sich auf und näherte sich der Glastür.

»Alles nur vorläufig?«, vergewisserte sich Gorhan Marić, dem ziemlich flau in der Magengegend war. Er hatte den Jungs auf der Straße eine Menge versprochen, damit sie sich verpissten. Zuerst mit Drohgebärde, dann kumpelhaft. Marić war ein Poser, einer, der sich gerne wichtiger gab, als er war. Seine Verbindung zu Salieri war ungewöhnlich und musste stets aufs Neue herhalten für allerlei Angebereien. Aber Salieri war auch ein guter Kunde. Jemand, der Zugang zu einer gewissen Szene gesucht hatte. Der gewisse Vorlieben hatte,

wenn es um Frauen ging. Jung, willig, aber keine Professionellen. Er »belohnte« zuweilen, doch er kaufte nicht. Rico Salieri war ein Narzisst, wie er im Buche stand. Ein Wunder, dass er zu Mannschaftssport fähig war. Doch er tat alles, um seinen Status aufzupolieren. Er würde die Eintracht zum Pokal führen. Und dann woandershin wechseln. Ein ständiger Weg nach oben. Nur das Kokain, wusste Gorhan, war Salieris Achillesferse. Und er war derjenige, den der Fußballer schon in absehbarer Zeit wieder darum bitten würde.
Gorhan Marić musste kein Genie sein, um sich ausrechnen zu können, wie viel Macht ihm das über Rico Salieri verlieh. Doch seine Gedanken kreisten um etwas anderes. Dina. Diese Schlange sollte ihm zum letzten Mal Schwierigkeiten bereitet haben. Und es war ihm egal, ob sie die beiden Schlampen mit Absicht oder aus Versehen angeschleppt hatte. Sie kannte genug Weiber, sie wusste, wen sie ihm schicken konnte und wen besser nicht. Sie war schuld, dass Rico Salieri ihn eben zur Schnecke gemacht hatte. Dass er nichts mehr mit ihm zu tun haben wollte.
»Sehen wir dann«, waren die letzten Worte, als er schon längst auf der Außentreppe gestanden hatte. Kein Umdrehen. Keine nette Geste. Dina hatte das zu verantworten.
Und er würde sie bestrafen. Sie demütigen, so wie er eben gedemütigt worden war.

21:35 UHR

Peter Brandt läutete bei Freyas Familie. Es hatte eine Weile gedauert, die Adresse herauszufinden, denn Mira war noch immer nicht stabil genug für eine detaillierte Vernehmung. Eine Psychologin kümmerte sich um sie, und diese hätte dem Kommissar am liebsten den Zutritt vollständig untersagt.

»Wenn die junge Frau eines am wenigsten braucht, dann sind das Männer«, hatte sie gesagt. Und auch wenn sie betonte, dass das nichts Persönliches sei, hatte Brandt mit einer trotzigen Gegenbemerkung reagiert. Männer hatten sie gefunden. Männer hatten sie gerettet. Aber natürlich verstand er, was hinter dieser Aussage steckte. Deshalb überließ er Canan Bilgiç das Feld, und diese hatte ihm schließlich den Nachnamen geliefert.

Es war eine ruhige Straße in Maintal-Dörnigheim, wo das schicke Einfamilienhaus stand. Obere Gehaltsklasse, das war nicht zu übersehen. Vor der Garage stand ein Audi, anthrazit-metallic mit teurer Sportausstattung. Brandt war schon länger nicht mehr in dieser Gegend gewesen, wie er feststellte, dann erklang auch schon die Gegensprechanlage.

»Ja?«

Brandt erkannte eine schwarze Halbkugel, die sich in dem Panel verbarg. Sicher befand sich eine Kamera dahinter. Er griff nach seinem Ausweis, doch es dauerte ein paar entscheidende Sekunden zu lang, bis er ihn in der Hand hielt. Schon sprach die Männerstimme abweisend weiter: »Hören Sie, wir kaufen nichts, und wir treten auch keiner Sekte bei. Und haben Sie schon mal auf die Uhr gesehen?«

»Kriminalpolizei, Peter Brandt. Tut mir leid, Sie zu stören.«

War da ein Ächzen zu hören gewesen, bevor das Rauschen der Verbindung erstarb? Brandt war sich nicht sicher, doch da summte auch schon der Türöffner. Er drückte die schwere Tür nach innen. Dort wartete ein Mann, der eine Bügelfaltenhose, einen wollenen Cardigan und Pantoffeln aus Cord trug. Von hinten näherte sich ihm eine Frau mit gequältem Gesichtsausdruck. Sie war schlank und deutlich kleiner als ihr Gatte.

»Was ist los?«, wollte sie wissen.

»Ist Ihre Tochter Freya zu Hause?«

»Was ist mit ihr?«, fragte der Mann zurück.

»Ich müsste mich mit ihr unterhalten«, wich Brandt aus. »Es geht um eine Freundin.«

Das war nicht die Unwahrheit. Und er prüfte genau, welche Reaktionen die beiden zeigten. Doch da war nichts außer Argwohn bei ihm und Sorge bei der Frau.

»Hm, das gefällt mir nicht«, sagte der Hausherr und neigte den Kopf zu seiner Ehefrau. »Ich rufe besser unseren Anwalt an.«

»Lass mal«, raunte sie ihm zu. Dann, zu Brandt: »Was ist mit Freyas Freundin?«

»Das möchte ich gerne mit Ihrer Tochter besprechen«, beharrte dieser.

»Warten Sie kurz.«

Die beiden verschwanden hinter der Windfangtür. Durch das milchige Glas konnte der Kommissar die Stimmen nur gedämpft hören, wohl aber die Gesten erkennen. Er schien strikt dagegen zu sein, sie allerdings insistiere mit einer nahezu verzweifelten Beharrlichkeit.

Kurz darauf wurde die Tür wieder aufgeschoben.

»Also gut. Sie können zu ihr«, sagte Freyas Vater mürrisch. Ohne ein weiteres Wort verschwand er ins Innere des Hauses. Die Mutter deutete in Richtung einer offenen Marmortreppe, die in den Keller hinabführte.

»Ich bringe Sie zu ihr. Aber bitte seien Sie behutsam. Irgendetwas stimmt nicht mit ihr. Normalerweise haben wir einen guten Draht, aber sie hat manchmal diese Phasen, wo sie völlig verschlossen ist. Wo man sie tagelang nicht zu Gesicht bekommt und sie einen total ignoriert.«

»Und so eine Phase hat sie jetzt?«, fragte Brandt nach.

»M-hm. Das fing in der Pubertät …«

»Seit wann genau?«, unterbrach er sie.

»Na, so mit zwölf«, erwiderte die Frau, begriff aber dann, dass er sich auf die derzeitige Phase berief. »Ach so, na ja, seit dem Wochenende.«

»Sonntagnacht?«

Die Frau blieb so abrupt stehen, dass Brandt beinahe auf sie gelaufen wäre. Gerade noch rechtzeitig fing er sich ab.

»Ja!«, rief sie, fast schon weinerlich. »Was ist denn bloß mit unserer Freya geschehen?«

Dann schob sich ein Kopf mit verwuschelten Haaren aus dem nächstgelegenen Türrahmen.

»Geht's vielleicht noch ein bisschen lauter?«

»Freya!« Die Frau stürzte auf ihre Tochter zu und umarmte sie. Das Mädchen stand da wie zur Salzsäule erstarrt und ließ es geschehen. Ihre Augen rollten dabei in Richtung Decke. Nach einigen Sekunden wand sie sich frei. »Genug jetzt. Was soll das? Wer ist das?«

»Brandt, Kriminalpolizei«, sagte der Kommissar. Wie oft er in seiner Laufbahn diese Worte schon gesagt hatte? Er wollte es gar nicht wissen.

»Hm.« Das Mädchen verschwand in ihrem Zimmer. Brandt schob sich an der Mutter vorbei und folgte ihr. Nur widerwillig ließ diese zu, dass er die Tür hinter sich zuzog.

»Darf ich reinkommen?«

»Sind Sie ja schon.«

»Ich meine – allein.«

»Ja, bitte! Ich kann dieses Herumschleichen meiner Eltern echt nicht mehr ertragen.«

»Sie machen sich Sorgen.«

»Pah!« Freya lachte auf. »Die haben doch gar keine Ahnung.«

Peter Brandt erinnerte sich an unzählige Diskussionen, die er mit seinen Töchtern geführt hatte. Laut, dominiert von pubertierender Logik, am Ende meist mit schrillem, tränenreichem Abgang. Doch Freya war wie alt? Michelle wurde fünfundzwanzig, dachte Brandt,

Freya musste etwas jünger sein als sie. Sie war selbst jetzt, in grauer Trainingshose und Wollpullover, ungemein hübsch. Fast schon puppenhaft schön. Brandt drückte den Gedanken beiseite, der ihm in den Kopf stieg. Auffälliges Verhalten seit der Pubertät. Missbrauch? Es geschah überall. Viel zu oft. Und meistens unbemerkt. Aber würde Freya dann noch zu Hause wohnen? Er sortierte seine Gedanken und sagte dann: »Ich komme wegen Mira. Eine Freundin von dir?« Hastig räusperte er sich. »Entschuldigung. Von Ihnen natürlich.«
»Schon okay, das mit dem Du.«
»In Ordnung«, lächelte Brandt, »dann aber auf Gegenseitigkeit. Ich heiße Peter.«
»Hm.« Freya ging zu ihrem Bett, ein niedriger Futon, und ließ sich auf die Matratze sinken. Ihr Handy lag dort, außerdem der Laptop, und das Leselicht war angeschaltet. Beiläufig deutete sie auf einen Sitzsack aus weißem Leder mit grellbunten Aufdrucken. Brandt ließ sich vorsichtig darauf nieder. Er sank so tief ein, dass er Sorge bekam, wie er wieder hochkommen sollte. Dann knackte es auch noch in seiner Wirbelsäule.
»Uff. Das ist tief«, grinste er. Er musste sich auf das Tempo des Mädchens einlassen. Sie schien ihm vertrauen zu wollen. Hatte keinen Schutzschild so wie Mira. Doch er musste behutsam vorgehen.
»Hör mal«, begann er, »ich würde gerne über Sonntagnacht reden.«
Sofort schien ein Vorhang über Freyas Miene niederzugehen.
»Ich kann mir vorstellen, dass das schwer für dich ist«, beharrte Kommissar Brandt und beugte sich nach vorn. »Aber es wäre wirklich wichtig. Es hat da auch einen Kollegen von mir erwischt, weißt du? Er hat eine kleine Tochter …«
»Ich hätte das sein müssen«, unterbrach Freya ihn, und ein Schwall von Tränen strömte ihr übers Gesicht. Während sie schluchzend weitersprach, immer wieder unterbrochen von schüttelfrostartigen Krämpfen, wurde Brandts Miene Stück für Stück düsterer. Und entsetzter. Da war die Rede von einem Spiel. Von einem Labyrinth. Mit

einer Belohnung, die am Ende wartete. Doch bis dahin gab es Fallen und Sackgassen.

»Und Zeitdruck«, ergänzte Freya, bevor sie pausierte. Dann wisperte sie: »Und es war die Rede von Strafen.«

»Was für Strafen?«

Sie schüttelte den Kopf. »Das weiß ich nicht. *Keine Ahnung.* Ich war doch so betrunken. Es tut mir leid.«

Wieder war es mehr ein Wimmern, mit dem sie ihre Antwort beendete.

»Wenn ich nicht so dicht gewesen wäre, hätte ich es getragen. Verstehen Sie? *Ich.* Nicht Mira. Es ist *meine* Schuld ...«

»Was hättest du getragen?«, hakte Brandt nach.

»Die Augenbinde. Das Halsband.«

»Halsband?«

»Herrje, es ist alles nur verwaschen. Aber irgendwer sprach von Elektroschocks. Scheiße! Hat man Mira mit Stromstößen gequält?«

Brandt hob die Schultern. Er musste zugeben, dass er es nicht wusste. Hatte sie Verletzungen gehabt? Oder hatte man es als Würgemale abgetan?

»Wir werden das noch mal prüfen«, versprach er, »aber Mira hatte keine Herzrhythmusstörungen oder Ähnliches. Sie wird wieder gesund. Und es ist nicht deine Schuld. Wer weiß, was man dir da in die Drinks gemischt hat.«

Das alles mochte sich gut anhören. Doch Freya spürte zweifellos, dass Brandt ihr bloß gut zureden wollte. Er verschwieg die psychische Verfassung von Mira. Und die Verletzungen im Genitalbereich.

»Ich bin trotzdem schuld«, beharrte Freya, die spürbar an Fassung gewonnen hatte. »Denn ich habe sie mit dorthin geschleift. Dina wollte das nicht, aber Mira hat darauf bestanden. Sie ist diesem Salieri völlig verfallen und beinahe ausgerastet, als ich ihr davon erzählte, dass Dinas Bruder mit ihm befreundet ist.«

»Moment mal.« Brandt kratzte sich am Ohr. »Dina? Dina Marić?«

Julia Durant hatte ihm etwas von Familie Marić erzählt. Doch es war dort hauptsächlich um Ilka gegangen. Und um deren Mann und um deren Sohn.
»Ja, Dina. Wir sind befreundet. Studium und so.«
»Ah. Und Dina Marić hat dann also den Kontakt hergestellt?«
»Ja und nein. Ihr Bruder organisiert diese Treffen. Da hängen oft ziemlich coole Typen rum, meistens Sportler. Dina wollte eigentlich nicht, dass ich dahingehe.« Sie verzog den Mund. »Hätte ich gewusst, was da abläuft, dann hätte ich auf Dina gehört.«
Scheiße. Nun war Brandt es, der seine Abscheu kaum verhehlen konnte. »Und Dina hat nichts darüber gesagt?«
»Na ja.« Freya sah zu Boden. »Ich hatte das Gefühl, dass sie mich nicht dort haben wollte. Sie hat ihren Bruder vorgeschoben, aber ich hatte das Gefühl, dass das nicht der wirkliche Grund war. Eher, dass sie einfach keine Partys mag. Hat wohl nicht so gute Erfahrungen gemacht, doch darüber spricht sie nicht. Wenn Sie mich fragen, läuft bei Dina so manches schief, vor allem mit ihrem Bruder. Aber sie kommt da auch nicht raus. Und sie hat schon einigen Mädels an der FH von diesen Partys erzählt. Warum sollte also ich da als Einzige nicht hin?«
»Und das fand Dina in Ordnung?«, fragte Brandt.
»Hm. Um ehrlich zu sein, habe ich ihr gegenüber so getan, als ginge ich nicht. Ich musste es ihr sogar versprechen. Aber eine Party mit Rico Salieri?« Ihre Schultern hoben sich. »Was soll da groß passieren? Dachte ich eben. Dass ich mich für diese Naivität pausenlos ohrfeigen könnte, ist mir jetzt auch klar.«
Brandt schluckte. Dann gönnte er Freya eine kurze Pause, in der er seinen Block hervorzog und einige Punkte notierte, die er abklären wollte. Er sah sich um. An den Wänden hingen Poster von Bands, deren Namen er fast alle kannte. Nicht, weil er auf deren Musik stand, sondern weil er die Poster schon einmal gesehen hatte. Bei Sarah und bei Michelle. Er hatte zwei wunderbare Mädchen groß-

gezogen. Allein; nachdem deren Mutter sich einen anderen geangelt hatte. Und er hatte ihnen das Böse der Welt zu ersparen versucht. Vielleicht tat er Freyas Vater unrecht. Vielleicht war er unwissend, vielleicht unfähig, sein Auftritt im Haus für konnte auch nichts weiter gewesen sein als ein Ausdruck von Angst. Als ein Versuch, eine Schutzmauer zu errichten. Leider zu spät. Wie er reagieren würde, wenn Freya sich ihm anvertraute? Ob sie es jemals tat?

Brandt stemmte sich nach oben und war froh, dass er das ohne einen Bandscheibenvorfall hinbekam.

»Ich würde mich gerne noch mal mit dir unterhalten«, sagte er. »Für heute reicht es, denke ich.«

»Wollen Sie nicht wissen, wie ich heimgekommen bin?«, fragte Freya.

»Willst du«, korrigierte Peter müde.

Natürlich wollte er es wissen. Aber er fürchtete sich auch davor, was das Mädchen ihm erzählen würde. Fürchtete sich vor den Bildern, die es in seinem Kopf auslöste. Er sah schon eine Ärztin, die einen Abstrich nehmen wollte. Den Gesichtsausdruck, mit dem Freya von einer bildhübschen, unschuldigen Frau zu einem Opfer degradiert wurde. Eine Miene, in der sich Selbstvorwürfe sammelten. Und ein plötzlicher Hass auf den eigenen Körper ...

»Ich dachte, du hattest einen Blackout?«, sagte Brandt.

»Klar«, sagte Freya. »Aber irgendwann bin ich aufgewacht. Speiübel war mir, ich glaube, ich hab denen das halbe Auto vollgekotzt.«

»Dina?« Es war ein Schuss ins Blaue. Sofort schüttelte Freya den Kopf.

»Nein, Gorhans Leute. Er selbst macht sich mit so was ja nicht die Hände schmutzig. Er gibt den Charmeur, und die meisten sind blöd genug, um ihm das abzukaufen. Dabei ist er ein Dreckschwein. Wie er Dina behandelt ... aber egal. Zwei Typen haben mich ins Auto verfrachtet und nach Hause gebracht.«

»Einfach so?« Brandt schämte sich, solch eine dumme Frage gestellt zu haben. Sie war aus ihm herausgeplatzt.

»Na ja, was sollen sie denn sonst gemacht haben? Vergewaltigt wurde ich nicht. Auch wenn ich total neben der Spur war. Aber *das* wüsste ich.«

»Sorry. War doof formuliert.«

»Allerdings.«

»Trotzdem. Warum hast du nicht die Polizei verständigt?«

»Ich hatte Angst. Verstehst du? Ich wollte schon x-mal zum Hörer greifen. Stattdessen habe ich alles abgeblockt. Ich habe mein Handy ausgeschaltet. Dina hat mich angemailt, von Mira hörte ich kein Sterbenswort. Dann doch mal ein Blick aufs Handy, aber das war ein Fehler. Keine Nachricht von ihr, keine Reaktion. Das war zum Wahnsinnigwerden. Ich hab mich mit Mamas Tranquilizern runtergeholt, weil ich das Gefühl hatte, auszurasten.«

»Wurdest du bedroht?«

»Kann man so sagen. Ich war ja fast im Delirium, aber die Typen haben mir sehr deutlich etwas zu verstehen gegeben: ›Wenn du etwas sagst, kriegst du Besuch von uns. Und dann bist du dran.‹«

Brandt schluckte schwer. Er stellte sich vor, dass sich das Mädchen womöglich nie bei der Polizei gemeldet hätte. Stattdessen wäre sie kaputtgegangen, in ihrem Keller. Langsam und unaufhaltsam. So wie eine Pflanze, der man das Sonnenlicht und das Wasser entzieht. Wie gut, dass er hergekommen war.

22:25 UHR

Als Peter Brandt abgeschlagen in seinen Alfa Romeo stieg, fehlte ihm jeglicher Elan, zum Telefon zu greifen. Julia, Elvira, alle mussten es wissen. Doch wo sollte er anfangen? Und was würde es brin-

gen? Salieri war für ihn unantastbar. Bortz war tot. Marić' Handlanger würden nichts Belastendes aussagen. Und Kullmer … Brandt knirschte mit den Zähnen. Kullmers Aussage wäre so wichtig. Er musste etwas gesehen haben. Hatte man ihn deshalb abgestochen? War er aufgeflogen, oder war er einfach nur ein unliebsamer Zeuge geworden, dessen man sich besser entledigen wollte?
Nur er selbst konnte das beantworten. Und um ein Haar hätte Brandt spontan in der Klinik angerufen, um dort seinen Frust abzulassen. Natürlich tat er es nicht, sondern startete den Motor und koppelte das Smartphone via Bluetooth mit dem Radio. Dann tippte er auf die Kurzwahl von Elvira Klein.

*

Im Klinikum Hanau herrschte hektische Betriebsamkeit. Irgendwo läutete ein Telefon, am anderen Ende des Ganges piepte ein Alarm. Doris Seidel sackte in sich zusammen, als ihr klar wurde, dass er aus Peters Zimmer kam. Dann schob man sie auch schon unsanft zur Seite. Eine Krankenschwester nahm sich ihrer an, doch was die junge Frau sagte, drang nicht zu ihr durch. Doris Seidel hörte nur eines, nämlich eine grausame Stille. Dort, wo ein Geräusch sein musste. Ein wiederkehrendes, monotones Geräusch, das den Herzschlag ihres Mannes wiedergab.
Dem Mann, mit dem sie den Rest ihres Lebens verbringen wollte.
Den sie nie geheiratet hatte, weil beide das nie für nötig gehalten hatten.
Um 22:19 Uhr hatte Peter Kullmers Herz aufgehört zu schlagen.

22:50 UHR

Sie schreckte aus einem unruhigen Schlaf, als er die Treppen nach oben stampfte. Alles war still und friedlich gewesen, wie es selten war. Doch dann kam er und fiel ein wie eine Horde Barbaren. Er stieß die Tür auf. Sein Atem stank nach Alkohol, und seine Kleidung roch nach Schweiß. Sie wachte auf, weil seine Pranke sich um ihren Kopf legte. Sich darunter grub, während sie auf dem Kopfkissen lag. Zuerst dachte sie, es sei ein Albtraum. Dann wurde ihr klar, dass es viel schlimmer war. Der Albtraum war Realität. Er hatte ein Gesicht, *sein* Gesicht.
Wozu schloss sie sich allabendlich ein, da er doch einen Schlüssel besaß? Er kam immer, wenn er es wollte. Das konnte sie nicht ändern. Sie strampelte panisch. Die Decke, unter der es noch vor Sekunden behaglich warm gewesen war, wurde zu ihrem Gefängnis. Mit seinem ganzen Gewicht drückte er sich auf sie. Die Hand auf ihren Mund gepresst. Sie bekam kaum Luft. Wollte schreien, doch konnte es nicht. Ein unterdrücktes Quieken. *Das Kind.* Dann sein Knie, welches in ihre Hüfte stieß.
In dem gedämpften Licht konnte sie seine Augen sehen, die sie anfunkelten. Konnte hören, wie er ihr befahl, keinen Mucks von sich zu geben.
Dieses Mal war es anders als sonst.
Er redete auf sie ein, das tat er sonst nie. Er redete sich in Rage, er beschimpfte sie.
Brauchte er plötzlich mehr als nur ein willenloses Stück Fleisch, an dem er sich vergehen konnte?
Sie ließ die Tirade über sich ergehen, ebenso wie den körperlichen Schmerz. Und wieder einmal sagte sie nichts. Ergriff keine Gegenwehr. Ertrug ihr Schicksal ohne eine nach außen erkennbare Regung. Doch dieses Mal tat sie es mit der Gewissheit, dass es das letzte Mal sein würde.

MITTWOCH

MITTWOCH, 11. MAI, 6:30 UHR

Julia Durant stand widerwillig auf. Noch bevor sie nach ihrem Handy tastete, noch bevor sie daran dachte, was sie heute anziehen sollte, ratterten bereits die Gedanken durch ihren Kopf.
Bortz. Salieri. Brandt.
Berger. Marić.
Kullmer.
Durant vergrub den Kopf zwischen die Hände und wünschte sich weit weg. Doch niemand erhörte sie.
Am Abend zuvor, es musste gegen elf gewesen sein, hatte das Telefon geklingelt. Doris Seidel war völlig aufgelöst gewesen. Peters Herzschlag hatte ausgesetzt. Dabei hatte es doch geheißen, er sei über den Berg. Oder war das bloß eine Interpretation gewesen? Wunschdenken? Ein kalter Schauer ließ Julia erzittern.
Für ein paar Sekunden, die allen Beteiligten vermutlich wie eine Ewigkeit in Erinnerung bleiben würden, hatte das Leben ihres Kollegen auf der Kippe gestanden. Am seidenen Faden gehangen. In der Mitte des Flusses. Der Gedanke daran, noch jemanden zu verlieren, war unerträglich gewesen.
Dann war die Reanimierung erfolgt. Und geglückt. Seitdem schlug das Herz ihres Kollegen wieder, und es tat kein einziges Zucken, ohne von Doris Seidels Argusaugen und den angeschlossenen Kabeln und Schläuchen überwacht zu werden. Ob es Gott oder der anwesende

Arzt war, dem ihre Dankbarkeit gebührte: Julia Durant hatte, noch während Doris am Telefon war, vor Erleichterung geweint. Peter Kullmer würde nicht sterben. Nicht gestern und auch nicht heute. Er war dem Tod noch einmal von der Schippe gesprungen.

Mit einem Ruck erhob die Kommissarin sich, so schnell, dass ihr schwindelig wurde und ein Dutzend greller Funken vor ihren Augen zu tanzen begannen. Die Arbeit rief.
Doch wo sollte sie anfangen? Wer würde sie als Nächstes anlügen? Welche Hürde musste sie zuerst nehmen, nur, um vor einer weiteren zu stehen?
Das Bauchgefühl kam ihr in den Sinn. Die stupide Wette, die eigentlich keine war. Selbst Andrea Sievers hatte längst von der Selbstmordtheorie abgelassen. Aber brachte es die Ermittlung voran? Nein. Und war es nicht ihr eigener Bauch, der Julia Durant in der jüngsten Vergangenheit so perfide betrogen hatte? Der ihr das Gefühl gegeben hatte, er trüge etwas Besonderes in sich. Der sie in dem Glauben gewiegt hatte – wenn auch nur für kurze Zeit –, dass er ihr jenen längst unerfüllbar erscheinenden Traum von einer eigenen Familie erfüllen würde. Nur, um dann die ernüchternde Realität preiszugeben, dass das, was da wuchs, sie aufzufressen drohte. Zu verschlingen, in denselben grauen Schlund, der bereits ihre Mutter verschluckt hatte. Der hämische Nachhall verfolgte sie noch immer. Übelkeit stieg in ihr auf. Sie schlich ins Bad und duschte. Als sie sich eine Bluse aus dem Schrank nahm, regte sich Claus. Er streckte sich und gähnte ihr ein »Guten Morgen« zu. Und als sie sich küssten, war die Welt für einen Moment nicht mehr ganz so düster. Sie hatte eine Familie. Wenn auch nur eine kleine. Und bevor sich ihre Gedanken an Pastor Durant verloren, dessen Tod diese Familie schmerzhaft auf ein Minimum verkleinert hatte, machte Julia Durant sich auf den Weg. Frühstück, Kaffee, das alles konnte warten. Bloß nicht stillstehen, bloß nicht in Melancholie verfallen. Und

während Claus sich langsam aus dem Bett schälte, eilte sie bereits die alten Holzstufen des Treppenaufgangs hinunter.

Die Klatsche traf Julia nur Sekunden nach dem ersten Blinzeln in die Sonne. Was zum …?

Ihr Auto! Konnte das wahr sein?

Ein Reifen des Roadsters war zerstochen, der Außenspiegel auf der Beifahrerseite hing nur noch an einem dünnen Kabel. Die Reste einer zerbrochenen Bierflasche lagen in dem Spalt zwischen Frontscheibe und Motorhaube. Dem Verdeck fehlte offenbar nichts, außer einem übel riechenden Fleck, der vermutlich auf eingetrockneten Apfelwein zurückzuführen war. Es roch säuerlich. Durant steckte ein faustgroßer Kloß im Hals, als sie um den Wagen herumging. Alles konnte man reparieren, doch darum ging es nicht. Auf den beiden Hauben, vorn und hinten, war mit einem Farbpinsel folgendes Wort in hellblauer Farbe aufgebracht:

BAYERNHURE

7:55 UHR

Auch wenn es kaum eine Viertelstunde Fußweg war (der mit dem Auto meist nicht weniger lang dauerte), hatte Julia Durant den Roadster in Richtung Präsidium gegeißelt. Das Ersatzrad war verhältnismäßig schnell aufgezogen, so etwas beherrschte die Kommissarin aus dem Effeff. Viel zu lange hatte sie allein gelebt, um wegen solcher Dinge um Hilfe bitten zu wollen. Claus war gewiss noch unter der Dusche, und sie wollte im Moment weder bemitleidet noch in ein Gespräch verwickelt werden.

Die lange Motorhaube hatte sie während der Reparatur mit ihrer Jacke bedeckt und die hintere Klappe offen stehen. So waren die Schmiereien auf den ersten Blick nicht zu erkennen, und es sah aus, als habe sie nichts weiter als einen gewöhnlichen Plattfuß zu wechseln. Tatsächlich funktionierte die Strategie gut. Keiner sprach sie an. Beinahe ärgerte Durant sich schon wieder darüber, wie ignorant die Menschen waren. Doch spätestens auf der Fahrt ins Präsidium beachtete man sie. Zu groß, zu deutlich prangten die Schandmale auf dem Roadster. Manche übten sich im diskreten Wegsehen, andere lachten abfällig oder warfen ihr mitleidige Blicke zu.
Ihr Puls war gefühlt auf hundertachtzig. Scheiß-Facebook. Scheißverein. Und vor allem scheiße, wie das in der Kneipe mit Salieri gelaufen war. Es gab keine Entschuldigung für die Sachbeschädigung, die man an ihrem Wagen vollzogen hatte. Keine Ausrede dafür, sich gezielt zu einer solchen Tat zu verabreden. Irgendwer musste ihre Adresse herausgefunden haben. Jemand musste sich um Pinsel und Farbe gekümmert haben. Affekt sah anders aus. Die einzige wirkliche Übersprunghandlung war der Kontakt zwischen ihr und Brandt und dem Profifußballer gewesen. Für den Rest gab es kein Pardon. Und sie entschied, dass sie der Sache nachgehen würde – und zwar mit aller Kraft. Der erste Name auf ihrer Liste: Fabian Scholz. Diesem Jungchen würde sie ...
»Um Himmels willen!«
Frank Hellmer war auf den Hof gebogen. Es war ein ungewohntes Bild, ihn am Steuer eines Dienstwagens zu sehen. Als er den kläglichen Zustand des Roadsters registrierte, hob er vor Schreck die Hand vor den Mund.
»Spar's dir«, murrte Durant. Und tatsächlich dachte sie für eine Sekunde an nichts anderes als an die Zigarette, die sich in Hellmers Mundwinkel befand. In Situationen wie diesen wurde ihr gewahr, wie tief das Verlangen doch noch saß.

»Ist das hier passiert?« Hellmer ließ den Wagen mitten auf dem Hof stehen und stieg aus.
»Quatsch. Vor meiner Haustür.«
»Und da kommst du noch hierher? Was ist mit der Spusi?«
»Vergiss es doch einfach, da gibt's nichts!«, motzte die Kommissarin weiter. »Klinge in den Reifen, Farbe draufgepinselt und eine Flasche zertrümmert. Soll Platzeck etwa DNA in den Apfelweinresten suchen? Oder Sohlenprofile vom Spiegel nehmen?«
Sie schlug mit der Faust gegen den Kotflügel, vor dem sie gerade stand, und biss sich auf die Zunge. »'tschuldigung«, murmelte sie dann. »Aber du weißt ja ...«
»Ich weiß, dass du deine Kiste genauso liebst wie ich meine«, vollendete Hellmer ihren Satz. »Deshalb sollten wir das auch nicht ungestraft lassen.«
Er verzog die Lippen und schritt einmal um den Opel herum.
»Bayernhure?«, fragte er und kratzte sich am Kopf. »Du bist doch mehr Frankfurterin als manch anderer.«
Durant wusste, dass das ein verquerer Versuch von gutem Zureden war, und lächelte matt. »Na ja. Aber man kann es nicht leugnen. Ich komme aus München und ermittle gegen die Eintracht. Schublade auf, Schublade zu. So ist das mit Klischees.«
Die beiden gingen nach oben. Claus Hochgräbe erschien und stellte mit Entsetzen fest, wie viel man in zwanzig Minuten doch verpassen konnte. Er erkundigte sich nach Julias Befinden, fragte denselben Katalog ab wie zuvor Hellmer.
Es blieb dabei. Keine Spusi, keine Verschwendung von Personal. Julia wollte es nicht anders.
»Aber diesem Scholz, dem trete ich jetzt auf die Füße«, entschied sie.
»Auf keinen Fall!«, hielt Hochgräbe sie zurück. »Das erledige ich. Mit Frank. Und dann gleich zu Rico Salieri.«
Durant wollte dagegen aufbegehren, doch der Chef schnitt ihr das Wort ab: »Du kannst dich um Berger kümmern, der hat eine Nach-

richt hinterlassen. Oder um die Maurer-Witwe. Dir wird schon nicht langweilig.«

Frank Hellmer warf ihr im Hinausgehen einen vielsagenden Blick zu. Bedauern? Trost? Verdammt! Sie wollte kein Mitgefühl.

Wie schaffte Claus Hochgräbe es, zu Hause der fürsorglichste Mensch des Universums zu sein, und hier im Präsidium war er plötzlich eine Autorität, an der selbst sie nicht zu kratzen wagte?

Julia Durant besorgte sich einen Kaffee, der erste dieses verkorksten Tages, und ließ sich auf ihren Bürostuhl sinken.

Hätte sie das von Berger auch akzeptiert?

Wäre sie tatsächlich im Büro geblieben?

Sie konnte es nicht sagen. Aber wenigstens hatte ihr ehemaliger Chef ein paar Informationen auftreiben können. Sonst hätte er wohl kaum um Rückruf gebeten. Auch so eine Sache. Er hatte sich direkt bei Claus gemeldet. Das nächste Mal hältst du die Hackordnung gleich von vornherein ein, sagte sie sich, während das Freizeichen ertönte.

Berger begrüßte sie mit belegter Stimme. Dann berichtete er.

»Trinkfest sind sie ja, die Wiesbadener. Aber das tut nichts zur Sache. Es hat mich jedenfalls einige Runden gekostet, bis jemand bereit war, Tacheles zu reden.«

Durant sagte nichts, sondern versuchte, ihren Frust so weit zu reduzieren, dass sie sich ganz auf Berger konzentrieren konnte. Dieser sprach vor allem über die Familie Marić, insbesondere über Gorhan. Er stünde schon seit Längerem unter Beobachtung. Zuhälterei, Drogen, Glücksspiel. Zwischen Frankfurt und Wiesbaden gebe es ein Dutzend solcher Imbissbuden. »Geldwaschanlagen und Zwischenlager«, berichtete er weiter, »aber die sind uns immer eine Nasenlänge voraus. Gerüchten zufolge soll Gorhan ein Informant sein. Oder er war es mal. Oder man möchte ihn für diesen Zweck verwenden.«

»Was denn nun?«

»Das scheint keiner so genau zu wissen. Jedenfalls hat da jemand über uns den Finger drauf.«

»Scheiße.«

»Definitiv. Da geht gar nichts. Aber es erklärt zumindest, weshalb die Ermittlung damals so ein Eiertanz war. Weshalb man versucht hat, es als Verzweiflungstat abzutun. Als Selbstmord einer Frau, die ihre Traumata aus dem Kosovo nicht verwinden konnte.«

»Genau«, fauchte Durant. »In Reizwäsche und mit mehreren Sorten Sperma unten drin. Gorhan wird sie ja kaum selbst geschubst haben, warum also keine richtige Ermittlung? Wenn man ihn tatsächlich als Informanten nutzen wollte …«

»Sie haben ihm ja zugesetzt. Aber er ist triumphierend aus der Sache herausgegangen. Mit einer ›Die können mich mal‹-Haltung, die bei seinen Kumpanen sicher Eindruck geschunden hat.«

»Hm. Ich sehe das anders. Aber okay. Sonst noch was?«

»Ja. Seine Halbschwester. Dina.«

»Was ist mit ihr?«

»Dina Marić scheint mehr zu sein als das unscheinbare Mäuschen. Sie hat in verschiedenen Vernehmungen vollkommen unterschiedliche Angaben gemacht. Manchmal so diffus, dass man ihr keine Lügen nachweisen konnte, oder sie hat Dinge hinterher widerrufen und behauptet, der Schock mache ihr ein klares Denken so schwer. Wenn Sie mich fragen: Diese Frau ist komplett falsch eingeschätzt worden.«

»Falsch – oder gar nicht?«, hakte Durant nach.

»Stimmt. Eher gar nicht. Es gibt kein Profil, kein Gutachten, es ist, als wäre sie unsichtbar.«

»Vielleicht ist das ihr Schicksal«, murmelte Durant.

Eine Frau, umgeben von zwei Männern. Einer gewaltbereit, einer so alkoholkrank, dass er pflegebedürftig war. Ein Kind. Ein Haushalt. Wie sollte man da eine Persönlichkeit entwickeln können?

Sie wechselten noch einige Sätze. Durant verschwieg, was mit ihrem Auto geschehen war. Doch zum Abschied sagte Berger etwas, was sie aufhorchen ließ.

»Ich hoffe, dass Ihr Tag damit wenigstens etwas weniger verkorkst ist. Machen Sie's gut.«
»Moment. Wie meinen Sie das?«
»Noch keinen Blick in die *Bild* geworfen?«, fragte Berger. Dann verabschiedeten sie sich voneinander.

Julia Durant ahnte nichts Gutes, als sie sich aufraffte, um eines dieser Blätter in die Finger zu bekommen. Die Zeitungen lagen hier sonst überall im Präsidium herum, nur heute nicht. Schätzungsweise gab es bei Claus Hochgräbe die besten Chancen, weshalb die Kommissarin dort zuerst ihr Glück probierte. Das Büro war nicht abgeschlossen, wie üblich. Claus war nicht da. Der Stapel Tageszeitungen lag unangetastet auf seiner Schreibtischplatte, was unüblich war, denn normalerweise widmete er sich als Allererstes den Meldungen. Darin ähnelten er und Berger sich. Man musste die Stimmung der Öffentlichkeit kennen, bevor man sich mit ihr auseinandersetzte. Doch die Stimmung, die den heutigen Tag beginnen ließ, hatte man ja bereits an Julias Roadster ablesen können. Vermutlich hatten weder Hochgräbe noch Hellmer einen Blick in die Meldungen geworfen, dachte Durant, während sie das Blatt auffaltete. Um ein Haar hätte sie sich an ihrer eigenen Spucke verschluckt.
Was um Himmels willen ...

DIESE ERMITTLER SPIELEN FOUL
Eintracht-Feinde bei unserer Polizei?

Der Artikel ergoss sich darüber, dass der Chef der Frankfurter Mordkommission sowie die leitende Beamtin beide aus der Bayernmetropole stammten. München, ein alter Erzgegner der Eintracht. Und natürlich war auch Brandt erwähnt. Allein seine Zugehörigkeit zu Offenbach genügte, um auch ihm mangelnde Objektivität zu bescheinigen. Die Kampagne grenzte an Rufmord.

Julia zerknüllte die Zeitung mit einem Aufschrei und schmiss sie in Richtung Gummibaum, ein staubiges Überbleibsel aus Bergers Tagen. Dann stampfte sie so hart auf, dass in der Etage unter ihr vermutlich die Deckenverkleidung zu wackeln begann. Mit unschönen Worten auf den Lippen griff sie zum Smartphone. Wählte Claus an, der sich sofort meldete.

»Wo bist du?«

»Na, mit Hellmer unterwegs«, bekam sie zur Antwort. »Zu Fabian Scholz, hatte ich doch gesagt.«

Hatte er das? Klar. Sie hatten wohl darüber gesprochen. Aber dass er sich sofort auf den Weg machen würde? Wie auch immer.

»Hast du's schon gehört?« Durant berichtete über den Zeitungsartikel. Hochgräbe bejahte. Er habe es auch gerade gelesen. »Die ticken nicht richtig«, sagte er. Als ob es das besser machte.

»Es ist darin die Rede von den Ultras«, merkte Durant an. Ein Sprecher dieser Fangruppe hatte sich empört darüber geäußert, wie die Polizei eine derart gefärbte Ermittlung führen könne. So der Tenor des Ganzen. »Scholz ist doch auch einer von diesen Typen. Tretet dem nur ordentlich auf die Füße«, sie atmete schwer, »sonst übernehme ich das nämlich.«

Hochgräbe versuchte noch einige Minuten vergeblich, sie zu beschwichtigen. Auch nach dem Auflegen fühlte Julia sich, als würde sie gleich explodieren. Und das Allerschlimmste dabei: Sie war kaltgestellt. Musste hier herumsitzen, als gäbe es dort draußen keinen Mörder und keine Vandalen.

Das Telefon klingelte. Es kam aus ihrem Dienstzimmer. Ihr Blick wechselte zwischen dem Papierknäuel hinter dem Gummibaum und der Tür zum Gang. Dann lief sie auch schon los. Ein weiteres Klingeln, dann noch eines. Sie hastete an den Apparat, doch bekam nur noch das Freizeichen zu hören. Zähneknirschend prüfte sie nach, wer versucht hatte, sie zu erreichen.

Würde heute denn alles schiefgehen?
Sie wollte gerade zurückrufen, da vernahm sie das Läuten in Hochgräbes Büro. Um ein Haar wäre sie wieder aufgesprungen, entschied sich dann aber mit grimmiger Miene dagegen und drückte ein paar Knöpfe.
»Ist bei euch schon der Urlaub ausgebrochen?«, drang es aus dem Lautsprecher. Die Stimme aus der Zentrale klang entnervt.
»Vielleicht einfach mal länger klingeln lassen«, giftete sie zurück.
»Hier unten eilt es aber.«
»Wieso?«
»Wir haben eine junge Frau hier. Sieht ziemlich übel aus. Und sie möchte nur mit Ihnen sprechen.«
Wie von einer Tarantel gestochen, schnellte Julia Durant in die Höhe.
»Wer? Wo? Hat sie einen Namen?«
Natürlich hatte sie einen Namen.

9:20 UHR

Fabian Scholz war in einer Eigentumswohnung in Frankfurt-Nied gemeldet. Es war ein ockergelbes Reihenhaus in der sogenannten Eisenbahnersiedlung, zwei Etagen, grüne Fensterläden. In der engen Straße kam es einem Kunststück gleich, wenn man eine Parklücke suchte und dann auch noch hineinnavigieren wollte. Claus Hochgräbe dirigierte Hellmer, es war Millimeterarbeit.
»Ganz schön weit draußen für einen ewigen Studenten«, brummte der Kommissar, als er sich nach dem Abstellen des Motors den Schweiß von der Stirn wischte.

Der Stadtteil Nied befand sich westlich der Autobahn, zwischen Höchst und Griesheim, und wurde von den Flüssen Main und Nidda begrenzt.
»Na ja, bis zur Uni dürfte man doch gut kommen«, bemerkte Hochgräbe unbeeindruckt. Klar, dass jemand, der aus München stammte und Experte im dortigen öffentlichen Nahverkehr war, keinerlei Problem darin sah, in einem Außenbezirk der Stadt zu leben. Die Studentenwohnheime indes befanden sich zentraler. Und so alt die Siedlung hier auch sein mochte: Die Mieten waren sicher nicht billig.
Dann öffnete sich auch schon die Tür. Ein verschlafen aussehender Mann mit zusammengebundenen Haaren stand darin.
»Was wollen Sie?«, erkundigte er sich.
»Wir möchten zu Fabian Scholz«, antwortete Hellmer, der längst erkannt hatte, dass der barfüßige Mann mit den grauen Strähnen gut und gerne zwanzig Jahre älter war als die gesuchte Person.
Die Antwort kam langgezogen, insbesondere die vielen A-Laute.
»Ja, der Fabi, warten Sie. Der ist nicht da.«
»Wo ist er?«
»Na, Uni.«
»Und wer sind Sie?«
»Ich habe zuerst gefragt. Seid ihr B… Cops?«
Es war klar, dass er um ein Haar »Bullen« gesagt hätte. Hellmer ignorierte das.
»Kriminalpolizei«, sagte er ungeduldig. »Und es ist wirklich wichtig.«
»Wie gesagt. Uni.« Der Mann neigte fragend den Kopf, und es lag etwas wie Sorge in seiner Stimme, als er fragte: »Steckt Fabi denn in Schwierigkeiten?«
»Das müssen wir mit ihm persönlich klären. Noch mal, wer sind jetzt Sie?«
»Christoph Harbiger. Mir gehört diese Wohnung, und ich lebe hier mit Fabi.« Harbiger musterte die Kommissare, als warte er nur auf einen abfälligen Blick. Doch da kam nichts.

»Als WG, zur Untermiete oder als Paar?«, fragte Hochgräbe.
»Alles davon, in dieser Reihenfolge«, grinste Harbiger. »Es begann als WG und endete in einer Beziehung.«
»Und womit verdienen Sie Ihren Lebensunterhalt?«
»Mieteinnahmen. Mir gehören einige Wohnungen in dieser Straße. Ansonsten bin ich Künstler. Ich habe eine Galerie und eine Werkstatt, aber was hat das alles mit Fabi zu tun?«
»Nichts, vermutlich«, erwiderte Hellmer und fragte noch einige Personen ab.
Über Maurer wusste Harbiger kaum mehr als das, was in den Medien verkündet worden war. Beim Namen Bortz allerdings stöhnte er auf. »Hören Sie mir bloß auf mit dem.«
»Aha. Sie kannten sich also.«
»Kannten? Na ja.« Harbiger winkte ab.
»Erzählen Sie mal.«
»Da gibt's nicht viel. Ich mache manchmal Lichtinstallationen. Wie auf der Luminale. So was halt.«
Hellmer beugte sich zu Hochgräbe und raunte diesem zu, dass es sich dabei um ein Festival in Frankfurt handele, bei dem Beleuchter die Stadt in ein riesiges Kunstwerk verwandelten. Hochgräbe nickte bloß.
»Kenne ich längst, aber danke.« Er forderte Harbiger auf fortzufahren.
»Bortz ist irgendwann nach einem Spiel mal auf mich zugekommen und hat mich gefragt, ob ich nicht eine Industriehalle beleuchten wolle. Düster und beklemmend sollte es sein. So wie Halloween. Das ist schon lange her, aber ich habe diese Wortwahl nicht vergessen. Klang spannend, auch wenn Bortz ein ziemlich unsympathischer Kerl war.«
»Aha. Und?«
»Nichts. Wir tauschten Nummern, aber schon bevor wir aus dem Stadion waren, musste ich Fabi versprechen, dass ich die Finger da-

von lasse. Wir hatten einen heftigen Streit, denn ich wollte das unbedingt machen. Bortz hatte gesagt, dass Geld kein Problem sei.«
Hochgräbe horchte auf. »Wann genau war das?«
»Vor zwei Jahren oder so.«
»Hm.« Das war lange vor dem Lottogewinn. Also schien Bortz noch über andere Geldquellen verfügt zu haben.
»Fabi hat mich davon überzeugt, dass ich von Bortz die Finger lassen solle. Schlechter Ruf, schlechter Umgang, unangenehmer Mensch.« Harbiger schnaufte. »Trotzdem. Mit unangenehmen Kunden kann ich umgehen. Ich habe die Sache nur ihm zuliebe gelassen.«
Hochgräbe nickte und beobachtete aus dem Augenwinkel, wie Hellmer sich etwas notierte. Er räusperte sich.
»Okay, danke. Zum nächsten Punkt. Wo waren Sie und Ihr Freund Fabi vergangene Nacht?«
»Na, hier«, antwortete Harbiger und wirkte verdutzt. »Wo sollen wir denn sonst …«
»Haben Sie mitbekommen, dass Ihr Freund Fabi sich gestern im Holzhausenviertel verabredet hat? Es muss ja nur für eine Stunde gewesen sein.«
»Hä?« An Harbigers Gesichtsausdruck war abzulesen, dass er keine Ahnung hatte, worauf Hochgräbe hinauswollte.
»Vergessen Sie's, wir fragen ihn selbst.«
»Wir waren hier. Die ganze Nacht«, betonte Harbiger unwirsch.
»Schon okay«, sagte Hochgräbe, schon halb im Umdrehen. »Nur eines noch. Wenn wir jetzt verschwinden, dann rufen Sie Herrn Scholz sicher an, wie?«
»Na und? Ist das verboten?«
»Sagen Sie ihm, dass wir ihn nur befragen möchten. Ganz zivilisiert, so wie wir eben miteinander gesprochen haben. Es lohnt sich also nicht, wenn er stiften geht.«
»Mh.«

Als die beiden in angemessener Entfernung waren, wollte Hellmer wissen, was der Boss damit bezweckt hatte. Hochgräbe antwortete: »Diese Typen gehören in die Kategorie, die ›All Cops Are Bastards‹ an Brückenpfeiler sprühen. Harbiger soll wissen, dass ich das weiß. Er hätte Scholz ohnehin gewarnt, und das ist mir auch ganz recht so. Eure Ultras hier sind auch in München ziemlich berüchtigt. Soll Scholz sich ruhig ein bisschen ins Hemd machen. Oder abhauen. Dann heizen wir ihm gleich mal ein bisschen ein.«
Hellmer blieb stehen und sah Hochgräbe anerkennend an.
»Nicht schlecht.« Er grinste.
»Verrat's ihr nicht gleich«, knurrte Claus Hochgräbe, »aber niemand bedroht ungestraft meine Julia!«

9:50 UHR

Dina Marić drehte wohl zum hundertsten Mal die Porzellantasse im Kreis herum. Sie beobachtete die Flüssigkeit, die längst zu dampfen aufgehört hatte. Mied den Blickkontakt zu Julia Durant.
Die Kommissarin hatte darauf bestehen wollen, einen Arzt hinzuzuziehen. Dina hatte sich vehement dagegen gewehrt.
Auf die Frage, wer ihr die Verletzungen zugefügt habe, hatte sie bislang geschwiegen. Durant tippte auf Gorhan, denn ihn hatte sie bereits als aggressiv wahrgenommen. Den Vater kannte sie nicht. Konnte ihn nicht einschätzen.
»Ich möchte nicht mehr schweigen. Ich möchte mich nicht mehr misshandeln lassen«, sagte Frau Marić leise. Dann sah sie auf und hielt dem ernsten Blick der Kommissarin stand. »Ich studiere. Wussten Sie das? Soziale Arbeit. Ich möchte Gutes bewirken. Das klingt

vielleicht bescheuert, aber es gibt so viel Elend. Mir blieb es erspart. Ich wuchs in Deutschland auf, hier haben Frauen viel mehr Rechte, und hier herrscht Frieden. Vielleicht konnte ich es deshalb so lange ertragen.«
»Sie sprechen von zu Hause? Von Ihrer Familie?«
»Ja.«
»Also ist das nicht zum ersten Mal geschehen?«
»Nein.« Dina seufzte, dann wurde sie sarkastisch. »Das ist der Vorteil, wenn man nie kurze Ärmel trägt und stets in ein Kopftuch gewickelt ist. Es verbirgt die Sünden.«
Durant überlegte. Hatte Dina ein Kopftuch getragen, als sie einander begegnet waren?
»Sie tragen heute keines?«
»Ich habe es in meiner Handtasche.« Dina lächelte. »Mein persönlicher Widerstand, meine kleine Freiheit. Ich verlasse das Haus zwar damit, aber ziehe es dann aus. Bisher funktionierte das. Aber das genügt mir nicht mehr. Ich will richtig frei sein. Das steht mir doch zu, oder?«
»Natürlich.« Durant fummelte zwischen Papieren und Stiften herum. »Bis dahin müssen wir aber einige Schritte gehen. Und der Weg wird nicht leicht. Wichtig wäre, dass wir einen Arzt hinzuziehen. Natürlich eine Frau. Ihre Verletzungen müssen dokumentiert werden. Und Sie sollten Anzeige erstatten. Anzeige gegen ... War es Ihr Bruder?«
Dina schwieg, und es kam der Kommissarin wie eine Ewigkeit vor. Dann aber begann ihr Kopf sich zu bewegen. Hoch und nieder, wenn auch nur um Millimeter. Und dann begann sie zu sprechen. Und es war viel schlimmer als das, was Julia Durant erwartet hatte. Es war eine Geschichte, die sie nicht zum ersten Mal hörte. Sie kannte sie von Ehemännern, von Lebenspartnern, von Nachbarn und von Verwandten. Es war der Bruder gewesen, wie vermutet. Und er hatte nicht nur die Fäuste benutzt. Er hatte sie missbraucht,

über Jahre, schon seit sie Kinder gewesen waren. Und sie hatte sich niemals gegen ihn gewehrt. Sie führte ein Leben in Angst. Das Einzige, was sie tun konnte, war, zu funktionieren. Sie machte die Büroarbeit, kümmerte sich um das Kind und um das Wrack, zu dem ihr Vater geworden war. Was sie in ihrer kargen Freizeit machte, durfte sie dafür selbst entscheiden. Studieren? Solange sie ihren Pflichten nachkam ... Hauptsache, sie kleidete und verhielt sich angemessen. Und sie zickte nicht, wenn Gorhan seine Gier, seine Lust und seinen Frust an ihr abzuarbeiten gedachte.
Mehr als einmal musste Julia Durant sich zusammennehmen, um nicht empört aufzuspringen. Und sie spülte ihren Würgereiz mit einer Menge Kaffee und Wasser hinunter. Menschen wie Gorhan Marić machten sie krank. Und ein System, das solche Personen schützte, nur, weil sie womöglich in einer anderen Ermittlung hilfreich sein konnten.
Mit geballten Fäusten entschied Durant, dass das Leben von Marić sich noch heute ändern würde – und zwar grundlegend.
Währenddessen saß ihr Gegenüber wieder reglos da und war in Schweigen verfallen. Durant machte sich einige Notizen und entschied, die Frau ein wenig zur Ruhe kommen zu lassen. Und ein Arzt musste her, wie sie fand. Doch zwingen ...
»Wenn ich weggehe ... was passiert dann mit Dario?«
Julia Durant blickte auf. Die Frage kam völlig unvermittelt. Das Kind. Mist. Schon wieder hatte sie die Existenz des kleinen Jungen ignoriert. Er war Dinas kleiner Bruder, sicher liebte sie ihn abgöttisch.
»Kommt darauf an«, sagte sie vorsichtig. »Ihr Vater kann das nicht allein, hm?«
»Nein.«
»Haben Sie noch weitere Angehörige?«
»In Deutschland?«
»Ja, ich meine hier. Oder gibt es welche in Ihrer Heimat?«

Dina verneinte beides.

»Dann schaltet sich wahrscheinlich das Jugendamt ein.« Durant wollte nach den Händen der Frau greifen, doch sie saß zu weit weg.
»So weit ist es aber doch noch gar nicht.«
»Ich möchte nicht, dass er mit mir ins Gefängnis kommt, wenn ich in Schutzhaft gehe.«
Durant fragte sich, welches Bild die junge Frau wohl hatte. Schutzhaft. Kalte, nasse Kerkerzellen. Ratten. Um ein Haar hätte sie geschmunzelt, doch der Ernst der Lage verbat es ihr.
»Keine Sorge, so weit kommt es ja wohl nicht«, versicherte sie ihrem Gegenüber. »Es gibt in der Stadt Frauenhäuser. Schon mal davon gehört? Ich kann …«
»Frauen mit Kindern?«
»Ja. Das sollten wir hinkriegen. Wichtig dabei ist nur, dass Sie nicht schwach werden. Dass Sie Ihren Aufenthaltsort für sich behalten. Sonst funktioniert das Ganze nicht, und Sie gefährden damit sich und auch die anderen Frauen.«
Frau Marić nickte langsam und nippte an ihrem Tee. Glücklicherweise gab es keine Sprachbarriere zwischen ihnen, und Durant konnte ihr ohne große Anstrengungen erklären, was als Nächstes passieren würde.
Falls Dina sich für diesen Weg entschied.
»Ich begleite Sie gerne, um ein paar Sachen zu holen«, sagte sie. »Oder ich fahre alleine hin.«
Alles war besser, als in ihrem Büro zu versauern.
Und womöglich hatte sich ein weiteres Puzzleteil ins Bild gefügt. Dina Marić. Das unbeschriebene Blatt. Wie hatte Berger gesagt? Sie sei eine Frau, die keinerlei Profil hatte. Eine Frau, die zeit ihres Lebens unter der Knute von gewaltbereiten Männern stand. Beurteilt von männlichen Kollegen. Kein Wunder, dass keiner etwas erkannt hatte. Dina Marić drehte sich in Richtung Wanduhr. »Gorhan ist nicht zu Hause, denke ich. Vielleicht … Ich fahre alleine zurück, vielleicht

können Sie mich abholen? Und dann nehmen wir Dario aus dem Kindergarten mit?«
Das klang passabel. Julia Durant wollte nicht, dass man das Frauenhaus, welches sie im Sinn hatte, zufällig über den geparkten Wagen von Frau Marić fand. Auch wenn es unwahrscheinlich war, Zufälle gab es immer.
Wie sagte Hellmer immer so treffend? Man hatte schon Pferde kotzen sehen.

10:10 UHR

Etwa zur selben Zeit, in der Durant sich mit Dina Marić befasste, hatten Hellmer und Hochgräbe Fabian Scholz auf dem Uni-Campus aufgetrieben. Sie fragten als Erstes nach Bortz, auch wenn Hochgräbe den jungen Mann lieber sofort mit dem demolierten Wagen konfrontiert hätte.
»Ach, der Walter.« Scholz winkte ab.
»Er ist tot«, sagte Hellmer. »Das juckt Sie wohl gar nicht, wie?«
»Doch, schon. Aber Menschen wie Walter sind auch daran schuld, dass sich das Bild der Fans nicht ändert. Leider war Walter da ein echt übles Exemplar.«
»Ihr Partner sagte schon so etwas in der Art«, warf Hellmer ein.
»Ach ja?«
»Es ging um Lichtkunst. Und darum, dass Sie ihm davon abgeraten haben.«
»Und um einen Streit«, ergänzte Hochgräbe.
»Stimmt. Aber das ist lange her«, erinnerte sich Scholz.
»In was für Geschäften steckte dieser Bortz denn?«

»Ach, wer weiß das schon? Er hatte überall die Finger drin. Es ging mir mehr um die Typen, mit denen er Kontakt hatte. Und irgendwelche komischen Treffen.« Scholz lachte auf. »Ausgerechnet der Walter! Tat immer so, als verkehre er mit allerhand Promis. Und als habe er Knete. Dabei war er eine arme Sau, nichts weiter. Und so Leute wie er beschädigen den Ruf von uns allen. Deshalb …«
»Das Bild von Fußballfans«, wiederholte Hochgräbe langsam. Damit war das nächste Thema in den Startlöchern. Er wollte etwas über den demolierten Roadster sagen, doch Fabian Scholz ergriff zuerst das Wort: »Na klar, darum geht es doch immer. Gruppen wie wir Ultras sind überall gleich Hooligans. Schublade auf, Schublade zu. Gewaltbereit, destruktiv und eine Schande für den Verein.«
»Und das sind Sie nicht?«, reizte Hochgräbe ihn ganz bewusst.
»Nein, Scheiße, es ist genau das Gegenteil! Walter schlägt da aus der Art, er war in meinen Augen auch kein richtiger Ultra. Für einen wie Walter ist das Stadion der einzige Ort, an dem er nicht einsam ist. An dem er Teil einer Gruppe ist. Aber eben auch der Ort, an dem er sich gehen lässt und regelmäßig über die Stränge schlägt. Allein seine Fascho-Sprüche. Wir haben ihn letztes Mal, hm, entfernt. Wir wollen solche Typen nicht.«
»Für solche Typen haben Sie also eine Schublade.«
Scholz schnaubte verächtlich.
»Aggressive Säufer. Typen, die völlig unreflektiert mit Worten um sich werfen wie ›Knoblauchfresser‹, ›Bimbo‹ oder ›Schwuchtel‹. Das geht einfach nicht mehr.«
Hochgräbe lachte auf. »Und ausgerechnet ihr Ultras seid da empfindlich.«
»Sind wir.« Scholz nickte wie selbstverständlich, und auch seine Stimme klang danach, als sei er vollkommen überzeugt von seiner Antwort. »Jedenfalls die überwiegende Mehrheit von uns. Wir haben ein ziemlich gut funktionierendes Radar. Nazis, Randalierer et cetera … da reagieren wir schnell.«

»Bullen nicht zu vergessen.«
Scholz ließ ein Stöhnen verlauten. »Ja. Natürlich. Wir sind schräg. Manche von uns. Aber die meisten wollen nicht mehr als gute Spiele sehen, nah bei ihrem Verein sein und geile Fanprojekte durchziehen. Thema Waldstadion, schon mal gehört?« Er stierte Hochgräbe prüfend an, bis dieser den Kopf schüttelte. Scholz grinste triumphierend. »War ja klar. *Bayern*.«
Damit traf er einen Nerv. Hochgräbe baute sich vor ihm auf und holte tief Luft, doch Hellmer schaffte es gerade noch, seinen Boss zurückzuhalten.
Er wandte sich Scholz zu: »Übertreiben Sie's lieber nicht. Sonst garantiere ich für nichts.«
»Was hat er denn?«, raunte Scholz und zog die Augenbrauen zusammen.
Hellmer nahm sein Handy, rief ein Foto von Julias demoliertem Opel auf und hielt es in dessen Richtung. »Das hier ist der Wagen seiner Freundin. Noch Fragen?«
Zufrieden registrierte er, wie Scholz einen mächtigen Kloß hinabzuwürgen versuchte. Der Mann suchte noch nach Worten, da sagte Hochgräbe, mittlerweile wieder ganz ruhig: »Ich habe eine Stinkwut. Und es ist mir schnurzpiepegal, welchem Verein Sie angehören. Aber ich erwarte binnen vierundzwanzig Stunden, dass die Übeltäter sich bei mir melden.«
Fabian Scholz wurde noch blasser. Er versicherte, dass er nichts damit zu tun habe. Und er versprach, seinen Facebook-Beitrag zu löschen.
»Hören Sie«, fügte er hinzu. »Wir möchten dem Verein nicht schaden. Im Gegenteil. Wir setzen uns dafür ein, dass das Waldstadion wieder Waldstadion heißt. Und wenn es nur für eine Saison ist. Irgendwann gelingt uns das auch. Und genau *das* heißt es für mich, Ultra zu sein. Alles für den Verein. Und wer da dazwischenfunkt, der fliegt. Und solche Aktionen wie mit dem Auto, das tut mir leid.

Das sind Einzelpersonen. Es gibt immer welche, die es übertreiben.«

»Leute wie Walter Bortz«, sagte Hellmer.

»M-hm, genau. Wenn es nach mir gegangen wäre, hätten wir uns längst von dem getrennt. Aber das war halt schwierig, weil er die ganzen Leute kannte. Und dann auch noch diese ganze Kohle …«

»Ich dachte, er habe keine Kohle«, hakte Hellmer nach.

»Zuerst nicht. Dann plötzlich schon«, erwiderte Scholz.

»Sie wussten also davon?«, wollte Hochgräbe wissen.

»Von dem Lottogewinn?« Scholz lachte auf. »Ja. Das weiß seit dem besagten Samstag wohl die halbe Kurve.«

»Letzten Samstag?«, vergewisserte sich Hellmer.

»Nein, vorletzte Woche, das Spiel gegen die Mainzer«, war die Antwort. »Das Spiel, bei dem wir ihn aus dem Stadion befördern mussten. Er hätte den Sieg ohnehin nicht mitgekriegt, so voll, wie der war.«

»Was genau hat er zu seinem Gewinn gesagt?«

»Herrje, er rief etwas von Lotto. Er gab jedem, der um ihn herumstand, einen aus. Und das waren viele«, betonte er.

»Haben Sie ihm denn geglaubt?«

»Da unten spielten die *Adler*«, lächelte Scholz. »Es war mir daher herzlich egal, was sich auf dem Bankkonto von irgendwem abspielte.« Er überlegte kurz. »Aber die Knete war echt. Von irgendwoher muss Walter seine ganzen Scheine ja gehabt haben. Was passiert denn nun damit?«

»Wieso?«, fragte Hochgräbe bissig. »Hoffen Sie, dass er es Ihrem Verein vermacht?«

Hellmer unterdrückte ein Grinsen, als sein Boss sich abwandte und damit signalisierte, dass das Gespräch beendet war.

»Sehen Sie?«, sagte er zum Abschied in Scholz' Richtung. »Er nimmt die Sache mit dem Auto ziemlich ernst. Sie täten sich keinen Gefallen, wenn Sie die Frist einfach so verstreichen lassen.«

»Mache ich nicht. Versprochen!«
Na klar, dachte der Kommissar im Gehen. Er will ja, dass seine Ultras sauber bleiben. Vor seinen inneren Augen sah er schon, wie ein halbes Dutzend verlotterter Halbstarker mit Eimer, Schwamm und Fensterleder den Sportwagen seiner Partnerin zu neuem Glanz brachten.
So viel zum Thema Schublade.
Aber vielleicht hatte dieser Scholz ja tatsächlich Erfolg. Irgendwie schien der junge Mann recht kultiviert und vernünftig zu sein. Völlig anders jedenfalls als Walter Bortz.

10:40 UHR

Andrea Sievers rief an, als Julia Durant ihre Kollegin Seidel am Hörer hatte. Das Anklopfen in der Leitung irritierte sie, denn Durant hatte immer Angst, dass sie durch einen falschen Tastendruck sämtliche Gespräche abwürgte. Sie entschied, die Rechtsmedizinerin warten zu lassen. Die Lebenden waren wichtiger als die Toten. Denn wenige Sekunden zuvor hatte Doris Seidel ihr verkündet, dass Kullmer am Aufwachen war. Ihr Herz pochte hörbar, und es war, als ob ein gigantischer Kloß in ihrem Hals einfach verpuffte.
»Also nicht richtig *wach*«, korrigierte Seidel. »Seine Pupillen bewegen sich. Er träumt. Und manchmal öffnen sie sich um einen Millimeter.«
Im Hintergrund waren Stimmen zu hören.
»Warte, Julia«, sagte Doris kurz. Es rumpelte, die Stimmen wurden lauter. Dann sprach sie weiter: »Das sind Nadine und Elisa.«
Stühle schabten über den Boden. Ein Geräusch, das Durant nicht mochte.

»Ich freue mich, Doris«, sagte sie, und das kam aus tiefstem Herzen. »Hältst du mich bitte weiter auf dem Laufenden?«
»Klar. Kommst du auch?«
»Ich würde gerne«, Durant schnaubte leise, »aber der Fall …«
»Schon okay. Ich melde mich. Schnapp du mal den Typen, der Peter das angetan hat.«
Als Durant auflegte, war sie enttäuscht. Hanau lag viel näher als München. Ein Kollege, der ihr so vertraut war wie nur wenige. Ein Freund. Und es war im Grunde nicht die Arbeit, die sie davon abhielt, bei ihm zu sein. Sie wollte nicht ins Krankenhaus. Sie würde für lange Zeit keine Klinik mehr betreten, nicht, wenn es sich vermeiden ließ.
Er ist ja auch nicht allein, sagte sie sich.
Dann dachte sie nach. War es auch nicht der Job, der sie davon abhielt, Peter Kullmer zu besuchen – es war der Job, der ihn überhaupt erst in diese Situation gebracht hatte. Ein Grund mehr also, es zu einem Abschluss zu bringen.
Kannte er seinen Angreifer? Laut Andrea Sievers mussten die beiden sich gegenübergestanden haben. Auge in Auge. Wenn dem so war, würde Kullmer es selbst aufklären können. Wenn er wirklich aufwachte. Wenn er sich an alles erinnerte. Wenn Sievers sich nicht irrte.
Apropos. Durant tippte auf die Kurzwahltaste, die sie mit dem rechtsmedizinischen Institut verband.
»Du bist ja doch da«, begrüßte Andrea sie und klang leicht angesäuert. Wenn es jemanden gab, der noch ungeduldiger sein konnte als Julia, dann wohl sie.
»Doris war dran. Peter ist am Aufwachen.«
»Schön für ihn.« Sievers räusperte sich. »Also, ich freue mich wirklich, sollte nicht blöd klingen. Aber ich habe eine Hammer-Neuigkeit. Also spitz mal die Ohren.«
»Mache ich doch immer.«

»Diese DNA. Ilka Marić, du weißt schon. Es gab da doch dieses Sperma, nicht identifiziert. Neben dem von Maurer und Bortz.«
Durant reagierte mit einem lang gezogenen »Jaa«, und Sievers fuhr fort: »Es war schlechtes Material, kaum verwertbar. Aber zwei Jahre Technikvorsprung, na ja, wie auch immer. Ich musste eine Menge tricksen, doch dann bin ich auf etwas gestoßen.«
»Okay, und das wäre?« Julia Durant hasste es, wenn Andrea sich feiern ließ. Dabei stand der Rechtsmedizinerin tatsächlich mehr Anerkennung zu, als sie meistens bekam. Ohne ihre Akribie ...
»Lars Kraft«, tat Dr. Sievers kund. Doch bei der Kommissarin klingelte nichts. »Es ist auch nur ein indirekter Treffer, das sollte ich vielleicht noch vorausschicken.«
»Wer ist Lars Kraft?«, fragte Durant, ohne dem Rest Beachtung zu schenken.
»Hm, klar, kannst du eigentlich nicht wissen«, murmelte Sievers. Sie berichtete von einem Fall, der zumindest für die Forensiker des Rhein-Main-Gebiets spektakulär gewesen war. Eine Gruppe Jugendlicher, ein illegales Autorennen. Einmal die Hanauer Landstraße entlang, dann auf die 661 und unten auf der B43 wieder stadteinwärts. »Start und Ziel waren an der neuen Brücke. Eine Radfahrerin ist dabei ums Leben gekommen.«
Durant schluckte. Sie erinnerte sich. Ostern vor zwei Jahren. Langsam dämmerte es ihr.
»Kraft, Kraft«, dachte sie laut, »das ist doch der Sohn von ...«
»Holger Kraft, hundert Punkte!«, rief Dr. Sievers.
Holger Kraft. Ex-Staatsanwalt und Rechtsprofessor an der Uni Marburg. Ein Jurist, den man nicht zum Feind haben wollte. Julia seufzte. Das passte ja mal wieder wie die Faust aufs Auge. Lars war demnach sein verzogener Sohn, für den er die Kastanien aus dem Feuer geholt hatte. Die Radfahrerin hatte keine ordnungsgemäße Beleuchtung an ihrem Drahtesel gehabt. Außerdem habe sie sich nicht an ihre Spur gehalten. Einer DNA-Probe zufolge habe Lars auch

nur auf dem Beifahrersitz gesessen. Das Verfahren endete glimpflich für die Angeklagten, und eine Revision der Angehörigen der getöteten Frau wurde abgeschmettert.
Trotzdem. »Was hat Lars' DNA mit unserem Fall zu tun?«
Durant wollte nachrechnen. Lars war damals sechzehn oder siebzehn gewesen. Prinzipiell alt genug, um …
Doch die Rechtsmedizinerin unterbrach ihre Gedanken: »Nichts. Nicht direkt. Wie gesagt, die Übereinstimmung ist nur teilweise.«
»Gut, kapiert, die Probe ist alt …«
»Ja, aber das meine ich nicht. Die DNA des Spermas aus dem Fall Marić gleicht der DNA von Lars. Da er keine Brüder hat und seine Mutter vermutlich eher nicht dazu neigt, Ejakulat abzusondern, stammt das Zeug aller Wahrscheinlichkeit von seinem Vater.«
»Shit!«
»Ja, allerdings. Irrtum ist praktisch ausgeschlossen.«
»Wie kann das sein?«, schnaubte Durant haareraufend. »Warum hat das damals keiner rausgefunden?«
»Die Probe war kaum zu gebrauchen, sagte ich doch.«
Aber das war nicht alles, das wusste Durant genau. Sie brauchte nur wenige Mausklicks, um die Fälle aufzurufen. Das Autorennen hatte am Ostermontag stattgefunden. 21. April 2014. Und der Tod von Ilka Marić lag kaum zwei Wochen später. Das war verdächtig nah beieinander.
Holger Kraft war ein Politikerfreund und einer, der bei der Polizei ein und aus ging. Sie hätte schwören können, dass sein Name in den Marić-Akten aufgetaucht war. Dass er zu den Verantwortlichen gehörte, die es als Selbstmord abgetan hatten. Und wenn es nur aus Angst davor war, dass man über einen dummen Zufall seiner DNA auf die Spur kommen würde. Kraft hatte ganze Arbeit geleistet. Doch jetzt lag es an Julia Durant. Und sie würde sich keinen Maulkorb anlegen lassen, so viel war sicher.
Sie verabschiedete sich und legte auf.

Wo steckten überhaupt Frank und Claus so lange? Sie dachte nach, wen sie als Nächstes anrufen sollte. Staatsanwaltschaft? Oder lieber zuerst ihren Liebsten? Julia entschied sich für Hochgräbe, denn sie wollte ihn nicht schon wieder übergehen.
»Bin in fünf Minuten zurück«, sagte er. »Dann reden wir persönlich.«

*

Aus den fünf Minuten war fast eine Viertelstunde geworden. Ruhelos schritt Durant auf und ab, kaute an den Fingern und hing ihren Gedanken nach.
Kraft und Kraft. Was würde geschehen, wenn sie den Senior damit konfrontierte, dass sie seine DNA identifiziert hatte?
Würde er das Abstammungsgutachten anerkennen? Wohl kaum.
Würde er eine Vergleichsprobe abgeben? Niemals.
»Sorry«, entschuldigte sich Claus Hochgräbe, als er zur Tür hineingeeilt kam. »Ich bekomme das mit dem Stadtverkehr hier noch nicht so recht auf die Reihe.«
»M-hm, habe ich gemerkt.« Durant zwinkerte ihm zu. Dann berichtete sie von Sievers' Ergebnissen.
»Der Name sagt mir nichts«, musste Hochgräbe eingestehen. »Gibt es irgendwo ein Foto?«
Durant kannte das Gesicht. Sie hatte noch überhaupt nicht daran gedacht, das Internet zu befragen. Nur das Facebook-Profil des Juniors hatte sie aufgerufen. Er war in der Schweiz. Internat, Studium, was auch immer. Es passte wunderbar ins Bild. Der Vater entfernt seinen Sohn, damit dieser nicht wieder ins Visier von Ermittlungen gerät. Damit er außer Reichweite der Boulevardpresse ist.
Das Konterfei von Kraft erschien in der Bildersuche. Gleich ein halbes Dutzend Mal, in verschiedenen Farben und Posen. Eines hatten die Fotos alle gemeinsam: Die dunklen Augen versprühten Angriffs-

lust. Eine Mischung aus Gene Hackman und Jack Nicholson. Charaktervolle Gesichtszüge, durchaus attraktiv, aber auch gefährlich. Durant scrollte hinab. Am unheimlichsten sah er aus, wenn er lächelte. Wenn er sich scheinbar amüsiert in der Menge aalte. Ihr Atem stockte. *In der Menge.* Sie klickte auf ein grellbuntes Bild, das aus den Porträts hervorstach. Es zeigte zwei Männer; einer davon war zweifelsfrei Kraft, auch wenn man ihn nur zur Hälfte sah. Der andere war Siggi Maurer. Die beiden standen vor einem teuren Sportwagen, das Foto war auf die letzte Frankfurter Automobilausstellung datiert. IAA 2015. Durant kannte das Foto. Eine ähnliche Aufnahme hatte sich auf dem USB-Stick von Michael Schreck befunden.
»Verdammt!«
»Das ist Maurer«, sagte auch Hochgräbe. »Die beiden kannten sich also.«
»Immer wieder Maurer«, murrte Durant.
»Check doch mal, ob Kraft auch Verbindungen zur Eintracht hat.«
Eine schnelle Suche brachte kein Ergebnis. Ebenso wenig wie eine Bildersuche nach weiteren Aufnahmen.
Kraft/Bortz – Fehlanzeige.
Kraft/Salieri – auch nichts.
»Jetzt Marić«, murmelte die Kommissarin.
»Hmm. Wieso Marić?«
»Weil Marić Aufnahmen von Bortz hat«, erklärte Durant. »In seinem Imbiss. Wir standen mit der Nase davor, aber es ist mir erst viel später aufgefallen. Für uns ist es normal, die Todesmeldung präsent zu haben. Aber warum sollte Marić sich eine Zeitungsmeldung über Bortz' Ableben aufhängen?«
Die Suche erbrachte kein Ergebnis. Allerdings hatte Hochgräbe etwas dazu zu sagen: »Wir wissen doch, dass es da Interferenzen gibt.«
Interferenzen? Julia verzog den Mund. Manchmal gebrauchte ihr Liebster seltsame Begriffe. Aber er hatte recht. Bortz hatte Ge-

schlechtsverkehr mit Ilka Marić gehabt. Und Gorhan wusste das. Spätestens jetzt wusste er es. Sie überlegte fieberhaft. Aber er hatte es eigentlich nicht wissen können, bevor sie und Hellmer ihn in seinem Imbiss aufgesucht hatten. Außer ...
»Scheiße, Marić!«, rief sie. »Er muss das mit Bortz längst gewusst haben! Lange, bevor wir bei ihm waren.«
Frank Hellmer stand nun ebenfalls im Büro. Durant hatte ihn nicht kommen hören, erklärte noch einmal rasch, weshalb sie darauf gekommen war. »Bortz hat mit dem Tod von Ilka Marić zu tun, und zwei Jahre später pinnt sich Marić Bortz' Todesanzeige an die Wand. Da muss mehr dahinterstecken!«
»Okay, überzeugt.« Hellmer nickte. »Dann nichts wie hin. Knöpfen wir uns Marić noch mal vor.«
»Stopp mal«, wandte Hochgräbe ein. »Habt ihr da nicht etwas vergessen?«
Die Köpfe der beiden flogen zu ihm.
»Organisiertes Verbrechen, übergeordnete Ermittlung«, erklärte Hochgräbe. Er hob die Hände, um eventuelle Widersprüche gleich im Keim zu ersticken. »Es gefällt mir nicht und muss auch euch nicht gefallen. Aber ich muss das schön brav der Reihe nach in Angriff nehmen, sonst machen die uns die Hölle heiß. Und ich rede nicht allein von Holger Kraft.«
Claus Hochgräbe verließ das Büro, um sich ans Telefon zu hängen. Julia Durant ballte die Fäuste und hätte am liebsten gegen ihren Papierkorb getreten.
Sie konnte es nicht leiden. Sie würde *nie* damit klarkommen, wenn andere sie daran hinderten, ihre Arbeit zu machen.

Dann klingelte Hellmers Apparat. Er bestätigte einige Fragen, die Durant nicht hören konnte, mit unwirschem »Ja«. Dann aber ging förmlich die Sonne über der Miene ihres Kollegen auf. Er zog seine Schreibtischschublade auf und wühlte darin. Zwei Asterix-Hefte flogen auf die Platte. Er notierte sich etwas, verabschiedete sich (beinahe schon überschwänglich) und klimperte mit einem Schlüssel.

»Rate mal, wer seinen Porsche wiederbekommt«, griente er seine Partnerin an.

»Schön für dich«, erwiderte Durant. Als hätten sie keine anderen Sorgen.

»Mensch, wir können doch gerade eh nichts machen«, rechtfertigte sich Hellmer und stand auf. »Lass Claus sich um alles kümmern, in einer Dreiviertelstunde bin ich wieder da. Dann nehmen wir uns Gorhan zur Brust. Der geht doch nirgendwohin.«

»Na ja, hoffen wir's mal«, erwiderte Julia Durant, auch wenn sie wusste, dass Frank vermutlich recht hatte. »Ich muss mich zuerst um Dina kümmern, vielleicht ist es auch besser, wenn sie und der Kleine aus der Schusslinie sind. Und dann ist ihr Bruder fällig.«

Marić fühlte sich überlegen, fühlte sich sicher. Vermutlich war es das Beste, ihn so lange wie möglich in diesem Glauben zu belassen.

Und schon war Hellmer über alle Berge.

Julia überlegte, ob sie zu Claus rübergehen sollte. Doch er war nicht in seinem Zimmer. Sie könnte sich noch einmal bei Berger melden. Vielleicht wusste er ja etwas über Kraft, was nicht in den Akten stand. Was lag dem alten Haudegen an dem Fall? Und wie war jemand wie er an Ilka Marić gekommen? Da musste es doch einen gemeinsamen Nenner geben. Oder hatte vielleicht sogar Simon Jensen ihn vor die Linse bekommen? Ohne zu wissen, um wen es sich bei Kraft handelte.

Doch bevor sie alldem nachging, besorgte die Kommissarin sich einen frischen Kaffee. Sie wollte ihre Gedanken zuerst sortieren, denn momentan schienen sie sich aus allen Ecken ihres Gehirns gleichzeitig anzuschreien.

Sie schaffte es nicht einmal, einen zweiten Schluck aus der Tasse zu nehmen. Schon unterbrach sie das Telefon.

»Frau Durant«, die Stimme klang belegt und stockte immer wieder. »Es ist ... Mein Vater ...«
In einem verwaschenen Gewirr von Schluchzern und hektischem Atem meinte die Kommissarin noch die Worte »etwas angetan« verstanden zu haben.
»Frau Marić, bitte noch einmal ganz ruhig«, sagte sie. »Was ist genau passiert?«
Es war kaum mehr als ein Hauchen, das da durch den Lautsprecher drang.
»Ich ... ich glaube, er ist tot.«

11:17 UHR

Julia Durant befand sich bereits an der Ausfahrt zur Adickesallee, als sie telefonisch um Unterstützung bat. Sie würde nicht noch einmal alleine in diese Wohnung gehen. Aber sie konnte es sich auch nicht leisten, auf einen ihrer Kollegen zu warten. Die Zeit spielte gegen sie. Gegen Dina Marić. Nicht auszudenken ...
Als sie die Autobahn erreichte, dachte die Kommissarin, dass sie vielleicht besser einen Dienstwagen genommen hätte. Der beschmierte Roadster. Dario. Nur wenig Platz für Gepäck. Doch darum konnten sich die Streifenbeamten genauso gut kümmern. Jetzt kam es erst einmal darauf an, so schnell wie möglich zu Dina Marić zu gelangen.
Das magnetische Blaulicht hing schräg auf der Motorhaube, weil das Stoffdach jede Haftung ausschloss. Die Lichtblitze blendeten Julia, und sie versuchte, ihnen mit halb zugekniffenem Auge zu entgehen. Als sie die Adresse erreichte, stellte sie erleichtert fest, dass die

Kollegen bereits vor Ort waren. Gemeinsam betraten sie das Treppenhaus, argwöhnisch beäugt von einem halben Dutzend Personen und sicher noch einmal so vielen, die sich hinter Gardinen und Fensterluken verbargen.

Die Wohnungstür öffnete sich nur eine Handbreit, von innen war die Kette vorgelegt.

»Ich bin es, Julia Durant.«

Im Inneren erkannte sie Dina, bleich wie ein Laken. »Sind Sie allein?«

Irgendwo draußen erklang ein Martinshorn.

»Zwei Kollegen. Sonst niemand.«

Die Tür wurde zugeschoben, es rasselte metallisch, dann schwang sie wieder auf.

»Kommen Sie bitte. Es ist ... Ich weiß nicht ...«

Im Erdgeschoss dröhnten eilige Schritte. Stimmengewirr.

»Wo ist er?«

Zwei Rettungssanitäter waren eingetroffen. Sie eilten an den Polizisten vorbei in Richtung des Zimmers, auf das Dina Marić deutete.

»Er ist tot«, wiederholte sie immer wieder. »Er ist tot.«

Julia Durant trat neben sie, und ihr Arm suchte die Nähe von Frau Marić. Diese ließ die Geste kurz zu, drehte sich dann aber zur Seite. Ein Schluchzen entstieg ihrer Kehle, und es klang, als käme es aus unermesslicher Tiefe.

Das Telefonat, weswegen Durant hierhergeeilt war, war ein kurzes gewesen. Dina hatte ihren Vater leblos aufgefunden. So viel wusste sie bereits. Und aus einem Verdacht war nun grausame Wahrheit geworden: Er war tot. Dies bestätigten die Ersthelfer, und selbst die Kommissarin hätte das erkannt. Die Uhr von Vlado Marić war endgültig abgelaufen.

»Der Arzt konnte kein Fremdverschulden erkennen«, erklärte die Kommissarin der jungen Frau. So viel hatte man ihr bereits sagen können. Vlado hatte tot auf seiner Matratze gelegen, auf dem Rücken. Neben ihm eine Menge leerer Flaschen, ausschließlich hochprozentig, was aber, wie Durant wusste, für ihn zum Alltag gehörte. Er musste das Bewusstsein verloren haben und war an seinem Erbrochenen erstickt.

»Kam das«, Durant deutete zögerlich um ihren Mundbereich herum, »denn öfter vor?«

Frau Marić verneinte. »Eigentlich nicht. Selten. Meistens fand er noch den Weg ins Bad.«

»Es tut mir leid, dass Sie das jetzt durchmachen müssen. Aber Sie sagten vorhin, Ihr Bruder habe etwas damit zu tun? Habe ich das richtig verstanden?«

»Ich weiß es nicht. Ich habe vermutlich wirres Zeug geredet.«

Julia Durant kniff die Augen zusammen. »Frau Marić, es ist wichtig, dass Sie nichts verschweigen«, mahnte sie.

»Nein, ich habe ihn so vorgefunden, ganz allein«, bekräftigte Dina.

»Okay. Wir gehen das am besten ganz von vorn durch«, sagte Durant. »Was genau ist passiert, nachdem Sie vom Präsidium aufgebrochen sind?«

»Ich bin nicht direkt nach Hause gefahren«, sagte Dina. »Es war so viel, mir war nicht gut. Ich wollte mich mit einer Freundin treffen.«

Sie nannte den Namen von Freya, und Durant kniff die Augen zusammen. Peter Brandt hatte ihr kurz von seiner Befragung berichtet. Freya und Mira waren über Dina Marić zu dem Treffen gekommen. Es waren schlimme Dinge passiert, und Freya hatte angegeben, seitdem keinen Kontakt mehr zu Dina gehabt zu haben.

»Moment«, fragte Durant daher, »Sie haben sich mit Freya getroffen?« Sie nannte auch den Nachnamen, um auf Nummer sicher zu gehen.

Dina nickte. »Wieso?«

»Hat Freya Ihnen von ihrer Vernehmung erzählt? Und von dem, was letztes Wochenende passiert ist?«

Dina schluckte. »Ähm ...«

»Das dachte ich mir. Sie gab zu Protokoll, dass seitdem kein Kontakt zwischen Ihnen bestand.«

»Stimmt. Ich habe mir Sorgen gemacht. Deshalb wollte ich die Gelegenheit nutzen, um zu ihr zu fahren. Das war dumm.«

»Hm.« Julia Durant spürte, dass da einiges mehr dahintersteckte. Doch sie entschied, vorerst nichts dazu zu sagen. Momentan war es wichtig, Dina nicht noch mehr zu verunsichern.

Diese berichtete weiter: »Freya war nicht da. Jedenfalls hat keiner geöffnet. Danach bin ich am Imbiss vorbeigefahren. Um zu sehen, ob Gorhans Auto dasteht. Ich wollte ihm nicht begegnen.«

»Und?«

»Ich habe es nicht gesehen. Aber dann kam er angefahren.«

»Hat er Sie bemerkt?«

»Ich glaube nicht. Jedenfalls bin ich dann ... nach Hause.«

Dina beendete den Satz und sprach nicht weiter. Durant gab ihr ein paar Sekunden Zeit, dann hakte sie nach.

»Weiter bitte. Wir müssen das jetzt ganz genau aufnehmen, auch wenn es Ihnen schwerfällt.«

»Ist in Ordnung. Es ist nur ... Ich bin in die Wohnung. Ich habe überlegt, was ich alles einpacken werde. Dabei bin ich ins Schlafzimmer. Ich weiß nie, ob mein Vater zu Hause ist oder nicht. Er saß nicht im Wohnzimmer. Der Fernseher lief nicht. Also machte ich mir keine weiteren Gedanken. Aber dann ...« Sie schüttelte sich. »Dann bin ich ins Schlafzimmer gegangen. Die großen Reisetaschen sind dort im Schrank.« Sie unterbrach sich erneut und hielt die Hand vor den Mund, als könne sie es noch immer nicht fassen.

»Er ist doch mein Vater. Trotz allem. Wie konnte er das nur tun?«

Julia Durant atmete ruhig. Es musste schrecklich sein. Schrecklich, wenn der eigene Vater alt wurde und man der verlorenen Zeit hinterhertrauerte, die man rückblickend so viel besser hätte nutzen sollen. Schrecklich, den eigenen Vater derart verfallen zu sehen. Ihn in

seinem Erbrochenen zu finden und sich am Ende die Schuld dafür zu geben, dass man ausgerechnet in diesem Moment nicht bei ihm gewesen war.
»Wie konnte *wer?*«, fragte sie. Meinte Dina tatsächlich Gorhan oder sprach sie von ihrem Vater? Von einem Mann, der sich praktisch selbst zugrunde gerichtet hatte.
Dina Marić schwieg. Sie stand auf, ging in die Küche und holte sich eine Flasche Cola und zwei Gläser. Stellte beides ab, während ringsum noch immer Personen wuselten. Doch für Durant gab es derweil nichts anderes als Dina und sich selbst, wie in einer Seifenblase. Sie verneinte, als Dina auf eines der Gläser deutete. Dina schüttete sich ein, trank, und dann lehnte sie sich auf den Tisch.
»Frau Durant, ich muss eine Aussage machen. Und es fällt mir nicht leicht, darüber zu sprechen.«

*

Julia Durant spielte mit den Fingern, in denen es leise knackte. Sie hatte aufgehört, sich Notizen zu machen, und stattdessen der jungen Frau ihre volle Aufmerksamkeit geschenkt. Seit zehn Minuten sprach Dina Marić, mit Pausen, in denen sie entweder ihre Tränen abtupfte oder sich die Nase putzte. Was sie berichtete, war verstörend. Denn es ging hier plötzlich nicht um ihren toten Vater, sondern um den Tod eines anderen Mannes. Und Dina Marić, ausgerechnet diese zerbrechlich erscheinende Person, die eben noch trauernd um den Verlust ihres Vaters dagesessen hatte und die noch vor zwei Stunden eine Anzeige wegen häuslicher Gewalt erstattet hatte – gab nun an, dass sie unmittelbar an einem Mord beteiligt gewesen war.
Samstagnacht. Dem Mord an Siggi Maurer.

11:55 UHR

Schmetterlinge.
Er bekam sie nicht zu fassen. Wo immer er hinrannte, sie stoben auf. Waren schneller als er. Und flatterten in ihren leuchtenden Farben in alle Richtungen davon. Er hielt inne. Holte tief Luft. Dann begann das Spiel von Neuem. Bis er eine Stimme hörte, die seine Aufmerksamkeit ablenkte. Es war ein entferntes Rufen, ein heller, wenn auch etwas verwaschener Klang. Und dann stieg einer der Falter auf und kam auf ihn zu. Immer schneller, immer stärker mit den Flügeln schlagend. Er konnte es hören, das papierne Geräusch. Und vor seinem Auge nahm es fast den gesamten Raum ein. Plötzlich wirkte das Wesen bedrohlich. Die Luft schmeckte anders. Es wurde kalt um ihn herum.
»Papa, schau mal.«
Kullmer riss die Augen auf. Elisa. Sie stand vor ihm, ein selbst gemaltes Bild in den Händen. Er erinnerte sich. Weihnachten, ein Buch aus der Reihe »Was ist was« zum Thema Schmetterlinge. Seine Tochter liebte dieses Buch, und sie liebte die bunten Tiere darin.
Er wollte etwas sagen, aber seine Zunge gehorchte nicht. Wollte lächeln. Wollte nach seiner Tochter greifen, sehnte sich nach der Berührung ihrer Haare. Doch er konnte nicht.
»Hey, du Langschläfer.«
Das Gesicht von Doris näherte sich. In ihren Augen sprühte Erleichterung. Sie neigte sich über ihn, und ihre Lippen berührten seine Stirn. Kullmer versuchte, die Berührung zu genießen. Wartete darauf, das zu spüren, was er hörte. Den zärtlichen Kuss, die Wärme und die weiche Haut von Doris' Mund. Doch längst hatte sie sich wieder aufgerichtet. Da war nichts.
Verdammt.
Wo war er? Wo waren seine Hände? Und warum konnte er sich nicht bewegen?

12:30 UHR
Polizeipräsidium, Dienstbesprechung.

Hellmer und Hochgräbe saßen mit offenen Mündern da, während Julia Durant berichtete, was Dina Marić zu Protokoll gegeben hatte.
»Er hat ihr keine Wahl gelassen. Laut Frau Marić hat Vlado, also der Vater, seinen Sohn beauftragt, den Tod seiner Frau zu rächen. Es ist ja nie zu einer Verhaftung gekommen, und der Fall wird seit Monaten nicht weiterverfolgt. Es sollte am zweiten Jahrestag von Ilkas Tod geschehen. Gorhan ist daraufhin zu Dina, die ihm vorschlug, dass sie den Schuldigen zu einem Geständnis drängen sollten. Das war Siggi Maurer, der ja in der Todesnacht, wie wir wissen, mit Ilka Marić sexuell verkehrte. Doch Gorhan schien insgeheim andere Pläne zu haben. Er drängte den stark alkoholisierten Maurer zu der Schlinge und zwang Dina, das Gerät aufnahmebereit zu halten. Doch statt eines Geständnisses kamen nur die Worte, die wir alle kennen, und als Nächstes stieß Gorhan Maurer ins Leere. Dina konnte nichts machen. Und ihr Bruder gab ihr sehr deutlich zu verstehen, was er mit ihr machen würde, wenn sie damit zur Polizei gehen würde. Abgesehen davon, hatte sie Angst, dass wir sie wegen Mittäterschaft belangen.«
Claus Hochgräbe pfiff durch die Zähne. »Mein lieber Scholli.«
Hellmer musste unweigerlich schmunzeln, und Durant wusste, weshalb. Der Chef hatte sich einen seiner Sprüche draufgeschafft. Für mehr blieb keine Zeit, denn Claus sprach längst weiter: »Das ist heftig. Ist es glaubwürdig?«
Durant hatte sich diese Frage selbst mehrfach gestellt. Sie hob die Schultern.
»Es ist schlüssig, denke ich. Es passt zu Vlado, von dem wir nach Aktenlage zumindest wissen, dass er eine starke Bindung zu seiner

Frau hatte. Seiner zweiten Frau. Ilka war Dinas Mutter, nicht aber Gorhans. Na ja, und Darios eben. Vlado war aktiv an den Geschäften seines Sohnes beteiligt und hatte eine undurchsichtige Rolle als Hintermann. Er hat einen gewissen Ehrenkodex. Familienehre, Blutrache et cetera. Gut möglich also, dass er seinem Sohn diese Selbstjustiz aufgetragen hat.«

»Okay. Und die Rolle von Frau Marić?«

Julia schluckte. Sie hatte ein Gefühl dafür, wie es in Dina aussah. Welches Leben sie führte. Doch sie konnte es nicht benennen. Da war sie wieder. Die nicht definierte Rolle dieser Frau.

»Sie hat mitgemacht«, begann die Kommissarin zögerlich. »Es ging immerhin um ihre leibliche Mutter. Einen Menschen, den sie geliebt hat. Ich schätze die Bindung zwischen den Frauen als recht stark ein. Stärker als die zu ihrem Vater. Dina sagte ganz klar, dass es anfangs lediglich darum ging, Maurer zu einem Geständnis zu bewegen. Ihm an Ilkas Todestag Angst zu machen und ihn dazu zu zwingen, sich zu stellen. Dass Gorhan einen Ehrenmord plante, davon will sie nichts gewusst haben. Denn nur weil Gorhan ihr versicherte, dass am Ende niemand sterben müsse, habe sie sich überhaupt auf all das eingelassen.«

»Also ist sie ziemlich naiv«, sagte Hellmer, und Durant hätte ihm dafür am liebsten eins mit dem Ellbogen versetzt.

»Na, ich will dich mal sehen ...«, murrte sie stattdessen und verkniff sich den Rest. Sie tat ihm unrecht. Es war wirklich naiv, einem Bruder zu glauben, der offensichtlich derart gewaltbereit war. Doch vielleicht war es gerade die Naivität – die Hoffnung, dass einmal alles gut werden würde, die Dina Marić am Leben hielt. Die ihr half, alles um sich herum zu ertragen. Nun war sie von der Realität überrollt worden. Wartete gemeinsam mit ihrem kleinen Halbbruder Dario darauf, was als Nächstes geschehen würde.

Julia Durant hatte sie in einem Frauenhaus untergebracht, einem Schutzhaus, von denen es mehrere in der Stadt gab. Und nur selten

standen große Kapazitäten darin leer, was eine bittere Pille war. Für die Stadt, für das Land, für die Menschen.
»Es gibt nur einen Weg, das zu überprüfen«, entschied Claus Hochgräbe. Die beiden wussten, was damit gemeint war. Eine Nachstellung vor Ort. In Maurers Penthouse.
Und das am besten noch heute.

13:05 UHR

Andrea Sievers traf als Letzte ein. Gefolgt von einem Beamten, der ihr Equipment schleppte, betrat sie die Dachwohnung. Julia Durant stand neben Dina. Zuvor hatte sie die junge Frau und Dario ins Frauenhaus begleitet. Dort hatte es nur ein kurzes Vorgespräch gegeben. Durant vertraute den Frauen, die sich dort engagierten, sie hatten bereits öfter miteinander zu tun gehabt. Dann waren sie zum Westhafen gefahren.
Nun blickten sie durch die Glasfassade von Maurers Wohnung hinunter auf den Main. Hellmer und Hochgräbe kümmerten sich noch um die Szenerie. Zwei Forensiker stellten Kameras auf.
»Geht es einigermaßen?«, erkundigte sich die Kommissarin, und Frau Marić ließ sich Zeit, bis sie in sanftes Nicken verfiel.
»Es ist okay. Es muss ja einmal ein Ende haben.«
»Das hat es. Bald«, versprach Durant und strich ihr über den Arm. Sie dachte an Jolene Maurer. Für sie durfte das wohl kaum einfacher sein. Sie war telefonisch darüber informiert worden, dass man den Tod ihres Mannes am Ort seines Ablebens nachstellen wolle. Dass es eine Augenzeugin gab, hatte Durant wohlweislich verschwiegen, sie hatte lediglich von neuen Erkenntnissen gesprochen.

»Mord, ja?«, waren Frau Maurers Worte gewesen. Sie klang unendlich müde, was auch an der Schwangerschaft liegen mochte.
»Es sieht ganz danach aus. Der heutige Termin wird uns hoffentlich Gewissheit verschaffen.«
»Aber wer? Und warum?«
»Auch das wollen wir herausfinden.«
Julia Durant hasste es, nicht alles sagen zu dürfen. Doch manchmal war die Wahrheit noch viel hässlicher als Ungewissheit. Irgendwann würde Frau Maurer alles erfahren – und zwar schonungslos. Aber vorerst musste sie noch warten. Nicht auszudenken, wenn Dina und Jolene einander plötzlich im Türrahmen gegenüberstanden. Diesbezüglich war es fast schon ein Segen, dass der Tod von Siggi Maurer sich in dessen eigenen vier Wänden zugetragen hatte und nicht an einem öffentlichen Ort, wo Schaulustige garantiert waren. Und mit ihnen die volle Aufmerksamkeit der Presse.
Mit denen, dachte Julia Durant grimmig, habe ich ohnehin noch ein Hühnchen zu rupfen.

Eine der beiden Kameras fokussierte den Bereich zwischen Geländer und Wohnzimmerboden, wo Siggi Maurers Leiche gehangen hatte. Sogar ein entsprechendes Seil war vorhanden. Und auch, wenn Hellmer sich mit Händen und Füßen dagegen gewehrt hatte: Er kam dem Ex-Profiboxer der Statur nach am nächsten. Also spielte *er* das Opfer.
»Das mit der Schlinge kannst du vergessen!«, hatte er seiner Kollegin zugezischt. Durant hatte nur die Schultern gehoben und ihm ein vielsagendes Schmunzeln geschenkt.
Die Kommissarin hatte die Rolle von Gorhan Marić übernehmen wollen, doch Hochgräbe hatte insistiert. Er machte das.
»Ich brauche deinen Blick von außen«, sagte er. »Du hast eine beneidenswerte Gabe. Dir entgeht nichts.«

Es war mehr als eine reine Chef-Entscheidung. Er schätzte Julia Durant, nicht nur als Liebhaber und als Mensch. Es tat gut, das zu spüren.
Sie wechselte noch ein paar Worte mit Dina Marić, die ihr nachdrücklich versicherte, dass sie die kommende Aufgabe durchstehen würde.
Julia Durant gab ihr ein paar letzte Anweisungen, dann klatschte sie in die Hände und rief: »Okay zusammen, es kann losgehen!«

Dina und Claus (als Gorhan) traten durch die Wohnungstür. Siggi – dargestellt von Frank – wurde von Dina dirigiert. Er bewegte sich auf den gespielten Gorhan zu, hob die rechte Hand und klatschte diese in die Hand seines Gegenübers.
Die beiden Männer waren gute Bekannte gewesen. Niemand hatte sich heimlich Zutritt verschaffen müssen. Maurer hatte vermutlich nicht geahnt, dass Marić auf seine Mitschuld an Ilkas Tod gestoßen war.
Die drei schritten ins Wohnungsinnere.
»Kannten Sie ihn auch schon?«, unterbrach Durant mit einer Frage in Dinas Richtung. Dina nickte bloß. Es schien ihr unangenehm zu sein. Durant entschied, das später noch einmal aufzugreifen.
»Okay, weiter bitte.«
Die folgenden Minuten wirkten etwas hölzern. Doch niemand hatte den Anspruch auf eine schauspielerische Meisterleistung. Es ging um Plausibilität. Die Männer wechselten Worte, die Dina ihnen in den Mund legte. Sie wurden laut. Und wieder musste die Kommissarin unterbrechen.
»Stopp!«, rief sie. »Das hört man ja bis ins Treppenhaus.«
»Es war ja niemand da, schon vergessen?«, erwiderte Hellmer. »Jolene war eine Etage tiefer.«
»Das konnten die Eindringlinge aber nicht wissen«, beharrte Durant.
»Ähm, ich glaube, das habe ich vergessen«, sagte Dina. »Tut mir

leid. Gorhan hat im Flur nachgefragt, ob Maurer alleine sei. Und dann sagte dieser, dass seine Frau im Schlafzimmer sei. Ja – genau!« Man konnte es förmlich sehen, wie die Erinnerung in Dinas Bewusstsein zurücklehrte. »Er sagte, sie halte einen Dornröschenschlaf. Keine Chance, sie wach zu bekommen.«

Durants Gedanken ratterten. Entweder hatte Maurer tatsächlich geglaubt, seine Frau würde schlafen, hatte womöglich sogar auf deren Hilfe gehofft. Oder aber er hatte längst begriffen, dass sie nicht da war. Letzten Endes war es wohl egal …

Dina unterbrach ihren Gedankengang: »Gorhan hat das natürlich überprüft. Da war keiner, nirgendwo.« Sie schluckte und fügte leise hinzu: »Ich glaube, das war der Moment, in dem es für Gorhan kein Zurück mehr gab.«

»Hm. Danke.«

Einer der Forensiker wandte sich diskret an die Kommissarin. An der Schlafzimmertür gab es ausschließlich Fingerabdrücke der beiden Maurers. Doch sowohl Dina als auch ihr Halbbruder hatten – laut Dinas Aussage – ein Paar Gummihandschuhe aus dem Imbiss einstecken gehabt. Genau das taten sie auch heute. Die Spusi gab zu verstehen, dass es unwahrscheinlich sei, Latexspuren an der Tür sicherzustellen. Mit dieser Ungewissheit musste man also auskommen.

Dina trug außerdem ihr Handy am Körper, im Flugmodus. Mit diesem Gerät hätte man – nach dem ursprünglichen Plan – Maurers Geständnis aufzeichnen sollen. Doch dazu war es nicht mehr gekommen.

Die Szene wechselte. Maurer hatte auf Geheiß von Marić einen großen Schluck aus einer mitgebrachten Wodkaflasche konsumiert. Davon, dass Marić den Wodka mit höherprozentigem Alkohol verschnitten hatte, gab seine Schwester vor, nichts zu wissen.

Die Männer saßen in zwei Designersesseln. Dort sollten sie einen scharfen Wortwechsel gehabt haben, immer wieder sei Alkohol ge-

flossen. Infolge des Streites hatte Maurer einen Zusammenbruch erlitten. Er habe gewimmert und um sich geschlagen. Wie ein verletztes, in die Enge getriebenes Tier, kurz davor, seine letzte Kraft zu verlieren.
Julia Durant bat darum, das Ganze noch einmal nachzuspielen, und verließ die Wohnung. Das Poltern war auch bei geschlossener Tür zu hören. Sie machte sich eine Notiz, um Jolene Maurer danach zu befragen. Doch vermutlich war sie derlei Geräusche gewohnt gewesen. Immer dann, wenn ihr Mann volltrunken nach Hause gekommen war.
Dann das nächste Ereignis.
»Es tut mir leid, es tut mir leid«, verkündete Hellmer alias Maurer. Und er sprach seine Worte in Dinas Telefon, nachdem sie die Aufnahmetaste ihrer App gedrückt hielt. Sie hatte sich hinter Hellmers Sessel positioniert. Das Gerät schwankte direkt vor seinem Mund. Und vis-à-vis beugte sich Hochgräbe nach vorn – sicher weitaus unschlüssiger als der echte Gorhan, den er in diesem Moment verkörperte. Er hielt ein Messer in der Hand, das in Hellmers Richtung zielte. Dann sauste Dinas Arm nach unten. Maurers Monolog verstummte. Und Marić' Messer geriet ins Wanken.
»Jetzt müsste der Alkohol wirken«, raunte Andrea Sievers in Julias Ohr.
»Ist das nicht ein bisschen schnell?«, zweifelte diese. Doch Andrea schüttelte den Kopf. »Maurer *muss* bereits einen Grundpegel gehabt haben. Da bin ich mir sicher.«
»Und jetzt?«, fragte der Boss, der zwischen seiner Klinge und Dina hin und her sah.
»Sprechen Sie weiter«, sagte diese. »Mein Telefon ist mir aus der Hand gefallen. Also, ich meine in der besagten Nacht.« Sie wackelte mit der Hand, die das Gerät noch immer umklammerte.
Durant reckte den Hals, sagte aber nichts. Ob es auf dem Parkett eine Kerbe gab, die das bestätigen konnte? Doch wie viel wog schon

so ein Telefon heutzutage? Sie verwarf den Gedanken wieder und winkte der Gruppe auffordernd zu. *Weiter!*
»Ich konnte das Handy nicht sofort verwenden, es war ausgegangen«, sagte Dina. Sie trat nach vorn, griff Hochgräbes Hand, der ihr folgte und aufstand. Sie deutete an, wie er wütend in ihre Richtung schlug. Als Nächstes deutete sie auf Hellmer.
»Gorhan sagt: ›Gib mir deins!‹ Sie geben es ihm.«
Hellmer förderte sein Telefon zutage und reckte die Hand in Richtung Hochgräbe. Stattdessen griff Dina danach und flüsterte eine neue Anweisung.
»Der Code!«, rief Hochgräbe, und Hellmer murmelte eine Fantasiezahl.
Dina tat so, als entsperre sie das Gerät. Dann sollte das Marić-Pendant sein Opfer aus dem Sessel zerren und wieder zum Wimmern bringen. Hellmer wankte (vielleicht etwas zu stark), und die Männer bewegten sich in Richtung Geländer. Dina sollte derweil die Nummer von Jolenes Mailbox wählen. Einfach eine Doppelziffer an die richtige Stelle gesetzt, und der Anruf wurde, ohne zu klingeln, an die entsprechende Stelle geleitet. Kein Klingeln, kein Risiko. Worte der Reue, gespeichert im virtuellen Nirwana.
Julia Durant war sich einer Sache sicher: So etwas konnte man nicht spontan machen. Der Strick, das technische Know-how, der Alkohol. Gorhan Marić hatte das alles minutiös geplant, während er seine Schwester in einem anderen Glauben ließ.
»Wir ... kämen dann zum Nächsten ...«
Dina Marić stand plötzlich neben ihr und zupfte an Durants Ärmel.
»Können wir bitte eine Pause machen?«
»Natürlich. Geht es denn einigermaßen?«
»Na ja.« Dina war leichenblass. »Müssen wir denn diese Szene mit dem Seil ...«
Durant nickte. »Leider.«

Sie gab der Frau Zeit zum Durchatmen, dann bat sie sie zu den beiden Männern.
»Wir brauchen die Schlinge!«, ordnete Hochgräbe an. »Wo ist das Seil?«
Das war eine gute Frage. Durant hob die Hände fragend in Dinas Richtung. Diese zögerte, dann griff sie nach dem Strick. Ging die Treppe nach oben, ließ die Schlinge etwa mannshoch baumeln und verknotete ihn mit dem Geländer.
Julia Durant wechselte einen Blick mit Andrea Sievers, deren Augen dasselbe sahen wie sie. Beihilfe. Dina war nicht nur dabei gewesen, sie hatte ihrem Bruder geholfen. Unter Zwang, womöglich. Sie ließ Hochgräbe immer wieder scharfe Befehle und Drohgebärden ausführen. Doch wie hieß es so schön: mitgegangen, mitgefangen. Und mitgehangen.
Eine irritierende Wortfolge angesichts dessen, was sich vor ihren Augen abspielte.
Frank Hellmer stieg auf den Hocker. Er griff nach der Schlinge, hielt sie sich vors Gesicht, steckte den Kopf aber nicht hindurch. Sie hatte einige Zentimeter Spiel, doch das machte nichts.
Gorhan Marić hatte mit dem Messer vor ihm herumgefuchtelt, während Siggi Maurer sich auf sein Ableben vorbereitete. Er hatte damit gedroht, ins Schlafzimmer zu gehen und Maurers Frau in den Unterleib zu stechen. Er würde sie finden und ihr Maurers Brut aus dem Bauch schneiden, und zwar so, dass die Frau überleben würde. Und ihn, Maurer, würde er zum Krüppel schneiden.
»Wenn du dann sabbernd herumliegst, kann sie dich pflegen. *Dich*. Und mit jeder Bewegung wird sie ihre Narben spüren, da unten, wo sich nie wieder ein Balg einnisten wird. Und irgendwann wird sie es nicht mehr ertragen. Dann nimmt sie das Kissen. Das Letzte, was du spüren wirst, ist dein kalter Rotz, während sie immer fester zudrückt und du nichts dagegen tun kannst. Aber bis es so weit ist, wirst du jeden Tag in Angst leben. In Angst und Verzweiflung.«

Und während Hellmer auf Dinas Anweisung die Hände in Richtung seines Halses hob, schickte sie Hochgräbe nach oben. Er zog an dem Seil. Die Schlinge musste Maurer gewürgt haben, so lange, bis er den Halt unter den Füßen verlor. Hellmer sprang, etwas ungelenk, vom Hocker. Dieser kippte lautstark um und landete fast exakt an der Stelle, die die Markierungen auf dem Boden vorgesehen hatten. Dort, wo er bereits Sonntag vorgefunden worden war.
Julia Durant stand nur da, und ein kalter Schauer überlief sie. Alles an der Geschichte stimmte. Alles ergab einen Sinn.

*

Eine Viertelstunde später stand die Kommissarin vor dem Eingang des Hauses. Dina Marić hatte in einem Taxi Platz genommen. Sie hatte entkräftet auf einer Bank gesessen, die tief stehende Sonne im Gesicht und Durants Jeansjacke über den Schultern. Sie hatte kein Wort mehr von sich gegeben. Außer einem gewisperten: »Was passiert nun?«
Julia Durant wollte ihr die Frage ausführlich beantworten. Analysieren der Ergebnisse, offene Fragen klären, Widersprüche erkennen. Und dann musste ein Haftbefehl für Gorhan Marić her. Außerdem eine intensive Vernehmung von Dina. Es gab noch einiges zu klären. Viele Fragen. Doch statt alldem sagte Durant nur eines: »Sie fahren jetzt erst einmal zurück. Alles Weitere kann warten bis morgen.«
Das Taxi drehte, und im Wegfahren hob Dina Marić ein letztes Mal die Hand. Die Kommissarin meinte, ein stumm geformtes »Danke« auf ihren Lippen erkennen zu können. Sie blickte dem Wagen nach, bis er in Richtung der Hochhäuser abbog und verschwunden war.

15:10 UHR

Die Ermittler hatten sich in Maurers Wohnung versammelt und steckten die Köpfe zusammen. Es gab viel zu besprechen, anhand der Videoaufnahmen ergaben sich immer wieder Fragen und mögliche Antworten. Eine davon war, wie man mit Dina Marić umgehen solle.

»Sie ist doch in Obhut«, wandte Durant ein, »und um den Kleinen wird sich auch gekümmert.«

»Trotzdem hat sie Beihilfe geleistet«, wandte Hochgräbe ein.

»Unter Zwang«, sagte Hellmer. »Und schließlich war sie es auch, die uns Gorhan geliefert hat.«

»Geliefert ist gut«, sagte Durant. »Ich glaube, das sollte psychologisch bewertet werden. Dina steht zeit ihres Lebens unter der Knute ihres älteren Bruders. Halbbruders. Ein Mann, der sie jahrelang misshandelt und missbraucht hat und der womöglich nun auch den eigenen Vater auf dem Gewissen hat.«

»Na ja, aber sie hätte doch jederzeit …« Hellmer unterbrach sich und winkte ab. Hatte er sagen wollen, dass sie jederzeit hätte gehen können? Julia Durant war sich nicht sicher. Diesen Einwand hörte man viel zu oft. Doch so einfach war es nicht. Liebe, Macht und Gewalt. Den meisten Frauen gelang es nicht, sich ihren Peinigern zu entziehen. Wie Kinder, die ihre Eltern auch dann noch lieben, wenn sie ihnen regelmäßig Prügel oder Schlimmeres antun. Frank Hellmer wusste all das. Vermutlich hatte er deshalb einen Rückzieher gemacht.

Claus Hochgräbe schaltete sich ein. »Es ist trotzdem möglich, dass es auch zu einem Haftbefehl für Dina Marić kommen wird. Julia«, sagte er dann ganz direkt, »du bleibst also bitte mit ihr in Kontakt. Und wenn es so weit ist, möchte ich, dass du sie da hindurch begleitest.«

Julia nickte.

»Zurück zu Gorhan Marić«, fuhr der Boss fort. Keiner widersprach seiner Einschätzung, dass der nachgestellte Tathergang Marić hochgradig belastete. Ein kaltblütiger Mord, geplant und so inszeniert, dass es wie ein Selbstmord aussah. Bestimmt wären irgendwann noch ein paar intime Details ans Licht gekommen. Vermutlich hatte Marić sogar vorgehabt, Maurers Geständnis zu veröffentlichen, wenn ihm die Technik nicht einen Strich durch die Rechnung gemacht hätte.

Beantworten konnte all das nur eine einzige Person.

Die Kommissarin rutschte hin und her. Jetzt *musste* es doch einen Haftbefehl geben.

»Fahren wir direkt zu ihm«, schlug sie vor. »Warum Zeit verlieren?«

»Ist alles schon in die Wege geleitet«, gab Hochgräbe zurück. »Ich warte nur noch auf den Anruf.«

Es war eine Frage von Minuten. Dennoch war die Kommissarin unruhig.

»Und was ist mit Wiesbaden?«, erkundigte sich Hellmer leise. Als ihn die Blicke seiner Kollegen trafen, hob er abwehrend die Hände. »Sorry, wollte nur fragen. Die werden sicher nicht begeistert sein.«

»Darauf kann ich keine Rücksicht nehmen«, erwiderte Hochgräbe mit trotzigem Unterton. »Zwei Jahre wird da nun ermittelt, mindestens, und das auch noch schlampig. Drogen und Geldwäsche sind mir egal, wenn's um einen Mörder geht. Vielleicht sogar um einen mehrfachen. Da soll mir bloß mal einer von oben versuchen dazwischenfunken!«

15:55 UHR

Dario befand sich mit einigen Frauen in der Küche. Es war Kaffeezeit, Geschirr klapperte, und auf dem Tisch stand ein Blech mit Streuselkuchen. Man kümmerte sich hier vermutlich besser um ihn als an den meisten Tagen seines bisherigen Lebens, dachte Dina. Zumindest an den Tagen, wo sie es nicht selbst in die Hand genommen hatte.
Ihr lag etwas an ihrem kleinen Bruder. War er doch das Letzte, was sie mit ihrer gemeinsamen Mutter verband. Aber trotzdem würde er immer auch zur Hälfte Gorhan sein. Und das genügte, um ihn nicht lieben zu können. Dario hatte seine Augen, dieselben dunklen Knöpfe, die tief in den Höhlen lagen. Warm waren sie. Aber das konnte sich ändern, sobald der Junge die Pubertät erreichte. Jedenfalls wenn er in Gorhans Nähe aufwuchs. Doch das würde Dina zu verhindern wissen.
Sie hatte ihm zum Abschied über den Kopf gestreichelt, vor ein paar Stunden, bevor sie in den Westhafen musste. Er hatte sich an sie geschmiegt, als sei es ein Abschied für immer. Dina hatte es für einige Sekunden zugelassen. Dario war unschuldig. Er konnte nichts für die Familie, in die er hineingeboren worden war. All das war in Dina aufgestiegen, als sie sich im Hinausgehen ein letztes Mal zu ihm umgedreht hatte.

Das Taxi hatte sie nicht zum Frauenhaus gebracht, sondern zu ihrem Auto, welches unweit ihrer Wohnung abgestellt war. Ein Ort, den sie, wie ihr gerade bewusst wurde, vielleicht niemals wieder betreten würde. Sie hatte sich bedankt, den Fahrer bezahlt und für einige Sekunden im Freien gestanden. Dem Summen des Verkehrs gelauscht, die kühle Abendluft inhalierend. Dann setzte sie sich hinters Lenkrad und fuhr los.

Als Dina den Imbiss betrat, fand sie Gorhan, gestützt auf die Marmorplatte der Theke. Sein Kopf wankte.

»Wo warst du?«

»Na, bei den Bullen.« Im Prinzip war das nicht mal eine Lüge, denn sie war ja tatsächlich mit der Polizei unterwegs gewesen. Nur eben woanders.

»Na und?«

»Was und? Er ist tot, scheiße, *Tata ist tot!*«

Dina wusste, dass ihr Halbbruder es nicht mochte, wenn sie den Vater Tata nannte. Es erinnerte ihn daran, dass er ihn mit ihr teilen musste. An Vaters Hingabe, als seine kleine Prinzessin noch sein Ein und Alles gewesen war. Gorhan war furchtbar eifersüchtig gewesen.

»Die Bullen haben eine Menge Fragen«, fuhr sie hastig fort. »Das muss passiert sein, während ich vorgeladen war. Und dann – Scheiße, Gorhan, was machen wir denn jetzt?«

Gorhan sah entsetzlich aus. Seine Augenpartie war noch düsterer als sonst, ein grauer Vorhof umgab sie wie ein Krater. Mehrere Nächte ohne richtigen Schlaf, die Anspannung, unter der er wegen Maurer stand, eigentlich war es kein Wunder. Ein paar leere Getränkedosen hinter der Theke deuteten darauf hin, dass er sich mit Energydrinks am Laufen hielt. Dina registrierte außerdem eine halb volle Flasche Cola, der Deckel war abgeschraubt und lag daneben. Er nahm einen tiefen Zug aus der Flasche und fuhr sich über den Mund.

»Du hättest nicht zu den Bullen fahren dürfen!«

»Ich musste, schon vergessen? Ich war vorgeladen.«

Das stimmte nicht ganz, aber tatsächlich war es Gorhans Schuld. Hätte er ihr nicht den Mund verboten, als Durant das erste Mal in ihrer Wohnung gesessen hatte, wäre das alles nicht passiert. Rückblickend betrachtet, hatte es sich als glückliche Fügung erwiesen. All das hätte sie ihrem Halbbruder am liebsten an den Kopf geknallt. Dass er lieber froh sein sollte, dass keiner die blauen Flecke gesehen habe. Dass es ein Wunder sei, dass er noch frei herumliefe. Doch sie

wollte ihn nicht unnötig aufbringen. Dinas Kopf steckte wieder ordentlich unter dem Tuch. Sie sah aus wie immer. Nur, dass sie sich völlig anders fühlte. Doch wer scherte sich schon um ihr Innenleben. Sie unterdrückte ein Lächeln. Und als Gorhan abwinkte und nach seinen Zigaretten griff, erstrahlte sie innerlich. Er machte ihr es leicht.
»Wo ist Dario?«, fragte er urplötzlich. Dina zuckte.
»Bei Freya«, behauptete sie kurzerhand.
»Hält sie die Klappe?«
»Ihr habt ihr genügend Angst gemacht«, sagte Dina düster.
»Hm«, murrte Gorhan, wankte unschlüssig, setzte sich dann aber wieder in Bewegung. »Na ja, ich bin kurz draußen.«
Mach das, dachte Dina zufrieden, während sie eine großzügig bemessene Dosis farbloser Flüssigkeit in seine Cola mischte.

16:25 UHR

Claus Hochgräbe hatte einige Telefonate geführt, während Durant und Hellmer nach unten gingen, um bei Valentin Messner zu klingeln. Er öffnete nach wenigen Sekunden.
»Sind Sie endlich fertig?«, fragte er unwirsch.
»Wir sind fertig, ja. Wo ist Frau Maurer?«
»Sie hat sich hingelegt.«
»Hoffentlich nicht wieder Valium«, stichelte Hellmer, und Durant unterdrückte ein Grinsen. Die Abneigung gegen Messner teilten sie wohl.
»Nein«, kam es frostig, doch bevor Messner weitersprechen konnte, erschien auch schon ein Schatten im Flur.

»Kann ich wieder nach oben?« Frau Maurer trug eine Jogginghose mit breitem Bund und ein weites Shirt. Selbst darin kam ihre Figur zur Geltung, wie Durant feststellte. Eine Figur, die abgesehen von dem Babybauch noch immer viel zu schlank wirkte.

»Können Sie.« Die Kommissarin nickte. »Allerdings gibt es da etwas, worüber wir uns unterhalten sollten.«

»Ach ja? Und was?« Jolene schien eben erst richtig wach zu werden. Sie schlug ihre Augen auf, als sie fortfuhr: »Oh verdammt. Haben Sie ... hat Siggi ...?«

Ihre Knie schienen sich in Gummi zu verwandeln. Messner war sofort zur Stelle und stützte sie, während Julia Durant in wenigen Sätzen erklärte, dass es sich nicht um einen Suizid handele und dass in Kürze ein Tatverdächtiger verhaftet werden würde. Alles Weitere müsse man abwarten. Aber bis dahin sei die Wohnung freigegeben. Unter den Forensikern hatte es zwar Stimmen gegeben, die sich dagegen erhoben. Aber Jolene Maurer hatte das Penthouse seit Sonntag wieder normal bewohnt – so normal jedenfalls, wie man es unter diesen Umständen konnte. Neue Spuren würden sich nicht mehr finden oder nicht mehr korrekt in einen zeitlichen Kontext setzen lassen.

»Wir packen noch zusammen, aber ja«, bestätigte die Kommissarin. Dann warf sie einen Blick auf Messner. »Das heißt, falls Sie jetzt alleine sein können.«

»Ich wünsche mir nichts mehr als das«, hauchte Jolene, nachdem sie sich wieder auf die eigenen Beine gerappelt und ihrem Liebhaber einen flüchtigen Kuss aufgedrückt hatte. »Nichts für ungut«, sagte sie in dessen Richtung, »aber ich möchte einfach nur schlafen oder fernsehen oder irgendwas anderes machen, was nicht mit realen Menschen zu tun hat.«

»Ist schon gut«, antwortete Messner, so leise, dass sie es wohl kaum mehr hörte. Dann hauchte er ein »Ich liebe dich« in die Leere.

Langsam, die Hand so fest ums Geländer geklammert, dass sich ihre Knöchel in weiße Punkte verwandelten, schritt die Witwe von Siggi

Maurer die Treppenstufen nach oben. Und Julia Durant fragte sich in diesem Moment, wie sehr Jolene wohl um ihren Mann trauerte. Wie würde es sein, wenn er beerdigt war? Konnte sie diesen Messner lieben, ohne immer wieder an das Bild ihres erhängten Ehemannes zu denken? War diese Beziehung dadurch nicht zum Tode verurteilt? Oder konnte sie sich erst jetzt, wo niemand mehr dazwischenfunkte, frei entfalten?
Julia Durant wusste es nicht. Und es ging sie eigentlich auch nichts an.

Claus Hochgräbe erschien im Türrahmen, als Jolene Maurer den Knauf in die Hand nehmen wollte. Ein wenig verdutzt trat sie zur Seite. Der Boss legte eine Hand an den Mund, als müsse er seine Stimme verstärken, und gab den Kommissaren bekannt, dass sie sich auf den Weg machen könnten.
Der Haftbefehl.
»Alle Beteiligten treten hinter die Ermittlung zurück«, erklärte Hochgräbe auf dem Weg nach unten. »Wir haben freie Hand. Und keiner funkt uns dazwischen.«
Das waren zur Abwechslung mal gute Neuigkeiten. Kaum etwas störte Julia Durant mehr als Zuständigkeitsquerelen und Dienstanweisungen aus den oberen Etagen. Besonders dann, wenn der Verdacht nahelag, dass damit eigene Interessen geschützt werden sollten.
»Dann sollten wir uns wohl beeilen, bevor der alte Kraft davon Wind bekommt«, sagte sie.
»Auf den hast du dich eingeschossen, wie?«, grinste Hochgräbe.
»Wundert dich das?« Durant war überhaupt nicht nach Grinsen zumute. »Das ist so ein typischer Amigo. Kennst du ja selbst. Wenn der sich bedroht sieht ...«
»Jetzt mal den Teufel nicht an die Wand«, unterbrach Claus sie.
Während der Boss sich auf den Rückweg ins Präsidium machte, for-

derte Hellmer Unterstützung an. Ein Streifenwagen zu Marić' Wohnadresse und einer zum Imbiss.

»Wohin zuerst?«, wollte Durant wissen.

»Du fährst«, erwiderte Hellmer achselzuckend. »Also entscheidest du auch.«

»Toll«, murmelte Durant mit einem schiefen Grinsen. Wenn sie sich irrte, würde er ihr das wochenlang aufs Brot schmieren.

Sie entschloss sich für Marić' Wohnadresse. Sein Vater war gestorben, also würde er wohl am ehesten dort sein. Das Risiko war überschaubar. Sollten die angeforderten Beamten schneller an den beiden Punkten sein, würden sie sich schon mit Marić' Aufenthaltsort melden. Hellmer hatte betont, dass sie ausschließlich observieren sollten.

»Keiner unternimmt etwas, bis wir da sind!«

Darauf hatte Julia Durant mit Nachdruck bestanden.

Sie wollte Marić selbst in Haft nehmen.

Höchstpersönlich.

16:40 UHR

Seine Bewegungen waren schlackernd. Immer wieder ruderte ein Arm oder ein Bein aus dem Takt, das machte ihr Angst. Doch es waren kraftlose Reflexe, nichts, was ihr gefährlich werden konnte. Dina hatte keine umfassenden Kenntnisse über die Wirkung von K.-o.-Tropfen. Sie erinnerte sich an eine Nacht in ihrer jüngeren Vergangenheit. Die weißen Pillen. *Muskelzeugs*. Wäre es ihr damit so ergangen, wie es Gorhan eben ging? Er atmete schwer. Sie zog ihn fest an sich, damit er nicht die Stufen hinabstürzte. Ein ziemlicher

Balanceakt auf einer Treppe, die viel zu eng war und deren Stufen (wie fast alles hier) mit einem fettigen Schleier überzogen war.
Er hatte die Pillen besorgt. Dina achtete auf den Atem ihres Halbbruders. Lähmungserscheinungen waren eines der Risiken solcher Medikamente, egal, ob Pillen oder Tropfen. Er sollte nicht ersticken. Er sollte nur für eine Weile außer Gefecht sein.
Ihm waren die Risiken bewusst gewesen. Hatte er sich um sie etwa Sorgen gemacht? Bitterkeit stieg in ihr auf. Aber deshalb waren sie schließlich hier unten. Das Ungleichgewicht ihrer Kräfte, die Ungerechtigkeit des Lebens; all das würde sich nun ändern.

Der Keller war so niedrig, dass man gerade noch aufrecht darin stehen konnte. Ein altes Öltanklager hinter einem Raum, in dem sich vier brummende Tiefkühltruhen befanden. Unter einer von ihnen stand eine Wasserlache. Der Raum war muffig und unnatürlich warm. Dagegen war es hier, dahinter, modrig und kühl. Noch immer war das Öl zu riechen, auch wenn die Tanks schon lange verschwunden waren.
Ein metallener Stützpfeiler, so dick wie ihr Oberschenkel, ragte einige Zentimeter vor der Rückwand aus dem Boden und verschwand in der Decke. Perfekt.
Dina ließ Gorhan dagegen taumeln und zwang ihn ohne große Mühe zu Boden. Sie legte die Arme um den Pfeiler, überkreuzte die Handgelenke und zog zwei breite Kabelbinder darum. Dem Ratschen des Kunststoffs folgte ein Stöhnen.
Also bekommt er es noch mit, dachte Dina zufrieden.
Hastig wandte sie sich seiner Vorderseite zu. Dabei kam sie Gorhans Gesicht unangenehm nah. Spürte seinen Atem, der sich auf ihrer Haut anfühlte, als würde man sie mit Säure bestreichen. Nur unter größter Überwindung schaffte sie es, ihn zuerst seiner Hose und dann seiner Boxershorts zu entledigen. Sie zog beide nur bis über die Knie, sodass seine Genitalien blank lagen. In seinem Blick lagen

Gleichgültigkeit und Panik. Beides war auf die Tropfen zurückzuführen.
Gleichgültigkeit, weil sie immer mehr ihrer Wirkung zeigten. Und Panik, weil sie sich eben noch nicht ganz in seinem Stoffwechsel entfaltet hatten.
Wieder ratschte es. Und Gorhan stöhnte erneut auf.
Dina Marić hielt mit der einen Hand seinen Penis und die Hoden. Zog sie vom Körper weg, hatte mit der anderen Hand einen der Kabelbinder (die Kassiererin im Baumarkt hatte sie als »Strapse« bezeichnet) wie eine Schlinge darumgelegt und diesen zugezogen. Praktisch zeitgleich wurde es heiß in Gorhans Lendenbereich. Sein Genital schien zu pulsieren, angewidert ließ Dina es los. Auch diesen Schwanz würde sie heute zum letzten Mal in ihrem Leben gespürt haben. Viel zu oft hatte er sich an ihr vergangen. Niemals würde sie das vergessen können. Und es war schon beinahe ein wenig enttäuschend, wie wenig Befriedigung ihr Gorhans Hilflosigkeit bereitete.
Dina zog einen Schemel herbei und legte eine Kneifzange darauf, dessen Schneideflächen einem Kakadu-Schnabel ähnelten. Außerdem den Rest der Kabelbinder und daneben ein handelsübliches Teppichmesser mit ausschiebbarer Klinge.
Gorhan zeigte kaum eine Regung. Er wollte sprechen, doch es kam nur unverständliches Gelalle.
»Spar dir deine Kräfte«, sagte Dina, die zwei Meter zurückgetreten war und ihn beäugte. Sie war zufrieden mit dem, was sie sah. Sobald er eingeschlafen war, würde sie ihm die Hände frei machen und stattdessen seine Hüfte an das Eisen binden. Der Schemel würde in seiner Reichweite bleiben.
»Wenn du aufwachst ... werde ich weg sein«, sprach sie weiter. Und sie zwang sich dazu, ihre Worte mit einem diabolischen Lächeln zu formulieren, das sie vor dem Spiegel geübt hatte. So sollte er sich an sie erinnern. »Du wirst Panik bekommen. Ich habe keine Ahnung,

wie es sich da unten anfühlen wird, aber ich hoffe, die Schmerzen werden dich wahnsinnig machen. Rasend. Du wirst um dich greifen, du wirst fluchen, du findest diesen Cutter.« Sie deutete auf den Schemel. »Den Kneifer lasse ich dir auch da liegen. Vielleicht kommt er dir ja weniger gefährlich vor?« Dina lachte auf. »Aber wahrscheinlich wirst du überhaupt nicht in der Lage zu solchen Gedanken sein. Deine Instinkte schreien nach Freiheit, dein Gehirn lahmt hinterher.«
Sie beugte sich nach vorn und schloss die Finger um Gorhans Hals, bis er das Klammern mit einem Röcheln quittierte.
»Ja, du Schwein. So fühlt es sich an. Der Körper spürt, dass es falsch ist, aber er kann sich nicht wehren. Das Gehirn schreit, aber es kann nichts tun.« Noch immer gruben sich ihre Finger in die warme, unsauber rasierte Haut ihres Halbbruders.
»Ein Bruder fickt seine Schwester nicht«, stieß sie hervor, dann ließ sie von ihm ab. »Und auch nicht seine Stiefmutter. Du bist schuld an ihrem Tod, denn ohne dich wäre sie überhaupt nicht auf diese verdammte Brücke geraten!«
Sie trat einen Schritt zurück. Gorhans Kopf klappte nach vorn. Sekundenlang regte er sich nicht. Begann nun die Ohnmacht? Nein. Er richtete sich noch einmal auf. Seine Zunge trat aus dem Mund, Speichel tropfte hinab. Wollte er etwas sagen? Doch mehr als ein Keuchen war nicht zu hören.
»Schlaf ein, schlaf nur schön ein«, sagte Dina und verschränkte die Arme. Sie lächelte, denn sie wollte, dass Gorhan sich an dieses Bild erinnerte. An ihr Lächeln. An Dina, die ihm nun überlegen war. Nur dieses eine Mal. Aber dafür für die Ewigkeit. »Wenn du in ein paar Stunden aufwachst, wirst du nicht gefesselt sein. Ich lasse dir auch das Licht an, denn ich will, dass du meine beiden Werkzeuge findest. Es ist dann Nacht. Der Imbiss ist geschlossen. Niemand hier, der dich befreien kann. Keiner, der dich hört. Nur du und dein abgebundener Pimmel. Du wirst ihn befreien wollen, er ist ja dein wichtigstes Stück.«

Wieder lachte sie bitter auf, denn tatsächlich meinte sie, in Gorhans Augen so etwas wie Verzweiflung zu erkennen.
»Dieses schändliche Stück Fleisch. Ich habe es gehasst, jeder andere Schwanz war mir tausendmal lieber als deiner!« Sie atmete einige Male ins Zwerchfell, und ihre Stimme beruhigte sich wieder. »Kneifen oder Schneiden? Du wirst dich unweigerlich verletzen. Du wirst nichts spüren, erst, wenn das Blut über dich quillt. Wenn das Lebenselixier aus deinen Lenden sprudelt und du mit jedem Herzschlag schwächer und schwächer wirst.«
Gorhan bewegte noch einmal die Zunge, und Dina glaubte, ihren Namen zu hören. Ganz leise, wie in weiter Ferne. Dann nickte der Kopf nach vorn und blieb in dieser Position hängen.
»Schlaf nur«, sagte sie leise. »Und wenn sie dich doch noch rechtzeitig finden, wanderst du in den Knast. Deine Genitalien werden niemals wieder funktionieren. Aber vielleicht zeigen dir deine Knastbrüder ja, wie es sich anfühlt. Wie es ist, wenn man bei jedem Schritt vor die Tür den kalten Schweiß spürt. Wie es ist, wenn man nur in Angst einschlafen kann, weil man nicht weiß, ob und von wem man wieder aufgeweckt wird. Wann das nächste Mal sein wird, wenn einem jemand den Schwanz hinten reinrammt. Ohne sich auch nur einen Deut dafür zu interessieren, was das dem anderen antut. Und die immerwährende Frage, ob es wieder so wehtun wird wie all die Male davor. Ob es jemals besser wird.«
Dina trat direkt vor ihn und schob die Hand unter das Kinn ihres Bruders. Hob den Kopf nach oben. Die Augenlider waren bis auf einen Millimeter geschlossen. Ein weißer Streifen war zu erkennen. Sein Atem kam stoßweise, aber nur noch äußerst langsam.
»Glaube mir, Gorhan«, schloss Dina leise. »Das Letzte, was ich eben sagte, das tritt nie ein. Es wird nie besser. Man gewöhnt sich nicht daran. Es ist die Hölle auf Erden, und du, lieber Bruder, hast nichts Besseres verdient.«

16:45 UHR

Doris Seidel hielt Kullmers linke Hand zwischen den ihren. Mit den Daumen glitt sie immer wieder auf und ab, drückte zwischen die Knochen und Sehnen und zog ihre Bewegungen bis über sein Handgelenk. So, wie man es ihr gezeigt hatte. Das war alles, was sie tun konnte. Herumsitzen, abwarten, Geduld haben. Wie einfach das gesagt war.

Kullmer konnte erkennen, wo er war. Ein Krankenhaus. Er wusste, dass seine Tochter bei ihm war. Und Doris. Sie kitzelte ihn am Unterarm. Er zuckte mit dem kleinen Finger. Dann hörte er ein Lachen – wie unter einer Glasglocke.
»Du kannst es!« Es war Doris' Stimme. Sein Blick traf ihre Augen, die ihn auffordernd ansahen. Die ihn offenbar ermutigen wollten.
»Was kann ich?«, wollte er fragen. Doch seine Zunge fühlte sich an wie eine alte Ledersohle. Er konzentrierte sich auf das Gefühl in seiner Hand. Sie kribbelte. So wie mit einem Mal alles an ihm zu kribbeln begann. Wie ein Körper, der aus einem viel zu langen Schlaf erwacht. Wie eine Puppe in ihrem Kokon. Er erinnerte sich an Schmetterlinge. Ein Traum, vermutete er.
Er wollte die Hand heben, doch spürte einen Widerstand. Klar, das war Doris, die sie noch immer festhielt. Er ächzte und zuckte mit allen Fingern gleichzeitig. Erschrocken ließ sie los. Elisa kam in sein Blickfeld. Sie lachte.
Peter Kullmer hob die Hand und deutete auf einen kleinen Plastikbehälter mit Trinkschnabel.
»Wasser. Bitte.«
Während er trank, schloss Kullmer die Augen. Obwohl das Licht der Deckenlampe durch seine Lider drang, befand er sich wieder in

einem Traum. Flügel flatterten. Es waren Glühwürmchen, die in der Dunkelheit schwebten. Dann zuckte ein Blitz auf. Ein Spiegel aus Stahl, in dem sich eine Fratze abzeichnete.
Und dann fuhr Kullmer ein Schmerz durch den Körper, der ihn auffahren ließ. Er verschluckte sich, prustete das Wasser über die Bettdecke, und der Becher fiel zu Boden.
Ein Messer.
Gorhan Marić.

16:48 UHR

Das Blaulicht versetzte die Fassade des Imbisses in ein diffuses Glimmen. Im Inneren brannte Licht, doch die Tür war mit dem Hinweis »Closed« versehen. Julia Durant rüttelte daran, ohne viel Hoffnung zu haben. Sie ärgerte sich, dass bei der Meldeadresse niemand anzutreffen gewesen war. Wenn Marić nun ausgeflogen ... Doch am Bordstein parkte sein Mitsubishi. Er musste hier sein. Im nächsten Moment schwang die Tür auf, und die Kommissarin erschrak, als sie das Piepen des Spielautomaten vernahm; davor eine schemenhafte Gestalt. Ein Kopf flog herum.
»Was machen Sie denn hier?«, fragte sie irritiert.
Es war derselbe Alte, der schon beim letzten Mal seine Münzen in den Schlitz versenkt hatte. Ein Dauergast. Eine traurige Seele, wie Marić senior es auch gewesen sein musste.
»Wonach sieht's denn aus?« Er warf ihr einen mürrischen Blick zu.
»Sie haben mich unterbrochen, Danke dafür. Ich war kurz davor ...«
»Wo ist Marić?«
»Weiß nicht. War auf dem Klo.«

»Haben Sie das Schild an der Tür umgedreht?«
»Hä?« Der Mann glotzte nichtssagend. »Was wollen Sie eigentlich alle hier?«
»Marić!«, wiederholte Durant scharf. »Sein Auto ist da, das Licht ist an. Also muss er hier sein.«
»Seine Schwester kam vorhin, gerade, als ich ...«
»*Dina?*«

*

Der Raum hatte nur einen Zugang. Der Fensterschacht war vermauert, und selbst wenn es Gorhan gelänge, die Steine herauszubrechen, wäre die Öffnung zu eng. Es gab nichts, was sie nicht bedacht hatte. Zumindest wollte Dina das glauben. Unschlüssig stand sie da. Hatte schon drei Mal die Fessel geprüft, mit der sie ihn ans Metall getäut hatte. Eine Kombination aus Campingschnüren und Gewebeband. Er würde lange daran zu schneiden haben. Und weil Gorhan sich mit hoher Wahrscheinlichkeit zuerst seinem abgeschnürten Genital widmen würde, konnte er mit jeder Bewegung das Blut spüren. Es war unmöglich, in einem dämmrigen Wachzustand gemischt mit einer Prise Panik, dass er sich *nicht* verletzte. Dass er ...
Es polterte.
Verdammt. Dina Marić erinnerte sich an einen Keller, irgendwo in einem anderen Land. In einem anderen Leben. Soldaten, nein – sie zwang sich zurück in die Gegenwart – *Polizei?*
Mit einem Sprung erreichte sie die Tür. Drückte sie zu, nahm erleichtert den innen steckenden Schlüssel wahr. Drehte ihn zweimal um.
Wer auch immer nach unten kam: Niemand würde ihren verhassten Halbbruder jetzt noch retten.
Schon hieben Fäuste aufs Metall.

»Herr Marić? Frau Marić? Öffnen Sie die Tür!«
Es war diese Durant.
Dina presste die Lippen aufeinander und überlegte fieberhaft.

*

»Hörst du was?«
Julia hatte die Frage Frank Hellmer gestellt, der das Ohr an die Tür presste.
»Nichts zu hören. Aber es kann nur diese Tür sein, ich hab's doch gehört, wie sie zugefallen ist.«
»Können wir diese Kühltruhen mal ausschalten?«, gebot die Kommissarin in die Runde. Drei Uniformierte waren mit nach unten gekommen, zwei von ihnen durchsuchten die anderen Winkel des Kellers. Der dritte schaute sich um, ging dann zu einer Steckdose und unterbrach die Stromzufuhr. Die Kompressoren verstummten mit einem letzten metallischen Klappern. Es knackte und zischte noch einmal kurz, dann war es still, fast schon gespenstisch.
»Frau Marić? Antworten Sie! Wir wissen, dass Sie da drinnen sind!«, rief Durant in Richtung Tür, und leise gab sie ihrem Partner zu verstehen, dass sie sich gewaltsam Zugang verschaffen mussten. Was auch immer dort im Inneren geschah, man konnte die Gefahr förmlich riechen.

Als die Tür kurz darauf nach innen schwang, schob die Kommissarin sich neben ihrem Kollegen, der die Waffe im Anschlag hielt, hindurch. Die Decke hing beklemmend tief. Sofort erkannte sie Frau Marić, die in geduckter Stellung vor ihrem Bruder lauerte. Wie eine Katze, die man in die Enge getrieben hatte. Fluchtbereit. Angriffsbereit. Mit einem gefährlichen Ausdruck in den sonst so friedvollen Augen.
»Frau Marić ...«

»Lassen Sie mich!« Dinas Stirn glänzte vor Schweiß, ihre Stimme klang heiser. Julia hätte sich wohler gefühlt, wenn sie auch eine Waffe auf die Frau halten würde. Doch andererseits wäre ihr Gegenüber dann womöglich noch aggressiver. Nichts senkt die Hemmschwelle mehr als eine Situation, die verloren erscheint.
»Dina«, sagte Durant eindringlich ruhig und hob die Arme.
»Keinen Schritt weiter!«
Doch längst befand sich die Kommissarin in der Schusslinie zwischen ihrem Kollegen und Frau Marić. Dann erkannte sie den Schemel. Die Zange, ein Messer ...
»Ich verstehe, was Sie gerade durchmachen.«
Durant setzte zu einem weiteren Schritt an.
»*Nichts* verstehen Sie«, erwiderte Dina. »Ich sagte stopp!«
Wenn die wüsste. Julia Durant hatte einiges erleben müssen und gäbe viel darum, manche Erinnerung nicht in sich zu tragen.
»Wir können das hier ohne Blutvergießen beenden«, sprach sie weiter. Ihre Stimme bebte dabei mehr, als sie es erwartet hätte. Der Keller. Ein Gewölbe. Schatten und Licht. Durant war für eine Sekunde abwesend. Und noch bevor ihr Fuß auf den Boden traf, schnellte Frau Marić davon. Ihre Hand griff nach dem Hocker, er stürzte um, dann lag sie auch schon halb auf ihrem Bruder. Dieser war offenbar betäubt, er zeigte null Reaktion. Julia Durant war sofort bei ihr, sie gab noch einen Befehl in Richtung ihrer Kollegen, dann spürte sie Dinas Körper. Griff nach ihren Armen. Die Frau wehrte sich, ließ dann aber mit einem Mal locker. In gummiartigen Bewegungen folgte sie der Kommissarin, als diese sie zu Boden zwang. Strampelte nicht und ließ sich die Hände hinter dem Rücken fixieren. Plastik klapperte. Es war der Cutter. Und überall war Blut. Durant spürte es an ihren Händen und wie es durch die Kleidung drang.
Warmes Blut. Es war überall.

SAMSTAG

SAMSTAG, 14. MAI, 11:25 UHR

Frank Hellmer tigerte in seinem Büro auf und ab. Bis zur Dienstbesprechung waren es noch ein paar Minuten, er spielte nervös mit seinem Ersatzschlüssel. Der Porsche stand wieder unten auf dem Hof. Ein gutes Gefühl – einerseits. Doch alles andere an diesem Fall hatte einen schalen Beigeschmack. Das änderte sich erst, als er ein Geräusch wahrnahm, dem eine Bewegung in der Tür folgt. Doris Seidel, Arm in Arm mit Peter Kullmer.
»Gott, siehst du beschissen aus«, lachte Hellmer auf und eilte auf ihn zu. Er vergewisserte sich mit einem fragenden Blick, ob er seinen Kollegen umarmen dürfe. Seidel nickte. Aber nicht zu doll, meinte er aus dieser Geste herauszulesen. Behutsam klopfte Frank auf Peters Schultern, es folgte eine ebenso behutsame Umarmung.
»Ich freue mich auch, dich zu sehen«, grinste dieser. Seine Stimme klang belegt, und er war ziemlich blass, aber ansonsten ging es ihm gut. Außer einer Narbe würde er keine Spätfolgen davontragen.
»Übrigens – ich hab da noch was.« Kullmer zog etwas aus der Hosentasche und setzte ein gequältes Grinsen auf. Er hielt den Gegenstand in der Faust, erst, als er damit vor Hellmers Nase angelangt war, öffnete er sie.
»Dachte, du willst deinen Autoschlüssel wiederhaben. Jetzt weiß ich, weshalb du die Kiste so vergötterst.«

Hellmer lachte auf, die beiden anderen stimmten mit ein, wurden aber rasch wieder ernst. Hochgräbe und Durant warteten bereits im Konferenzzimmer, es gab eine Menge zu besprechen.

Zuerst ging es um Dina Marić. Sie hatte sich der Verhaftung nicht widersetzt. Wie einen laschen Kaugummi hatten Durant und Hellmer ihren Körper von dem ihres Bruders gelöst. Sie hatte leise geweint und in ihrer Muttersprache etwas vor sich hin gebrabbelt. Bald darauf war sie in katatonisches Schweigen verfallen, ein Zustand, der auch am nächsten Tag noch anhielt. Eine Psychologin hatte sich ihrer angenommen.
»Frau Marić dürfte ab Montag vernehmungsfähig sein«, schloss der Boss und drehte den Kopf in Durants Richtung. »Das wäre dann dein Part, Julia. Sie hat deinen Namen erwähnt; mehrfach. Schaffst du das?«
»Warum nicht?«, erwiderte die Kommissarin. Sie hatte schon so viel geschafft, warum also nicht?
Aber Claus Hochgräbe hatte es sicher weder abwertend noch sonst irgendwie böse gemeint. Im Gegenteil. Daher rang sie ihrer Oberhand gewinnenden Müdigkeit ein Lächeln ab und fügte hinzu: »Klar schaffe ich das.«
Dina Marić würde sich vor Gericht verantworten müssen. Sie hatte darum gebeten, aus der Untersuchungshaft noch einmal ins Frauenhaus fahren zu dürfen. Ohne Polizei. Sie wollte sich von dem Jungen verabschieden. Ihm alles erklären, ohne ihn mit uniformierten Männern zu verängstigen. Natürlich ging das nicht, aber Durant setzte sich dafür ein, dass die Beamten sie nur bis zur Tür begleiteten.

Dann erkundigte sich Peter Kullmer nach dem Halbbruder. Gorhan Marić hatte eine Menge Blut verloren, doch er überlebte. Er hatte sogar bereits das Bewusstsein wiedererlangt und befand sich auf der Intensivstation. Kullmer konnte es sich nicht verkneifen, eine gewisse ausgleichende Gerechtigkeit darin zu sehen. Marić hatte ihn eiskalt abgestochen, als er sich zwischen ihn und Bortz gestellt hatte. Nun war ihm selbst eine Klinge zum Verhängnis geworden.

»Wir warten noch auf deinen Bericht«, erinnerte Durant ihren Kollegen mit einem Augenzwinkern.

Kullmer stöhnte auf. »Ich habe es doch schon erzählt.«

»Mir nicht«, lächelte die Kommissarin und zog ein kleines Diktiergerät hervor. »Bringen wir's hinter uns?«

Kullmer lenkte ein und begann zu erzählen. Durant wusste alles, von Kullmers Eintreffen bis zu seinen Drinks mit Salieri. Von der Tür, die ins Gebäudeinnere führte. Und Kullmer hatte mehrfach betont, dass er kein Kokain geschnupft habe. Dass er ein krankes Herz als Ausrede vorgeschoben habe.

»Was ist mit den Mädchen passiert?«

»Ich habe sie aus den Augen verloren. Sie waren ziemlich heiß auf Salieri und schon relativ betrunken. Er verschwand in einem Zimmer, das war alles. Ich stand alleine da, habe mich ein wenig umgesehen, außerdem war mir der Alkohol unerwartet stark zu Kopf gestiegen. Wer weiß, wie stark das Gemisch war.«

»Bortz? Kraft? Marić?«, drängte Durant weiter.

»Welcher Kraft?«

Durant winkte ab. »Nicht so wichtig. Später. Erzähl erst mal weiter.«

»Ich habe Marić sofort erkannt, als er ins Gebäude kam. Mir blieb der Atem stehen, aber er hat mich wohl nicht erkannt. Das nächste Mal hörte ich ihn, als ich mich auf eigene Faust umgesehen hatte. Er unterhielt sich lautstark mit jemandem. Dann schrie eine Frau. Ich wollte instinktiv helfen, aber wusste zuerst nicht, woher der Schrei gekommen war. Außerdem durfte ich Marić nicht begegnen, während ich herumschnüffelte. Ich verbarg mich in einem Raum, der völlig leer geräumt war. Draußen wurden die Stimmen lauter. Ich entschied, mir die Hand vor den Mund zu halten, so, als wäre ich zum Kotzen in eine verlassene Ecke getreten. Öffnete die Tür, lief Marić quasi in die Arme. Er war aufgeregt. Von einer Frau war nichts zu sehen. Ich lallte ihm etwas zu, aber er stieß mich zurück. Einer seiner Begleiter drückte die Tür zu und schloss von außen ab. Dann wieder diese Frauenstimme. Ich musste da raus, mir war meine Tarnung scheißegal. Wollte zum Porsche, das Handy und meine Waffe holen.«

»Moment! Von einer Waffe war nie die Rede gewesen«, empörte sich Durant.

»Ich würde doch nicht ohne undercover gehen«, grinste Kullmer, dem seine Schmerzen anzusehen waren. »Sie war unter dem Kofferraumteppich. Mal sehen, wie gut die Offenbacher Kollegen den Wagen gefilzt haben.«

Auch Durant musste kurz lächeln bei dem Gedanken, dass sie Brandt womöglich mit einer übersehenen Dienstwaffe aufziehen konnte.

Kullmer berichtete weiter: »Ich hab mir einen anderen Ausweg gesucht, ich wollte zum Wagen und Unterstützung anfordern. Da war jemand in Not. Scheiß auf Maurer, hab ich mir gedacht.«

»Also hat das alles gar nichts gebracht«, murmelte Durant.

»Danke. Wie nett. Darf ich weiterreden? Ich habe ein Fenster gefunden, da bin ich raus. Und dem Bortz quasi in die Arme gelaufen. Dass da auch noch Marić war, erkannte ich leider zu spät. Es schien eine Sache zwischen ihm und Bortz zu sein, Marić ging auf ihn los, und ich geriet wohl nur zufällig zwischen die Fronten. Für einen Moment dachte ich aber, dass Marić es auf mich abgesehen hat. Ich werde diese Visage wohl nicht so schnell vergessen. Als Nächstes kam der Schmerz, und dann muss ich bewusstlos geworden sein. Mehr weiß ich leider nicht.«

Kullmer war bei Weitem nicht so gelassen, wie er sich gab. Das erkannte Durant an seiner Körperhaltung, den unruhigen Fingern und am Beben seiner Stimme. Und auch wenn sie sich mehr erhofft hatte über das, was sich da im Inneren des Gebäudes abgespielt hatte, sie war ungemein glücklich, dass ihr Kollege mit dem Leben davongekommen war.

Das Tonband lief noch, als Kullmer mit einer Grimasse an die Stelle tastete, wo ein Verband die Wunde zusammenhielt.
»Marić, diese Drecksau«, knurrte er. »Soll er nur schön gesund werden und dann im Gefängnis verrotten.« Kullmer würde noch eine ganze Weile dienstuntauglich bleiben. Er würde weder die Wunde noch den Schmerz jemals vergessen.
Und immer wieder kamen ihm außerdem der Klinikgeruch, das fahle Licht und die Schmetterlinge in den Sinn.
Schmetterlinge. Was wollten ihm diese bloß sagen?

Claus Hochgräbe wurde zu einem dringenden Telefonat gebeten. Minuten später kehrte er zurück und verkündete, dass Dina Marić aus dem Frauenhaus verschwunden sei.
»Und das Kind?«, fragte Julia Durant.
»Hat sie mitgenommen.«
Die Kommissarin biss sich auf die Lippe. Hätte sie es ahnen müssen? Sie wusste nach so kurzer Zeit so viel über Dina. Ihr Schicksal war ein unerträgliches gewesen, zeit ihres Lebens. Und der Gedanke, dass sie ausgerechnet ihres Bruders wegen ins Gefängnis sollte, hatte Durant ohnehin gewurmt. Aber konnte sie es gutheißen, wenn Dina einfach untertauchte? Hatte sie überhaupt Geld oder Papiere? Wo konnte sie hin?
Und da war noch ein weiterer Gedanke, der Julia Durant nicht losließ: Wer hatte sich zum Todeszeitpunkt von Vlado Marić in der Wohnung befunden? Sollte es tatsächlich Gorhan gewesen sein, der mit dem Kissen das Leben des Alten beendet hatte? Oder hätten es nicht auch Dinas Hände sein können, die dort einen großen Befrei-

ungsschlag einleiteten? Und hatte sie diese Freiheit nicht auch irgendwie verdient?
Aber so weit wollte Julia Durant nicht denken. Dina Marić war in erster Linie ein Opfer, und wer konnte schon sagen, ob es nicht doch Gorhan gewesen war. Er, der von seinem Vater zu den Rachemorden gedrängt worden war. Der vielleicht gar kein eigenes Interesse daran gehabt hatte, seine Stiefmutter zu rächen. Der auf die Familienehre pfiff und sich bei passender Gelegenheit von einem alten Säufer befreite, der ihm nun nur auf der Tasche lag.
»Hallo, Erde an Julia!«, erklang Hochgräbes Stimme.
»Ja. Ist gut«, brummte sie. »Dann müssen wir sie wohl suchen, hm?«
»Müssen wir«, bestätigte Hochgräbe.
Aber niemand schien es besonders eilig zu haben, eine Fahndung einzuleiten.

14:50 UHR

Außer Frank Hellmer und Julia Durant war keiner mehr im Büro. Hochgräbe traf sich mit Berger, und Kullmer genoss ein geruhsames Wochenende im Kreise seiner Lieben. Disney-Filme, Pizza und dazu die Gewissheit, dass er einen seiner Schutzengel aufgebraucht hatte. Darüber würde er zwar kein Wort verlieren, doch das brauchte er auch nicht. Jeder zählte insgeheim mit, wie oft er dem Tod schon ein Schnippchen geschlagen hatte. Auch Julia Durant.
Sie klickte auf der Computermaus herum und nahm anschließend den Hörer auf, um sich nach dem neuesten Stand der Fahndung zu erkundigen. Fehlanzeige. Dina und Dario Marić waren spurlos verschwunden. Den Mitsubishi hatte man entdeckt. Der Kindersitz

war noch darin, aber der Bezug war aufgerissen. Ob sich in dem kleinen Hohlraum etwa Geld befunden hatte? Ein Fluchtplan? So viel Weitsicht hatte sie Dina Marić nicht zugetraut. Noch bevor Durant wieder auflegte, hatte Hellmer sich in Richtung Toilette verabschiedet. Gut, dachte sie. Denn sie wollte nicht über Dina reden.

Minuten später, als Frank wieder an seinem Schreibtisch Platz genommen hatte, fragte er: »Ich hänge gerade an diesem Notarzt. Der, der Kullmer versorgt hat.«
Julia überlegte kurz. Irgendwer hatte in Erfahrung gebracht, dass der Arzt tatsächlich nur den verletzten Kullmer gesehen haben wollte. Im Dunkel der Nacht, bei einem Mann in Lebensgefahr und einer telefonischen Meldung, in der von ausdrücklich *einem* Verletzten die Rede gewesen war, musste sie das wohl so hinnehmen.
»Was gibt es denn?«, fragte sie zurück.
»Der anonyme Anruf. Hat sich da jemand darum gekümmert?«
»Jedenfalls nicht mit Erfolg, sonst wüssten wir es«, erwiderte die Kommissarin.
»Meinst du, es könnte dieser Jensen gewesen sein?«
Dieser Gedanke war Durant auch schon gekommen. Sie verzog den Mund. Wenn es so wäre, würde er es nicht zugeben. Jedenfalls noch nicht. Vielleicht irgendwann.
Eine SMS traf ein. Julia Durant kannte die Nummer nicht, doch als sie die Zeilen las, zauberte es ihr ein Lächeln aufs Gesicht.
»Was denn?«, wollte Hellmer wissen.
»Hör zu: *Hallo. Ich habe Ihre Nummer von Fabi Scholz. Es geht um die Sache mit Ihrem Auto. Wir würden das gerne wiedergutmachen. Können wir telefonieren oder uns treffen?*«
Hellmer grinste, während sie auf die Rufnummer drückte und abwartete. Der junge Mann hieß Volker Kreißl. Seine Stimme klang, als wäre er kaum aus dem Stimmbruch heraus, und er wirkte ziemlich kleinlaut. Stellvertretend für die anderen Übeltäter bot er an,

den Wagen in der Werkstatt eines Kumpels wieder auf Vordermann bringen zu lassen. Inklusive eines teuren Reinigungspaketes, natürlich innen und außen. Auch Julia Durant grinste, nachdem sie aufgelegt hatte. Was brachte es ihr, die Kerle anzuzeigen? Der Sommer stand bevor, und dem Roadster würde es nicht schaden, einmal picobello aufpoliert zu werden.
Hellmer verbrachte noch ein wenig Zeit damit, Berichte zu schreiben. Peter Brandt musste sämtliche verfügbaren Informationen auf den Tisch bekommen. Er und die Abteilung um Dieter Greulich würden sich der Sache annehmen. Wer waren die Männer, mit denen Gorhan Marić zusammenarbeitete? Wer waren die anderen Gäste gewesen? Würde man noch andere junge Frauen auftreiben? All diese Dinge würden noch eine Menge Zeit und Arbeit erfordern, und Julia Durant würde die Ermittlungen äußerst wachsam verfolgen. Auch im Präsidium Frankfurt blieb eine Menge zu tun. Rico Salieri. Holger Kraft. Zwei prominente Namen, die sich für unantastbar hielten. Doch das würde sie nicht durchgehen lassen.
Nicht Julia Durant. Ihre gute Laune war längst wieder verflogen, als sie sich ins Auto setzte. Es gab Dinge, die konnte man nachsehen. Aber manches war unverzeihlich.

Es dauerte eine halbe Stunde, bis sie vor dem Haus in Kronberg eintraf. Sie parkte den Wagen eine Straßenecke weiter und schritt an teuren Häusern vorbei, die sich meist etwas nach hinten versetzt hinter Mauern und Hecken verbargen. Neben dem Gittertor, das knapp über ihren Kopf ragte, befand sich nichts als ein Emaille-Schild mit der Hausnummer. Darunter ein Knopf. Sie klingelte. Am Giebel der Garage hing eine klobige Überwachungskamera. Durant rechnete fast damit, dass man ihr den Zutritt verwehrte. Doch als sie gerade aufgeben wollte, vernahm sie knirschende Schritte auf dem Kiesweg.
»Durant, nicht wahr?«

Sie nickte. Vor ihr stand Holger Kraft. Er war in eine Art Kimono gehüllt, was wegen seiner stattlichen Größe und des Bauchumfangs recht komisch aussah. Die nach unten gezogenen Mundwinkel und die buschigen Augenbrauen unterstrichen seinen grimmigen Blick, der schon so manchem Angeklagten den Angstschweiß auf die Stirn getrieben haben mochte.

»Ich werde mich nur dieses eine Mal mit Ihnen unterhalten«, rollte es wie ein Donner aus Krafts Kehle. »Sie haben fünf Minuten. Dann gehe ich zurück in die Sauna.«

Julia Durant überlegte kurz, während sie darauf wartete, ob er ihr das Tor öffnete. Doch Kraft machte dazu keine Anstalten. Also fragte sie durch die Gitterstäbe: »Was ist Sonntagnacht in der alten Fabrik passiert?«

Kraft zog die Lippen breit. »Nichts Besonderes.«

»Sie hatten ...«

»Sex?« Kraft lachte schallend. Durant blickte sich prüfend um, doch niemand sonst war zu sehen. Er stand geschützt von Tor und Hecke und schien sich absolut sicher zu fühlen. »Wäre das so ungewöhnlich?«

Durant deutete auf den weißen Streifen an Krafts Ringfinger.

»Für Ihre Frau vielleicht schon.«

»Sind Sie Pfarrerin oder Ermittlerin?«

Julia zuckte zusammen. War das Absicht? Wusste Kraft von der Sache mit ihrem Vater?

»Mira ist kaum halb so alt wie Sie«, sagte sie mit kaum verhohlener Wut. »Sie haben ihr Elektroschocks versetzt und sie verfolgt. Sie haben eine Frau in den Tod gejagt, vor zwei Jahren, und ...«

»Ihre Zeit ist um«, unterbrach der Alte sie schroff.

»Selbst *wenn* irgendjemand solcherlei Dinge getan hat – ich habe damit nichts zu tun. Und Sie werden nichts Gegenteiliges herausfinden, das versichere ich Ihnen.«

Dann lächelte er hämisch. »Zeit ist kostbar, aber das wissen Sie ja selbst.«

SONNTAG

SONNTAG, 15. MAI, 15:45 UHR

Peter Brandt saß am Wasser. Er hatte keine Bereitschaft und genoss die Sonne, die sich auf der Oberfläche des Bärensees spiegelte. Ein paar Stunden bloß, die er zum Ausspannen nutzen wollte. Ab morgen würde es wieder zur Sache gehen, und er musste sich wieder einmal mit seinem unliebsamen Kollegen Dieter Greulich zusammenraufen. Doch für heute sollte all das in den Hintergrund treten. Brandt gab sich daher die allergrößte Mühe, *nicht* an die Arbeit zu denken.

Er sog die frische Luft ein. Eine sanfte Brise strich ihm über die Haut, die Wellen spielten mit dem Licht. Elvira Klein hatte versprochen, sich baldmöglichst zu ihm zu gesellen. Die beiden hatten sich ausgesprochen, es hatte ein dreigängiges Menü dafür gebraucht. Und das auch noch beim Chinesen anstatt bei Brandts Stammitaliener. So viel Entgegenkommen musste er gegenüber der Staatsanwältin zeigen, die ihm ziemlich heftig den Kopf gewaschen hatte für die Aktion mit Salieri. Für Brandt war dieses Thema nun offiziell beendet, Elvira Klein hatte den Fall ausdrücklich in die Hände der Frankfurter Kollegen gegeben. Trotzdem. Etwas davon schwebte noch immer im Raum. Und würde dort vermutlich auch noch eine Weile bleiben.

Ob sie tatsächlich noch kam? Auf dem Schreibtisch der Staatsanwältin stapelte sich die Arbeit, wie er wusste. Also wunderte Brandt sich

nicht sonderlich, als sie ihn in der nächsten Sekunde anrief. Sie würde absagen. Und er würde es verstehen.
»Wo bist du?«, wollte sie wissen.
»Immer noch am See«, antwortete er. »Hör mal, es ist okay, wenn …«
»Ich glaube, ich bin falsch abgebogen«, hörte er sie sagen. Im Hintergrund rauschte es. Saß sie tatsächlich am Steuer? »Na ja, egal, gib mir noch fünf Minuten.«
»Bis gleich.«
Sein Herz schlug höher. Er liebte diese Frau abgöttisch, auch wenn er es ihr viel zu selten zeigte.

*

Eine gute Stunde später drängte der SV Werder Bremen die Eintracht im Weser-Stadion kurz vor dem Abpfiff auf den Relegationsplatz, den drittletzten Rang in der Tabelle. Rico Salieri verbrachte die gesamte Zeit auf der Bank und wurde auch nicht eingewechselt, was sowohl dem Kommentator als auch der Fankurve sauer aufstieß. Er hätte dem Spiel einen anderen Verlauf gegeben. Doch Salieri würde nie wieder auf den Rasen zurückkehren. Das wusste nur noch keiner.

*

Am Abend telefonierten Claus Hochgräbe und Peter Kullmer. Sie tauschten sich über das Fußballergebnis aus. Weil Julia sich nicht im Geringsten dafür interessierte, ob und unter welchen Bedingungen die Eintracht jetzt noch ihren Abstieg vermeiden konnte, griff sie zum Laptop. Sie hatte mittags zwei Stunden geschlafen. Entsprechend fit fühlte sie sich jetzt, und ihr Geist brauchte ein wenig Anforderung. Wenn sie schon nicht joggen durfte …
Im Internet stieß sie auf einen relativ aktuellen Fachartikel, der ausgerechnet aus der Feder von Holger Kraft stammte. Sie mahlte mit

den Unterkiefern, während sie die Zeilen las. Der Mann war genial, das musste sie ihm lassen. Messerscharf, aber zugleich auch fair. Ein Staatsanwalt, wie man ihn sich nur wünschen konnte. Doch die Kommissarin würde ihm nicht verzeihen können, wie rücksichtslos er seine eigenen Interessen schützte. Es war sein Sperma, das man im Fall Ilka Marić gefunden hatte. Das wusste sie auch ohne DNA-Analyse. Doch Krafts Image würde sauber bleiben. Es gab kaum jemanden, der bessere Kontakte in die hessische Justiz besaß. Und man würde nicht zulassen, dass man eine Vergleichsprobe von ihm nahm, um sie mit dem nicht identifizierten Sperma aus Mira abzugleichen. Die Begründung: Es sei nicht sicherzustellen, dass die Ergebnisse auch für den alten Fall zweckentfremdet würden. Niemand dürfe gezwungen werden, sich selbst zu belasten. Und auch wenn die arme Justitia auf beiden Augen blind sein mochte, sie würde den Hohn nicht überhören, der in dieser Begründung lag.

Doch Durant wusste, dass ihr die Hände gebunden waren. Sie konnte Holger Kraft kein Verbrechen nachweisen. Er würde jeden Anklageversuch abschmettern. Und Geschlechtsverkehr mit einer anderen Frau zu haben war kein Verbrechen. Nichts, wofür er sich (außer vor seiner Ehefrau) rechtfertigen musste. Mit geballten Fäusten gestand Julia Durant sich ein, dass sie sich damit abfinden musste. Auch wenn sich Holger Kraft damit in eine Liste von Personen einreihte, die die Kommissarin niemals vergessen würde.

Und wenn ich es nicht bin, die ihn zur Räson bringt ...

Sie dachte an ihren Vater. Wie hatte Pastor Durant es gerne ausgedrückt? »Es gibt noch andere Instanzen zwischen Himmel und Erde. Manchmal müssen wir einfach auf sie vertrauen.«

Irgendwann würde Kraft sich für die Schuld verantworten müssen, die er auf sich geladen hatte. Bis dahin würde sie wie ein Schatten auf seiner Seele liegen.

Und das war gut so.

Als das Smartphone piepte, reagierte die Kommissarin wie aufgewühlt. Sie eilte ins Bad, wechselte das Oberteil und besserte ihr Make-up auf. Claus Hochgräbe stand mittlerweile in der Küche.
»Wo willst du hin?«
»Bahnhof, dauert nicht lang.«
Julia küsste Claus auf den Mund und eilte zur Tür, im Vorbeigehen griff sie ihre Jeansjacke.
Es dauerte keine Viertelstunde, bis sie die geschwungene Halle des Hauptbahnhofs erreicht hatte. Durant nahm den Nordeingang, passierte die Rolltreppen und versuchte, den Currywurststand zu ihrer Linken zu ignorieren. Das konnte sie Claus nicht antun. Dann erreichte sie den Zugang zum Gleis. Und im selben Moment erblickte sie Jolene Maurer, die sich an einem Bäckerstand ein Croissant und ein belegtes Vollkornbrötchen bestellte, außerdem eine große Flasche stilles Wasser. Bat mit einem Fingerzeig auf ihren Rollkoffer um eine Plastiktüte und klappte das Portemonnaie auf. Dann wandte sie sich um, als spüre sie die Anwesenheit der Kommissarin.
»Danke, dass Sie gekommen sind.«
»Danke für Ihre Nachricht«, erwiderte Durant mit einem Nicken.
Frau Maurer machte es also wahr. Sie hatte ein Ticket nach Berlin gekauft. Einfache Strecke. Erste Klasse. Fliegen wollte sie nicht mehr, außerdem lag der Hauptbahnhof in Berlin wesentlich günstiger als der Flughafen Tegel.
Die beiden schlenderten in Richtung des hinteren Gleisabschnitts. Der Rollkoffer rumpelte, irgendwo kreischte Metall, Hunderte Füße eilten von hier nach da. Die Einzigen, denen die Bahnhofshektik völlig egal zu sein schien, waren schwarzgraue Tauben, die in der Nähe der Sitzbänke auf und ab hüpften.
»Ich wollte mich bei Ihnen entschuldigen«, sagte Jolene und blieb unvermittelt stehen. »Ich habe Ihnen die Ermittlung nicht unnötig schwer machen wollen.«

»Hat Sie ziemlich runtergezogen, das alles zusammen, wie?«, sagte Julia.

»Schon. Deshalb auch meine Entscheidung zu gehen.«

»Ich wünsche Ihnen alles Gute«, sagte Julia, und das meinte sie auch so. »Ihnen beiden.«

Ein verschmitztes Lächeln legte sich um Jolenes Mundwinkel. »Danke.«

»Was geschieht mit Ihrer Wohnung?«

»Ich weiß es nicht. Siggis Schulden sind derart hoch gewesen, keine Ahnung, ob ein Verkauf das halbwegs deckeln könnte. Vielleicht sollte ich das Erbe einfach ausschlagen.« Dann stockte sie. »Oder meinen sie *die andere*?«

Julia Durant schüttelte den Kopf. Sie wusste, dass Frau Maurer nie wieder einen Fuß auf das Anwesen ihrer Familie setzen würde. Sie hatte einen Anwalt eingesetzt, vielleicht fand sich jemand, der als Mieter infrage kam.

»Was ist mit Ihrer Schwester?«

»Sie hat sich nie für meine Welt interessiert«, sagte Jolene Maurer. »Aber sie würde sich melden, wenn sie etwas will. So ist sie. Ich kann ihr das nicht übel nehmen.«

Und dann sagte sie etwas, was Julia Durant noch lange über diesen Tag hinaus beschäftigen würde: »Schlimmer als der Tod von engen Angehörigen ist es, wenn die Angehörigen noch leben und die Beziehung sterben lassen. Ich werde ihnen trotzdem meine neue Anschrift mitteilen. Denn wir haben nur dieses eine Leben.«

Wie recht sie hatte, diese junge Frau. Julia Durant betrachtete Jolene Maurer nachdenklich. Wie nüchtern sie damit umgehen konnte, ohne zynisch zu klingen. Sie stellte sich nicht als armes Opfer hin, sondern behielt die Zügel ihres Schicksals selbst in den Händen. Und sie würde sie auch nicht loslassen.

»Mir war es immer wichtig, diesen Anker zu haben«, sagte Jolene in dem Moment, wo am Nachbargleis das Metall der Räder zu kreischen begann. »Dort, wo ich herkomme. An ihm hing auch die Hoffnung, dass sich alles zum Guten ändern kann. Doch ein Anker ist eben nicht immer etwas Gutes. Er gibt einem vielleicht Halt, das mag sein. Aber er kann einen auch festhalten, ja sogar runterziehen. Für mich ist der Wechsel nach Berlin ein Neuanfang. Und zwar absolut.«

»Absolut? Schließt das Valentin Messner mit ein?«

Julia Durant wäre eine schlechte Ermittlerin gewesen, hätte sie diese Frage nicht gestellt.

»Valentin hat eine Wohnung in Berlin. Das ist sein Anker, sagt er immer.« Doch dann schüttelte Jolene ihren Kopf. »Ich möchte aber erst mal ganz auf eigenen Beinen stehen. Ich sagte ja: wenn schon, dann richtig. Ich und mein Kind. Alles andere wird sich zeigen.«

»Weiß Messner das denn auch? Wird er das akzeptieren?«

Jolene lächelte müde und hob die Schultern. Dann wurde die Zugnummer aufgerufen, und langsam schob sich die weiße Spitze des ICE 874 unter das erhabene Kuppeldach des Frankfurter Hauptbahnhofs.

Sie griff nach dem Handgriff ihres Koffers und raschelte mit der Papiertüte. »Ich muss jetzt gehen, Frau Durant.«

Julia betrachtete sie für einige Sekunden. Der Zug wurde langsamer, dann ruckte und zischte es. Noch ein paar Sekunden. Die Waggontüren öffneten sich. Frau Maurer zog ihr Ticket hervor, suchte die Anzeige mit der Wagennummer. Sie drehte sich noch einmal um, deutete auf den übernächsten Wagen. Dort musste sie hin. In ihren Augen lag eine Bitte. Eine Bitte, dass Julia Durant jetzt einfach die Hand heben und ihr Adieu wünschen würde.

Julia hob die Hand tatsächlich.

»Sie werden mir nicht verraten, wer der Vater ist, hm?«

Jolene Maurer hielt inne, aber nur für einen Atemzug. Dann lächelte sie ein letztes Mal. Und schüttelte den Kopf.

»Es ist besser so.«

Julia Durant wartete noch, bis sie eingestiegen war. Ein Mann half ihr mit dem Koffer. Der Babybauch war nicht zu übersehen. Es gab sie also noch, die Kavaliere.
Und solange es noch Menschen wie jenen Fremden gab, Menschen wie Jolene Maurer und Menschen wie ihr Team – Doris, Peter, Frank und Claus –, so lange würde sie den Glauben an das Gute nicht verlieren. So lange würde Julia Durant weitermachen, auch wenn sie nicht selten eine gewisse Müdigkeit verspürte, die sich immer häufiger bemerkbar machte.
Klar. Sie war fast dreiundfünfzig.
Aber das war noch lange kein Grund, um aufzuhören.

MONTAG

MONTAG, 30. MAI, 14:07 UHR

Zwei alte Ulmen rahmten den Bereich des Friedhofs ein, in dem das Familiengrab der Durants lag. Sandsteinmonumente aus vergangenen Jahrhunderten und moderne Marmorsteine; es war die übliche Mischung, die man auf alten Friedhöfen fand. Läge nicht ihre Mutter schon hier, hätte Pastor Durant eine Stelle auf dem neu erschlossenen Bereich bekommen. Neben einer Dreizehnjährigen, die an Leukämie verstorben war. Eine Familie, der er bis zuletzt noch seelsorgerisch zur Seite gestanden hatte. Es regnete stark, und der Wind fegte durch das Blätterkleid der Bäume, als die Trauergäste sich von der Kapelle zum Grab bewegten. Mehrere Weggefährten ihres Vaters waren angereist, manche hatten ergreifende Worte gefunden, um sein Lebenswerk zu würdigen. Doch das meiste davon war in einem Schleier von Tränen untergegangen. Durant spürte den nassen Stoff von Claus' schwarzem Fischgratmantel. Es war keine fünfzehn Grad warm, und das Ende Mai. Irgendwann, zwischen der hundertsten Beileidsbekundung und einem Lied, das der örtliche Gesangsverein zum Besten gegeben hatte, hielt Julia Durant eine Rose in den Händen. Sie stand über dem Loch, in das man den Sarg hinuntergelassen hatte. Männer von der Gemeinde, in abgetragenen Anzügen und mit faustgroßen Lehmklumpen an den Stiefeln.
So nimm denn meine Hände. Der Liedtext hatte sie berührt. Und sie ließ die Rose fallen, während sie gegen einen krampfartigen Aus-

bruch von Tränen ankämpfte. Doch als der Himmel am Horizont hinter ihr aufriss und die Sonne einen leuchtenden Regenbogen zeichnete, ließ Julia Durant ihren Gefühlen freien Lauf.
Und alle anderen der Anwesenden erkannten es ebenfalls, den letzten Gruß von Pastor Durant, ihrem geschätzten und geliebten Zeitgenossen.
Seid nicht traurig, schien er ihnen zuzurufen.
Vertraut nur auf Gott, denn dort bin nun auch ich.

EPILOG

Es vergingen mehrere Wochen, bevor die Formalitäten weniger wurden. Von der Steuererklärung bis hin zum Abo einer Fachzeitschrift der evangelischen Kirche gab es immer wieder Anlässe, die Julia Durant daran erinnerten, dass der Tod eines Angehörigen neben aller Trauer auch einen unerträglichen bürokratischen Stress auslöst. Doch es wurde weniger. Zumindest so lange, bis sie sich mit der Frage auseinandersetzen musste, was mit dem Haus werden solle. Denn eines war klar: Selbst wenn die Kommissarin einmal in den Ruhestand gehen würde (und nein, das plante sie ganz und gar nicht!), sie würde Frankfurt nicht verlassen. Sie gehörte hierher, Punktum, doch sie brachte es auch nicht übers Herz, sich von ihrem Elternhaus zu trennen. Aber da war der Garten. Anstehende Sanierungsmaßnahmen. Das Stilllegen des Stromanschlusses.
Es glich einer himmlischen Fügung, dass sich der Neffe der Haushälterin als Mieter anbot. Ein junger Mann, frisch verheiratet. Der in München Medizin studierte. Dessen Frau ein Kind erwartete. Die ein Häuschen mit Garten suchten. Durant brauchte nicht lange zu überlegen. Allein der Gedanke, dass noch einmal Kinder durch das Haus tollten, erfüllte sie mit Freude.
Und mit einer Prise Melancholie.

*

Dieter Greulich erhielt den Auftrag, das Netzwerk hinter Bortz und Marić aufzuspüren. Von allen Kollegen, die Peter Brandt im Laufe der Jahre gehabt hatte, war Greulich ihm der unsympathischste. Aber er war ein Fuchs, das musste der Neid ihm lassen. Wenn jemand sich in der hiesigen Bandenkriminalität auskannte, dann er. Und es *musste* mehr Männer geben. Wer hatte sich um die Gebäude gekümmert? Wer hatte dafür gesorgt, dass es Strom gab? Wer brachte die Kameras an, und – vor allem – welchem kranken Geist entsprangen die perversen Wettspiele?

Greulichs Abteilung bekam hierfür sämtliches Material von Simon Jensen, außerdem befragten sie sowohl Salieri als auch Marić und die beiden Mädchen.

Peter Brandt hatte mit diesen Ermittlungen nur noch am Rande zu tun, und das war gut so. Denn es dauerte nicht allzu lang, bis Dieter Greulich mit den ersten Vernehmungserfolgen von Gorhan Marić zurückkehrte. Mit welchen Methoden Greulich diese erlangt hatte, darüber sprach man nicht.

*

An einem warmen Juniwochenende steuerte Peter Kullmer den Ford Kuga in Richtung Schwanheim. Neben ihm saß Elisa, die ihn lange genug bequatscht hatte, um vorne sitzen zu dürfen. Auf dem Rücksitz Doris Seidel, die den Arm auf einen großen Picknickkorb gelegt hatte. Immer wieder prüfte Peter im Rückspiegel, dass sie den Korb nur festhielt, ihn aber nicht öffnete.

Das Ziel war der Waldspielpark, wo die drei sich ein gemütliches Plätzchen suchten. Nah genug an den Spielgeräten, um das Mädchen nicht aus den Augen zu verlieren, und dennoch ruhig genug, damit Peter sein Vorhaben in die Tat umsetzen konnte.

»Wir feiern heute das Leben«, war seine Ansage gewesen. »Und ich kümmere mich um alles.«

Die Wunde in Peter Kullmers Bauchdecke verheilte gut, auch wenn er eine Narbe davontragen würde. Manchmal schmerzte sie, manch-

mal kitzelte es. Doch heute mischte sich ein anderes Gefühl darunter. Er betrachtete zwei Schmetterlinge, die im Sonnenlicht tanzten, und musste an das sprichwörtliche Kribbeln im Bauch denken.
Es war ein perfekter Tag – *der* perfekte Tag. Während Doris' Blicke der jauchzenden Elisa folgten, die unermüdlich kletterte und ab und an zu den beiden hinübersah, tastete Peter nach der Picknicktasche. Unter all den belegten Broten, den Trauben und dem Käse wartete, in ein Handtuch gewickelt, eine kleine Flasche Champagner.
Und ein Paar Ringe.

*

Dina Marić blickte auf die Brandung. Der Wind trieb den Salzgeschmack auf ihre Zunge. Neben ihr, schon halb eingeschlafen, kauerte Dario. Er trug eine Jeansjacke, die zwei Nummern zu groß war. Keine Schuhe, denn es war ein warmer Sommertag gewesen.
In ihrer Hand wog sie den neuen Ausweis. Wenn man die richtigen Leute kannte, war es nicht schwer, eine neue Identität zu bekommen. Falls man das nötige Kleingeld besaß. So schlecht der Euro auch gerne geredet wurde, wenn man mit einem kleinen Bündel davon winkte, öffnete sich so manche Tür.
Naida Marković. Geboren am 11. Mai 1989.
Alles an dieser neuen Identität war frei erfunden, mit einer Ausnahme. Dina hatte den 11. Mai gewählt. Den Tag, an dem sie sich von ihrem alten Leben befreit hatte. Das Datum, an dem für sie als Naida ein neues Leben beginnen sollte.
Naida Marković kannte keine Soldaten. Kannte keinen gewalttätigen Bruder und keinen Vater, der sie im Stich gelassen hatte. Sie kannte keine Vergewaltigung und hatte weder sich noch ihre eigene Mutter in Prostitution erleben müssen. Sie war frei. Und das Einzige, was Naida an Familie noch hatte, war ihr kleiner Bruder.

Er würde sich daran gewöhnen, dass sie einen anderen Namen trug. Und sie würde sich daran gewöhnen, in ihm ein unschuldiges Kind zu sehen. Ein Junge, der sie über alles liebte. Den sie auch lieben lernen würde.

Einer Dina wäre dies vielleicht nie gelungen. Doch einer Naida stand dem nichts im Weg.

Zum ersten Mal in ihrem Leben war sie vollkommen frei.

Schnell, dramatisch, oft erschütternd –
die Kultkommissarin Julia Durant aus Frankfurt ermittelt!

ANDREAS FRANZ • DANIEL HOLBE

Die Todesmelodie

Gleich der erste Fall nach ihrer Rückkehr in den aktiven Dienst verlangt Julia Durant wieder alles ab: In einem WG-Zimmer wird eine Studentin aufgefunden. Sie wurde grausam gequält und schließlich getötet, am Tatort läuft der Song »Stairway to Heaven«. Das K11 ermittelt und die mutmaßlichen Verdächtigen werden zu hohen Haftstrafen verurteilt. Doch nach zwei Jahren taucht ein weiterer toter Student auf, und wieder spielt dasselbe Lied …

Tödlicher Absturz

Eine junge Frau, die brutal verprügelt, vergewaltigt und erdrosselt wird. Ein grausamer Mord in der letzten Nacht des Jahres. Eine Spur, die in die Chefetagen einer Bank führt. Julia Durant und ihr Team stehen vor einer neuen Herausforderung!

Teufelsbande

Auf einer Autobahnbrücke wird ein verbranntes Motorrad gefunden, darauf die verkohlten Überreste eines Körpers. Das Opfer eines Bandenkriegs im Biker-Milieu? Als die Gangmitglieder konsequent mauern und schweigen, entscheidet Julia Durant, den Kollegen Peter Brandt aus dem benachbarten Revier ins Boot zu holen. Und dann wird es für beide brandgefährlich!

ANDREAS FRANZ • DANIEL HOLBE

Die Hyäne

Julia Durant hat als Kommissarin in Frankfurt schon einiges an Grausamkeit und Brutalität erlebt. Doch bei ihrem fünfzehnten Fall ist sie mit einem Täter konfrontiert, der alles Bisherige in den Schatten stellt: ein Mörder, der ohne erkennbares Muster und ohne System tötet – und die Eingeweide seiner Opfer an die Frankfurter Polizei schickt. Wer ist der Serienkiller, der sich »Die Hyäne« nennt?
Julia und ihr Team recherchieren auf Hochtouren, obwohl die Ermittlerin auch in ihrem Privatleben mit dramatischen Problemen zu kämpfen hat. Zunächst scheint schnell ein Schuldiger gefunden. Doch auch als der Verdächtige längst festgenommen ist, geschehen weitere Morde …

»Kommissarin Julia Durant ist Kult!«
Alex Dengler, denglers-buchkritik.de

ANDREAS FRANZ • DANIEL HOLBE

Der Fänger

In einem Waldstück bei Frankfurt wird die grausam entstellte Leiche eines Mannes gefunden, der seit Jahren verschwunden war. Die Ermittlungen ergeben, dass er zwar mehrfach wegen Sexualdelikten angezeigt, doch nie verurteilt wurde. In den Akten tauchen immer wieder derselbe Richter und dieselben Anwälte auf. Die brutalen Verletzungen des Mordopfers lassen auf ein sehr persönliches Motiv schließen. Und auf große Wut.
Ob hier ein Fall von Selbstjustiz vorliegt?

ANDREAS FRANZ • DANIEL HOLBE

Kalter Schnitt

Als die Frankfurter Kommissarin Julia Durant diesmal an den Tatort gerufen wird, stockt ihr der Atem: Sie trifft auf eine brutal verstümmelte Frauenleiche.
Ein Einzelfall?
Julia Durant stößt bei ihren Recherchen schon bald auf ähnliche Fälle in der Vergangenheit. Handelt es sich bei dem Täter um einen Serienmörder?
Und wann wird er wieder zuschlagen?